臨場感あふれる解説で、楽しみながら歴史を"体感"できる

世界史劇場
正史三國志

河合塾講師 **神野正史**【著】

ベレ出版

はじめに

――三國志。

これほど血湧き肉躍る時代も珍しい。

筆者は「三國志を読んだことがない」という人は知っていても、「三國志を読んだけどおもしろくなかった」という人をいまだかつて知りません。

それほどすべての人の心を引きつけてやまない「三國志」。

映画、ドラマ、漫画、小説、ゲーム、ありとあらゆるメディアに移植され、1800年の時を越えた今もなお絶讃されつづけています。

ところで、『三國志』には大きく分けて羅貫中（or 施耐庵）の書いた小説『三國志演義』と、陳寿の書いた史書『三國志』がありますが、他メディアへの移植のほとんどが小説（演義）の方であって史書（正史）の方ではありません。

もともと『正史』の方は、紀伝体という独特な歴史記述形式で書かれているため、全体像が把握しにくく、記述が簡素で、またあくまで史書ですから史実をそのまま追っているため、物語としては今ひとつおもしろ味に欠けるという欠点があるためです。

それに比べて『演義』の方は、講談形式の小説であくまで"娯楽"ですから、感情移入しやすい工夫が随所に施され、読んでいておもしろく、三國志の「ここ、いい場面！」と思うところは、ほぼ『演義』の演出です。

本『世界史劇場シリーズ』は「歴史に疎い、あるいはあまり興味がない人たちにも"歴史"を学ぶたのしさを伝える」ことをコンセプトとしていますから、このたび「中国の三国時代」をテーマとする巻を興すに当たって、その史料とするのは、一般的ではあるけれども娯楽小説にすぎない『演義』ではなく、あくまで史書の『正史』となります。

三國志を知る人でも、ひとつひとつの独立した逸話（たいていは『演義』からの出典）をバラバラにたくさん知っていても、それが全体的な歴史の流れの中でどういう位置づけ、どういう歴史的意義を持っているのか、どこまでが史実でどこからが創作なのかを把握できている人はあまり多くありません。

歴史を理解するためには、つねに「年号」と「地図」を把握しながらストー

リーを追わなければなりませんが、それを怠っているためです。
　そこで本書では、本シリーズの基本である「地図パネル」をつねに参照しながら、「正史三國志」を俯瞰していこうと試みるものです。
　三國志をまったく知らない人はもちろん、三國志を読んだことがある人も、またゲームや漫画、映画でしか知らない人も、本書を読んだあとでもう一度、手元にあるゲームや本を開いてみてください。
　かならずや、今まで読み飛ばしていた場面に新しい発見が見つかり、これまでまったく気に留めていなかった脇役に目が留まり、史実だと勘違いしていたところが『演義』の創作だと知り、点と点が繋がっていなかったものがつぎつぎと知識のネットワークとして築きあげられていき、新しい『三國志』の世界観が拓けるに違いありません。
　本書が、その契機となってくれることを祈りつつ。

２０１７年７月　　　　　神野乙女

本書の読み方

　本書は、初学者の方にも、たのしく歴史に慣れ親しんでもらえるよう、従来の歴史教養書にはない工夫が随所に凝らされています。

　そのため、読み方にもちょっとしたコツがあります。

　まず、各単元の扉絵を開きますと、その単元で扱う範囲の「パネル（下図参照）」が見開き表示されています。

　本書はすべて、このパネルに沿って解説されますので、つねにこのパネルを参照しながら本文を読み進めていくようにしてください。

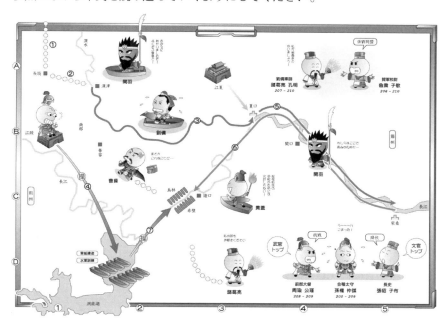

　そうしていただくことによって、今までワケがわからなかった歴史が、頭の中でアニメーションのようにスラスラと展開するようになります。

　ぜひ、この読み方をお守りくださいますよう、よろしくお願いします。

　また、その一助となりますよう、本文中には、その随所に (A-4) などの「パネル位置情報」を表示しておきました。

　これは、「パネルの枠左の英字と枠下の数字の交差するところを参照のこと」

という意味で、たとえば (A-4) と書いてあったら、「A段第4列のあたり」すなわち、前ページパネルでは「諸葛亮 孔明」のあたりをご覧ください。

　なお、本パネルの中の「人物キャラ」は、てるてる坊主みたいなので、便宜上「てるてる君」と呼んでいますが、このてるてる君の中には、その下に「肩書・氏名・年号」が書いてあるものがあります。

　　　　　　　　　　　　　この「年号」について、注意点が2つほど。

　　　　　　　　　　　　　たとえば黄巾が決起しようとした甲子の日は、西暦では184年4月2日、旧暦では光和7年3月5日ですが、たいていの三國志の解説書はわかりやすくするために、「年号は西暦、月日は旧暦（184年3月5日）」の組み合わせで表記されていることが多く、本書もこれに準じています。

魏公
曹操 孟徳
213.6 – 216.6

　　　　　　　　　　　　　また、この「年号」はそのすぐ上の「肩書」であった期間を表しています。

　　　　　　　　　　　　　従いまして、同じ人物でも肩書が違えば「年号」も変わってきますのでご注意ください。

　たとえば、同じ「曹操」という人物でも、その肩書が、
「兗州牧」のときは、彼が兗州牧を務めた期間（192-204）が、
「丞相」のときは、彼が丞相の地位にあった期間（208.6-220.3）が、
「魏王」のときは、その王位の期間（216.5-220.3）が記されています。

　また、本文中、頻出する陳寿の正史『三國志』を表記するときは単に『正史』、羅貫中の『三國志演義』の場合は単に『演義』と表記しています。

　なお、本文下段には「註欄」を設けました。

　この「註」は、本文だけではカバーしきれない、でも、歴史理解のためには、どうしても割愛したくない、たいへん重要な知識をしたためてありますので、歴史をより深く理解していただくために、本文だけでなく「註」の説明文にも目を通していただくことをお勧めいたします。

　それでは、「まるで劇場を観覧しているかの如く、スラスラ歴史が頭に入ってくる！」と各方面から絶賛の「世界史劇場」をご堪能ください。

CONTENTS

はじめに　3
本書の読み方　5

序章　三國志基礎知識

- 第1幕　「三國志」の系譜　11
- 第2幕　三国時代の行政区　17
- 第3幕　後漢王朝の中央官制　25
- 第4幕　後漢王朝の地方官制　33
- 第5幕　後漢王朝の諸将軍　39

第1章　後漢末期

- 第1幕　**黄天まさに立つべし**
  三國志の幕開け　47
- 第2幕　**裏切りからの蜂起**
  黄巾の乱の勃発　59
- 第3幕　**曹操就到！**
  黄巾の乱の鎮圧　67
- 第4幕　**宦官の陰謀**
  十常侍の乱　79
- 第5幕　**士気なき群雄**
  董卓の変　91

第2章　群雄割拠

第1幕　董卓は去ったが李傕らは残った
董卓の死　　　105

第2幕　"宝玉"は誰の手に
曹操・劉備・呂布の三ツ巴　　　119

第3幕　2つの"天意"
袁術の皇帝僭称　　　131

第4幕　根比べの虎退治
呂布の死　　　143

第5幕　英雄と呼ぶにふさわしい者は！
劉備の再自立と孫策の抬頭　　　155

第6幕　薄氷の上の勝利
官渡の戦　　　167

第3章　曹操躍進

第1幕　いまだ功業建たず
髀肉の嘆　　　183

第2幕　臥龍を得たり！
長坂の戦　　　193

第3幕　野望を挫く紅蓮の炎
赤壁の戦　　　209

第4章　三國鼎立

第1幕　揺らぐ孫劉同盟
荊州争奪戦　　　221

第2幕	**2つの「仮道伐虢の計」** 潼関の戦	233
第3幕	**天下三分の計、成る** 濡須口の戦	251
第4幕	**"箱"が変えた戦況** 荊州分割	263
第5幕	**魏王、進退谷まれり** 定軍山の戦・漢中の戦	279
第6幕	**軍神関羽、討死！** 樊城攻略戦	289

第5章　鼎立崩壊

第1幕	**巨星墜つ！** 蜀の動揺と魏帝国の成立	305
第2幕	**劉備、白帝城に逝く** 夷陵の戦	321
第3幕	**兵馬なき統治を** 南中征伐	333
第4幕	**泣いて馬謖を斬る** 第1次 北伐（街亭の戦）	343
第5幕	**兵站ままならず！** 第2次・第3次・第4次 北伐	359
第6幕	**死せる孔明、生ける仲達を走らす** 第5次 北伐（五丈原の戦）	373

第6章 三國帰晋

第1幕 名君から暗君へ
明帝崩御　　387

第2幕 太傅、仮病からのクーデタ
曹爽失脚　　401

第3幕 孫権の最期
二宮事件　　415

第4幕 親政の果てに
蜀の滅亡　　427

最終幕 三國、悉く司馬氏に帰す
三國志の終幕　　441

Column コラム

秩石の石高と禄高	32
なぜ「蒼天」なのか？	58
英雄は"乱"を好む	66
いつからいつまで？	90
呂布、強さの秘密	154
三顧の礼は史実か	208
曹操、敗走を笑う	232
涼州と雍州	246
鳳雛、墜つ！	262
劉備と関羽の関係	304
字のひみつ	320
水魚の交わり	332
七縦七擒	342
己を過信した馬謖	358
卑弥呼使節の来朝時期	400
後継者問題	422
廟号・諡号・元号	426
劉禅は名君？	440

序章 三國志基礎知識

第1幕

「三國志」の系譜

ひとくちに「三國志」といってもじつは様々な「三國志」がある。陳寿の「正史」をその濫觴（らんしょう）として、数多くの民間伝承が生まれ、これを整理した「裴注（はいちゅう）」、それを娯楽小説化した「演義」へと発展していく。そしてこの演義もまた「弘治（こうじ）本」「嘉靖（かせい）本」「李卓吾（りたくご）本」「毛宗崗（もうそうこう）本」など多くの亜流を生み、現在に至っている。

七分の実事、三分の虚構

清朝 史学者
章学誠 実斎

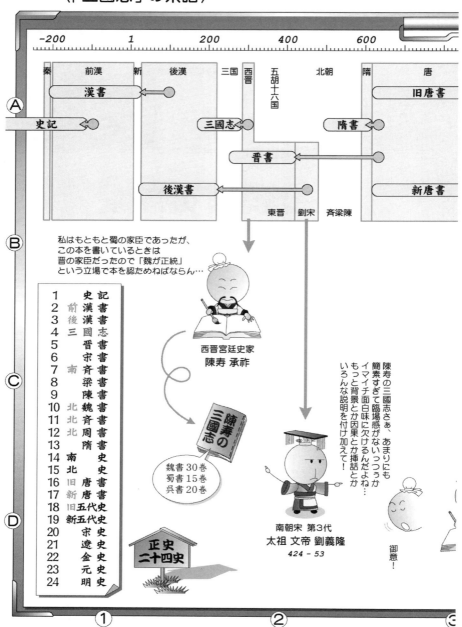

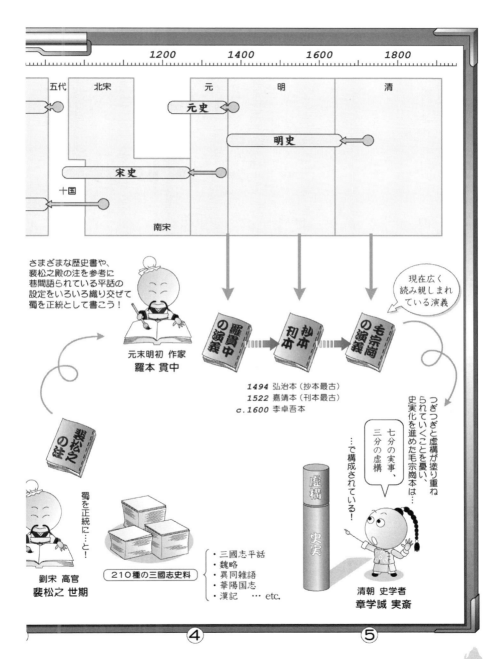

これから「三國志」の世界を、本"世界史劇場シリーズ"のコンセプトの下で紐解いていきたいと思いますが、ひとくちに「三國志」と申しましても、1800年にもわたって語り継がれてきたものですから、じつはいろいろな種類があります。

　まず本論に入る前の序章として、このことについて触れておきましょう。

　中国は紀元前221年、秦（A-1）が天下を統一してから2000年以上にわたって「帝国」でした。

　その"ファースト・エンパイア"の秦を倒して次代を切り拓いた漢王朝の第7代武帝のとき、宮廷史家だった司馬遷が神話時代以来の中国の歴史を書に認めます。

　これが初の「正史（＊01）」となる『史記（A-1）』です。

　以降、王朝が交代するたびに、新王朝が旧王朝の歴史を纏め、これを「正史」とする習慣が生まれました。たとえば──

　唐の時代になると、その前王朝の隋の歴史を纏めた正史『隋書』が生まれ、
　宋の時代になると、その前王朝の唐の歴史を纏めた正史『唐書』が生まれ、
　元の時代になると、その前王朝の宋の歴史を纏めた正史『宋史』が生まれ、
　明の時代になると、その前王朝の元の歴史を纏めた正史『元史』が生まれ、
　清の時代になると、その前王朝の明の歴史を纏めた正史『明史』が生まれる。

　そうした正史は、現在に至るまで全部で「24」ありますので、これを総称して「二十四史（D-1）」と呼ぶことがあります。（＊02）

　そうした習慣の一環として、三國を平らげた西晉（A-2）が、その前の三国時代の歴史を纏めさせた「正史」こそが、宮廷史家陳寿（B/C-1/2）によって著された『三國志（C/D-1/2）』です。

(＊01) よく勘違いされますが「正史」とは「正しい歴史」という意味ではなく、「王朝が正統と認めた歴史」という意味合いであって、嘘・隠蔽・捏造が入っていることも多分にあります。

(＊02) 歴史解釈の相違によって『新元史』や『清史』を加えて「二十五史」「二十六史」と数えることもあります。

これは、「魏書(*03)」30巻、「蜀書」15巻、「呉書」20巻に分かれた36万8000字にも及ぶ大著で、また西晋王朝が書かせたのですから「魏を正統」とした視点(スタンス)で書かれています。

「後漢から魏、魏から晋へと正統性が継承された」という建前でないと、自らの正統性が保てないためです。

また、これは「紀伝体」という人物を中心に書かれる歴史記述方式であったため全体の歴史の流れがつかみにくく、また、きわめて簡素で必要最小限のことしか書かれていなかったため、臨場感がなく感情移入もしにくいという欠点がありました。

そこで、『三國志』を愛読していた劉宋(*04)(A/B-2)の第3代皇帝太祖(D-2)が宮廷史家の裴松之(D-3)に命じます。

──『三國志』は確かにおもしろいが、簡素すぎて今ひとつわかりにくい。

これを補うような詳しい解説を付けてもらいたい。

（＊03）しかし、二十四史のひとつに『魏書（北魏の正史）』があり、また三国時代に王沈という人物が書いた歴史書で裴注にも頻出する『魏書』があるため、これを避けて『三國志』の方を「魏志」「蜀志」「呉志」と呼ぶことがあります。「卑弥呼」について書かれているのは「魏志倭人伝」と言い習わされていますが、あの「魏志」です。

（＊04）司馬氏の晋の統一が破れてまもなく南北朝時代に入りますが、その南朝最初の王朝。

そこで裴松之は、『三國志平話』『魏略』『異同雑語』『華陽国志』『漢記』など
など、当時民間に語り継がれていた210種もの膨大な三國志史料(D-4)を掻き
集め、この中から荒唐無稽なものは排除し、比較的信用性が高い逸話だけを抽出
して、これを「裴松之の注(裴注)(C-3)」として付け加えました(＊05)。
　しかし、この民間の三國志史料はほとんど「蜀を正統」とした視点で書かれて
いるため、自然と裴注もそれに準ずることになります。
　そして、さらに時代が下って元末明初のころ、羅(本)貫中(B/C-4)(一説
に施耐庵)が裴注やその他の民間伝承を織り交ぜて、小説としておもしろおか
しく書き起こしたのが『三國志演義(＊06)』です。
　したがって『演義』は、一応史実を基盤としながらも、話としておもしろけ
れば妖術や呪術などの怪しい話もふんだんに取り入れ、また、当時は存在しな
かった武器(青龍偃月刀・蛇矛・火薬・火を吹く機械獣など)や制度(科挙)を取
り入れて解説したため、のちに清の史家章学誠はこれを評して、「七分の実事
(史実)、三分の虚構(フィクション)」としています(D-5)。
　しかし、長い時を経る中、羅貫中の『演義』はどんどん変質して原本は失わ
れ、現在残っている最古の抄本(＊07)が明中期(1494年)の「弘治本」、最古
の刊本(＊07)が「嘉靖本(C-4/5)」(1522年)で、これらを元にして様々な亜
流本が生まれ、そのうち現在もっとも広く読み親しまれているものが、清の康
熙年間(1661～1722年)に成立した「毛宗崗本(B/C-5)」です。
　『演義』には、関索(関羽の三男)・周倉(関羽の武将)・夏侯恩(夏侯惇の
弟)・邢道栄(劉度の配下)などなど多数の"架空人物"が登場しますが、それ
はこうした事情に拠ります。

(＊05)「正史」本文の36万8000字に対して、これに匹敵する32万2000字もの「注」を付け
ています。
(＊06)「演義」とは「(正統王朝である蜀の)義を演(の)べる」という意味で、そのタイトルに「蜀
が正統」と謳っていることになります。
(＊07)「抄本」とは原本の一部を抜粋したもの。「刊本」とは印刷出版されたもの。

序章 三國志基礎知識

第2幕

三国時代の行政区

歴史を理解するためには地理の理解は必須である。三國志もまた例外ではない。三國志を読むとさかんに地名が登場するが、これを地図の中できちんと追いながら読むことで、三國志の世界が頭の中で鮮明に拡がっていく。本幕では三國志の世界における全州全郡を掲載した詳細な地図を掲げ、その世界観を概説する。

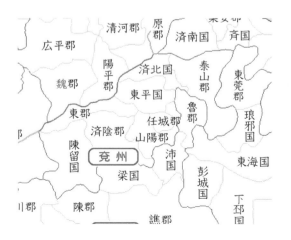

〈三国時代の行政区〉

18

第 2 幕　三国時代の行政区

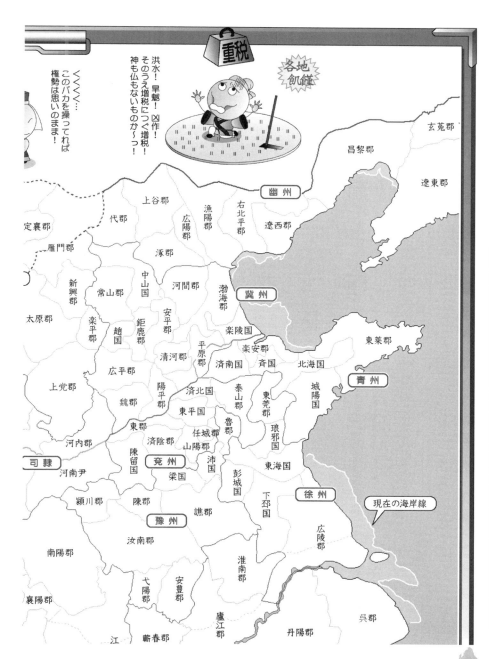

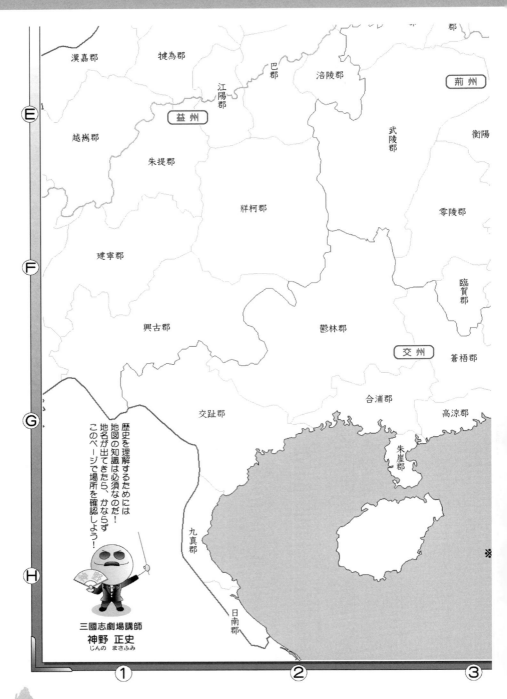

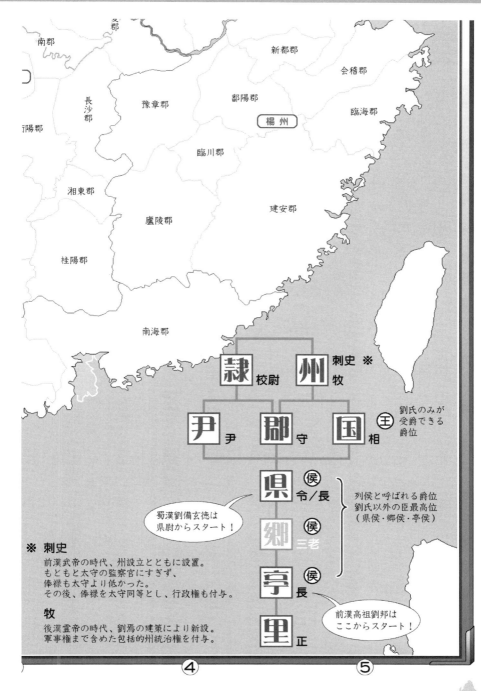

三國志はおもしろい！
文句なし、掛け値なしにおもしろい！

でも、最初だけ少しハードルが高いのが難点。

それは、董卓・呂布・袁紹・曹操・夏侯惇・孫堅・孫策・劉備・関羽・張飛ら、三國志の中で活き活きと活躍する彼らが、「我々が生きている現代日本」とはあまりにもかけ離れた世界観の中で活動しているからです。(＊01)

そこで、「三國志」を真に堪能するためには、どうしても「三國志」の世界観を知っておく必要があります。

本章では「前提」として最低限知っておいてほしい基礎知識について解説していこうと思いますが、ご存知の方、早く本編をと急く方はこれを飛ばして「第1章」からお読みいただいても構いません。

- -

まずなんといっても、三國志の理解をより深めるためには、その「地理」の知識が必須です。

これを知らずに物語(ストーリー)だけ追うから、三國志の内容が今ひとつ体感できません。

中国は日本に比べてたいへん広い国ですから、行政区分も少々複雑です。

日本では、最大の行政区として「県」があり、その下に「市」「町」が置かれて細分化されますが、三國志の時代、日本の「県」に相当するものは「郡（G-4/5）」で、その下に「県（G/H-4/5）」、さらに「郷」「亭」「里」（H-4/5）と細分化されていきます。

そして日本で県の「知事」に相当するものは、「太守(＊02)（郡）」と呼ばれ、以下、市長や町長にあたるものが「県令（県）」、「三老（郷）」、「亭長（亭）」、「里正（里）」となります(＊03)。

(＊01) たとえば歌舞伎などでも、初めて見る人にとっては、その世界観がわからずちんぷんかんぷんですが、世界観がわかってくるとおもしろくなってきます。それと同じです。

(＊02) または単に「守」。秦代には「郡守」と呼ばれていたが、前漢6代景帝の御世に改名。

(＊03) 実際のところ、このあたりの細かい行政区のことはよくわかっておらず、異説がいくつかあります。

第2幕　三国時代の行政区

たとえば、漢の劉邦*は「亭長（日本では村長クラス）」からスタートして皇帝にまで昇りつめています。

> * 前漢の初代皇帝、高祖。もともと身分卑しく、皇帝にまで昇りつめながら名前すらよくわかっていない。本書の中心人物のひとりである劉備は「高祖（劉邦）の孫にあたる景帝（劉啓）の子、中山靖王劉勝の末裔」を自称している。

また、こうした行政長官とは別に「爵位」というものもありました。

20ほどに分けられた爵位の中でも人臣最高位を「列侯」と言い、もともとは「県」「郷」「亭」などの封土を与えられて、「県侯」「郷侯」「亭侯」としてその

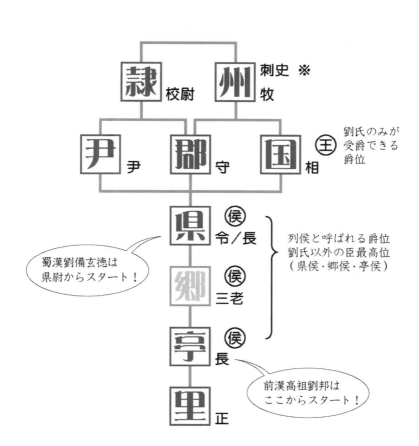

地の行政・徴税・軍事を司ったものでしたが、漢代以降は形骸化して、単なる"名誉職"となっています。

　たとえば、関羽は曹操から「漢寿(＊04)亭侯」に封じられていますが、だからといって漢寿に赴任し、その支配権を持っていたわけではありません。

　列侯のひとつ下の爵位に「関内侯」というのがあり、孫堅が封じられた「烏程(＊05)侯」がそれです。

　そして、日本と大きく違うのは、さらにその上に、各郡を統括する「州」という存在があったこと(＊06)。

　州はそれぞれ渭水・黄河流域に、涼州(B-1)・雍州(C-2)・司隷(C-3)・兗州(C-4)・冀州(B-4)・青州(B/C-5)と連なり、その北には幷州(B-2/3)と幽州(A/B-4/5)が、南には豫州(C/D-4)と徐州(C/D-4/5)がありました。

　さらに、長江流域に、益州(E-1/2)・荊州(E-3)・揚州(E-4/5)と連なり、その南に交州(F/G-2/3)という配置です。

　その長官は「刺史」といいましたが、彼らの任務は「統治」ではなく、あくまでも「太守の監督」でしたから、行政権や軍事権が与えられることはありませんでしたが、平時にはそれでよくても黄巾の乱以降これが大問題となり、帝国は改革を迫られることになります。

歴史を理解するためには地図の知識は必須なのだ！

(＊04) 荊州(E-3)武陵郡(E-2/3)の最東端、洞庭湖の西にあった「漢寿」という地。

(＊05) 揚州(E-4/5)は呉郡(D-5)にある烏程県のこと。

(＊06) 前漢の武帝(106年)以降。日本でも、このときの中国のように「県(都・府)の上に"州"を置こう」という道州制がさかんに議論されています。

序章　三國志基礎知識

第3幕

後漢王朝の中央官制

「三國志」で活躍する中心人物はほとんど中央における官位を得ている。王允は司徒、曹操は司空、袁紹は太尉。「三國志」を読み進めると、その登場人物は「官位」を付けて呼ばれることが多く、「三國志」の理解に官位の仕組みを知ることは必須。本幕ではその中央官制について概説する。

帝都警備
執金吾

若き日の光武帝陛下が「仕官するなら執金吾　妻をめとらば陰麗華」と公言していたという憧れの官職なのだ！

〈後漢時代の中央官制〉

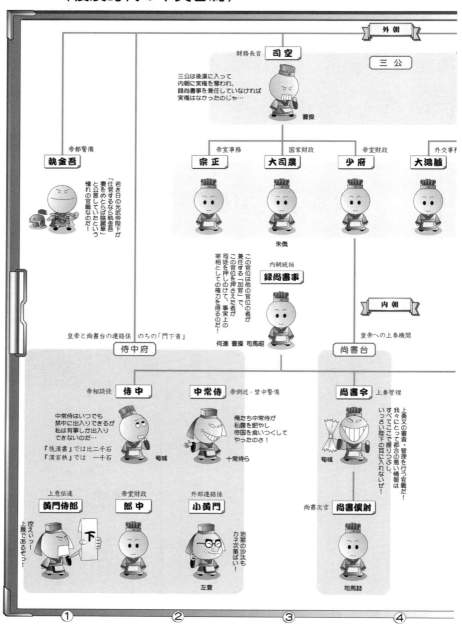

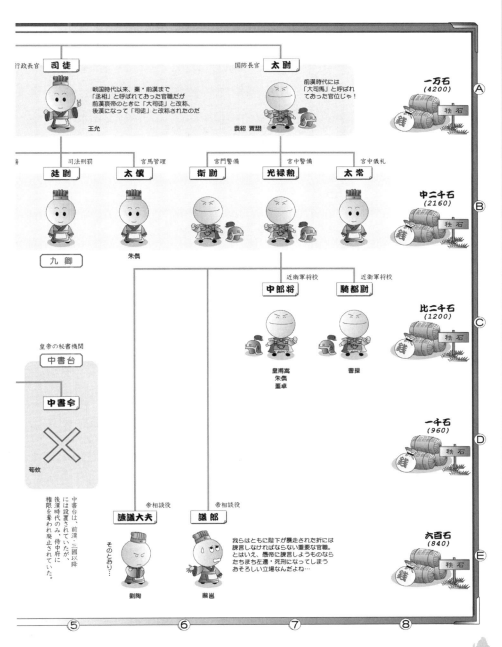

前 幕では行政区の大まかな仕組みについて、その概要を述べました。
そこでさらに内容をもう少し掘り下げて、本幕では中央官職の仕組みを、次幕では地方官職の仕組みを見ていくことにします。

まず、朝廷は大きく「外朝（A-4）」と「内朝（C-4）」に分かれていました。

- 外朝 … 国家的行事を行う場
- 内朝 … 皇宮で暮らす人々の生活の場

「外朝」の頂点には、皇帝直属の人臣最高位に君臨する官として「三公（A-4）」が置かれます。

その内訳は、現在でいえば行政長官にあたる「司徒（A-5）」、財務長官にあたる「司空（A-3）」、国防長官にあたる「太尉（A-7）」の3人で、秩石（俸禄）も最高クラスの一万石(＊01)（A-8）。

のちに曹操がこれらに代わって自ら「丞相」の地位に就き、「三公」の制度を廃止する(＊02)までつづきました。

さらに三公にはそれぞれ3人ずつ、計9つの官がこれを支えましたが、これを「九卿（B-5）」と言います。

九卿のうち司徒を支えたのが、外交事務を司る「大鴻臚（B-4）」、司法刑罰を司る「廷尉（B-5）」、宮馬管理を司る「太僕（B-5/6）」。

司空を支えたのが、国家財政を司る「大司農(＊03)（B-3）」、帝室事務を司る「宗正（B-2）」、帝室財政を司る「少府（B-3/4）」。

そして最後に、太尉を支えたのが、宮中警備を司る「光禄勲（B-7）」、宮門警備を司る「衛尉（B-6）」、宮中儀礼を司る「太常(＊04)（B-7/8）」で、その秩石は「中二千石(＊05)（B-8）」。

さらに、光禄勲の配下には、近衛軍将校である「中郎将(＊06)（C-7）」や

(＊01) 穀物の単位"石"は、日本では「こく」と読みますが、中国では「せき」と読みます。
　　　また日本では「1石」は150kg分の穀物を指しますが、後漢では約30kg分。ただしこれは実禄高を表した数字ではありません。

(＊02) 本書「第3章 第2幕」を参照のこと。もっとも曹丕の代にふたたび復活していますが。

(＊03) 大司農では、桓範（第6章 第2幕）や王濬（第6章 最終幕）が有名。

「騎都尉^(*07)(C-7/8)」が控え、その秩石は比二千石^(*05)(C-8)。

同じく光禄勲の配下として、帝相談役の「諫議大夫(E-5/6)」「議郎(E-6)」がいましたが、その秩石は六百石(E-8)と低いものでした。

また、帝都を警備する者として「執金吾(B-1)」がありました。

これは「三公九卿」から独立した存在で、壮麗な軍服を着て、立派な軍馬に跨って帝都の周りを颯爽と闊歩する —— という、当時あこがれの職であり、後

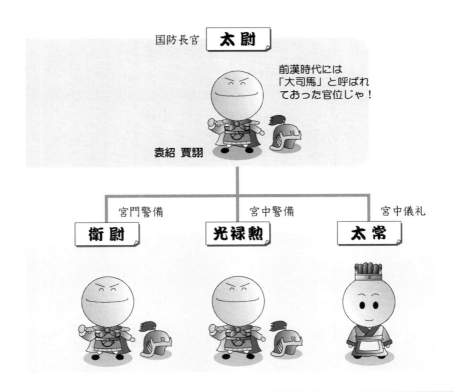

(*04) 太常では、諸葛緒(第6章 第4幕)が有名。

(*05) 詳しくは、本幕コラム「秩石の石高と禄高」をご参照ください。

(*06) 中郎将にもいろいろあり、たとえば黄巾の乱勃発時に中郎将に任ぜられた3人は、北中郎将に盧植、右中郎将に朱儁、左中郎将に皇甫嵩が任ぜられています(第1章 第3幕)。

(*07) 黄巾の乱勃発時、騎都尉に任ぜられたのが曹操(第1章 第3幕)。

漢の初代皇帝となった劉秀も若いころ、
　──仕官するなら執金吾、嫁を娶らば陰麗華（＊08）──
　…と謳ったといわれる官職で、秩石も九卿に匹敵する「中二千石」。

　ここまでが「外朝」。

　つぎに「内朝」は、大きく「中書台（C/D-5）」「尚書台（C/D-3/4）」「侍中府（C/D-1/2）」に分かれ、それぞれ中書令・尚書令・侍中（＊09）が管理していました。

　しかし、三公九卿とは違い、この３つは秩石こそ同じですがそれぞれ立ち位置が違い、中書台は皇帝直属の秘書機関でありながら、その長官「中書令」が宦官から選ばれていたために、宦官の巣窟であった侍中府に権限を奪われて、後漢の時代には廃止されていました。

　その逆に、尚書台は九卿の「少府」の下部組織でありながら、皇帝への上奏を行う専門機関であったため強大な権力を有していました。

　なんとなれば、御目見（＊10）以下の者が皇帝に何かしらの意志や情報を伝えたいときはかならずここを通さねばならず、皇帝への上奏を通すも通さないも彼らの腹積もりひとつで決まるためです。

　そうなれば、上奏したい者は長官尚書令や次官尚書僕射（E-3/4）の機嫌を取るため贈賄することになり、腐敗の温床ともなっていきます。

　最後に、侍中府。

　ここはどこかの下部組織ではなく皇帝の直属機関で、こここそが後漢王朝腐敗と崩壊の元凶となる機関です。

　侍中は皇帝の相談役でありながら自由に禁中（＊11）に出入りできず、生殖能

（＊08）当時、劉秀の故郷（南陽郡 新野県）で美人で有名だった令嬢。「どうせ仕事をするならカッコいい仕事、どうせ嫁をもらうなら美人の令嬢がいいなぁ！」という意味。劉秀はのちにこの言葉どおり陰麗華を娶り、彼女はその後、２代皇帝明帝の母后となっています。

（＊09）有名どころでは、荀彧が侍中と尚書令を兼任しています。

（＊10）直接皇帝に拝謁できる身分。

力のない宦官(＊12)の中常侍だけが自由に出入りできたため、暗愚な皇帝(桓帝・霊帝)が現れると、この中常侍がこれを意のままに操るようになっていきます(＊13)。

その下には、外部との連絡を取り次ぐ「小黄門(＊14)(E-2)」、帝室財政を司る「郎中(E-1/2)」、上意を下々の者に伝える「黄門侍郎(E-1)」がいました。

そして、これら内朝三機関の長官を束ねる官職として「録尚書事(C-3)」がいます。

これは独立した官位ではなく、かならず他の官位を務める者が兼任するもので、秩石こそ「比二千石」にすぎませんでしたが、内朝の最高官位ということで、行政長官「司徒」すら抑え、"事実上の宰相"として権力を揮うようになったため、何進・曹操・司馬昭ら、錚々たる面々が務めた官職でもあります。

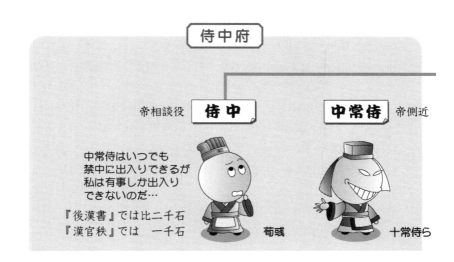

(＊11) 皇帝の住まう宮殿の中。当然、この中に入ることができる者は限られます。
(＊12) 宦官とは男性器を切り落とした官職だったため。
(＊13) 漢末、中常侍の中でもとりわけ権勢を誇った者たちを「十常侍」と呼ぶようになります。
(＊14) 黄巾の乱時、盧植将軍の許に遣わされた小黄門の左豊が有名(第1章 第3幕)。

Column　秩石の石高と禄高

　本文中に出てくる秩石には、上は一万石から下は百石までありますが、この「一万石」とか「二千石」という石高を表す数字は、じつはその禄高（実際の俸禄）を表しているわけではありません。

　たとえば、「司徒の秩石は一万石」と書かれているからといって、司徒に年間「10000石」の俸禄が与えられているわけではないのです。

　じつは、もともとは額面どおりの禄高をもらっていたのですが、それはほんの最初のころだけ。

　王朝の財政難に伴い、実禄は年を経るごとにじわじわと減っていき、たとえば「二千石」を例に取ると、後漢初期（西暦50年）の記録を見ると早くも1500石を大きく下回る（1440石）ようになり、そのわずか半世紀後の後漢中期（西暦106年）の記録を見ると、その実禄は表高の半分に満たない額（864石）までに減額されていたため、表高の数字にはほとんど意味がなくなっていたのです。

　秩「一万石」などはさらに減額度が大きく、後漢初期ですら早くも表高の半分にも満たない4200石にまで落ちていました。

　中期以降の記録は残っていないため不明ですが、他の秩石の数値から推測して、おそらくは表高の1/3以下（3000石前後）にまで落ち込んでいたものと思われます。

　こうした給与面からも、後漢王朝の財政が急速に悪化していったことが読み取れます。

　また、同じ石高であってもランクに差があり、「○○石」に「中」が付くと格上、「比」が付くと格下になります。

　たとえば「二千石」なら、中二千石（後漢中期の実高1728石）→（無印）二千石（同864石）→比二千石（同816石）となります。

　ときどき「秩石2000石」などとアラビア数字で表記してあるものを見かけますが、以上の理由により、アラビア数字での表記は（実数を表すことを意味してしまうため）誤りです。

序章 三國志基礎知識

第4幕

後漢王朝の地方官制

袁紹(えんしょう)は濮陽(ぼくよう)の県令(けんれい)から、曹操(そうそう)は済南(せいなん)の国相(こくしょう)から、孫堅(そんけん)は塩瀆(えんとく)の県丞(けんじょう)から、劉備(りゅうび)は安喜(あんき)の県尉(けんい)からスタートして、その後どんどん出世していく。しかし、それらの官位が王朝全体でどれほどの地位に位置しているのかを理解していなければ、彼らの出世も実感できない。そこで本幕ではそうした地方官制について概説する。

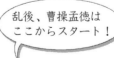

乱後、曹操孟徳はここからスタート！

王

相 二千石

〈後漢時代の地方官制〉

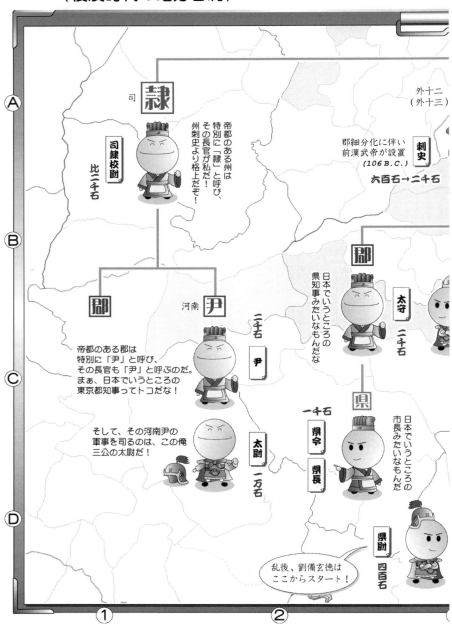

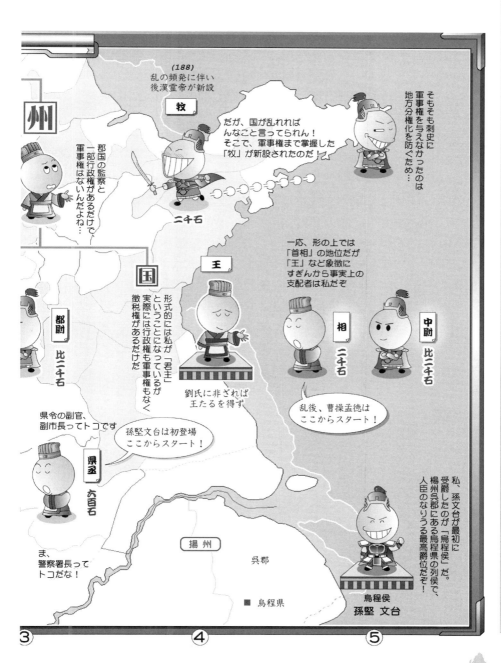

さて、前幕では「中央官制」について、その概要を見てまいりました。
そこで、本幕では同じ官制でも「地方官制」——すなわち、地方行政区を支配した行政長官について見ていくことにします。

　州長官「刺史（A/B-3）」は、郡長官「太守（B/C-2/3）」らの監察権を持っているだけで州全体の支配権（軍事権・行政権など）を持っていないことはすでに前々幕で述べました。

　実際に軍事権・行政権を行使し、郡を支配していたのはあくまでも太守。

　これは、いくつもの郡国を束ねる刺史に軍事権を与えたのでは、軍事力が強大になりすぎて独立されてしまうことを懸念した（A-5）ためでしたが、しかしそれにより刺史は、位は太守より上であるのに権力もない、軍事力も持たない、そのうえ俸禄も太守より低かった（＊01）ため、太守から軽んじられ職務に支障を来すようになります。

　そこで、のちに刺史の俸禄を太守と同等にし、一部行政権も付与することで調整を図りました。

　依然として軍事権だけは与えません（A/B-3/4）でしたが、黄巾の乱以降の収拾つかない混乱の中、太守レベルの軍事力でこの動乱を治めることが困難となったため、ついに188年、劉焉の進言によってこれらを統括する刺史に軍事権を与え、「牧（A-4）」を新設することになります。

　もっとも、これによって新たに「牧」が赴任してきたのにもかかわらず、もともといた「刺史」がその座を譲らず、ひとつの州の中に「刺史」と「牧」が併存したり、「刺史」なのに軍事権を有したり、同一時期同一人物であるのにその肩書が史料によって「刺史」だったり「牧」だったり、現場も史家もかなり混乱することになりました。

（＊01）刺史の秩石が「六百石」であったのに対して、太守のそれは「二千石」。
　　　これを現代日本で喩えるなら、「年収600万円の部長が年収2000万円の支店長のやり方にいちいち口を挟んでくるため、支店長がイラ立ちを覚えると同時に、自分より低収入の部長を小馬鹿にして命令に従わない」といった感じです。実際のところ「収入と器量」に相関関係は希薄なのですが、いつの世も「収入の多少で人物の器量を量る」人は多い。

第4幕　後漢王朝の地方官制

　ところで、刺史が統括していた「郡(B-2/3)」ですが、現代日本でも「県」と同格の行政区として「都」「道」「府」があるように、当時の中国でも「郡」の他に「尹(B/C-1/2)」「国(B-4)」が並立していました。

　「尹」は「首都のあるところにのみ設置される郡」のことで、尹の長官は太守ではなく「尹(＊02)(C-2)」と呼ばれます。

　いわば日本の「都」に相当し、帝都のある郡が「尹」となり、尹の所属する州も特別に「隷(A-1/2)」と呼ばれ、その長官も特別に刺史ではなく「校尉」と呼ばれます。

　したがって、尹と隷は「河南尹(B/C-1/2)」と「司隷」、全国にひとつずつしかなく、遷都されれば、新しく帝都となった都市のある郡が「尹」(＊03)、その州が「隷」に昇格し、河南尹は「河南郡」、司隷は「司州」に格下げとなります。

　「国」は西周時代の封建制の名残で、帝室の血を引く者が「王」として派遣されてくるところです。

　したがって、何らかの事情で「王」の任が解かれれば「郡」に戻りますし、それまで「郡」だったところに新たに「王」が赴任してくれば「国」と呼ばれるよ

(＊02) 日本でいえば、「東京都知事」にあたる官職。

(＊03) のちに董卓が長安に遷都したとき、長安のある京兆郡を「京兆尹」に改称しています。

うになるため、本幕の地図で「国」となっている行政区（＊04）が常時「国」だったというわけではなく、地図上で「国」となっているところが、本書では「郡」となっていることがあるのはそのためです。

また、「王」は帝室縁（ゆかり）の者（劉（りゅう）氏）に与えられる名誉職のようなものなので、実質的な"太守"は「相（しょう）（B/C-4/5）」でした。

ちなみに、曹操（そうそう）は黄巾の乱後、済南（せいなん）国の相（しょう）からスタートしています（C-5）。

そして郡（ぐん）・尹（いん）・国（こく）の武官を「都尉（とい）（B/C-3）」「太尉（たいい）（＊05）（C/D-1/2）」「中尉（ちゅうい）（B/C-5）」と言い、その下の県の武官を「県尉（けんい）（D-2/3）」と言います。

劉備（りゅうび）は黄巾の乱後、この県尉（けんい）からスタートしています。

さらに県の副官が「県丞（けんじょう）」と呼ばれ、孫堅（そんけん）はこの県丞（けんじょう）からスタート。

このように、三國志を彩る英雄たちが、皆"下っ端"から這い上がってきていることがわかります。

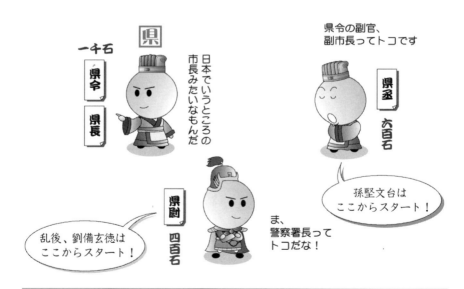

（＊04）本幕パネルで薄く塗り潰してあるところが「国」です。

（＊05）前幕でも登場した三公の太尉です。

序章 三國志基礎知識

第5幕

後漢王朝の諸将軍

三國志を紐解くと、「車騎将軍」「征東将軍」「鎮南将軍」「安北将軍」「平西将軍」「破虜将軍」「討逆将軍」などなど、様々な将軍がつぎつぎと登場する。しかし、それらの将軍たちが、どういった立場にあり、官位上どちらが上でどちらが下なのか。これらを理解しなければ、三國志もまた理解できない。

おもに騎馬戦車部隊を率い、叛乱制圧の任に当たるのだ！

車騎将軍

〈後漢王朝の諸将軍〉

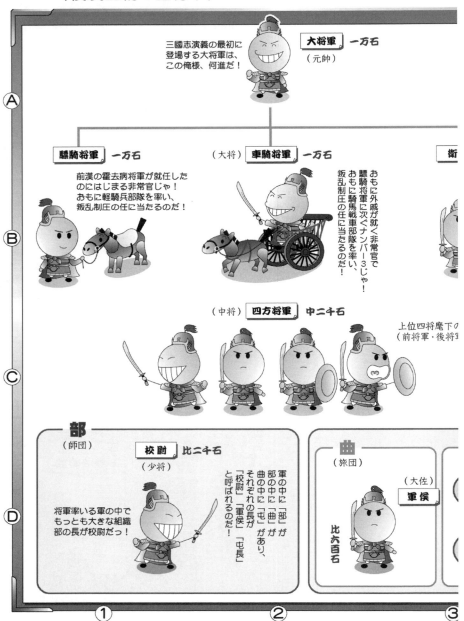

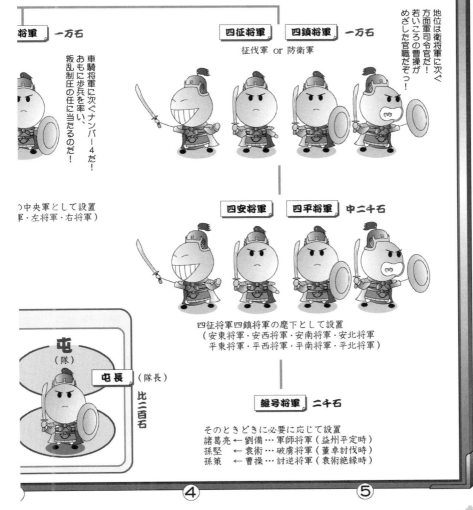

前幕・前々幕と、漢朝の中央・地方官制について見てまいりましたので、本幕では武官について解説していきます。

三國志を紐解くと、あちこちで「○○将軍」「△△将軍」と見慣れぬ武官名がつぎつぎと登場してきますが、それらの上下関係を理解していないと、登場人物の発言の真意などがよく理解できなかったりすることもありますので、この理解も必須です。

まず、将軍職の頂点に君臨するのが「大将軍（A-2）」。
この任に就いた主だった人物の名を挙げてみると…

後漢　　では何進、
魏　　　では夏侯惇・曹仁・曹真・曹爽・司馬懿、
仲(＊01)では張勲、
蜀　　　では王平・蒋琬、
呉　　　では諸葛瑾 ── といった具合に、（仲の張勲を除き）「三國志」を語るうえで欠くべからざる錚々たる面々が並びます。

当時の中国の軍部は「4」を基本単位としており、大将軍の下にNo.2の「驃

驃騎将軍　一万石
おもに軽騎兵部隊を率い、叛乱制圧の任に当たるのだ！

（大将）車騎将軍　一万石
おもに外戚が就く非常官で驃騎将軍に次ぐナンバー3じゃ！

（＊01）197～199年のたった2年間だけ、袁術が皇帝を僭称したときの国号。
　　　本書「第2章第3幕」を参照。

（＊02）これも常設ではなく、叛乱鎮圧時のみに臨時に招集され、その4将軍の名から「前後左右将軍」とも呼ばれます。

騎将軍(B-1)」、No.3の「車騎将軍(B-2)」、No.4の「衛将軍(B-3)」とつづき、この4人の秩石(俸禄)は最高ランクの一万石。

ただし、このTop4は常設ではなく、叛乱勃発の際に外戚や太尉などが臨時で任ぜられ、驃騎将軍は軽騎兵を、車騎将軍は戦車部隊を、衛将軍は歩兵を率いて叛乱鎮圧にあたり、乱が治まれば任を解くという非常官でした。

主だった面々を挙げてみると…

驃騎将軍に、魏の曹仁・曹洪・司馬懿、蜀の馬超・李厳、呉の歩隲、
車騎将軍に、前漢の皇甫嵩、魏の曹仁・張郃、蜀の張飛・呉懿、呉の朱然、
衛将軍に、魏の曹洪、呉の全琮 ── といった具合に、これも多くの勇将たちの名が連なります。

そして、その麾下には前将軍・後将軍・左将軍・右将軍ら「四方将軍(＊02)(C-2)」が控えます。

彼らの秩石は中二千石で、後漢では前将軍に董卓、後将軍に袁術、左将軍に呂布・劉備、右将軍に樊稠が任ぜられ、のちに蜀で劉備が漢中王に上ったとき、"五虎将(＊03)"と呼ばれる面々がこの四方将軍に任ぜられています。

前将軍が関羽、後将軍が黄忠、左将軍が馬超、右将軍が張飛。

ちなみにこのとき、"五虎将"のひとりでありながら、趙雲だけが5年前に

(＊03)『演義』の中だけの呼称で、『正史』にその記述はない。

もらった「翊軍将軍」という雑号のまま、昇進に与っていません。(＊04)

ここまでが中央を与る将軍。

つぎに、地方を与る方面司令官として「四征将軍」「四鎮将軍」（B-4/5）があります。

それぞれ東西南北を冠して、四征将軍が「征東将軍」「征西将軍」「征南将軍」「征北将軍」に、四鎮将軍が「鎮東将軍」「鎮西将軍」「鎮南将軍」「鎮北将軍」に分かれており、その秩石は、驃騎将軍や車騎将軍に並ぶ「一万石」でしたから、中央と地方で格差はなかったことがわかります。

征東将軍は、寿春に駐屯し、青州・兗州・徐州・揚州の、
征西将軍は、長安に駐屯し、雍州・涼州の、
征南将軍は、新野に駐屯し、荊州・豫州・益州の、
征北将軍は、薊(＊05)に駐屯し、幽州・冀州・并州の叛乱鎮圧に携わります。

ただし、四征将軍は「叛乱征伐のため」、四鎮将軍は「叛乱防衛のため」という位置づけですので、原則として併設されることはありません。

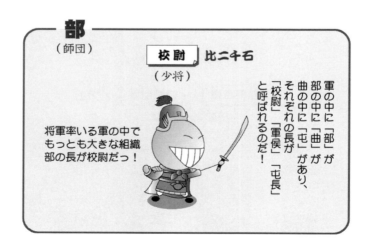

(＊04)「四方将軍」から見れば「雑号将軍」はかなり格下。
なぜ趙雲だけが昇進できなかったのか、その理由は諸説あってはっきりしません。

その麾下に、中央の「四方将軍」に相当するものとして、「四安将軍」「四平将軍」（C-4/5）が控え、これも東西南北を冠して4つずつに分かれ、その秩石は四方将軍と同じ「中二千石」でしたから、やはり中央と地方で格差はなかったことがわかります。

　ここまでが官位に定められた正規将軍。

　しかし、叛乱規模が拡大し、正規軍だけでは対処できなくなったとき、そのときどきに応じて臨時に設置される将軍職があり、これが「雑号将軍（D-4/5）」と呼ばれます。

　しかし、ひとくちに雑号将軍といっても、「鎮護将軍」「都護将軍」など一定の決まった名前を持ち、「四安将軍」「四平将軍」に匹敵する秩石（中二千石）と格式を誇る雑号から、名称もそのときどきで適当に付けられ、格式も低く、秩石も二千石(＊06)しかもらえない雑号まで、ピンキリでした。

　たとえば…

　董卓討伐時に袁術が孫堅に与えた雑号が、"虜（董卓）を破るための将軍"と

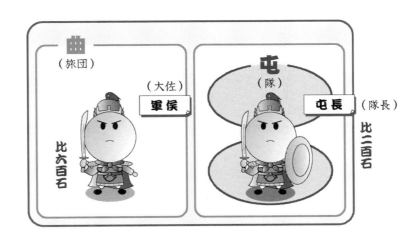

（＊05）幽州 燕国の国都。
（＊06）同じ「二千石」でも、「中二千石」の四安将軍・四平将軍の半分の収入しかありませんでした。

いうことで「破虜将軍」。

　曹操（そうそう）が袁術（えんじゅつ）を討たせるべく孫策（そんさく）に与えた雑号が、"逆賊（袁術）を討つための将軍"ということで「討逆将軍」。

　益州（えき）平定時に劉備（りゅうび）が諸葛亮（しょかつりょう）に与えた雑号に至っては、"諸葛亮（しょかつりょう）は軍師だから"という理由で、まんま「軍師将軍」。

　もはや「名前をつけるのがメンドくさかっただけ？」と思われるような雑号名も多々あり、まさに種々雑多でした。

　それぞれの将軍は軍団を率いることになりますが、軍団はいくつかの「部（ぶ）（C/D-1）」によって構成され、部はいくつかの「曲（きょく）（C/D-2/3）」によって構成され、曲はいくつかの「屯（とん）（D-3/4）」によって構成されていました。（＊07）

　「部」を率いたのが「校尉（D-1/2）」（秩石（ちっせき）：比二千石）。

　「曲」を率いたのが「軍侯（D-2/3）」（秩石（ちっせき）：比六百石）。

　「屯」を率いたのが「屯長（D-3/4）」（秩石（ちっせき）：比二百石）。（＊08）

－－－－－－－－－－－－－－－－－－－－－

　さて、こうして「三國志」の基本的世界観を俯瞰したうえで、いよいよ次章からは、彼ら諸将が「三國志」の舞台で大暴れすることになります。

（＊07）現代の軍隊で喩えれば、「部」は師団、「曲」は旅団、「屯」は隊に相当。

（＊08）さしずめ、「校尉」が少将、「軍侯」が大佐、「屯長」が隊長といったところ。

第1章 後漢末期

第1幕

黄天まさに立つべし
三國志の幕開け

どのような大帝国でもかならず亡びの時は来る。漢王朝も400年の時を越え、帝国の屋台骨は隅々まで腐り果て、宮廷は政争に明け暮れ、役人は私腹を肥やすことしか頭になく、民の怨嗟の声は天にも届き、その怒りは頂点に達していた。
こうした状況の中、最初に起こったのが張角である。

洪水！早魃！凶作！
そのうえ増税につぐ増税！
神も仏もないものか～っ！

各地飢饉

〈三國志の幕開け〉

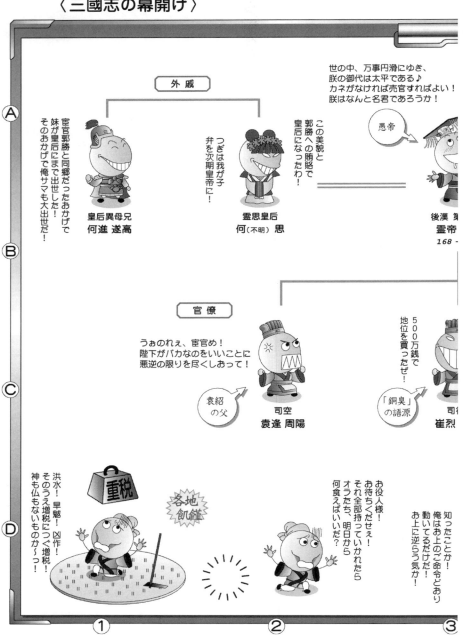

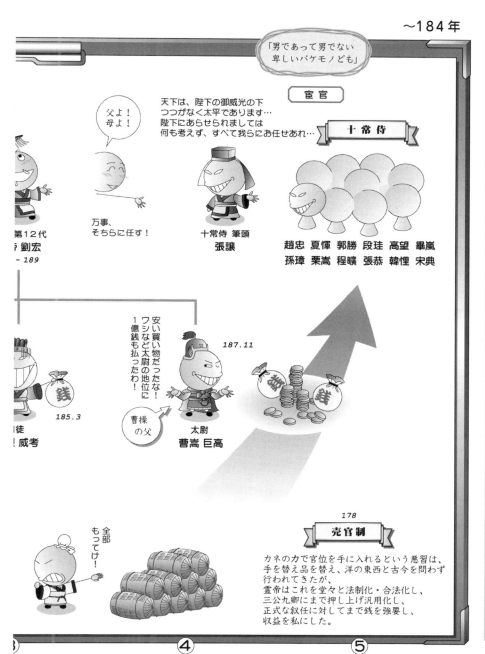

中国最初の「帝国（*01）」は、今から約2250年前に生まれました。
　それは、500年以上にも及ぶ永き戦乱時代（春秋戦国時代）を制した始皇帝によって興された「秦（*02）」という帝国です。
　しかしこの史上初の帝国は、始皇帝による無理な統一政策が祟ってわずか15年にして滅亡。
　これでふたたび戦乱時代に逆戻りかと思われた諸侯濫立の中、まもなく2人の人物が頭角を現しました。
　それこそが、かの「項羽と劉邦」。
　一時は「覇王」を名乗って天下に号令した項羽を、垓下の戦（202B.C.）で破った劉邦が開いた王朝が「漢（*03）」です。
　こうしてようやく安定した統一王朝が生まれましたが、羅貫中の『三國志演義』（以後、単に『演義』と表記）の冒頭の言葉どおり、世の中というものは、
　——　分かれて久しければ必ず合し、合して久しければ必ず分かる　——
　分裂しているものはいつかはひとつとなり、ひとつとなっているものはいつかは分裂するもの。
　如何な大帝国「漢」とて例外に非ず。
　高祖から数えて300年ほど経った和帝（後漢第4代）以降、漢も黄昏の時代を迎えていました。
　漢に限らず、中国の歴代王朝はつねに3つの勢力に脅かされます。
　それが官僚・外戚（*04）・宦官（*05）です。
　官僚（B/C-1/2）は、政治の実務を担当しているため、汚職も思いのままで、つねに皇帝に意見具申できる立場にありました。

（*01）秦の始皇帝から清の宣統帝まで、2100年以上にもわたってつづいた中国の国体。
（*02）中国を表す「支那」「China」の語源となったといわれています。
（*03）漢字・漢民族・漢方・漢文など、中国を表す多くの言葉の語源となった王朝。
（*04）皇后の一族。帝室はつねに外戚に帝位を簒奪される危険にさらされていました。
（*05）去勢された皇帝の側近。

宦官（A-5）は、皇帝が幼いころからずっと皇帝のお側に仕え、身の回りの世話全般を司る立場でしたから、皇帝が心を許して接することも多く、うまく皇帝に取り入れば、これを意のままに操ることも可能でした。

外戚（A-1/2）は、皇后（皇帝の妻）・皇太后（皇帝の母）を介して皇帝に接近できたため、うまく立ち回れば王朝の簒奪も可能な立場です。

現に、前漢初期の外戚・呂氏はほとんど漢を乗っ取る寸前までいきましたし、前漢末期の外戚・王氏はついに王朝を簒奪して、一時的に「新（A.D.8〜23）」という帝国を築いたほどです。

この「新」を境に漢朝は「前漢」と「後漢」に分けられますが、後漢になっても外戚の脅威は衰えることはありません。

・4代 和帝　　　　　の御世には、外戚の竇氏
・5代 殤帝・6代 安帝の御世には、外戚の鄧氏
・7代 少帝・8代 順帝の御世には、外戚の閻氏
・9代 冲帝・10代 質帝の御世には、外戚の梁氏
・11代 桓帝　　　　　の御世には、外戚の竇氏
・12代 霊帝・13代 少帝の御世には、外戚の何氏

…と、和帝以降歴代皇帝はことごとく外戚に擁立された幼帝ばかりで、これに対抗するべく官僚・宦官も陰謀を巡らせたため、宮廷ではこれらが三ツ巴と

霊思皇后
何（不明）思

後漢 第12代
霊帝 劉宏

十常侍 筆頭
張譲

なって権力争いに明け暮れ、宮廷には民衆を顧みる者とていなくなります。
　殤帝などは生後100日で即位し、満1歳になる前に毒殺されていますし、沖帝は1歳で即位して半年で毒殺されるという有様。(＊06)
　質帝はそろそろ物心もつきはじめた7歳で即位したため、外戚の梁冀将軍を勢いで「跋扈将軍め！」と口走ってしまい、在位わずかに1年で梁冀将軍に毒殺されることになります。
　しかしつぎの桓帝は、即位時すでに14歳だったため、側近の中常侍(＊07)と結託して政変を起こし、"跋扈将軍"を誅殺することに成功。
　そのまま梁一族を族滅(＊08)することに成功します（159B.C.）が、それは単に外戚の専横から宦官の壟断に移っただけのことでした。
　外戚の排除に喜んだ桓帝がこれに報いるため、宦官たちを列侯に封じただけでなく、養子を迎えることまで認めてやったためです。(＊09)
　これにより、外戚を排除しても、その代わりに世襲化した宦官が跋扈して宮廷は腐敗していきました。

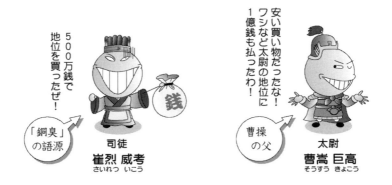

（＊06）一応公式上は病死ですが、まず間違いなく毒殺です。
（＊07）皇帝の身の回りの世話をする官職のこと。「序章 第3幕（D-2/3）」を参照のこと。
（＊08）一族郎党を老若男女を問わず皆殺しにすること。
（＊09）宦官は去勢されていたため、どんな爵位や領地をもらってもこれを子孫に継承させることはできません。そこで養子を認めてもらえるよう嘆願したのでした。

じつはこのとき、曹騰[字：季興]*（以下[ ]内は字）という宦官が夏侯嵩[巨高]**（C-4）という子供を養子に貰いうけますが、彼こそがのちの曹操[孟徳]***の父となり、この一族がのちに漢王朝を亡ぼすことになります。

* 安帝・順帝・冲帝・質帝の4帝に仕えた宦官で、絶大な権勢を誇りながら、慎みと寛容さを忘れず、自分を弾劾した益州刺史（种暠）を「公正だ」として擁護し、弾劾した种暠の方が恐縮したほどだったという。

** 一般にもともと夏侯氏出身だとされているが、『正史』ではそのことには触れられず「出自不詳」としている。のちに売官制に基づき、1億銭で「太尉」の地位を買った人物。黄巾の乱後、難を避けて琅邪郡に隠遁していたのだが……

*** 魏の初代曹丕の父。夏侯惇・夏侯淵・曹仁らは族兄弟（または従兄弟）。若いころは放蕩の限りを尽くして手が付けられず、父曹嵩を心配させた ── という逸話といい、天下統一寸前で天命尽きたところといい、「織田信長」を彷彿とさせる。

宦官たちの壟断は外戚による専横が懐かしく思えるほどで、これを憂えた官僚たちが何度も宦官の排斥に乗り出すも、ことごとく返り討ちにあって逆に宮廷から追放処分（*10）を受ける有様。

元曲『琵琶記』の主人公としても有名な蔡邕[伯喈]*も宦官の排斥を皇帝に訴えましたが、かえって宦官の誣告によって左遷（揚州）されてしまいます。

* 天下に轟く博学で、何度も中央に推挙されながら、根っからの学者肌で権勢に興味なく、何度もこれを固辞していました。のち、正史となるはずだった『漢史』の執筆中に王允の怒りに触れて処刑されてしまう。

こうして、霊帝（A/B-3）の御世（168〜189年）には、帝国は断末魔の声を上げるようになっていました。

どんどん悪化する財政を賄うため、霊帝は「売官制（D-5）」を施行しはじめます。

（*10）これが所謂「党錮の禁（獄）」。よく勘違いされているように「投獄」されたわけではなく、朝廷への出仕を禁じられただけ。桓帝のころ（166年）に「第1次」、霊帝のころ（169年）に「第2次」と2回実施されています。

官位を、才能や人格によってではなく、ゼニで売り渡そうというのですから、その後の展開は火を見るより明らかです。

500万銭で「司徒(＊11)」の地位を買った崔烈[威考]＊(C-3)は、腐敗政治の象徴として後世に至るまで語り継がれる(銅臭)ようになり、曹嵩(＊12)(C-4)は1億銭で「太尉(＊13)」の地位を買い(187年)、権勢を誇るようになります。

> ＊ 名門出身で若いころから要職を歴任し、いずれは三公になるだろうと誰もが思っていたのに、その地位を銭で買ったことにより晩節を穢すことになった人物。
> 子に、崔均[元平]と崔鈞[州平]がいる。崔均と崔鈞は同一視されることも。

この売官によって、確かに宮廷は莫大な増収となりましたが、そんなものは一時的なもの。

銭で地位を買った者がまっとうな政治を行うはずもなく、その任期中に考えることは「民の喜ぶ政治をしよう」ではなく、「使った銭以上に私腹を肥やそ

(＊11) 三公(司徒・司空・太尉)のひとつ。行政長官で、日本では首相にあたります。

(＊12) 前のページで曹騰の養子になった夏侯嵩。養子に入ったあとは改姓し曹嵩となります。

(＊13) 三公(司徒・司空・太尉)のひとつ。軍事長官で、旧日本の陸相にあたります。

う！」とするのみで、ただただ庶民に重税を課し（D-3/4）、賄賂を受け取ることに腐心しましたから、金権政治がはびこって政治は紊乱し、経済は破綻し、飢饉は続発（D-1）するようになります。

こんな状態が長くつづくはずもなく、売官制が実施されてからわずか6年後の184年（光和7年）、ついに民衆の怒りが大叛乱となって帰結しました。

それがかの有名な「黄巾の乱」です。

『三國志』の物語はここから幕を開けたといってもよいでしょう。

しかし、この叛乱首謀者の張角＊という人物については、その氏素性・叛乱前の経歴についてほとんど何もわかっていません。

> ＊ 字すら不明。『演義』では、設定上「不第秀才（科挙に合格できていない浪人生）」という肩書が与えられているが、そもそも当時は「科挙」自体がありませんから、まったくの創作。

そこで、小説の『演義（＊14）』の方では、経歴不詳ではおもしろくないので、かなり尾ヒレがつけられています。

――不第秀才（落第書生）だった張角が、ある日、山へ薬草を採りに行ったところ、「南華老仙」と名乗る、浅葱の杖を持った碧目童顔の老人に出会い、その老人から『太平要術』という秘術書を賜ったことで、妖術を身につけることになった。

南華老仙は彼に書を渡すと、最後にこう言い残し、姿を消します。

「ただし、心せよ。

この術は、世を正し、広く人民を救うためにのみ使うのじゃぞ。

如何に力を得たからとて、けっして邪な心を抱くでない。

抱かば、たちまち天罰が下り、おぬしの身を亡ぼすことになろう！」

これは、のちに張角が志半ばで病死するのは"邪な心を抱いたためだ"という伏線になります。

（＊14）「正史と演義の違い」については「序章 第1幕」を参照。

今となっては張角の経歴を知る由もありませんが、しかし世が乱れたとき、民の怨嗟の声を糾合して妖しい似非宗教が跋扈するのは、洋の東西を問わず世の常ですから、彼もまたそうした歴史のうねりに翻弄されたひとりにすぎなかったことは確かでしょう。

　彼は「大賢良師」と称し、道教系の「太平道」を開いて、犯した罪を懺悔させることで「病を癒す」として、急速に信者を拡大させていきます。

　これはカンタンな手品で、懺悔させるなどの行為によって"心の重荷"を解放させると同時に、「これで治る！」と暗示をかけることによって病状が改善する、いわば「プラシーボ効果」(＊15)を利用したものにすぎません。

　暗示にかかれば「奇蹟だ！」と喧伝し、効果が出なかった場合は「信仰心が足りないからだ！」と信者を責め、責任を転嫁する。

　こうすれば、たとえ治っていなくても信仰心を責められたくない一心で、信者は「治った！」と主張するようになります。

　洋の東西と古今を問わず、新興宗教はほとんどこの手を使って布教を行うものですが、太平道もそのうちのひとつの似非宗教にすぎません。

　こうした"手品"は、太平の世なら誰も見向きもしないような他愛もない幼稚なものにすぎませんが、頽廃・混迷した世にあっては、このような"子供だまし"も人々の心を鷲づかみにします。

　太平道の信徒がたちまち数十万にも膨れあがるや、張角は南華老仙にも釘を刺されていた"邪な野心"を抱くようになっていきました。

　信徒を36の「方」(＊16)に分け、自らのイメージカラーを「黄」として、信徒には目印として「黄色い巾」を頭に巻かせます。

（＊15）思い込みによる効果。古今東西、あらゆる宗教が信者に「懺悔」を要求するのはこのプラシーボ効果を「奇蹟」とすり替えるため。同時期に展開した五斗米道も「懺悔」させていましたし、20世紀初頭に現れた怪僧ラスプーチンも同様の手法で詐欺を行っています。

（＊16）規模によって「小方（6000〜7000人）」と「大方（1万人）」に分けられた軍事組織。いわば、現代でいうところの「旅団」「師団」に相当するもの。

彼らが「黄巾党」とか「黄巾賊」と呼ばれる所以（ゆえん）です。

やがて、大賢良師（張角（ちょうかく））は、スローガンを掲げ蜂起を促しました。

── 蒼天已死（そう）（蒼天すでに死す）
　　黄天當立（こう）（黄天まさに立つべし）
　　歳在甲子（とし）（きのえね）（歳は甲子にあり）
　　天下大吉（天下は大吉ならん）

「蒼天」とは五行思想に基づく漢王朝を表し、「黄天」とは太平道の世を表しています。(＊17)

そして「甲子（きのえね）」というのは、十干と十二支(＊18)を組み合わせて60で一回りする「干支（えと）」という暦の数え方の最初の年のことです。

張角が野心を抱いたころは、暦のうえでちょうどこの甲子（きのえね）の日が近かったため、蜂起の日を甲子（きのえね）の年・甲子（きのえね）の日(＊19)に定めたのでした。

ここからいよいよ「三國志」の時代は幕を開けます。

（＊17）このことについては、本幕のコラム『なぜ「蒼天」なのか？』を参照のこと。

（＊18）十干とは「甲乙丙丁戊己庚辛壬癸」、十二支とは「子丑寅卯辰巳午未申酉戌亥」。

（＊19）当時の中国暦（四分暦）では光和7年3月5日、西暦では184年4月2日。

Column　なぜ「蒼天」なのか？

　五行思想とは、万物が「木・火・土・金・水」で構成され、万物は流転しているとする考え方です。
　流転には「相生」と「相剋」の2つの考え方があり、「相生」は、
- 木から火が生まれ、（木は燃える）
- 火から土が生まれ、（燃えたあとは灰が残る）
- 土から金が生まれ、（土の中から金属が産出される）
- 金から水が生まれ、（金属の表面に水滴が付く）
- 水から木が生まれる（水を与えれば木が育つ）

…とするもので、もうひとつの「相剋」は以下のとおり。
- 木は土を滅ぼし、　（木は土の栄養分を吸い取る）
- 土は水を滅ぼし、　（土は水を吸い取る）
- 水は火を滅ぼし、　（水は火を消す）
- 火は金を滅ぼし、　（火は金属を溶かす）
- 金は木を滅ぼす。　（金属でできた斧は木を切り倒す）

　そして、それぞれに「木 → 青」「火 → 赤」「土 → 黄」「金 → 白」「水 → 黒」と色がつけられ、これが歴代王朝にも適用されます。
　漢王朝は「火徳（赤）」を自称していましたから、火のつぎに生まれる（相生）のは「土徳（黄）」のはずで、だからこそ張角は「黄天」と叫んだと思われますが、それならば漢王朝は「赤天」のはず。
　なぜ彼は「蒼天」と叫んだのでしょうか？
　蒼天では漢王朝は「木徳（青）」となってしまいますが、漢王朝を木徳と考える学者は他におらず、そもそも土徳の前は、相生なら「火徳」、相剋なら「水徳」であって、どちらにせよ木徳にはなりません。
　そこで、「そもそもこれは五行思想に基づいたものではない」とか「張角は独自の五行思想を持っていた」とか諸説唱えられていますが、いまだ結論を見ません。筆者はもっと単純に「張角は無学で、五行思想をよく理解できていなかった」と推測しています。

第1章 後漢末期

第2幕

裏切りからの蜂起
黄巾の乱の勃発

決起の日は決まった！あとは決起の日まで万全の準備を整えておかなければならない。蜂起を確実に成功させるためには、帝国内部からの内通者が必要だが、封諝とかいう宦官が味方についた。そのつなぎとして帝都に馬元義も送り込んでおいた。すべては順調だ。そう、すべては順調のはずだったのに…。

張角の野郎が謀反を
起こそうとしてますよ〜

密告

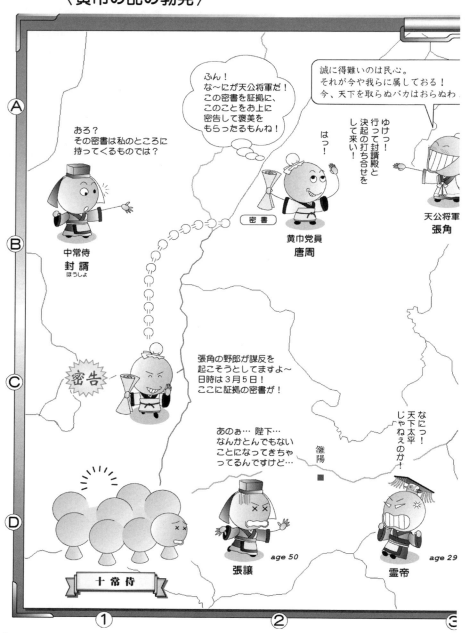

第2幕 黄巾の乱の勃発

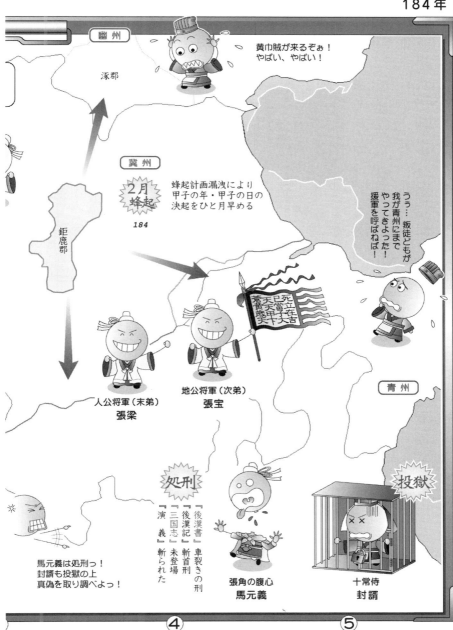

歴史というものは、ひとたび動きはじめたが最後、これを止めることは何人（びと）たりともできません。

　堰（せき）を切った歴史の激流に逆らおうとする者は、例外なく歴史によって抹殺されます。[*01]

　しかし逆に、歴史が動かないときというのは、どれほど王朝が腐りきっていようが、叛乱が繰り返されようが、ビクともしません。

　実際、順（じゅん）帝のころから黄巾の乱が勃発（184年）するまでの半世紀間、宮廷は腐り果て、皇帝は幼帝・愚帝がつづき、汚職がはびこり、統治は弛緩し、毎年のように各地で叛乱が起こって至るところ死屍累々（ししるいるい）でしたが、それでも王朝は"安泰"でした。

　桓（かん）帝・霊（れい）帝などは、政務を宦官（かんがん）に丸投げし、乱費放蕩（ほうとう）の限りを尽くしたにもかかわらず、親族家臣に看取られながら、布団の中で"安らかな死"を迎えています。

　しかし、断崖絶壁の波打ち際、幾千幾万の大波が打ち寄せようともビクともしていないように見える岸壁も、実際には、波が打ち寄せるたびに少しずつ変形させられており、崩落するときは"ある日突然"です。[*02]

　そしてひとたび崩落が始まったが最後、それを途中で止めることは誰にもできません。歴史もこれと同じです。

　後漢王朝もまた、幾たびも打ち寄せる波（叛乱）にビクともしていないように見えましたが、"最後の一波"で一気に崩壊が始まったのです。

　その"最後の一波"こそが「黄巾の乱」。

　後漢王朝が名実ともに亡びるのは、さらに36年後ですが、すでに「黄巾の乱」が起こったこの瞬間、後漢王朝は"死に体"となったと言えるでしょう。

（*01）よく「例外のない例外はない」と言われますが、これに限っては、ひとつたりとも例外はありません。

（*02）ちなみに、いつも同じ姿を見せているように見えるナイアガラの滝も、じつは浸蝕によりじわじわと後退しており、あと2.5万年後には消滅するといわれています。

——まことに得難いのは民心。
　　それがいまや我らに属しておる！
　　今、天下を獲らずして、いつ獲るのだ！？（A-3）
　こう言って蜂起を決意した張角（A/B-3）は、より確実に叛乱を成功させるため、漢王朝を外から叩くと同時に内からも崩壊させるべく、彼の腹心の部下馬元義＊を中央に派遣します。

> ＊ これ以前の経歴はまったく不明で、名すらわかっていない人物。『演義』には登場するが、『正史』には登場しない。しかし、『後漢書』や『後漢記』には登場するので実在の人物であることは確か。

　その結果、中常侍の封諝＊（B-1）らと内通することに成功し、来たるべき甲子の日（3月5日）の挙兵に内応する約束を取りつけます。

> ＊ 詳しい経歴等は一切不明。『正史』では一介の中常侍として登場するにすぎませんが、『演義』では中常侍のトップに君臨する「十常侍」のひとりに数えられている人物。

　　——でかしたぞ、馬元義！　これで叛乱は成功したも同然だ！

ところが。
その最終調整のために馬元義の部下である唐周*(A/B-2)に密書を持たせて封諝の許へ向かわせたところ、何を思ったか、彼はその足で十常侍(＊03)(D-1)の許に向かい、手にした密書を証拠として密告してしまいます。

 ＊ これ以前の経歴は一切不明で、字すらわかっていない人物。黄巾賊でありながら、なぜ決起直前になって裏切ったのかも不明。このあと彼がどうなったのかも不明だが、おそらく連座して処刑されたと思われる。

こうして、計画はあっけなく露見。
都にいた馬元義は即刻逮捕、処刑され(＊04)(D-4/5)、封諝は投獄(D-5)、帝都に住む信徒数千人がことごとく処刑されてしまいます。
——おのれ、唐周！
事の次第を知った張角は地団駄を踏みましたが、すべてはあとの祭。
このままでは全国の信徒は芋づる式に逮捕・処刑されてしまうこと必定。
もはや一刻の猶予もない！

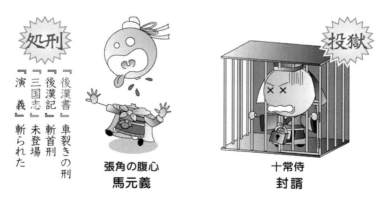

(＊03) 中常侍の中でもとりわけ権勢を振るった宦官のこと。
　　　十常侍は『正史』では12名、『演義』では10名で、メンバーも若干違います。
(＊04) 『後漢書』では「車裂刑」、『後漢記』では「斬首刑」、『演義』では単に「斬られた」とあり、その処刑法はバラバラです。

「甲子蜂起」などの体裁にこだわっている余裕はない！

張角は計画を繰り上げ、ただちに蜂起することを決意します。

自らは「天公将軍」、次弟張宝＊は「地公将軍」（C-4）、末弟張梁＊は「人公将軍」（C-4）と称して、各地に檄を飛ばすや、叛乱は一気に華北一帯に広がっていきました。

> ＊ 張宝・張梁とも、張角の弟ということ以外、叛乱前の経歴については不明。
> じつは叛乱を起こしたときすでに張角は病身にあり、実質的指導者は張宝だったといわれている。

しかし。

叛乱・政変というものは綿密な計画の下、粛々と実行されなければ成功の見込みはほとんどなく、蜂起前から情報が漏れるようでは、黄巾の乱も成功する見込みは最初からほぼなかったといってよいでしょう。

人公将軍（末弟）
張梁

地公将軍（次弟）
張宝

Column　英雄は"乱"を好む

　こうして黄巾の乱が勃発したとき、曹操30歳、劉備24歳、孫堅29歳（または30歳）でしたが、彼らは全員、漢朝の官位序列から見ればごくごく下っ端にすぎませんでした。
　このころの劉備など「中山靖王劉勝（漢の武帝の弟）が末孫」を自称する、ただの勉強嫌いなムシロ売り。
　そもそも本当に劉勝の末孫かどうか知れたものではありませんでしたし、仮に真実だとしても劉勝には50人ほどの子がいたため、当時「中山靖王の末孫」など数えきれないほどいました。
　もしこのとき「黄巾の乱」が起こっていなかったら！
　劉備など一生ムシロ売り風情で終わったでしょうから、彼にとって「黄巾の乱」はまさに"僥倖"だったと言ってよいでしょう。
　しかしそれは曹操・孫堅とて同じで、曹操は宦官の出であったため同僚から蔑まれ、30歳になっても彼の地位はたかだか県令。
　20代のころの彼の夢は「征西将軍になること」でしたが、30にもなって県令ではとても出世コースに乗っているとは言えず、黄巾の乱が起こらなければ、征西将軍すら"夢のまた夢"だったことでしょう。
　ましてや孫堅など、まさに"どこの馬の骨とも知れぬ人物"で、若いころ海賊を追い払った功によって官位は得ていたものの、たかが県丞。
　彼もまた黄巾の乱なくして、天下に名を轟かせることなどけっしてなかったことでしょう。
　このように、平和なときに英雄が現れず、動乱の世になるとまたぞろ現れるようになるのは、"動乱の世"こそ英雄たちがその才を如何なく発揮できる立脚点だからです。
　海では恐怖の鮫も、陸に上がればぴちぴち跳ねることすらできなくなるように、英雄も動乱の世でなければその才を発揮できません。
　動乱の世こそ、天才・英雄がわらわらと湧き起つとき！
　だからこそ「三國志」はおもしろい！

第1章　後漢末期

第3幕

曹操就到！
（ツァオツァオチウタオ）
黄巾の乱の鎮圧

黄巾の乱が起こるとたちまち帝国北部を蹂躙、賊が帝都に肉薄する。ただちに国庫が開かれ、帝室の軍馬が解放され、討伐軍が編成された。何進を大将軍として盧植・朱儁・皇甫嵩ら中郎将が北へ南へ東へと向かう。ここに三國志の重要人物、董卓・曹操も加わって、いよいよ「三國志」が本格的に展開しはじめる。

孟徳参上！

曹操登場

騎都尉
曹操 孟徳

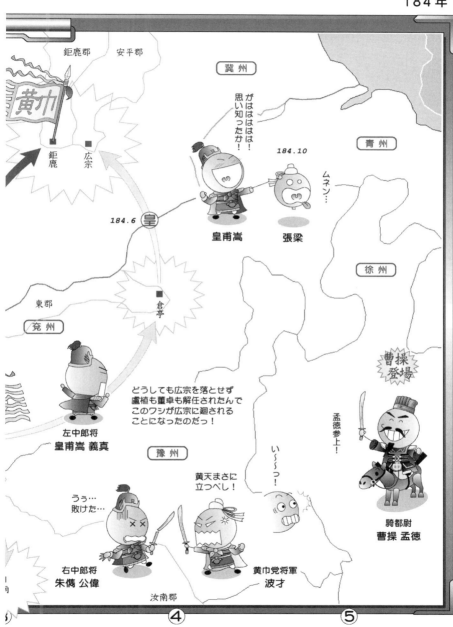

こうして、ついに冀州 鉅鹿郡 鉅鹿県（A-3）を中心として、黄巾の乱は勃発しました。

ここに至るまでも毎年のように農民叛乱は起こっていましたが、従来の農民叛乱と一線を画していたところは、従来の農民叛乱が計画も展望も理想もなく、ただ感情的になって闇雲に暴れていただけだったのに対し、黄巾の乱がはっきりと「王朝打倒」を標榜し、組織化されていたことです。

叛乱軍は各地の地方官庁を襲って、今まで散々暴利を貪ってきた役人たちを惨殺し、そこを占拠しつつ勢力を拡大していきます。

その勢いたるや、冀州鉅鹿郡を中心として、北は幽州、東は青州（A-5）、西は并州（A-2）、南は兗州（B/C-3）・豫州（C/D-4）・徐州（B-5）、そして揚州北部までがアッという間に黄巾党によって蹂躙され、蜂起後わずか１ヶ月で潁川郡（D-2/3）まで押さえられ、叛乱軍が帝都雒陽（＊01）（C-2）のわずか100km先まで肉薄したことに朝廷は狼狽します。

霊帝（C-1）は、ただちに何進［遂高］＊（C-1/2）を大将軍に任じて帝都防衛にあたらせるとともに、盧植［子幹］＊＊（A/B-2/3）を北中郎将に任じて叛乱軍の本拠地のある鉅鹿に向かわせます。

　＊ 霊帝の妻（何皇后）の兄。もともと牛や豚などの解体業者でしたが、妹が皇后になったことによって大出世を遂げた人物。

後漢 第12代
霊帝 劉宏

大将軍
何進 遂高

雒陽
■

（＊01）本来は「洛陽」と表記される地ですが、漢王朝は五行思想で「火徳」だったため、水を意味する「氵（さんずい）」は縁起が悪いと、漢の時代のみ「雒陽」と表記されていました。

> ** 武も立ち、馬融に師事して古今の学問にも通じた文武両道の将軍で、そのうえ節度もあり、人望も高い将軍。幽州 涿郡 涿県出身で、劉備と同郷であったことから、劉備は若いころ彼に師事している。

　さらに、朱儁[公偉]*（D-3/4）を右中郎将に、皇甫嵩[義真]**（C-3/4）を左中郎将に任じて、両将軍を帝都の目の前まで迫ってきている黄巾賊を撃退するため、頴川に向かわせました。

> * 幼いころに父を亡くしたため、赤貧生活を強いられながらも、孝行と人柄と才が評判となり、推挙を受けて出世していき、このころには将軍にまで昇りつめていた苦労人。実直な性格で、この後の動乱で、人生を翻弄される人物のひとり。

> ** 武人の家柄で、文武両道で名を馳せた将軍。黄巾の乱の勃発の際、霊帝に帝室私財（軍費・軍馬）を放出するように具申した人物。このころ董卓を部下としていたことがあり、董卓が太師となって立場が逆転し、屈辱を味わっている。

　とにかく手勢は少しでも多い方がよい。
　そこで朱儁将軍はこのとき、当時海賊退治（*02）で名を馳せていた同郷（揚州）の孫堅[文台]*を召し出して、自軍に従軍させています。

（*02）わざと海賊からよく見える見晴らしのよい丘に立ち、大軍を指揮しているようなジェスチャーをしたところ、それを遠目に見た海賊が丘の向こうから大軍が攻めてくると勘違いし、掠奪を中止して先を争って逃げ出したといいます。

* 孫策・孫権の父。孫武の子孫という説も。若いころの経歴は不明だが、17歳のときたったひとりで海賊を撃退したことで有名になり、これを契機に各地の官職を歴任するようになっていた。のちの呉の基盤を作った人物。

そして、この朱儁・皇甫嵩両軍を迎え討つは、黄巾党の波才*将軍。

  * 経歴等詳細は不明。三國志では『正史』『演義』のどちらにも登場しない人物だが、『後漢書(霊帝紀/皇甫嵩伝)』に登場するため実在の人物とされている。『演義』では、波才の役割を張宝・張梁兄弟に代行させている。

黄巾軍など軍人でも何でもない、ただの飢えた農民たちの寄せ集めにすぎませんでしたが、その死をも怖れぬ奮迅ぶりを前にして、なんと"正規軍"たる先鋒朱儁軍が撃破されてしまいます。(D-4)

勢いに乗った波才は、敗走する朱儁軍を追ってさらに北上、今度は潁川郡長社(C/D-3)で皇甫嵩と対峙。

皇甫嵩軍も波才の大軍を前にして劣勢となり、一時は危機に陥ったものの、火計を用いて波才軍を混乱に陥れたところに、頼もしい援軍が登場しました。

それこそが、騎都尉の曹操(C/D-5)です。

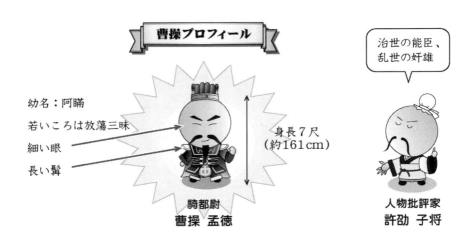

(*03) のちに、曹操打倒の陰謀を巡らせるとかならず露見することから、「説着曹操、曹操就到(曹操の話をすると曹操がやってくる)」という諺が生まれましたが、その一節。

まさに、「曹操就到(ツァオツァオチウタオ)(曹操がやってきた)」(＊03)！

この絶妙のタイミングで現れた曹操軍により、波才軍は大混乱に陥り、一気に形勢は逆転、勝利を収めることができました。

このように曹操の初登場(デビュー)はたいそう華々しい。

彼は、前述の太尉曹嵩の子で、その風貌に関する説明は『正史』にはありませんが、『演義』を紐解くと、「身長７尺（161cm）、細い眼、長い鬚(ひげ)」とあります。

細い眼、長い鬚はわかりませんが、背が低かったというのは各書物に共通するところですから史実だったと思われます。

彼自身も低身長がコンプレックスだったようで、のちに魏王となった曹操(そうそう)が匈奴の使者を迎えるにあたって、わざわざ威風堂々とした家臣を影武者として玉座に座らせて対応させたという逸話が残っている(＊04)ほどです。

子供のころはウソばかりつくので「阿瞞(あまん)（嘘つき小僧）」と呼ばれ、長じては放蕩(ほうとう)の限りを尽くしていましたが、当時太尉であった橋玄[公祖(こうそ)]＊からは、

「天下はまさに乱れておる！

関羽 雲長　　　劉備 玄徳　　　張飛 益徳

（＊04）『世説新語』より。

もはやこの状況、当代随一の才ある者でなくば治まるまい。
　そしてその"治めたる者"とは、曹操、お主のことやもしれん！」

  ＊ 代々高官の家柄で、族子に橋瑁がいる（英雄記）。桓帝・霊帝に仕え、三公を歴任したが、その彼がまだ無名の若造にすぎなかった曹操を一目見て上のように発言したという。これが曹操の名を世間に知らしめるきっかけともなった。

…と絶賛されており、また当時人気を博していた人物評論家の許劭［子将］＊からは「治世の能臣、乱世の奸雄(＊05)」と評されていました。

  ＊ 人物評論家として有名で、彼に賞賛された者はかならず大成し、されなかった者はかならず没落したという。橋玄から絶賛された曹操は、きちんと鑑定してもらおうと彼の下を訪れたのだが、そのときの鑑定が上のものだった。

これに対して、このころの劉備［玄徳］＊はというと、いまだ下積み、日の目を見ていません。

  ＊ 「中山靖王劉勝（漢の武帝の弟）が末孫」を自称するムシロ売り。ただ劉勝には50人ほどの子がいたため、当時「中山靖王の末孫」は数えきれないほどいた。若いころ盧植に師事していたが、学問嫌いで豪俠と遊んでばかりいたという。

『演義』では、彼はこのころ幽州 涿郡 涿県にて、関羽［雲長］＊・張飛［益徳］＊＊と出会い、「桃園結義」を交わしたということになっています。

  ＊ もともと河東郡出身だが、殺人を犯して涿郡に逃れてきたところで劉備と知り合う。万夫不当の豪傑だったが、それに恃み、傲慢で自信過剰なところがあり、のちそれが命取りに。見事な髯から「髯殿（正史）」「美髯公（演義）」と呼ばれた。

  ＊＊ 劉備と同郷で、劉備が兵を集めた当初から関羽とともに従う。字は「益徳（正史）」「翼徳（演義）」でブレがある。関羽に匹敵する豪傑だったが、酒豪で傲慢、気性が荒く感情に走るところがあり、それが大失態や命取りの原因となった。

――我ら三人、生まれし日、生まれし時は違えども、
　　兄弟の契りを結びしからは、心を同じうして扶け合うことを誓う！

（＊05）『後漢書』では「清平の姦賊、乱世の英雄」という表現になっていて、微妙に違います。

第３幕　黄巾の乱の鎮圧

　　同年・同月・同日に生まれることは叶わねど、
　　同年・同月・同日に死することを願う！
　これは、『演義』序盤のクライマックスのひとつですが、『正史』にはなく、史実であったかどうか疑わしいところもあります。
　しかし、彼ら３人が本当の兄弟以上に接し、いつも寝食を共にし、関羽も「死ぬときは同じと誓った仲である」と曹操に述べていることは『正史』にも書かれていることから、多少の脚色はあるにせよ、似たような出来事はあったと思われます。
　また『演義』では、桃園結義後ただちに挙兵し、各地を転戦して八面六臂の大活躍を見せたように描かれていますが、これは『演義』の創作です。
　もっとも『典略』を紐解くと、劉備は黄巾賊との交戦中に負傷したため、「死んだふりをして敵軍が去るのを待ってから帰った」という記述も見つかりますので、一応は参戦していたようで、実際その功により乱後、冀州 中山国 安喜県の尉（警察署長）の地位をもらっています。
　もっとも劉備はこの地位に不満タラタラだったようで、すぐに上司（督郵）を縛り上げて棒で200ほど打ち据えたあと(＊06)そのまま逐電してしまいます。

（＊06）『演義』では、督郵を打ち据えたのは「仁徳の劉備」ではなく「気性の荒い張飛」ということにされています。これだけでなく、『正史』で劉備がやらかした悪行非道は、たいてい『演義』では張飛のやったことにされています。

ところで。

長社の戦で波才を撃退したのち、朱儁・皇甫嵩両将軍は波才を追ってさらに南下、汝南（豫州 汝南郡）（D-3）でこれを討つことに成功。

ここで両将軍は二手に分かれ、朱儁は西に向かって宛（荊州 南陽郡）（D-2）に拠る黄巾軍 張曼成＊を攻め、これを制圧し、皇甫嵩は北上して倉亭（兗州 東郡）（B/C-4）に拠る黄巾軍卜己＊を潰滅させます。

  ＊ 張曼成・卜己ともに地方で黄巾党をまとめて戦った将軍だが、経歴等詳細は一切
   不明で『演義』では登場しない。張曼成は「神上使」を自称し苑に割拠していた
   が、朱儁軍が来る前に南陽太守（秦頡）に討たれた。

このように、朱儁・皇甫嵩の進軍は比較的順調でしたが、冀州方面に向かっていた盧植将軍は黄巾軍本隊を前にして攻めあぐねていました。

最初に攻めた鉅鹿はすぐに陥ちたのですが、隣の安平郡広宗に籠城されてからは、難攻不落のこの城を前にして膠着状態がつづきます。

いつまでたっても勝報が届かぬことに苛立ちを覚えた中央から、盧植将軍の許に小黄門（＊07）左豊＊が派遣され、視察に訪れます。

  ＊ 小黄門であること以外、経歴等一切不詳。中央に情報を伝える際、賄賂の有無多
   少によって報告内容を是にも非にもする典型的な宦官であった。皇帝の耳にはこ
   うした者からの情報しか入らないため、賄賂がはびこるのは当然であった。

しかし左豊は視察もそこそこ、慣例どおり賄賂を要求。

地獄の沙汰も金次第。

賄賂さえ払えば、皇帝には失態を隠蔽してでも朗報として伝えるが、払わねば、あることないこと捏造してでも誣告するまで。

ところが、実直な性格の盧植将軍はこれに激怒！

——なにぃ！？

今は兵に喰わすメシにも事欠いているこの状況なのに賄賂だとぉ！？

宦官のブタどもにくれてやるカネなど、ビタ一文あるか！！

（＊07）宦官の役職のひとつ。皇帝の側近として外部との連絡を司ります。

第３幕　黄巾の乱の鎮圧

賄賂をもらえなかった左豊は帰京後、ただちに霊帝に誣告します。
「盧植将軍はまじめに戦っていませんでした！」
霊帝はこの言葉を鵜呑みにして、ただちに盧植を更迭。
こうして彼は、檻車（＊08）に押し込められて都へ護送される憂き目に。

そして、彼の後任として広宗にやってきたのが、のちに『三國志』中最大の悪役となる董卓［仲穎］＊（B/C-3）でした。

　　＊ もとは辺境（涼州）の将軍のひとりにすぎなかったが、時流に乗って皇帝を手中
　　　に収めるや、暴政の限りを尽くすことになる人物。ただ、若いころは武も立ち、
　　　侠気もあり、部下からも慕われていたといわれている。

しかし彼もまた、いいところなく黄巾軍に敗北してまもなく更迭。
そこでつぎに白羽の矢が立ったのが、長社・汝南で波才を討ち、北上して倉亭で卜己を討って快進撃中の皇甫嵩将軍でした。
勅命に従い、彼は北上して広宗を包囲しましたが、しかし彼もまた、この鉄壁の守りを誇る広宗城を攻めあぐねます。
──うむむ、やつらの命をも恐れぬ勇猛な戦いぶりはすさまじい。

（＊08）車輪の付いた檻。罪人を輸送するための護送車。

盧植殿が陥とせなかったのも道理、これは容易なことでは陥ちぬぞ。
　ところが。
　そこに突如「張角病死！」の報が飛び込みます。
　これまで"ただの農民の寄せ集め集団"の黄巾賊が強かったのは、張角の絶対的カリスマ性にすがっていたからです。
　その"不死身の張角"が死んだとなれば、黄巾賊に動揺が走り、士気は落ち、意気消沈することは必定！
　皇甫嵩はこの機に総攻撃をかけると、あれだけ頑強だった城はあっけなく陥ちてしまいます。
　末弟張梁（A/B-5）を討ち、すでに埋葬されていた張角の墓を曝いてその首を落とし、これを帝都に送り付けます。
　これで残る首魁は次弟の張宝ただひとり！
　皇甫嵩は、そのまま北上して下曲陽に立て籠もる張宝を討つことに成功。
　こうして光和7年（184年）の年始め（2月）に勃発した黄巾の乱は、その年の末（11月）には張角三兄弟のすべてが討たれ、あっけなく幕を閉じます。
　しかし、不満がなくなったわけではありません。
　── カイゼルは去ったが将軍たちは残った ──（＊09）
　張角三兄弟が去っても、その残党たちは今後も長く燻りつづけることになります。

（＊09）1953年、ドイツ人作家テオドール＝プリーフィアが著した小説のタイトル。

第1章 後漢末期

第4幕

宦官の陰謀
十常侍の乱

黄巾の乱そのものは鎮圧したものの、秩序が回復することは二度となかった。以後、地方では叛乱が相次ぎ、中央では霊帝崩御を契機に継嗣問題が発生する。これにより宦官と外戚の対立が表面化。先手必勝の情勢にありながら決断できない何進に業を煮やした袁紹は諸将を帝都に呼ぶことを進言したのだが…。

ぐぞぉぉぉ！モタモタしてたら先手打たれたぁ！

十常侍の乱

〈十常侍の乱〉

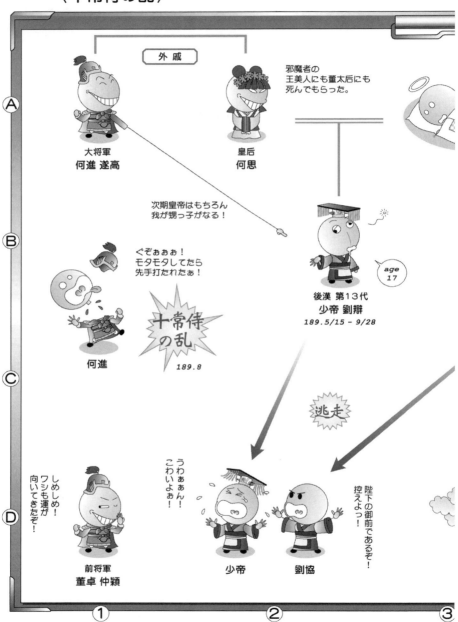

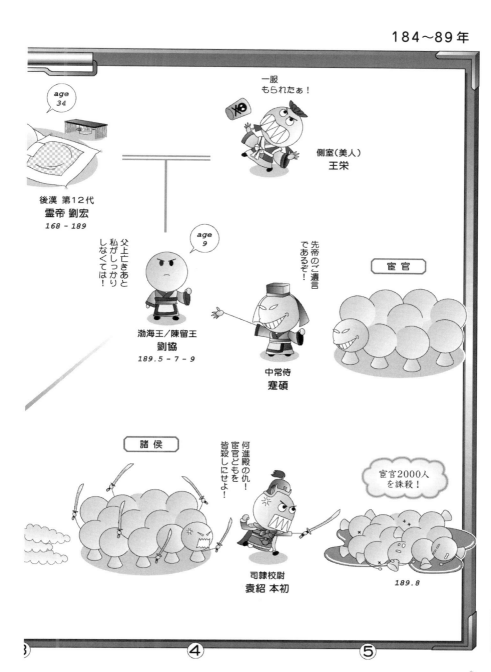

こうして、黄巾の乱そのものは 1 年足らずで鎮圧したものの、それで王朝がふたたび安泰に戻ることはありませんでした。
　黄巾党の首魁・張角三兄弟はいなくなっても、その残党たちが各地にくすぶりつづけ、また、こたびの叛乱を見た辺境勢力も王朝を侮るようになり、両者相まって各地で反乱が相次ぐようになります。
　主要なものだけを挙げてみても ──
　幽州では、漁陽郡を中心として起こった「張純・張挙*の乱」。

> * 黄巾の乱以前までは、張純が冀州中山国の相を、張挙が兗州泰山郡の太守をしていましたが、中央の扱いに不満を持ち、乱を機に幽州漁陽郡で挙兵。
> 張純が「王」、張挙が「皇帝」を僭称するも、確執のあった公孫瓚に鎮圧された。

　涼州では、「王国*・韓遂の乱」。

> * ややこしいが、これは「Kingdom」という意味の普通名詞ではなく、姓が「王」名が「国」という人名。『正史』でも本文には登場せず、裴注に「涼州の賊徒（英雄記）」「平民（典略）」とあるだけで、その詳しい経歴等は一切不明。

　幷州では、西河郡に拠っていた黄巾残党「白波賊」による「郭大賢*の乱」。

> * 『正史』本文には登場せず、裴注の『英雄記』と『漢紀』に他の有象無象の叛徒たちとともにその名が列挙されるだけで、経歴詳細は一切不明。そもそも「大賢」という名すらおそらく本名ではなく通称。本ページ（註 01）を参照。

　冀州から司隸にかけての地域では、張燕［飛燕］*を首魁とした「黒山賊」という黄巾残党の野盗集団が猛威を振るう。

> * 本姓は「褚」だったが、叛徒の張牛角と意気投合し、彼が戦死したとき「張」に改姓した。人望厚く、黒山賊は一時 100 万に達し、この動乱をうまく立ち回って、のちに朝廷や曹操に取り入って官位まで得た。

　その他にも、于羝根・張雷公・張白騎・李大目ら、有象無象の者たち[*01]

（*01）これらの者たちは、ヒゲを蓄えていたから「羝根」、声が大きかったから「雷公」、白馬に騎っていたから「白騎」、大きな目だから「大目」、賢かったから「大賢」と呼ばれていたにすぎず、"氏素性も知れぬ名もなき者たち"でした。

の叛乱が各地で打ちつづく中、今こそ朝廷は結束して事にあたらなければならないのに、この期に及んで権力闘争を繰り広げる有様。

とはいえ、いつの世も"亡びゆく組織"というのはこんなもの。

黄巾の乱から5年後（189年4月）、放蕩に放蕩を重ねた霊帝（れい）は、まだ34歳の若さで身体を壊し崩御（A-3）。

これを機に、それまでわずかに保たれていた宮廷の均衡も破れ、次期皇帝の地位を巡って、ふたたび外戚（がいせき）（A-1/2）と宦官（かんがん）（B-5）の権力闘争が表面化することになりました。

霊帝（れい）には2人の皇子がいたのですが、外戚が何皇后（がいせき か）（A-2）の子、当時17歳（＊02）の辯皇子（べんおうじ）（B-2/3）を推し、宦官（かんがん）が王美人（＊03）（A-4/5）の子、当時9歳の協皇子（きょう）（B-4）を推します。

霊帝（れい）は崩御の際、中常侍（宦官）（かんがん）の蹇碩（けんせき）＊（B-4/5）を枕元に呼び寄せました。

> ＊ 宦官は局部を切除されているため、貧弱な体型が多い中、彼は壮健な体つきだったため、校尉（軍司令官）に任命されている。『演義』では、十常侍筆頭として扱われているが、実際には、中常侍のひとりにすぎない。

── 暗愚な辯皇子（べん）ではなく、聡明な協皇子（きょう）を帝位に就けるよう…

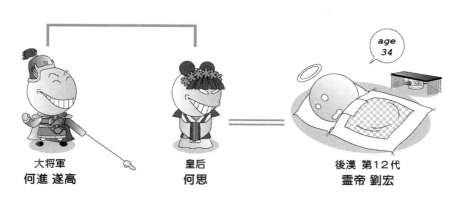

大将軍　　　　　皇后　　　　　後漢　第12代
何進　遂高　　　何思　　　　　霊帝　劉宏

（＊02）辯皇子の歳については13〜14歳説もあります。

（＊03）「美人」というのは「美しい人」という意味ではなく、後宮における官位の名前です。

霊帝からそう遺言された蹇碩でしたが、それを実現するためには、辯皇子の後盾（伯父）となっている何進（A-5）を亡き者にする以外になく、蹇碩は何進暗殺を企てます。
しかし、事はあっさり漏れ、逆に蹇碩の方が何進に誅殺される事態に。
これを知った司隷校尉の袁 紹［本初］＊（D-4/5）が何進に進言します。

  ＊ 4代にわたって三公を輩出した名門袁氏の出身。
    袁術の兄だったが、妾腹だったことから、正妻の子で"袁氏正嫡"を自任する袁
    術とは折り合いが悪かった。

——将軍！
宦官を討ち滅ぼそうとして、逆に滅ぼされた竇武［游平］＊ のことは知らぬはずはございますまい！？
決断を遅らせれば、竇武の二の舞となること、必定ですぞ！
このまま一気に宦官どもを皆殺しにするべきです！

  ＊ 桓帝の御世にあって、何進と同じ立場の「外戚にして大将軍」だった人物。宦官
    を討ち滅ぼす決意をしたとき、陳蕃が「決意したなら一気に！」と主張したのに
    対して「万全を期す」と決断を遅らせたことが災いして事が漏れ、殺されている。

しかし、この何進という男、所詮は"皇后の兄"というだけで何の実績もな

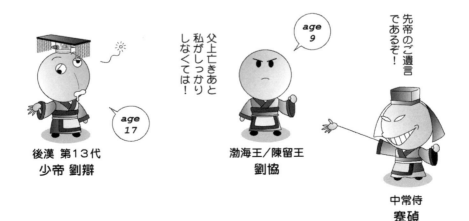

後漢 第13代
少帝 劉辯
age 17
父上亡きあと私がしっかりしなくては！

渤海王／陳留王
劉協
age 9

中常侍
蹇碩
先帝のご遺言であるぞ！

く下層民から成り上がってきただけの小者。

　戦(いくさ)の経験もなく、優柔不断のうえ小心者で、決断をためらったばかりか、事もあろうか、その大事を妹(何(か)皇太后)に相談する始末。

　宦官(かんがん)に囲まれて生活している妹などに相談すれば、宦官(かんがん)に事が漏れることなど火を見るより明らか。

　何度説得しても、すぐに妹に言いくるめられて戻ってくる何進に業を煮やした袁紹(えんしょう)は提案します。

──致し方ありませぬ。

　では、諸侯を帝都に集めては如何(いかが)でしょう？

　その軍事力で宦官(かんがん)・皇太后に圧力をかけるのです！

　しかし、そんなことをすれば諸侯に不用意に上洛の口実を与えるだけです。

　それによって、よしんば宦官(かんがん)の排除に成功したとしても、今度はその諸侯の誰かが実権を握って天下に号令し、今度は帝国存亡の危機に陥ることは目に見えています。

　目先の「宦官(かんがん)撲滅」のみに目を奪われて、その先がまったく見えていない袁紹(えんしょう)の無能ぶりを示す一幕。

　ところが、その袁紹(えんしょう)に輪をかけて無能だったのが何進(かしん)。

「なるほど！　それは妙案じゃ！」

　これに驚いた主簿の陳琳(ちんりん)［孔璋(こうしょう)］＊、尚書侍郎の鄭泰(ていたい)［公業(こうぎょう)］＊＊、尚書の盧植(ろしょく)らは、一斉に反対の大合唱。

　　＊　初め何進、のちに袁紹に仕える。名文家として有名で、官渡の戦の際に曹操打倒の檄文を書いている。あまりの名文ゆえに、罵倒された曹操自身が彼を気に入り、戦後、彼を召し抱えたほど。

　　＊＊　初め何進、のちに董卓に仕えるも、つねに董卓打倒を目論む。董卓の怒りに触れた袁紹を赦免させ、渤海太守に任命するよう策動した。やがて董卓暗殺後の混乱の中、長安を脱し、袁術の下へ逃れ、これに仕えるようになる。

──必要なのは将軍の決断ひとつであって、兵力ではない！

──都に諸侯、ましてや董卓(とうたく)などを呼び寄せたら、

　かならずや大きな災いとなって我々に降りかかりましょうぞ！

　その反対者の中には、あの曹操(そうそう)もいました。

――愚かな！

こんなもの、実行する前から失敗は目に見えておるわ！

しかし結局、何進はこれらの反対を押し切って全国の諸侯に檄を飛ばしてしまいます。

これによって大義名分を得た諸侯は、ぞくぞくと帝都目指して集結してきました。

その錚々たる面々を挙げれば、まずは、并州刺史（＊04）の丁原［建陽］＊、河内太守の王匡［公節］＊＊。

> ＊ もともと身分の低い出自だったが、武ひとつでのし上がってきた人物。并州刺史となったが、このとき并州（五原郡）出身の呂布を見出し、これを配下に加えている。『演義』では呂布を養子としているが、『正史』にその記述はない。

> ＊＊ 初め何進に仕える。ただし、『英雄記』によると、このころの王匡は徐州に赴任中であり、河内太守となったのは何進の死後とある。河内に赴任したとき、官民の罪過を調べ上げて、罪人から銭を要求、これに応じない者を族滅したという。

さらには、東郡太守の橋瑁［元偉］＊、騎都尉の鮑信［允誠］＊＊、虎賁中郎

十常侍の乱

ぐぞぉぉぉ！
モタモタしてたら
先手打たれたぁ！

（＊04）『演義』ではなぜか「荊州刺史」となっています。

（＊05）皇帝直属軍の将。詳しくは本書「序章 第３幕」を参照のこと。

第4幕　十常侍の乱

将(*05)の袁術［公路］***、そして件の前将軍董卓(*06)などなど。

> * 喬瑁とも表記。橋玄の族子ともいわれる（英雄記）が、詳しい経歴などは不詳。人柄はよかったが、なぜか劉岱とは折り合いが悪く（『演義』では兵糧を巡っての争いということにされている）、結局、劉岱に謀殺されてしまった。

> ** 『正史』には字の記述なく、「允誠」というのは『演義』に拠る。義侠に厚く、人望もあり、知謀にすぐれ、行動力もある人物であったが、『演義』では無能扱いされている。のち曹操に仕え、済北相となった。

> *** 4代前の袁安（司空・司徒）から始まり、3代前の袁敞（司空）、そして祖父の袁湯（司空・司徒・太尉）、父の袁逢（司空）と4世わたって三公を務めた名家出身だったため、自尊心の塊のような性格だったが、哀しいまでに無能な人物。

この動きに狼狽した十常侍は、何進暗殺を決意します。

――陛下を押さえておるのは我々じゃ！
　大将の何進を殺し、あとは詔(*07)を発して軍を掌握し、
　諸将を解散させればよい！

こうして、妹（何皇太后）の名を騙って何進を宮城に呼び出しました。

(*06) 黄巾の乱では失態つづきだった董卓は、その責により一時更迭されていましたが、裏から手を回し（贈賄）て、このころには復権し、雍州扶風郡に駐屯していました。

(*07) 皇帝の命令書。

しかし、この非常時に宮城に呼び出されたとなれば、誰が見ても陰謀が巡らされていることは明らか。
　のこのこ登城するわけが…と思いきや、何進（かしん）は何の疑いもなくこの呼出に応じようとします。
──お、お待ちください、将軍！
　これはどう考えても宦官どもの陰謀ですぞ！
　将軍のお命が！
　しかし、まるで危機感のない何進（かしん）はどこ吹く風。
　笑ってこの忠告を聞き流し、何の備えもなく登城します。
　こうして彼は、十常侍の張 譲（ちょうじょう）＊と段珪（だんけい）＊＊らによって斬殺されることになりました（十常侍の乱）。（B/C-1）

　　　＊ 桓帝の御世に小黄門、霊帝の御世に中常侍となって私腹を肥やした人物。中常侍の中でも権勢を誇った12人を「十常侍」というが、その筆頭格。多くの者が張譲を除くように霊帝に迫ったが、彼の舌先三寸で霊帝は丸め込まれていった。

　　＊＊ 何かと張譲と行動を共にした中常侍。十常侍のひとり。何進を謀殺する際、直接その兵を率いた人物。

──何進（かしん）は謀反の罪によって打ち首とした！
　城門の上から何進の首が放り投げられるや、騒然となった諸将たちは怒り狂い、袁 紹（えんしょう）（D-4/5）が筆頭となって城内に乱入、たちまちのうちに宦官（かんがん）2000人を惨殺してしまいます。（D-5）
　大混乱の中、宮城内にいる男は「鬚（ひげ）がない」という理由だけで片っ端から宦官（かんがん）と見做されて襲われたため、鬚のない者は着物を開けてイチモツをさらし、宦官（かんがん）でないことを示さなければならないほどでした。
──陛下を安全なところへお連れするのじゃ！
　こうした混乱の中、十常侍の張 譲（ちょうじょう）と段珪（だんけい）は、少帝辯（べん）・陳留王（＊08）協（きょう）を連れ

（＊08）陳留とは帝都のある河南尹の東隣、兗州最西端にある王国。

て命からがら宮城の北門から脱出(＊09)することに成功します。(C-2)
──陛下がおらぬぞ！
　ただちに追手を出せ！
　こうして、宮城の北、黄河の畔で盧植将軍に捕捉されるや、張譲と段珪は「もはやこれまで！」と、そのまま黄河に入水。
　しかし。
　これで万事解決かと思いきや、そこへ大軍が押し寄せてきました。
　それこそが、涼州兵3000を率いて帝都にやってきていた董卓です。
　彼は檄文を得て、他の群雄同様、帝都へ向かっていたのですが、その到着が遅れたことで、たまたま皇帝とばったり出くわしたのでした。
　こうして少帝辯と陳留王協は、董卓軍の保護下に入り、雒陽に帰還することになったのです。
　歴史が大きくうねりはじめた瞬間でした。

前将軍
董卓 仲穎

(＊09) 正門は雒陽城の南にあったため、将兵は南から殺到します。
　　　したがって、張譲・段珪らは北門から逃げることになります。

Column いつからいつまで？

　後漢末から西晋成立までの動乱時代を語るとき、「何年から何年まで」とするかはややこしい問題を抱えています。
　「名実ともに統一王朝がなかった時代」と捉えると、「後漢王朝が滅亡した220年から西晋王朝が再統一する280年までの60年間」となりますが、その期間に曹操は登場しません。
　もっと厳密に「魏・蜀・呉の三帝国がすべて出揃った時代」で考えると、「孫権が帝位に就いた229年から蜀が滅亡した263年までの35年間」となり、そこには劉備すら登場しません。
　しかしながら、曹操・劉備の語られない歴史が、この時代の本質を表しているとは到底いえませんから、魏の宮廷史家陳寿は、『三國志』の筆を起こすにあたり「曹操が生まれた155年から西晋が再統一する280年までの126年間」を扱うことにしました。
　さらにこれを小説化した羅貫中は、ほぼ「黄巾の乱から西晋が再統一するまで」を扱ったため、通常「三國志」といえば、この96年間（184〜280年）を指すようになります。
　ところで、このころまでの正史の書名は「○書」で統一（漢書・晋書・隋書・唐書など）されていましたが、なぜ『三國志』だけが唯一「志」という語尾になっているのでしょうか。
　じつは、他の正史はすべて「紀伝体」という記述様式が踏襲されており、「本紀（皇帝伝）」「世家（諸侯伝）」「列伝（重鎮伝）」「書（天文・地理・制度史）」「表（年表）」など紀伝体としての条件を満たしていますが、唯一陳寿の『三國志』だけが「本紀」と「列伝」のみで、「書」「表」すらなく、紀伝体としての最低限の体裁を整えていません。
　そこで陳寿も、「これは"誌"程度のものです」という意味合いで「三国志」（「志」と「誌」は同義）としただけといわれています。
　巷間よく勘違いされているように、「三國の志を記したものだから」ではありません。

第1章 後漢王朝

第5幕

士気なき群雄
董卓の変

董卓が献帝を押さえて暴政の限りを尽くすようになると、これを快く思わない諸将が「反董卓連合」の名の下、酸棗に結集する。しかし、彼らはお互いに牽制し合って日々宴会を繰り返すばかり。そうした中、曹操は滎陽で破れたものの、孫堅は陽人でこれを破り、帝都雒陽に迫った。しかし……。

ふん！
虎牢関は越えられても
函谷関は越えられんぞ！
長安の護りは鉄壁だ！

太師
董卓 仲穎

〈董卓の変〉

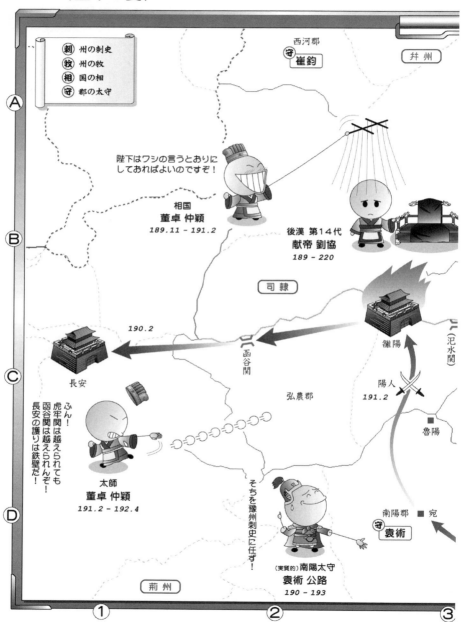

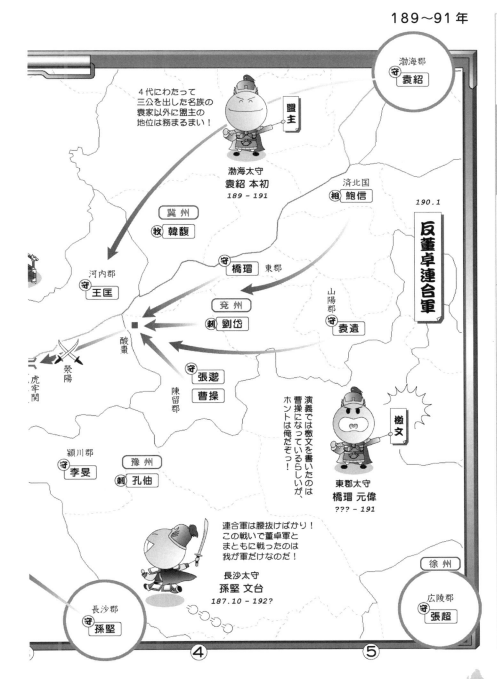

帝(みかど)を手に入れて都に凱旋した董卓(とうたく)(B-2)は野心を燃やします。
「このわしが、何進(かしん)に代わって実権を握ってやる！」
　しかしそのためには、今は亡き何進によって擁立された少帝辯をその玉座から引きずり下ろし、まだ幼い陳留(ちんりゅう)(C-4)王の協(きょう)を玉座に据え、その後見人になる必要があります。
　理由などはいくらでもあとから取って付ければよい。
「少帝は暗愚にして、陳留(ちんりゅう)王は聡明なりて…」とか。
　しかし、臣下が皇帝の首をすげ替えるなど、今、帝都に集まってきている諸将らが反対するに決まっています。
　彼らを黙らせるためには他を圧倒する軍事力が必要でしたが、董卓(とうたく)の手勢はわずか3000ばかりの涼(りょう)州兵のみ。
　そこで董卓(とうたく)は一計を案じます。
　まず上洛早々、主(あるじ)を失って動揺していた何進の軍を取り込み、さらに4〜5日ごとに夜間こっそりと兵を城の外に出し、朝になってから陣太鼓とともに賑やかに入城させるということを繰り返して、周りの者に「董卓(とうたく)軍は日に日に軍を増強している」と見せかけ(＊01)、加えて、并(へい)州(A-3)刺史の丁原の軍まで取り込みます(＊02)。
　その際、丁原の家臣であった天下無双の豪傑・呂布(りょふ)［奉先(ほうせん)］＊を養子に迎え、以後、自らの護衛をさせました。

> ＊ 并州五原郡出身なので、おそらく漢民族ではなくモンゴル人。三國志の中で「最強」と謳われる猛将でありながら、目先の利得に心を奪われて、安易に主君を殺したり裏切ったりを繰り返したため信用を失い、やがて自滅していくことに。

　こうして有無を言わせぬ圧倒的軍事力を手に入れた董卓(とうたく)は、ただちに少帝辯(べん)

(＊01) これは裴注『九州春秋』にのみ見える話で、真偽のほどは定かではありません。

(＊02) このとき董卓は、丁原の信用厚い家臣（『演義』では養子）呂布を甘言を以て籠絡させ、丁原を殺させることで丁原軍の取り込みに成功しました。

(＊03) 董卓の怒りを買って、盧植は処刑寸前に追い込まれます。このときは侍中の蔡邕が取りなして事なきを得ましたが、この出来事が他の者を震えあがらせることになりました。

第5幕　董卓の変

を廃位することを諸将に諮ります。
　1度目こそ尚書盧植が反対して失敗に終わった(*03)ものの、2度目では反対する者もなく(*04)、少帝は在位わずか4ヶ月にして廃位されて弘農(C/D-2)王に落とされ、陳留王だった弟の協を新帝に据えることになりました。
　これが「献帝(or 愍帝)」(*05)(B-2/3)(位189〜220年)です。
　董卓は自ら相国(*06)となり、御歳9歳の皇帝を傀儡として権勢を誇る体制を整えたのです。(A/B-2)
　「相国」といえば、漢帝国創業の功臣 蕭何と曹参にのみ許された官位で、その後400年近くにわたって"永久欠番"となっていた人臣最高位。
　こうして家臣の意のままに帝位が廃立されたことは、すでにこの時点(189年)で、漢帝国は本質的に滅亡したことを意味しています。
　しかし。
　これで何もかもが董卓の思い通りに動くようになったわけではありません。
　むしろ、この瞬間こそが彼の破滅の始まりといってもよいものでした。

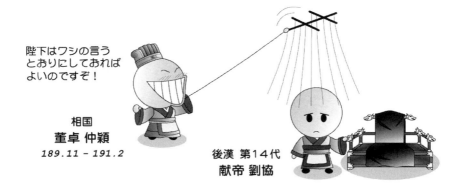

陛下はワシの言うとおりにしておればよいのですぞ！

相国
董卓 仲穎
189.11 - 191.2

後漢 第14代
献帝 劉協

(*04)『演義』では1回目で丁原が、2回目で袁紹が反対したことになっています。
(*05)これはのちに魏が諡った名であり、「帝位を献じた皇帝」の意。
　　　蜀から諡られた名は「愍帝」で「かわいそうな皇帝」の意。
(*06)この年(189年)の9月に「太尉」、11月に「相国」、そして191年の2月には「太師」となっています。

人間、己の"器"を大きく越える力（権力・財力など）が転がり込んできてしまったとき、悲惨な末路が待ち受けているものです。

　それは「ブケパロス（＊07）の背に乗せられたようなもの」で、それを乗りこなす器量があればどんな馬よりも速く遠くまで駆けることができますが、乗りこなせなければ、振り落とされて大怪我、ヘタすれば命を落としかねません。

　董卓も若いころは侠気を見せ、周りから慕われることもあった人物です。

　それが次第に粗暴な人物へと変容していき、特に太尉・相国となってからは、専横と暴虐の限りを尽くすようになり、後世「三國志最大の悪党」として語り継がれるようになってしまいました。

　帝室の財宝を私物化する、墓を曝く、己に諫言する者は片端から殺す──などということは序の口。

　たまたま通った町（＊08）の人々が年に一度のお祭りの準備をしていたのを見咎め、「農民ごときが着飾っておるとはけしからん！」などと意味不明な理由で町の男全員の首を落とし、女は"戦利品"として持ち帰って妾や下女として部下に与えるなど、もはやその傍若無人ぶりは異常です。

　しかし、それとて彼が根っからの「悪党」だったからではなく、おそらくは「小人（＊09）」だったからでしょう。

　自分の"器"を超えた強大な権力を持て余し、小人ゆえの哀しさ、情緒を安定させるのに「他者を力で圧する」ことでしか対処できず、あのような常軌を逸した悪虐非道を行うことになったのではないかと推察されます。

　こうした董卓の暴虐ぶりに、諸将らはつぎつぎと都を棄て、故郷に戻っていきました。

　その中には曹操もおり、彼は「董卓はかならず破滅する」と確信していたた

（＊07）アレクサンドロス大王の愛馬。手の付けられない暴れ馬で、誰ひとり乗りこなすことができなかったが、乗りこなすことさえできれば、どんな馬よりもすぐれた名馬でした。

（＊08）豫州 潁川郡（C/D-3/4）にある陽城県での出来事。

（＊09）気の小さい、取るに足らぬ凡庸な人物のこと。

め、董卓から「驍騎校尉(*10)」に任命されたにもかかわらず、これを受けずに郷里の陳留（C-4）に遁走してしまいます。(*11)

その直後、年が明けた正月（190年1月）、東郡（B-4/5）太守の橋瑁（C-5）が檄文を偽造して「董卓打倒」を諸将に呼びかけました。(*12)

これを受けとった諸将はただちにこれに応じ、「反董卓連合軍」（B-5）が結成されます。

その主だった者だけでも列挙してみると——

冀州（A/B-4）からは本連合軍の盟主となる渤海太守袁紹（A-5）と冀州牧韓馥［文節］*（A/B-4）。

> * 宮廷において御史中丞、尚書を歴任していた役人でしたが、董卓が実権を握ると、彼から冀州牧に任ぜられていた。優柔不断で、「反董卓連合」の檄に応えるかどうか悩み、諸将の情勢を見てから答えを出すことにしている。

兗州（B-4）からは、檄文を発した張本人・東郡太守橋瑁（B-4）を筆頭に、兗州刺史劉岱［公山］*（B/C-4）、済北国相鮑信（A/B-5）、山陽太守袁遺［伯業］**（B/C-5）、陳留太守張邈［孟卓］***（C-4）。

4代にわたって三公を出した名族の袁家以外に盟主の地位は務まるまい！

盟主

渤海太守
袁紹 本初

演義では檄文を書いたのは曹操になっているらしいが、ホントは俺だぞっ！

檄文

東郡太守
橋瑁 元偉

(*10) 皇帝直属軍の将校。

(*11) 『演義』では、王允から宝剣（七星剣）を授かって董卓暗殺を企てたものの、これに失敗したことで逃亡したことになっていますが、『正史』にはそうした記述は一切ありません。

(*12) 『演義』では、この檄文を偽造したのは曹操ということになっていますが、当時の曹操は無官であり、彼に檄文を発するほどの力はありません。

* 漢室（高祖）につながる家柄で劉繇の兄。初め宮廷に仕えていたものの、董卓が実権を握ると中央から離れ、兗州刺史として下向していた。橋瑁と不仲で、のちこれを殺している。曹操配下に同姓同名で字まで同じ別人がいる。

** 袁紹・袁術の親族と思われるが続柄は不明。張超や曹操にその仁徳を絶賛され、朱儁に推挙されて出世、このころは兗州 山陽郡の太守をしていた。のち、袁紹・袁術の"兄弟喧嘩"に巻き込まれる形で命を落とすことに。

*** 広陵太守 張超の兄。「漢の八俊（すぐれた才を持つ人物）」と讃えられ、袁紹や曹操とたいへん仲がよく、特に曹操とは無二の親友だったが、曹操が勢力を拡大するにつれて距離が開くようになり、ついには曹操を裏切ることに。

豫州（C-4）からは、豫州刺史孔伷［公緒］*（C/D-4）と、潁川太守李旻**（C/D-3/4）。

* ここに至るまでの詳しい経歴は不明。董卓によって取り立てられ、豫州刺史に任ぜられていたが、特に董卓に対する忠誠心はなく、「反董卓連合」にもすぐに応じている。しかし、その後の動静はまったく伝わっていない。

** 経歴不詳。そのころ豫州 潁川郡の太守であったが、「反董卓連合」に参加し、初め豫州刺史の孔伷に、のちに孫堅に従って董卓軍と戦ったが、徐栄軍に捕縛され、煮殺されることに。

荊州（D-1/2）からは、長沙太守孫堅（D-3/4）と南陽太守袁術（*13）(D-2)。
司隷（B/C-2）からは、河内太守王匡（B-3/4）。
并州（A-3）からは、西河太守崔鈞［州平］*（A-2）。

* 司徒の地位を500万銭で買ったことで「銅臭」としてその名を穢した崔烈の子。崔均［元平］の弟だが、「崔均」と「崔鈞」でややこしいため、よく混同される。若き日の諸葛亮の学友で、徐庶とともに諸葛亮の才を認めていた人物。

徐州（D-5）から広陵太守張超*（D-5）などが、結集してきます。

(*13) 袁術の肩書は『演義』では「南陽太守」となっていますが、『正史』では「後将軍」。『正史』には直接的に「南陽太守に就任した」とは書いてありませんが「南陽を支配した」とは書いてありますので、正式な任命を受けていなかった可能性はありますが、実質的な太守であったと思われますので、ここでも「南陽太守」としておきました。

* 陳留太守 張邈の弟。字は不明。広陵太守として部下を信頼して使ったため、部下からも慕われていた。しかし、のちに兄とともに呂布をまつり上げて曹操に反旗を翻したため、敗れて族滅されることになる。

このような錚々たる諸将がそれぞれ数万の軍勢を率いて酸棗（B/C-3/4）・河内（B-3/4）・魯陽（C-3）などに集まる中、曹操（C-4）も馳せ参じています。

しかし。

このとき彼が私財を投じて掻き集めることができた兵はやっと5000ほど。

当時酸棗に集まってきた群雄に比べてかなり寡兵だったうえ、唯一彼だけが無官だったため、曹操には「奮武将軍」という雑号（＊14）が与えられました。

ところで、この動きを知った董卓は、翌2月、念のため献帝を長安に遷し、

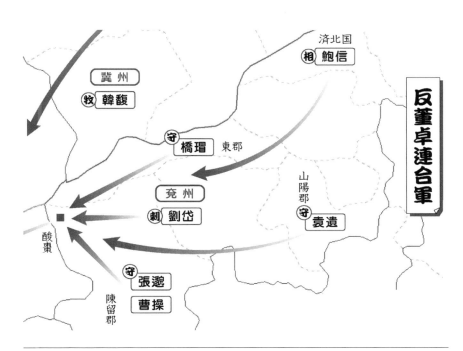

（＊14）必要に応じて与えられた下級将軍の号。名称もそのときどきに応じて適当に名づけられました。当時は官位に厳しく、有官の者と無官の者が同列に並ぶなど許されなかったために、このときは便宜的に曹操を雑号将軍としたのでした。

自らは雒陽に駐屯してこれを待ち構えましたが、大軍勢となって結集しておきながら、連合軍は一向に酸棗から動こうとしません。
　業を煮やした曹操は怒りをぶつけます。
──これだけの軍勢を以て進軍すれば、董卓を討ち滅ぼすことなど造作もなかろうに、毎日宴会ばかりしているとは何事か！
　しかし、たかが雑号将軍の叫びなど、群雄たちは聞く耳を持たず。
　居ても立ってもいられなくなった曹操は、190年3月、自分のわずかな手勢のみで出陣するや、虎牢関の手前の滎陽（B/C-3/4）で徐栄＊軍に散々に打ち破られてしまいます。

　　　　＊このころ董卓に仕えて中郎将となっていたが、それ以前の経歴は不明。のちの三
　　　　　國の基盤をつくる曹操と孫堅を立てつづけに打ち破ったところからも、すぐれた
　　　　　将であると推察される。のちに王允に仕えるが、李傕・郭汜軍に敗れて戦死。

　全軍総崩れを起こして大混乱の中、曹操までもが流れ矢に当たって負傷したのみならず、愛馬まで傷を受けて満足に走れない。
　このままでは「曹操討死！」という危機的状況に陥ったとき、彼に従っていた曹洪［子廉］＊が曹操を逃がすため自分の馬を譲ろうとしたのでした。

　　　　＊曹操の従弟。曹操の旗揚げとともに馳せ参じた。以来、曹操 → 曹丕 → 曹叡 と
　　　　　曹氏三代に仕えることになる魏股肱の臣。ただ資産家のくせにケチで、曹丕はこ
　　　　　れを嫌い、ついには彼を誅殺しようとしたことがある。

──孟徳殿！　どうか私の馬にお乗りください！
　しかし曹操はこれを断ります。
「だが、おぬしはどうするのだ！？
　家臣の命を盾にして自分だけおめおめと逃げられようか！」
　これを曹洪が一喝。
──天下に洪なかるべきも、公なかるべからず！（＊15）

───

（＊15）「天下に私がいなくても問題ないが、あなた様は天下に必要な方です」の意。
　　　　自分の名「洪」と曹操の「公」を掛けています。

こうして曹操は曹洪の馬を借りることでまさに"九死に一生"を得ました。

彼が酸棗まで辿りついたとき、諸将はまだ宴会の真っ最中。

怒りに打ち震える曹操でしたが、このときの彼は「力」なくどうしようもありません。

「今に見ておれ！　かならず力を付けてやる！」

ところで、こたびの戦にやる気満々だった者がもうひとり。

その者こそが、長沙太守 孫堅です。

彼は長沙から北上し、荊州の州都（南陽郡 宛県）（D-3）までやってくると、ドサクサに紛れて、かねてより折り合いの悪かった荊州刺史 王叡［通耀］* を殺し、ゴタクを並べて兵糧を送らなかった南陽太守 張咨［子議］** を殺し、南陽郡を制圧してしまいます。

> * 前漢王朝からつづく名門「琅邪王氏」の出身だったこともあり、異常にプライドが高く、氏素性の知れぬ者に対して見下した言動を繰り返した。そのため、孫堅とは仲が悪かった。

> ** 経歴不詳。孫堅に殺される経緯については『正史』と裴注『呉歴』ではかなり相違が見受けられるが、孫堅が計略を用いて張咨を誅殺したこと、そしてその殺害口実は「兵糧を送らなかったため」であることは一致している。

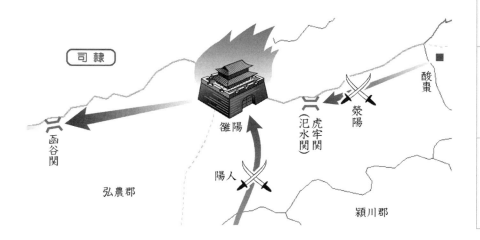

しかし、王叡・張咨は王朝から正式に拝命を受けたれっきとした役人ですから、これを勝手に誅殺するなど、「謀反人」の誹りを受けても仕方がない所業で、実際、各方面から非難を受けることになりました。

そこにちょうど雒陽から後将軍袁術が落ち延びてきていたのを幸い、孫堅は彼におもねり、その庇護下に自ら進んで入ることで後盾を得ようとします。

袁術にしてみれば、落ち延びてきたところにいきなり拠って立つ地盤を得ることができるわけで、ここに両者の利害と思惑が一致、袁術は実質的に張咨亡きあとの南陽太守の座に納まり、孫堅を豫州刺史に任じてやります。(＊16)

こうして大義を得た孫堅は、潁川太守李旻を新しい配下として、ともに雒陽へと北上していきました。

ところが、孫堅が南陽から河南尹の梁県に入ってまもなく、曹操軍を撃破したばかりの徐栄軍と遭遇し撃破されてしまいます。

孫堅は間一髪でなんとか逃げ果す(＊17)ことができましたが、このとき配下の李旻は捕縛され、そのまま煮殺されてしまいました。

命からがら落ち延びた孫堅は、ふたたび敗残兵を集めて北上。

そちらを豫州刺史に任ず！

(実質的)南陽太守
袁術 公路

連合軍は腰抜けばかり！この戦いで董卓軍とまともに戦ったのは我が軍だけなのだ！

長沙太守
孫堅 文台

(＊16) このときはまだ孔伷が豫州刺史だったはずですが、袁術は孔伷がいるのにゴリ押ししようとしたのか、それともすでに孔伷は豫州刺史を追われていたのか、はたまた死んでいたのか、そのあたりの事情はどこにも書かれていないため、よくわかっていません。

(＊17) このとき孫堅は、家臣の祖茂［大栄（演義）］に自分のかぶっていた紅い頭巾をかぶせて身代わりとしています。これは滎陽の戦での曹操と曹洪の関係に似ています。

今度は胡軫[文才]＊・呂布に率いられた董卓軍と陽人（C-3）で決戦、その撃退に成功し、このとき胡軫の配下華雄＊＊を討ち取っています。（＊18）

> ＊ 武勇には秀でていたものの、傲慢で短気であったため、兵からも慕われず、呂布との仲は険悪だった。董卓死後はいったん王允に仕えたが、王允とも折り合いが悪く、李傕・郭汜軍が攻め寄せると、率先して彼らと合流してしまう。
>
> ＊＊『演義』では「胡軫を配下とした驍騎校尉の華雄が氾水関で関羽に討たれた」ことになっているが、主従（華雄が胡軫の配下）も、肩書（都尉）も、場所（陽人）も、討たれた相手（孫堅軍）もことごとく史実とは異なって説明されている。

ところが袁術は軽薄短小、こうした孫堅の活躍を嫉み、兵糧を出し惜しむようになり、早くも両者に亀裂が生じはじめました。

それでも孫堅軍はさらに北上し、雒陽目前の大谷関で董卓軍を破ることに成功。狼狽した董卓は、呂布のときと同様、甘言を以て孫堅を籠絡しようと試みましたが、孫堅には通用せず。

すると董卓、なんのためらいもなく帝都雒陽を焼き払い（C-3）、鉄壁の守りを誇る函谷関（C-2）に守られた長安（C-1）に逃げ込んでしまいます。（C/D-1）

灰燼に帰した雒陽に入城した孫堅は、董卓が曝いた漢帝の陵墓を修復して回っています。（＊19）

このように、「反董卓連合軍」とはいっても、まともに董卓と戦ったのは本隊と別行動を取っていた孫堅だけという有様。

連合軍本隊で、唯一戦闘意欲旺盛だった曹操は一瞬で潰滅してしまいましたし、この間、橋瑁（東郡太守）は劉岱（兗州刺史）に殺されるわ、韓馥（冀州牧）はその地位を袁紹に奪われるわ、さらに袁紹と袁術の対立が表面化するわ、もうめちゃくちゃになってきていました。

（＊18）『演義』では、胡軫は華雄麾下の副将として登場していますが、実際には上下関係が逆です。

（＊19）『演義』では、このとき孫堅は雒陽の井戸の中から皇帝の証である「伝国の玉璽（秦から伝わる皇帝の印章）」を発見したことになっています。

そのうえ兵糧も尽きはじめたため、「反董卓連合軍」はほとんど戦火を交えることなく、自国の領地に戻っていくことになります。

　以降、諸将は"群雄"として力を蓄えることに注力するようになり、袁紹は南の劉表［景升］*と結んで袁術を挟み撃ちにしようとし、袁術もまた、北の公孫瓚［伯珪］**と結んで袁紹を挟み撃ちにしようとします。

　　　* 前漢第6代景帝の第4子（劉余）の末孫とされる。荊州刺史の王叡が孫堅に殺されたため、その後任の荊州刺史として着任していた。すぐれた政治家ではあったが、猜疑心が強く、決断力に欠けていたために判断を誤ることが多かった。

　　　** 幽州の名門出身で、若いころ盧植に師事し、このとき劉備と学友であった。その誼でのちに流浪の劉備が彼を頼っている。武勇にすぐれ、白馬で揃えた精鋭騎馬軍「白馬義従」を従えていたことで有名。

　こうした情勢にあって、袁術は雒陽から戻ってきたばかりの孫堅を劉表討伐に向かわせます。

　対する劉表は武将黄祖*を送り込むも、孫堅を前にして樊城・襄陽(*20)で連敗して硯山に立て籠もりました。

　　　* 劉表配下の武将で、江夏太守。猛将甘寧を配下に持ちながら、これを重用しなかったため、孫権の下に逃げられている。『演義』では孫権の武将となった甘寧によって斬られたことにされているが史実ではない。

　しかし、連勝に気をよくした孫堅は血気にはやり、敵の立て籠もる硯山に単騎で向かってしまいます。

　黄祖はこの機を逃さず、孫堅を襲撃。

　決起以来大活躍をつづけた孫堅でしたが、彼の活躍もこれまで、彼は矢を受け、あっけなく戦死してしまいました。(*21)

　享年37。

(*20) 荊州襄陽郡。

(*21) その年は191年（演義）とも192年（正史）とも193年（英雄記）ともいわれ、死因も「矢による射殺」説（正史）、「落石による死亡」説（演義）があります。

第2章 群雄割拠

第1幕

董卓は去ったが李傕らは残った
董卓の死

"乱世の梟雄"董卓はついに呂布によって誅殺された。しかしそれは「乱世の終わり」ではなく「始まり」を意味したにすぎない。各地で群雄が勢力争いに奔走するようになり、そうした中、曹操が力を付けていく。その彼に最初に挑んできたのは袁術だったが、袁術など曹操の前に敵ではなかった。

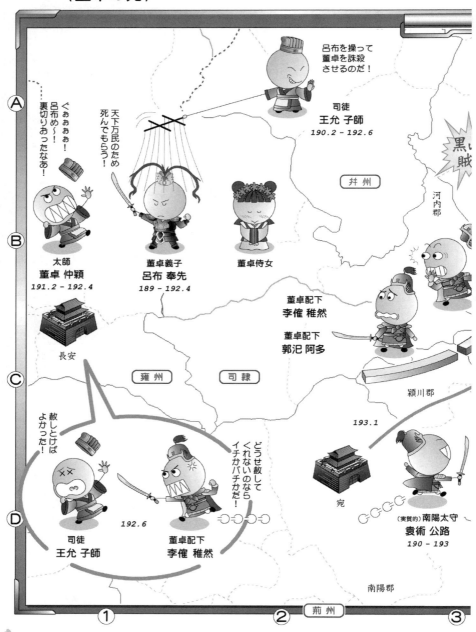

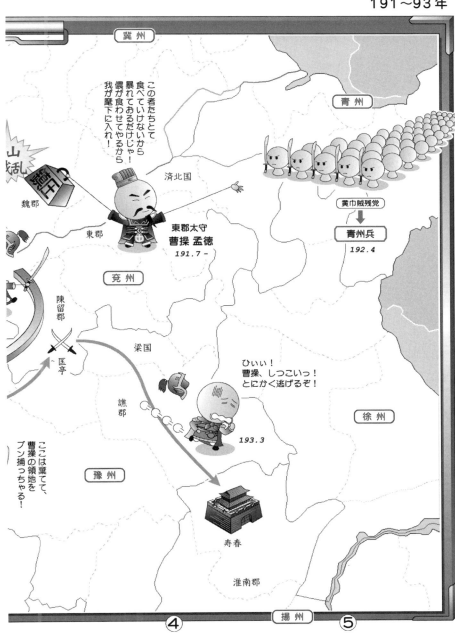

こうして「反董卓連合軍」は空中分解してしまい、董卓（B-1）は長安で守りを固めてひとまず安泰となりました。

　彼は長安に着くとまもなく相国から「太師」に就き（191年2月）、さらなる暴政の限りを尽くします。

　己の一族をことごとく高位高官に据えるなどは当たり前、銭（五銖銭）を悪鋳してその差額を懐に入れたため、すさまじい物価狂乱（ハイパーインフレ）が起こり、民は怨嗟の声を上げます。

　こうして長安が荒廃すると、今度はその近郊に「郿城」を築き、30年分の食糧を掻き集め、皇帝と変わらぬ豪奢な生活と待遇を得ました。

　――機さえ熟さば、いつでもここから天下に打って出ることもできる！

　よしんばそれが成らずとも、これだけの財と食糧があれば一生安泰じゃ！

　彼の生年は不明ですが、当時すでに齢50は越えていたと思われますので、確かに何事もなければ、あと30年、天寿を全うできたでしょう。

　何事もなければ。

　しかし、このようなメチャクチャな政治が、30年もの長い間、平穏無事に済むはずもありません。

　30年どころか、破滅の跫音（あし）はすぐそばまで近づいていました。

　彼の政治に不満を持つ司徒王允［子師］＊（A-2）が、呂布（B-1/2）に接近し、彼が抱いていた董卓への不満と不安を言葉巧みに煽って味方に付けるべく、策動していたのです。

> ＊ 不正を憎み、不正をする者が誰であろうが迷うことなく糾弾したため、敵も作りやすく、恨みを買って逆に何度も処刑されかけている。十常侍の乱後、董卓によって司徒に任命されたが、董卓の暴虐が許せず、暗殺の機会を窺っていた。

　呂布は以前、本当に些細なこと（＊01）で董卓の怒りに触れて、戟（＊02）を投げ

（＊01）些細すぎて、その理由は後世に伝わっていません。

（＊02）矛（槍のような武器）と戈（鎌のような武器）が合わさったような武器。『演義』では、呂布愛用の武器が「方天画戟」という戟ですが、現実にはこの時代に方天画戟は存在しません。

つけられたことがありました。

　このとき呂布は、間一髪でこれを躱したものの、一歩間違えれば命を落としかねない仕業に、董卓に対する不信感を募らせるようになります。

　しかも、このとき呂布は董卓の侍女(＊03)(B-2)と密通していたため、懼れを抱くようになっていたのです。

――こんな些細なことで戟を投げつけられるようでは、
　　密通などがバレたら本当に殺されかねないぞ。

　そんな折に王允の甘言に唆された呂布は、ついに董卓誅殺を決意。
　192年4月、彼は宮廷に参内してきた董卓を宮中にて斬殺！(B-1)
　こうして、"乱世の梟雄"ともいうべき董卓はあっけなく亡び、これでようやく天下にも平穏が訪れる――と思われました。

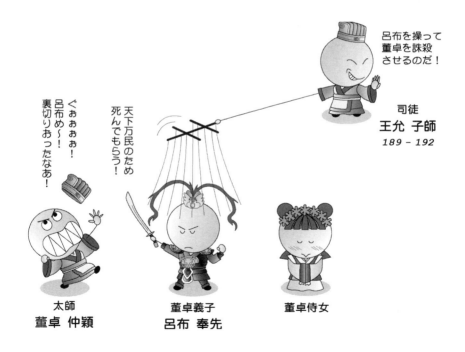

(＊03) この侍女の名は伝わっていませんが、『演義』では彼女を王允の養女という設定にし、「貂蟬」という名も与えられ、呂布は「美女連環の計」にかかったことにされています。

ところが。

このことがさらなる悲劇を招くことになります。

原因は董卓亡きあとの新政権を担うことになった司徒王允が、まるで政治能力に欠けていたこと。

王允は、若いころ当代一の儒学者郭泰から「王佐の才あり！」と絶賛されたと伝えられていますが、どうも見込み違いだったようで。

たとえば、霊帝の御世、当時の太傅(＊04)が師事するほどの当代随一の博識で、しかも孝心も人望も厚く、そのうえ清廉、誰からも慕われ、尊崇を受ける高潔な人物に蔡邕なる者がいました。

彼は、帝に諫言したことで、しばらく揚州に左遷されていましたが、董卓が実権を握ると、中央に呼び戻されています。

董卓は、自らの政権の基盤造りとして、霊帝の御世に冷遇(＊05)されていた文官を積極的に登用しましたが、その一環として。

ホンの少し口応えをしただけでつぎつぎと家臣を処刑し、傍若無人の限りを尽くしてきた董卓でしたが、その董卓も耳の痛い諫言をズバズバ言う蔡邕にだけはついに手を下しませんでした。(＊06)

それほど彼の名声は高いものだったからです。

ところが王允は、蔡邕が「董卓の死を悼んだ」という、些細な理由であっさりと彼を処刑してしまいます。

蔡邕は当時すでに『漢史』の編纂にかかっていたため、「正史編纂をつづけたく、黥首・刖足(＊07)で死刑を免じてほしい」と懇願しました(＊08)し、また周囲も大反対、助命嘆願が巻き起こったにもかかわらず。

あの董卓ですら手をかけられなかった蔡邕を、こんな些細な理由で、しかも

(＊04)皇帝の教育係。人臣最高位のうちのひとつ。

(＊05)第2次党錮の獄など。

(＊06)もっとも蔡邕の忠言を採用することもほとんどありませんでしたが。

(＊07)黥首は「額に刺青を施す刑」、刖足は「両脚切断の刑」のことです。

周囲の大反対を押し切って処刑を強行。

王允のこうした無慈悲・不寛容な仕置きによって、政権に動揺が走ります。

「あの清廉高潔な蔡邕様ですら処刑されるのなら、俺たちなんぞ、いつ殺されるか知れたものではないぞ！」

── 水清ければ魚棲まず。

「王佐の才」を謳われた王允は、権力を握った途端、董卓並み…いえ、それ以上の専横ぶりを示したのでした。

彼の専横ぶりはそれだけではありません。

じつは当時、李傕［稚然］＊・郭汜［阿多］＊＊・張済＊＊＊ といった董卓の有力武将は、陳留・潁川方面へ遠征中（B/C-3）で、長安を留守にしていました。

> ＊ 董卓配下の武将。陽人・大谷関で董卓軍を破った孫堅が雒陽に肉薄する中、董卓が甘言を以て彼を籠絡しようとしたときに、その交渉にあたった武将。董卓謀殺後、王允政権を倒すと、董卓同様の圧政を行った。

> ＊＊ 董卓配下の武将で、幼なじみで同僚の李傕とともに行動することが多かった。2人が結束している間はよかったが、王允政権を倒し、権力を握った途端、仲違いをして共倒れとなる。

董卓配下
郭汜 阿多

董卓配下
李傕 稚然

（＊08）もし蔡邕が『漢史』を完成させていたならば、司馬遷の『史記』に並ぶ名著となったことは疑いないでしょうから、そのことを思うと、たいへん惜しい。

***　董卓配下の武将で、甥に張繡がいる。李傕・郭汜が争ったとき、任地（弘農郡）か
　　　ら舞い戻って２人の調停を図るも失敗。その後、兵糧が尽きたため、南下して
　　　荊州北部で掠奪を働いたが、ここで戦死。その軍は甥の張繡が引き継いだ。

　その留守中に、子飼い（呂布）に主君が殺されたのですから、これはまさに、日本でいうところの「本能寺の変(＊09)」です。
　前線で戦っている彼らにしてみれば、まさに青天の霹靂、敵を前にしながら、背後も敵の手に陥ちてしまったわけで、彼らは狼狽し、ただちに王允政権に恭順の意を表しました。
　こうした政変(クーデタ)によって生まれた政権というのは政権発足当初はたいへん不安定なものなので、通常なら何よりもまず周辺諸勢力を味方につけて、その支配基盤の安定化に尽力するのものです。
　それが向こうの方から「帰順したい」と尻尾を振ってきたのですから、これを受け容れない手はありません。
　ところが。
　潔癖・不寛容の王允にはどうしてもこうした理を解することができず、彼らを受け容れようとしません。
「散々好き勝手しおったくせに、どのツラ下げて来やがった！
　積年の怨み、ここで晴らして亡ぼしてくれる！」
　蔡邕のとき同様、ここでも周囲の者はこぞって反対！
――王允殿！　なりませんぞ！
　彼らの軍事力はいまだ侮れず、彼らを窮地に追い込んでしまっては"窮鼠猫を嚙む"で、かえって危険です。
　ここは彼らを赦し、その軍を我が軍に取り込むことが得策です！
　しかし王允は、今回も周囲の諫言を頑として聞き入れません。
　一時の感情に押し流されて狭小な政治判断しかできず、そのうえ忠言を聞き

(＊09) 董卓が「織田信長」、呂布が「明智光秀」、李傕・郭汜が「豊臣秀吉」、賈詡が「黒田官兵衛」といった役割で考えるとピッタリと当てはまります。

入れないのでは董卓となんら変わりません。

李傕・郭汜は、王允政権への帰順も拒否され、進退谷まり、軍を解いて散り散りに涼州へ逃亡しようかと話し合っていました。

そこへ入れ知恵したのが校尉賈詡［文和］＊です。

> ＊ このころは董卓の配下であり、若いころから「張良・陳平のごとき知謀の持ち主」と高く評価され、陳寿にも「生涯にわたって打つ手に失策がなく、事態の変化に通暁していた」と絶讃されている。

――将軍！

ここで逃げたとて、どうせ皆捕まって殺されるのがオチですぞ。

ならばここはひとつ、イチかバチか長安に討って出てみては？

逃げるのはそれが失敗してからでも遅くはありますまい？

彼の言葉に押され、李傕・郭汜が長安に討って出てみた（D-1/2）ところ、あっけなくこれを陥落させることに成功。（C-1）

こうして、王允の"不寛容"は自らを亡ぼし、ふたたび長安は董卓時代と変わらぬ悪政が李傕たちによって引き継がれることになったのでした。

――董卓は去ったが李傕たちは残った。(＊10)

王允に与した呂布は敗走し、長安を棄てて南陽（D-2/3）の袁術を頼ったも

（＊10）テオドール＝ブリーヴィエの書『カイゼルは去ったが将軍たちは残った』のモジり。

のの、彼に冷遇され、つぎに冀州牧の袁紹の許へ走ります。
　ところで、このころの袁紹は張燕率いる「黒山賊」という黄巾賊残党（A/B-3）に手を灼いていたため、迷い込んできた猛将呂布を客将（＊11）として迎え、黒山賊の討伐にあたらせてみることにしました。
　すると、赤兎馬を駆ける呂布はあっさりとこれを打ち破る大活躍。
──人中に呂布あり、
　　馬中に赤兎あり！
　有名なこの言葉は、このころに謳われるようになったものですが、この大活躍がかえって呂布の傲慢と袁紹の嫉視を生み、２人の関係は急速に冷え込んでしまいました。
　やがて呂布は袁紹に命を狙われるようになったため、今度は河内（B-3）太守張楊［稚叔］＊を頼ります。

　　＊若いころ武勇で名を挙げて丁原に取り立てられたのを皮切りに、蹇碩→何進→袁紹→董卓に仕え、董卓の死後は河内太守として独立勢力となっていた。慈愛深く、穏和で義理堅い性格だったが、最期は配下の楊醜に殺されている。

　ところで、呂布に討たれていったんは後退していた黒山賊は、ふたたび勢いを盛り返して、今度は魏郡（A/B-3）を混乱に陥れていましたが、これに対して当時の東郡（B-3/4）太守王肱＊はなんら為すところがありません。

（＊11）家臣ではなく客分として仕える将。会社で譬えれば、正社員ではなく契約社員。

> * 前の東郡太守の橋瑁が劉岱に殺されたあと、その後釜に座った人物。しかし、何の実績も残さぬまま、すぐに曹操に取って代わられてしまい、その後の消息はまったく伝わっていない。

王肱の不甲斐なさに失望した袁紹が曹操（B-4）にその撃退を命じると、彼はたちまちこれを鎮圧することに成功（A/B-3/4）。

この功により、王肱は更迭され、曹操が東郡太守に任ぜられることになりました（191年7月）。

これまで無官だった曹操がついに"拠って立つ地"を得た瞬間でした。

とはいえ、まだまだ弱小。

もっともっと大きくなるためには、さらなる軍功を挙げなければ。

ところでちょうどそのころ、青州（A-5）では黄巾賊の残党が猛威を振るい、これを討伐しようとした兗州刺史 劉岱が戦死してしまう（192年4月）ほどの勢いとなっていました。(＊12)

彼の死を受けて、窮地に陥った済北国（A/B-4）相鮑信が曹操の許を訪れ、「そなたが劉岱に代わって兗州牧になってほしい」と説得、また曹操の家臣陳宮〔公台〕＊もこれを後押しします。

> * 彼は曹操の軍師としてここで初登場するが、どういう経緯で曹操の幕下に入ったかはまったく不明。のちに曹操に叛逆するが、その理由も不明。『演義』で描かれた「曹操との出会い」や「離反の理由」はまったくの創作。

（＊12）このとき、済北国相の鮑信が「今は籠城し、敵の兵糧が尽き自壊するのを待つべき」と進言したにもかかわらず、血気に逸った劉岱は野戦に討って出たことにより戦死しました。

こうして兗州牧の地位まで手に入れた（192年4月）曹操は、黄巾残党と戦い、一時は鮑信が戦死するほどの苦戦に追い込まれながらもなんとかこれを撃破すると、和を請うてきた彼らを追い詰めるのではなく、逆に幕下に迎えます。
――彼らとて、暴れたくて暴れておるのではない。
　食べていけないからそうせざるを得ぬのだ。
　彼らに食い扶持を与えれば、頼もしい勇兵となろう！（A-4）
　こうして新たに曹操麾下の軍に繰り込まれた黄巾賊残党30万は「青州兵」と名づけられ（192年4月）、以後、曹操の強力な「力」となっていきます。
――魏武の強、これより始まる！（*13）
　ほぼ時を同じうして、敵に寛容を示して発展していった曹操と、敵に不寛容に接してその身を亡ぼした王允。
　これが2人の決定的な「器」の差でした。
　ところでちょうどこのころ、もともと仲の悪かった袁紹と袁術の"兄弟喧嘩"はついに直接対決へと発展していきます。
　袁紹はすでに冀州（A-4）を制し、さらに西の幷州（A/B-2/3）、北の幽州、東の青州、南の兗州（B-4）まで呑み込まんとする勢い。

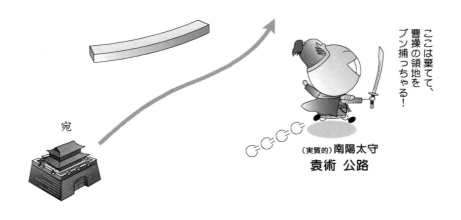

（*13）「魏武」とは「魏の武帝」すなわち曹操のこと。清の儒学者・何焯［屺瞻］の言葉。

これに対して袁術はといえば、せっかく"タナボタ"的に南陽という豊かな土地を得たにもかかわらず、ただ惰眠を貪り、贅沢三昧の生活をつづけていたため、いまだに南陽一郡を支配するのみ。

しかも、頼りになった猛将孫堅はすでに亡く、その民は袁術の苛斂誅求に怨嗟の声を上げて彼を呪うばかり。

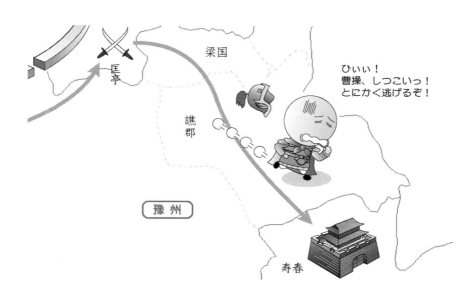

事ここに至ってようやく焦りを覚えた袁術は、この荒廃した南陽を棄て、曹操に挑んで彼の支配する兗州を支配下に置かんと決起します。

南陽から文字どおり全軍を挙げて北上し（193年１月）、やがて陳留郡に入るや、匡亭（B/C-3/4）において両軍が激突します。（匡亭の戦）

しかし。

ちょっと前ならいざ知らず、曹操はすでに屈強な「青州兵」30万を得ていたため、袁術ごとき敵ではなく、彼はまたたく間に敗走。

曹操はこのまま一気に袁術を亡ぼさんと追撃をかけましたが、この袁術、政治も戦もまるでダメですが、逃げることにかけては天下一品。
　まずは匡亭から封丘へ退くが早いか、疾風怒濤、そのまま襄邑へと遁走。
　その"逃げっぷり"があまりに見事だったため、さすがの曹操も袁術がとっくに封丘から退いて"もぬけの殻"となっていたことに気がつかず、しばらく封丘を包囲しつづけるという失態を演じてしまったほど。
　逃げられたと知った曹操はこれを追撃しましたが、袁術は逃げも逃げたり、兗州の州境を越えて豫州梁国（B/C-3/4）に入り、さらに譙郡（C-4）をもブッちぎって豫州の州境も越え、揚州淮南郡（D-4/5）まで逃げていきます。
　豫州までは追手をかけた曹操でしたが、さすがに揚州までは追うこと叶わず、ここで追尾を諦めます。
　こうして、なんとか曹操の追撃を振り切った袁術は、揚州刺史陳温［元悌］＊を殺害してその座に納まりました。(＊14)

> ＊ 反董卓連合が結成されたころ（190年）にはすでに揚州刺史であったが、いつから揚州刺史であったかなど詳細は不明。『正史』では袁術に殺害された（193年）とあるが、裴注『英雄記』ではその前年（192年）に病死していたとある。

　しかしながら、曹操を甘く見たツケは大きく、彼はこれまでの権勢をほぼ失い、以後、寿春（D-4/5）で雌伏せざるを得なくなります。

（＊14）袁術が揚州刺史に就いたあたりの事情は「陳温」「陳禕」「陳瑀［公瑋］」なる人物が交錯し、史料ごとにそれぞれ矛盾していてよくわかっていません（陳温と陳禕は同一人物？）。
　　　「袁術が揚州刺史陳温を殺害してその地位に就いた（後漢書）」とか
　　　「袁術が陳温（or 陳禕）が病死したあとを継いで揚州刺史となっていた陳瑀を駆逐してその地位に就いた（英雄記）」など諸説あります。

第2章　群雄割拠

第2幕

"宝玉"は誰の手に
曹操・劉備・呂布の三ッ巴

袁術の挑戦をはねのけた曹操がつぎに狙ったのは徐州。「父の仇」という大義名分の下、すさまじい虐殺が敢行されたが、そうこうするうちに、本国（兗州）で呂布の叛乱が発生し、曹操は一気に窮地に。そんな折、徐州牧陶謙が死に、劉備に代わったとの報に触れ、呂布を先に叩くべきか、徐州を攻めるかで曹操は頭を抱える。

ワシのボンクラ息子ども
ではこの徐州は
維持できまい…。
あとのことは
劉備殿にお任せする…

徐州牧
陶謙　恭祖

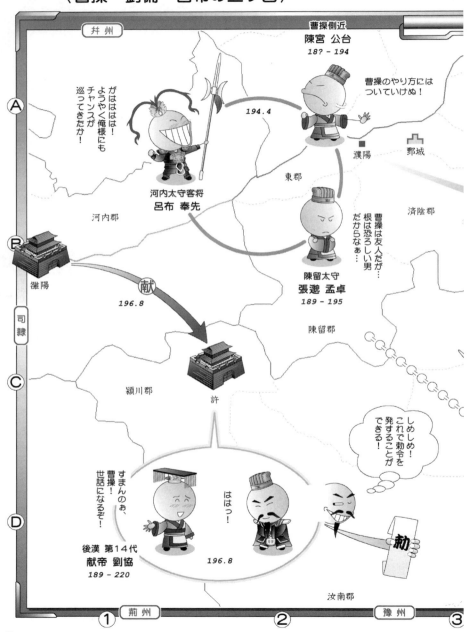

こうして、袁術の挑戦をはねのけた曹操の、つぎなる標的は徐州（B/C-5）でした。

じつは、曹操が袁術を匡亭に破って（193年1月）まもなく、彼は徐州の琅邪（A/B-5）で隠棲していた父（曹嵩）^{（＊01）}を迎えようとしました。

これまで各地を転戦し、己の身の置き所すら定まらぬ曹操でしたが、このころようやく兗州という地盤を得て、落ち着いてきたためです。

曹嵩も喜んで息子の下へ向かいました。

ところが、その途上、泰山（A/B-4/5）までやってきたところで、突然、徐州牧陶謙［恭祖］*の武将張闓**によって殺害^{（＊02）}（A-5）されてしまいます（193年3月）。

> * 地方の小役人から始まって、県令（盧県）、刺史（幽州）と出世していき、このころには徐州牧に任じられていた。『演義』では好々爺として描かれるが、『正史』ではしたたかな面も見せ、史料によって相矛盾し、評価の分かれる人物。

> ** このころ陶謙の武将をしていたということ以外、字も含め、詳しい経歴は一切不明。このとき何故曹嵩を殺害したのかも不明。『演義』ではもともと黄巾賊の残党だったという設定。曹嵩を殺害したあと遁走し、その後は行方知れず。

これを知って怒り狂った曹操は、ただちに徐州討伐を決意。（B-4）

曹操の父
曹嵩　巨高

(＊01)「第1章 第1幕」にも登場。本姓は「夏侯」でしたが、宦官（中常侍）曹騰の養子となり、1億銭で「太尉」の地位を買ったことで有名。

(＊02) 曹嵩を殺した犯人は張闓だといわれていますが、その経緯についてはよくわかっていません。陶謙自身の命令とも、張闓の暴走ともいわれています。

「青州兵」を擁する曹操軍は、アッという間に徐州北部の諸城を制圧していきますが、その際、「将兵だけでなく、何の関係もない住民、果ては犬・鶏に至るまで皆殺しにする」という董卓もビックリの大虐殺を行います。

これまで曹操は、敵をも包み込む大きな度量で多くのすぐれた家臣や将兵を集め、急速に勢力を拡大していました。

曹操をして「我が子房(*03)」と絶賛させた荀彧［文若］* が袁紹を見限って曹操の幕下に入ったのもこのころ(191年)です。

> * 荀子の13世末孫とされ、若いころから「王佐の才」を称揚される。戦禍を逃れて冀州へと遷ったころ、冀州を支配していた袁紹に招かれてその幕下に入る。しかし、彼のあまりの小人ぶりに呆れ、まもなく暇乞いをし、曹操を頼ることに。

そのことを思えば、如何な養父を殺されたとはいえ、曹操らしからぬ所業で、このことは彼の寛容に共鳴して集まってきた多くの者たちを失望させることになります(*04)。

曹操の「降伏すら許さぬ！」という姿勢に追いつめられた徐州側は徹底抗戦の構えを見せたため、さすがの曹操軍も郯城(B-5)で戦線の勢いが止まり膠着。

(*03)「子房」とは張良の字。張良とは、劉邦を前漢の初代皇帝に押し上げた軍師。

(*04) 曹操はこの所業により各方面から失望や恨みを買い、その後の彼の人生を大きく狂わせることになります。のちの陳宮の謀反や、諸葛亮の曹操への敵愾心もこれが原因ともいわれています。

やがて兵糧が尽きてしまったため、いったんは撤退したものの、翌年（194年4月）にはすぐに再出兵し、徐州に請われて援軍にやってきた劉備（＊05）軍を打ち破り、ついに前年陥とせなかった郯城をも陥として、またしても住民もろとも殺戮の限りを尽くします。
――何！？　ついに郯が陥ちた！？
　　もはやこれまでか！
　敗走を重ねた徐州牧陶謙がついに降伏まで考えはじめた、まさにそのとき！あと一歩というところでなぜか曹操軍が一斉に兵を退きはじめます。
「なんだ？？？
　なぜこの状況で曹操は兵を退くのだ？」

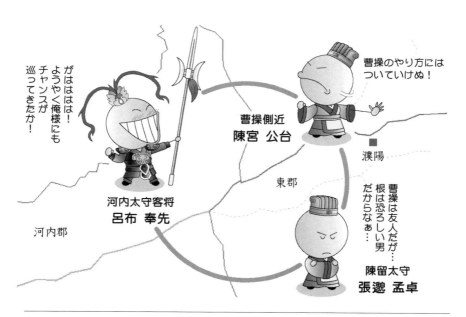

（＊05）劉備はこの前年（193年）まで公孫瓚の客将をしていましたが、この陶謙の危機に援軍として馳せ参じてきていました。

（＊06）じつは張邈は袁紹と敵対しており、当時袁紹の配下だった曹操は彼の討伐を命ぜられていました。曹操にはそのつもりはなかったようですが、張邈は不安を拭えず、また曹操の幕僚陳宮が彼の不安を煽って説得したため、先手を打つことにした、といわれています。

じつはこのとき、曹操の下に、我が耳を疑う伝令がやってきていたのです。
──伝令！
陳留（B/C-2）太守 張邈（B-2）様、ご謀反！（＊06）
張邈といえば、陳留太守で曹操にとって無二の親友です。
出征の際、曹操は張邈に本国の留守を任せ、家族の者には「余にもしもの事があらば、張邈を頼れ」と言い残すほど彼を信頼し、無事帰還となれば、彼と涙を流して抱擁し合うほどの友でした。
──あの張邈が！？
とても信じられぬ！！
これは譬えるなら、関ヶ原で布陣中の家康の下に「江戸にて秀忠様、ご謀反！」という伝令が届いたような驚きです。
「遠征中に本国が陥ちてしまう」のは、少し前の李傕・郭汜を思い起こしてもらってもわかるように、危機的な状況です。
じつはこの謀反、曹操を兗州牧にまで押し上げた曹操の側近中の側近・陳宮が計画し、陳留太守張邈を説得し、河内（B-1）太守張楊の客将をしていた呂布（A-1/2）を盟主として迎え入れて決起したもの。
なぜ陳宮が突如として曹操に反旗を翻したのか、その理由は現在に至るまでわかっていません（＊07）が、タイミング的にいって曹操の行った「徐州虐殺」と無関係ではなかったでしょう。（＊08）
「徐州虐殺」によって民心が離れたことは、今回謀反が起こるや否や、たちまち兗州の郡県のほとんどが叛乱に呼応した事実にも顕れています。
その勢いの前に、州都濮陽（A-2/3）を守っていた夏侯惇［元譲］*は一時囚

（＊07）この理由について触れているのは、数多くある史料の中でも、裴注の『典略』にたったひとこと「后自疑（後に自ら疑う）」と３文字あるのみです。嚙みくだいて訳せば「のちに陳宮は曹操に対して不信感を抱くようになった」という意味ですが、いったい「何」に不信感を抱くようになったのかは、どこにも書かれていません。

（＊08）『演義』などでは、曹操が呂伯奢一家を惨殺した事件を理由として挙げています。

われの身となり、最後まで曹操に忠誠を誓ったのは、荀彧と程立［仲徳］＊＊が守っていた東郡鄄城と、東平国范・済北国東阿（A-3）の３県のみ。

> ＊ 曹操の父（曹嵩）の兄の子とされる。夏侯淵の従兄（演義では兄）。曹操旗揚げ当初から従った股肱の臣。「隻眼の将」としても有名。無欲な人柄で、余財ができるとすぐに施してしまうため、彼が死んだとき財産はまったくなかったという。

> ＊＊ このときの功により「立」の上に「日」を乗せた「昱」の名を曹操から賜る。若いころ、その勇名を聞きつけた兗州刺史劉岱が何度も彼を招聘するも、これを固辞。ところがその後、曹操に招聘されるや、すぐにこれに応じている。

この報に驚いた曹操は踵を返して帰還してきたものの、すでに兗州のほとんどは敵の手に陥ちた状態で濮陽の呂布を攻めあぐね、兵糧も尽き、いったん撤退を余儀なくされます。

このまま兗州が陥とせないとなれば、曹操滅亡の危機。

さしもの曹操も焦りを覚える中、「徐州牧陶謙病死！（D-5）」の報が入ってきました。

ここで曹操の気持ちがブレます。

——手ごわい呂布より、陶謙の死で動揺する徐州を先に攻めた方が…。

しかし、"我が子房" 荀彧がこれを諫めました。

——公、なりませんぞ。

徐州は、先年の手痛い敗北で万全の態勢で臨んできております。

籠城でもされて徐州を陥とせず、さりとて地盤の兗州も失ったとなれば、たちまち我々は当面の兵糧にすら事欠くことになります。

それに引き換え、兗州はもうひと押しで陥ちます。

彼の言を容れた曹操は、翌年（195年１月）、もう一度兗州を攻めると、彼の言葉どおり、これを奪還することに成功。（＊09）

敗れた張邈は袁術のもとへと向かう途上、部下に殺され、呂布と陳宮は徐州へと落ち延びていきます。

（＊09）夏侯惇が左眼を失ったのはこのときの激戦で、以後「盲夏侯」という渾名がつきました。

じつは、徐州牧陶謙は、その死にあたって、後任に我が子ではなく劉備を指名していました。(C/D-5)

督郵を打ち据えて逐電(＊10)したあとの劉備は、その後、いろいろなツテを頼って県丞・県尉(＊11)などの小役人を歴任しましたがいずれも長続きせず、さらに放浪の末、公孫瓚を頼って平原国相(＊12)となっていましたが、このころの陶謙に援軍に駆けつけたことが縁となって、劉備は棚ボタ式に徐州牧の地位を手に入れていました(C/D-4/5)。

そこへ呂布が敗将として劉備を頼ってきたのです。(C-3)

董卓に唆されて主君(丁原)を殺し、王允に唆されて義父(董卓)を殺し、今また陳宮に唆されて曹操の背後を襲った、あの呂布(＊13)が。

── あんな叛服常ない者を抱えれば、
　　いつ寝首を搔かれるか知れたものではない！

(＊10) 本書「第1章 第3幕」を参照。
(＊11) 県丞は、日本でいえば副市長、県尉は警察署長といったところです。
(＊12) 国相は、日本でいえば県知事のようなものです。
(＊13) 『演義』では丁原の養子でもあったため、呂・丁・董の「三姓家奴（三つの家の奴隷）」と蔑まれています。

関羽も張飛もそう反対しましたが、とはいえ、放浪の身のつらさは劉備は御身を以て知っていますし、それに、もし彼を使いこなすことができたなら、彼の武勇ほど頼もしいものはありません。
　そこで劉備は、周囲の反対を押し切って彼を受け容れることにしました。
　ところがこの呂布という男、傲慢なのか、非常識なのか、はたまた単にバカなのか、今まさに自分を救ってくれた大恩ある劉備に対して、自分の立場もわきまえずに「弟」と呼び(＊14)、妻に接待させる(＊15)という非礼を働く始末。
　これには劉備も憮然となり、いきなり両者の間にひびが入ることになります。
　ところで。
　その呂布を駆逐し、なんとか兗州を死守した曹操は、その勢いのまま南の豫州（D-2/3）を攻め、これを支配下に加えていましたが、ちょうどこのころ（195年）の長安では、あの李傕と郭汜が仲間割れを起こしていました。
　内乱が激しくなったこの機に乗じて、献帝（D-1）は長安から脱出、命からがら雒陽（B-1）まで辿りつきます（196年7月）。
　とはいえ、雒陽はいまだ復興していないどころか、董卓に焼き払われたときのまま、屍すら片づけられてない惨状で、とても食糧など期待できる有様ではありません。
　李傕と郭汜の追撃を振り切って、せっかく雒陽まで逃げ果せてきたというのに、途方に暮れる献帝。
　しかし、痩せても枯れても「漢の皇帝」。
　董卓が、李傕・郭汜が傍若無人に振る舞えたのも、献帝を懐に抱えていたからです。

(＊14) 呂布の生年は不明ですが、こうした言動から劉備より年上だったと思われます。また、これほど傲岸不遜な呂布が、曹操に対しては無礼な振る舞いをしていないところから、曹操より年下の可能性が高い。このとき劉備が35歳（161年生）、曹操が41歳（155年生）ですから、これらに鑑みれば、このころの呂布は30代後半（158年前後生）か？

(＊15) 当時、目上の者を妻に接待させるというのはたいへん失礼にあたる行為でした。

第 2 幕　曹操・劉備・呂布の三ッ巴

彼をいち早く奉戴（ほうたい）できた者が、董卓（とうたく）・李傕（りかく）に次いで天下に号令する（D-2/3）ことができ、群雄から頭ひとつふたつ抜きん出ることができます。（＊16）

それは譬えるなら「目の前にコロンと"宝玉（ほうぎょく）"が転がってきた」ようなもので、このとき"宝玉"を拾う幸運（チャンス）に恵まれたのは、地理的に見て冀州の袁紹（えんしょう）、兗州（えんしゅう）の曹操（そうそう）、淮南（わいなん）の袁術（えんじゅつ）、荊州（けい）の劉表（りゅうひょう）の4人でした。

さぞや激しい争奪戦が繰り広げられるか ── と思いきや。

献帝（けん）を迎えるため、軍を派遣したのは曹操だけ。

じつのところ、曹操以外の3人には「優柔不断（ゆうじゅうふだん）」という共通点があり、この

（＊16）王朝の末期にあって、新興勢力が衰退した王朝の帝（or 王）を取り込んで天下に号令するのは世の常です。日本でいえば、織田信長が室町幕府の最後の将軍・足利義昭を取り込むことで勢力を伸ばしたことを思い出してもらうとわかりやすい。しかし、権威を家臣に利用されるようではすでに王朝の余命は幾ばくもなく、たいていはそうして利用された帝が王朝最後の帝となります。ご多分に漏れず、献帝も漢帝国最後の皇帝となりました。

"宝玉"を目の前にしながら、

——不用意に取り込めば、かえって疫病神になるやもしれぬ。

——もはや漢室の権威など地に堕ちており、利用価値などない！

…と議論百出。

これを手に入れるべきかどうかで家臣団の間でも意見が分かれ、依違逡巡(いいしゅんじゅん)しているうちに、この千載一遇のチャンスをみすみす曹操(そうそう)に奪われてしまったのでした。(*17)

じつは、かく申す曹操(そうそう)も初めは献帝を奉戴することにあまり乗り気ではありませんでした。

しかし、荀彧(じゅんいく)らに勧められるや即断即行！

ただちに決断し、軍を率いて雒陽(らくよう)に向かい、献帝を許(けん)(*18)(C-1/2)に迎え入れ、帝都をここに遷させることに成功します。(D-1/2)(196年8月)

こうした決断力・行動力の差が、袁紹(えんしょう)ら他の群雄と曹操(そうそう)との"埋めることのできない決定的な差"となって追い抜かれていくことになります。

洋の東西を問わず古今を問わず、「成功者」の共通点は即断即行、すなわち「すぐれた決断力と行動力」のある者たちです。

どんなに「才」があってもこれがない者は成功できません。

たとえば陳宮(ちんきゅう)はきわめてすぐれた軍師でしたが、「智謀こそすぐれているが、決断が遅い(*19)」と評されていました。

果たして、その決断力の遅さが彼の命取りとなっています。

(*17) このあたりの献帝・曹操・袁紹の関係は、「"宝玉(献帝)"を隣国の新興勢力(曹操)に奪われて、優柔不断で身を亡ぼす名門(袁紹)」という構図において、日本では足利義昭(宝玉)・織田信長(新興勢力)・朝倉義景(名門)の関係によく似ています。

(*18) 豫州 潁川郡 許県。帝都の間は「許都」、洛陽に遷都されてのちは「許昌」と改められました。

(*19) 曹操の軍師・荀攸の言葉(『正史』荀攸伝より)。

第2章 群雄割拠

第3幕

2つの"天意"
袁術の皇帝僭称

寿春に逃れていた袁術が動きはじめた。南へは孫策を派遣して揚州刺史劉繇を討ち、北へは徐州牧劉備を攻めたてると同時に、呂布を寝返らせて劉備の拠点を奪わせ、これを挟撃。こうしてついに劉備を倒すや、ついに袁術は皇帝を僭称する。しかし、これこそが袁術没落の契機となるのであった。

仲 初代皇帝
袁術 公路

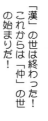

「漢」の世は終わった！
これからは「仲」の世の始まりだ！

寿春

〈袁術の皇帝僭称〉

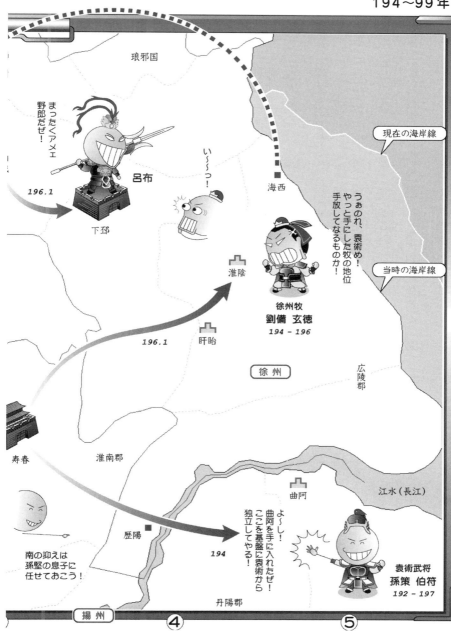

ところで、寿春（C-3）に落ち延びていた袁術（D-2/3）は江東(*01)の平定に入っていましたが、これに手間取っていました。
　彼が寿春に入城するとき、正式な揚州刺史を追いましたが、これに代わって新たに拝命されてやってきた揚州刺史 劉繇［正礼］* が曲阿（C/D-5）に拠って徹底抗戦の構えを見せていたためです。

> ＊ 漢室につながる家柄で劉岱の弟。県令・郡尉など下級役人をしていたが、戦禍を避けて江南に遷ったところ、袁術が落ち延びてきて寿春を不法占拠。そこで揚州刺史の後継に指名された劉繇は、曲阿に拠ることに。

　こうした状況の中、当時袁術の配下となっていた孫策［伯符］*（D-5）が袁術に願い出ます。

> ＊ 孫堅の子。周瑜とは幼馴染みで無二の親友。襄陽の戦で父孫堅が戦死（192年ごろ）したとき、後継者たる孫策がまだ17～18歳の若輩だったために軍に動揺が走り、兵は主家筋にあたる袁術に編入され、彼自身はその配下となっていた。

――父上の軍(*02)を私にお預けくださりば、
　　私が劉繇を討って参りましょう！

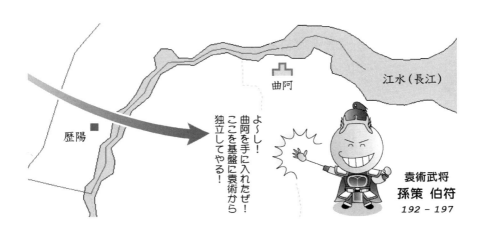

(＊01)「江水（長江）(D-5)の東」すなわち、長江河口域一帯のこと。
(＊02)父（孫堅）の死によって袁術に取り上げられる形となっていた旧孫堅軍のこと。

これは忠節から発した言葉を装っていますが、「劉繇を討つ」ことを口実とした体のよい「孫堅軍の返還要求」でした。

その瞳に"野心の焰"を燃やす孫策に軍を返せば、劉繇を討ったあと、今度は孫策が江東に割拠してしまう危険性が高いことは袁術にもわかりましたが、袁術は意外にもあっさりとこれを聞き届けます。

——このワシが手こずっておるのに、小便臭い孺子(*03)に何ができる！

そう孫策を侮ったためでした。

こうして一応軍は返還されたものの、その兵数はわずかに1000ほど。

しかし、数こそ少なくとも、黄蓋［公覆］、朱治［君理］、韓当［義公］、程普［徳謀］*といった、孫家三代（孫堅・孫策・孫権）に仕えることになる錚々たる猛将たちが率いるたいへん士気の高いものでしたし、そのうえ進軍の途上、歴陽（D-4）のあたりで、幼馴染みの周瑜［公瑾］**も手勢を率いてこれに加わったこともあり、その数はアッという間に5000にまで膨らんでいきました（194年）。

> *4人とも孫堅の挙兵とともに彼に従った古参中の古参。この4人の中でも特に黄蓋は赤壁の戦での「苦肉の策」で勇名を馳せる。ただしあれは『演義』の創作。
>
> **三公太尉を輩出したこともある名門周家の出身。孫堅が反董卓に挙兵したころに孫策と出逢い、刎頸の交わりを結ぶ。その後、孫策が劉繇打倒に挙兵した際、周瑜は彼から助勢を求められて、これに加わることに。

孫策はさらに東進し、このときたまたま劉繇の客将をしていた太史慈［子義］*と一騎討ち(*04)をしたり、足に矢を受けるという重傷を負いながらも劉繇を撃退することに成功（195年）し、彼はここ江東の地にようやく地盤を得ます。（D-5）

(*03) このころ孫策は数えで20歳、袁術は40歳くらい。

(*04) 『演義』の方では将軍同士の一騎討ちが頻繁に行われ、またそれが物語を彩りますが、現実にはそうしたことはほとんどなく、このときの孫策と太史慈の一騎討ちはたいへんめずらしいものでした。

＊ 若いころ、孔融が母の面倒を看てくれたことがあり、その恩義に報いるため、孔融が窮地に陥ったとき、命を賭けてこれを救った。その後、同郷の劉繇の許を訪ねていたとき、たまたま孫策軍が攻めてきたため、これに加勢することに。

やがて、一騎討ちを通じて友情が芽生えた太史慈も配下に加え、さらに南下しては会稽の王朗［景興］＊を駆逐し、西進しては丹陽郡（D-4/5）をも押さえ、ついに江東一帯を手中に収めた孫策は、以後「江東の虎」と呼ばれ、会稽太守として群雄の一角を占めるようになります。（196年）

＊ 漢室への忠誠心の噂が献帝に伝わり、帝より会稽太守に任命されていた。孫策に駆逐されたあとは、北に逃れて曹操に仕え、漢王朝滅亡に加担する。ちなみに、彼の孫娘（王元姫）は司馬昭に嫁ぎ、晋の初代皇帝・司馬炎の母となる。

ところで。
　孫策に背を任せたことで、後顧の憂いを断った袁術は、まだ陶謙から劉備（B-5）に代替わりしたばかりの徐州（C-4/5）へと攻めることを決意（195年）。
　これに劉備も州都下邳（B-3/4）を張飛に守らせて出陣、両軍は盱眙（B/C-4）・淮陰（B-4/5）で睨み合うことになりました（196年1月）。
　劉備はよくこれを守り、戦線が膠着すること1ヶ月。
　戦というものは長引けば長引くほど遠征軍に不利になりますから、次第に焦りを覚えた袁術は、劉備の客将をしていた呂布に手紙を出し、甘言とともに兵糧（＊05）をチラつかせて劉備を裏切るように唆します。（＊06）
　すると、叛服常なき呂布は、ここでもあっさり大恩ある劉備を裏切り、そのまま張飛の守る下邳を陥としてしまいました。
　堅城下邳が、しかも豪傑張飛が守る下邳がこうもあっさり陥ちてしまったの

(＊05)『英雄記』では20万石（約6000t）とあり、これは徐州2年分の兵糧にあたります。
(＊06) このあたり、『演義』では曹操陣営（荀彧）の策（駆虎呑狼の計）のように描かれています。
(＊07) 張飛と犬猿だった国相の曹豹が呂布に内応した（先主伝）ものの、これに応じて呂布軍が下邳に到着する前に曹豹は張飛に殺されます（呂布伝）。しかし、彼の遺志を継いだ中郎将の許耽が内側から開門して呂布軍を城内に招き入れてしまいました。

は内応者（＊07）がいたためですが、それにしても彼は劉備の妻子も見棄てて自分ひとり逃げるのが精一杯という醜態をさらします。

ここまで優勢だった劉備は、一瞬で寄る辺を失い、窮地に陥ります。（＊08）

前方に袁術、後方に呂布。

劉備はなんとか海西（A/B-4/5）まで落ち延びたものの、ついに降伏。

とはいえ、さしもの呂布も良心が咎めたか、ここで劉備を亡ぼすことなく客将として小沛（＊09）（A-3）に駐屯させることにしました。

こうして、文字どおり"主客転倒"、昨日までの徐州牧がその客将に、客将が徐州牧となります。

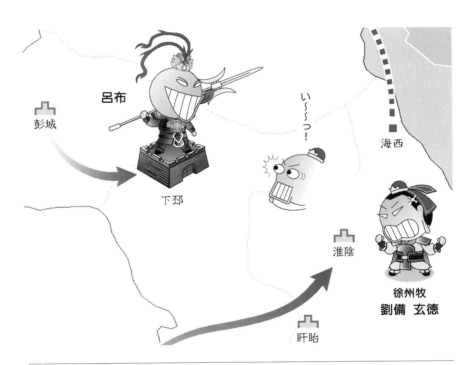

（＊08）李傕・郭汜（192年）も曹操（194年）もこのときの劉備同様「遠征中に本拠地が陥ちる」辛酸を嘗めていますが、この3人の拠点を陥としたのがすべて呂布というのが興味深いです。

（＊09）小沛とは「豫州 沛国 沛県」のこと。もともと沛国の都は相県（B-3）だったため、慣習的にこちらを「沛県」と呼ぶようになり、元からあった沛県は「小沛」と呼んで区別するようになりました。その後、相県は譙郡に編入されましたが、「小沛」の呼び名は残ることに。

　しかし、これを手ぬるいと見た袁術は、一気に劉備を亡ぼさんと紀霊＊を小沛に派兵してきました。

>　＊ 経歴不詳。字すら伝わっていない。『正史』では、ここで初登場したあと、二度と現れないため、その後の動向も不明。『演義』では関羽と互角に渡り合うほどの猛将だったが、そのわずか3年後、張飛との一騎討ちで瞬殺されている。

　小沛さえ陥とせば、そこを橋頭堡に琅邪国（A-4）の相臧覇［宣高］＊を味方に付け、下邳を南（淮南）（C/D-3/4）・西（沛）・北（琅邪）で包囲することができる旨味もあったからです。

>　＊ 初め陶謙に従って黄巾賊と戦っていたが、それが落ち着くと、琅邪に割拠して独立勢力となる。一応、呂布と同盟関係だったが、その絆は弱く、呂布の滅亡後は曹操に帰順し、その後は、曹丕・曹叡の代まで仕えてた世渡り上手。

――唇亡びて歯寒し。
「唇」は小沛、「歯」は下邳です。
　呂布にしてみれば、徐州防衛のためには小沛に陥ちてもらっては困る。
　かといって、立場上、真っ向から劉備を支援することもできない。
　そこで呂布は、ただちに小沛に出陣し、両軍の仲介の労を取ることにします。

（＊10）戟の横に出っぱった鎌のような刃の部分。

――あそこに戟が立ててあるのが見えるか。
　　どうだ、あの小枝（＊10）の部分に見事矢を命中させることができたら、
　これを天命と思い、両軍共に退いてもらえまいか。
　見れば、とても命中させることのできる距離ではありません。
　――なるほど。
　　こんな無理難題を自ら課すということは、さては呂布め、形だけ劉備に義
　理立てておいて、本心では助ける気がないな？
　そう解釈した紀霊は、この申し出を受け容れました。
　ところが！
　紀霊の思惑に反して、呂布の放った矢は一閃、見事に戟の小枝に命中！（＊11）
　誰も予想していなかった結果にどよめきが起こり、諸将は皆、目を見開いて
驚く中、間髪を容れず呂布が叫びます。
　――さあ、これが"天意"ですぞ！
　　両軍、退いてもらいましょう！
　　それでも戦うというのなら、この呂布が存分にお相手いたそう。
　日本人にはあまりピンと来ないかもしれませんが、じつは中国人というのは、
この"天意"という言葉にとても弱い。
　"天意"を示された以上、紀霊は退かざるを得ません。
　「ううむ、あれを命中させるとは、呂将軍は天の威光を備えておいでのようだ。
　天意とあらば致し方ない、ここは退かせていただく」
　戻ってきた紀霊から事の次第を聞いた袁術は、その"天意"に地団駄を踏ん
で悔しがりましたが、その直後、そんなことなどすっかり忘れさせるような
"天意"が彼の耳に入ります。
　――上様が帝位に就くべき、との天意を示す瑞兆（＊12）がありました！

（＊11）この挿話、如何にも作り話っぽく、よくある『演義』の創作かと思いきや、『正史』にも、
　　　　裴松之が参照した多くの史書にも書かれていることから、どうやら史実のようです。
（＊12）その「瑞兆」とやらが具体的に何なのかは伝わっていません。

太鼓持ちの張烱＊なる人物が袁術にそう言上したのです。

　　　＊「河内出身」ということ以外、経歴その他まったく不明。後にも先にもここで袁
　　　　術を惑わす発言をしただけで、他にはまったく登場しない。おそらくは、袁術の
　　　　望むことを告げることで報奨金が欲しかっただけのペテン師。

　またしても"天意"。
　袁術は、まだ董卓が専横していたころから帝位への異心を温めていたため、これを聞いてたいそう悦び、197年の春、一部家臣の反対を押し切り、国号を「仲」(＊13)(C-2)、帝都を寿春として即位してしまいます。(＊14)
　しかしながら、いまだ「漢王朝(A-1/2)の復興」を大義名分として各地に割拠している群雄たちがこれを認めるわけもなく、当然のように袁術は「逆賊」として孤立します。
　このころまで袁術の一武将であった孫策には「袁術から独立する格好の口実」を与えることになり、彼もまた群雄に名乗りを上げる契機にもなりました。
　しかし、このような危機的状況の中にあっても、当の袁術本人にはその自覚がまったくなく、「皇帝となったからには皇帝にふさわしい贅沢をせねば！」と日々奢多な生活にふけるばかり。
　そのための重税を課された民は飢え、兵は瘦せ、国土は荒廃し、民心も離れ、性懲りもなく南陽にいたころの失態を操り返す有様。
　こうした状況を受け、まさに沈みゆく船から逃げ出すネズミの如く、家臣の中からも袁術を見限る者が続出。
　そこで袁術は、まず呂布を取り込もうと姻戚関係を持ちかけるも、これが破談となると、逆に呂布を攻めて大敗。
　すると今度は、豫州陳国(B-1/2)の劉寵＊にすがろうとするも、これが拒絶されると、彼を暗殺してしまいます。

(＊13)『正史』にはその記述がなく、じつのところよくわかっていません。
　　　他にも「沖」や「成」など諸説ありますが、「仲」が最有力です。
(＊14)『演義』では、孫策から「伝国の玉璽」を譲られたからだということになっています。

> * 漢室の傍系で、陳国第6代国王。「帝位への野望を持つ」として国相（師遷）に上訴されたことがある。武で勇名を馳せ、黄巾賊すらこれを恐れて陳国では暴れなかったという。劉岱・劉繇の伯父で同名［祖栄］の人物がいるが、彼とは別人。

まったく感情的で行き当たりばったり。一貫性がない。

そもそも劉寵は漢室皇族（＊15）であり、皇帝を僭称する袁術などに味方するはずがありません（＊16）し、後先考えず陳国を亡ぼしたことで、すぐ隣の許都（A/B-1）に献帝（A-1）を擁する曹操（B/C-1）が、これを黙って見過ごすはずもありません。

当然のごとく曹操軍が侵攻してくると、狼狽した袁術は配下の軍を置き去りにして自分だけで遁走するという醜態をさらす有様。

その後も袁術は、もはや意味不明なほどの場当たり的言動を繰り返しながら衰亡の一途を辿り、ついには荒廃しきった"帝都"の寿春を棄て、宿敵の袁紹の子袁譚にすがろうとするところまで零落れていくことになります。

（＊15）後漢王朝第3代 章帝の弟（劉羨）を祖とします。

（＊16）こんな当たり前の道理もわからなくなっているとは、「ひょっとするとこのとき袁術は老人性認知症を患っていたのでは？」と疑いたくなるほどのハチャメチャぶりです。

しかし、彼の最期の願いが叶うことはありませんでした。
袁譚の許に向かう途上、兵糧が尽きたため、元家臣だった雷薄＊・陳蘭＊＊を頼ったものの入城を拒否され、寿春からわずか80里（約33km）も離れていない江亭の地で万策尽き、餓死することになったためです。

> ＊ もともと袁術配下の武将だったが、まもなく袁術を見限り、幕僚の陳蘭とともに出奔していた。袁術を拒絶したあとは史書に出てこなくなるため、その後の動向は不明。「雷緒」なる人物と同一人物の可能性も考えられている。

> ＊＊ ここに至るまで、つねに幕僚の雷薄と行動を共にしていた将。
> ところが、この出来事ののち、雷薄に代わって「雷緒」という将と行動を共にするようになっているため、雷薄と雷緒は同一人物かもしれない。

彼は最期にあたり、蜂蜜水を所望したといいます。（D-1）
── 朕は喉が渇いた。蜂蜜水を持ってまいれ。
しかし、もはやそんなものが用意できるような状態ではありません。
「この状況で、そんなものが用意できるとお思いか!?」
これを聞いた袁術は慟哭します。
── この袁術ともあろう者が、ここまで零落れ果てようとは!!
その直後、大量に吐血して亡くなります。
「家柄」「血筋」のみに執着し、最後の最期まで「自身の無能」に気がつかなかった愚者の末路でした。

第2章 群雄割拠

第4幕

根比べの虎退治
呂布の死

袁術が皇帝を僭称していたころ、曹操は東西南北を敵に囲まれ苦境に陥っていた。この包囲態勢を打破すべく、まずは西の張繡を攻めたもののあえなく失敗。つぎに北の袁紹が不穏な動きを見せたかと思えば、南の袁術が北上してくる。これは撃退したものの、今度は東の呂布が動き出した。曹操は呂布討伐を決意する。

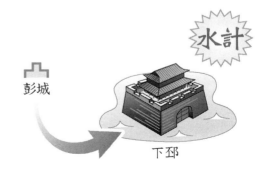

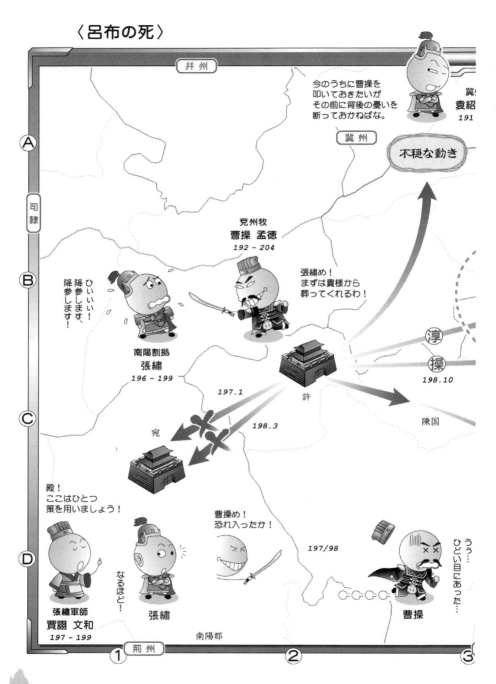

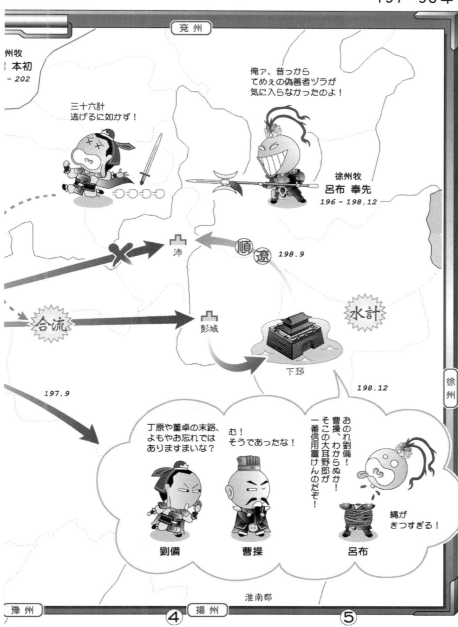

さて、袁術が皇帝を僭称したちょうどそのころ（197年）、振り返って曹操陣営を見てみると、彼もまた四面楚歌にあって、けっしてラクな状態ではありませんでした。
　曹操（B-2）は中原を押さえ、豊かな土地を支配していましたが、それだけに周りは敵だらけ。

- 北（冀州）（A-2/3）では、袁 紹（A-3）が睨みを利かせ、
- 東（徐州）（C-5）では、呂 布（A/B-5）が機を窺い、
- 南（淮南）（D-4/5）では、袁 術が皇帝を僭称し、
- 西（南陽）（D-1/2）では、張 繡＊（D-1）が蠢動する。

　　　＊もともと董卓配下の残党のひとり（張済の甥）にすぎなかったが、袁術が寿春に東遷したあと、事実上の空城状態となった宛城（C-1）に入城し、荊州（D-1）牧の劉表と手を結んで独立勢力（196年〜）となっていた。

　曹操はまず、この4人の群雄の中でもっとも帝都（許）に近く、また割拠して日も浅くて小者の張繡がもっとも陥としやすいと考え、197年の年明けとともに自ら大軍を率いて宛城に向かいました。（B-1/2）
　しかし、張繡をナメてかかった曹操は大火傷を負うことになります。

（＊01）李傕の参謀だった賈詡（第2章 第1幕）は、王允討滅後、李傕を見限って同郷の段煨を頼ったものの、彼に信用されなかったため、張繡に招かれてその参謀となっていました。

確かに張繡自身は曹操に比肩する人物ではなかったかもしれませんが、ちょうどこのころ張繡の参謀に加わっていた賈詡(＊01)の存在が曹操の足を掬うことになったのです。
　賈詡といえば、閻忠＊をして「張良・陳平にも匹敵する」と絶賛されたほどの知謀の持ち主。

> ＊ 黄巾の乱の討滅に多大な軍功を挙げ、その名声が天下に轟いていたころの皇甫嵩に対し、「天下を目指すよう」進言した人物。皇甫嵩にその野心なしと知るや、狂人のふりをして彼の許から逃亡している。

　曹操の大軍を目の前にして賈詡は一計を案じ、いったん降伏して、機が到来するのを待つことを張繡に勧めます。
　戦わずして宛城への入城を果たした曹操は上機嫌。
　宴で歓待され、すっかり浮かれて気が弛み、張済(張繡の族父)の未亡人に手を出してしまいます。
　ここまでコケにされて怒り心頭の張繡をなだめつつ、賈詡は彼の耳元で囁きました。(D-1)
——これは意外と早く"機"が訪れましたぞ。
　　今、軍規の弛みきった曹操軍に夜襲をかければ、成功間違いなしです。
　賈詡の言葉どおり、突然の夜襲に曹操軍は大混乱！
　曹操は愛馬(絶影)に矢を受け転倒、このとき右肘に大怪我を負います。
——父上！
　　どうぞ私の馬にお乗りください！
　長男曹昂[子脩]＊が自分の馬を差し出し(＊02)、校尉典韋＊＊が命懸けで追手を食い止めてくれたおかげでなんとか間一髪逃げ果せたものの、曹昂も典韋も、そして甥の曹安民＊＊＊までもが討死し、多大な犠牲を払って許に逃げ帰るのがやっとという惨状となりました。(D-2/3)

(＊02) この7年ほど前にも、曹操は董卓討伐戦(滎陽の戦)にて徐栄軍に大敗したとき、曹洪が自分の馬を差し出したおかげで九死に一生を得ています(第1章 第5幕)が、まさにその再現。曹洪は曹操に馬を差し出したあと自分も生還しましたが、このときの曹昂は…。

＊　曹丕の異母兄。まだ幼いころに実母（劉夫人）を亡くしましたが、丁夫人にかわいがられた。曹昂の死を知った丁夫人は哀しみ、その怒りを曹操にぶつけ、実家に戻り、曹操がどれほど謝罪してもけっして戻ることはなかったという。

　　＊＊　若いころから怪力豪傑で知られるようになり、初め張邈に従っていたが、その後、夏侯惇に見出され、その配下となる。『演義』では、古（殷朝末期）の豪傑になぞらえて曹操から「悪来」と渾名されている。

　　＊＊＊　曹操の甥でありながら、詳細は一切不明。「安民」はおそらく字だが、名すら不明。曹操の兄弟であるはずの父の名すら伝わっていない。ただ、ここで曹昂・典韋らの名と並んで討死したことが記されるのみの人物。

　じつは袁術が皇帝を僭称したのは、この直後のことです。
　それだけならまだしも、袁術が陳国（C-3）にまで軍を進めてきたため、曹操はいったん張繡討伐を諦め、袁術討伐戦（C-3/4）を余儀なくされた（197年9月）ことはすでに前幕にて触れました。
　袁術を討ったあと、198年3月、曹操はふたたび南陽遠征に出陣(＊03)しましたが、このときも賈詡の策にやられて見事に撃退されます。（D-2/3）
　敗走する曹操軍の背を見て、張繡は叫びます。

（＊03）『世説新語』にある「梅林止渇」（行軍中、水が底をついたため、曹操が「あの山の向こうに梅林があるぞ！」といって兵の喉の渇きを潤した）という故事は、このときのものだという説があります。

「見ろ！　曹操軍が退いてゆくぞ！　追撃軍を出せ！」
　しかし、喜び勇んで出撃しようとする張繡を賈詡が諫めます。
――やめておきなさい。
　　ここで追撃などすれば、かならずや大敗しますぞ。
「何を申すか！
　今こそ曹操の首を取る千載一遇の好機ではないか！」
　こうして賈詡の反対を押し切って追撃した張繡でしたが、果たして、大敗して戻ってきます。
「むむぅ。
　そなたの意見を聞かなかったばかりにこのザマだ…」
　バツ悪くうなだれる張繡に対して、賈詡は意外な言葉を口にしました。
――公！　今すぐ敗残兵をまとめて追撃しなさい。
　　そうすれば大勝利は間違いありませんぞ‼
　当惑した張繡は尋ねます。
「そなたもおかしなことを言う。
　士気の高い万全の兵で追撃して、たった今、敗れて戻ってきたところなのに、いまさら敗残兵を掻き集めて出撃して勝てるわけがなかろう？」

曹操

――戦況とはつねに変化するものです。
　　さあ、モタモタしていては機を逸しますぞ！

張繡は不審に思いながらも敗残兵を率いて出撃すると、果たして、大勝利して戻ってきました。
　狐につままれたような思いの張繡に対して、賈詡は笑って言います。
　――将軍もなかなかの戦上手ではありますが、曹公には及びませんな。
　張繡はその理由（＊04）を聞いて賈詡の知謀に感服、以後、彼の言葉に真摯に耳を傾けるきっかけとなりました。
　こうして同じ相手に二度までも敗れた曹操ですが、じつは彼には張繡などに構っていられない事情が生まれていたのでした。
「袁紹に不穏な動きあり」（A-3）
　この報が入ったことにより、曹操は急ぎ帰国したのです。
　こうして彼はしばらく北の動向に釘付けにされましたが、まもなく袁紹も幽州の公孫瓚との戦いに忙殺され、曹操どころではなくなります。
　さらに、袁術と張繡は先の戦の傷がまだ癒えておらず、しばらくは身動きできまい。
　こうして曹操もようやく一段落したところに、小沛（B-4）を守る劉備から救援要請が来ました。
　徐州牧となった呂布（A/B-5）が高順＊・張遼［文遠］＊＊（B-4/5）らの猛将を引き連れて小沛に攻めてきた（198年9月）というのです。

　　＊　呂布の配下。しかし呂布のようにただ豪傑なだけでなく、贈賄を受けない清廉潔白さで、酒も呑まず、忠心も厚く、呂布に冷遇されても恨み言ひとつ言わず、最後まで呂布に付き従った武将。

　　＊＊　初め、その武勇を買われて丁原に従っていたが、のち丁原の軍が董卓に吸収されると、そのまま董卓の配下となり、その董卓が王允・呂布に討たれると、呂布の配下となっていた。のちに「合肥の戦」で勇名を馳せることになる。

（＊04）賈詡「敵軍は撤退しはじめたといってもかなりの余力を残しておりましたから、追撃を考え、殿軍には精鋭を置くに決まっています。最初に臣がかならず敗れると申したのはそうした理由です。余力を残しながら撤退したということは、本国で何か起こっている証拠ですから、追撃を追い払ったあとは、進軍速度を上げることを第一に考え、兵を軽装化させるに違いありませんから、その背を突けば勝利は間違いありません」

第 4 幕　呂布の死

　張繡の動きに一抹の不安はあったものの、荀攸［公達］＊ の推しもあり、曹操は救援を出すことにしました。

　　＊ 荀彧の甥（従子）。潁川の役人から始まり、のち何進に仕える。董卓の悪政に憤り、その暗殺を謀るも失敗。しかし、死刑執行の直前に董卓が暗殺され、九死に一生を得る。その後、荀彧の推挙により、曹操に仕えるようになっていた。

——よし！　夏侯惇（B/C-3）よ！
　　そちが先陣を切って小沛を救え！　余もあとから追う！
　こうして颯爽と救援にやってきた夏侯惇でしたが、呂布軍を前にしてあっさり蹴散らされて(＊05)まったく頼りにならず。
　『演義』では"一騎当千"だの"万夫不当"だの、さも無敵のごとく扱われている関羽も張飛もまるで役に立たずに小沛はあっけなく陥落。
　劉備も、妻子すら置き去りにして自分だけで逃げ出す為体。
　遅れて進軍してきた曹操本隊が敗走してきた劉備を拾い（B/C-3）、まずは彭城（B/C-4）を攻め陥とし、さらに下邳（B/C-5）を包囲するや、その大軍を前

（＊05）『正史』では、夏侯惇の左眼は195年の「陳宮・張邈の乱」のときに失っていますが、『演義』ではこのときの戦で失っています。彼は目玉ごと矢を抜き、「親からもらった体、棄てるわけにはいかん！」と食べてしまった、とその「豪傑ぶり」がアピールされていますが、実際には、戦はあまり強くなかったし、いつまでも隻眼を気に留め「盲夏侯」と呼ばれることを嫌い、鏡を見るたび不機嫌になる（『魏略』）など、意外にセンチな人物でした。

にして呂布は籠城を決意します。
　こうなると下邳も堅城、大軍で囲んだとはいえ、やたらなことでは陥ちるものではありません。
　しかも、ここでモタつけば大軍ゆえたちまち兵糧は底を突くし、冬が近づいていましたから、雪に鎖されれば兵站も麻痺してしまう。
　さらに下邳に手こずっていれば、いつ何時、袁紹や張繡が許都を襲い、袁術が曹操軍の背後を襲ってくるか知れたものではありません。
　下邳を大軍で包囲して、一見すると圧倒的に優勢に見える曹操ですが、実は余裕はなかったのです。
　そこで曹操は甘言を以て呂布に降伏を迫ると、気弱になっていた呂布はただちにこれを受諾しようとし、陳宮に窘められます。
──何を血迷われるか！
　　今降伏しても処刑されるだけですぞ！
　陳宮はいろいろと策を講じるものの、呂布は右顧左眄して（＊06）これを採用せず、将らも疑心暗鬼に陥り、城内の空気は険悪化していきます。
　しかし、曹操の側でも事態は刻一刻と深刻になっていました。
　兵糧がみるみる心細くなってきただけではなく、ついに恐れていた雪が降りはじめ、凍死者が相次ぐようになり、撤退を考えはじめたほどです。
　荀攸は曹操の弱気を押し留め、水攻めを提案します。（B/C-5）
　城が水没すれば、決戦は不可能となり、あとはどちらが先に音を上げるかの根比べ。
　もし呂布という人物がもう少し"まとも"な将軍であったなら、この根比べに勝つ可能性もありましたが、呂布は忠言には耳を傾けず、酒に溺れ、女にかまけ、不満とストレスを部下にぶつけるという、その傍若無人な態度が尋常では

（＊06）陳宮に献策されたときは採用しておきながら、そのあと妻に反対されるとすぐにこれを反故にする。とにかく呂布という男は物事の良し悪しがまったくわからず、忠言にも詐言にもいちいち踊らされてしまう性質があり、これが呂布の人生を狂わせていきました。

なかったため、ついに不満を爆発させた配下の叛乱に遭い、"知恵袋"の陳宮は捕らえられ、呂布も投降を余儀なくされました。
　後ろ手に縛り上げられて曹操の前に引き立てられてきた呂布は言います。
「孟徳殿。少々縄がきつすぎる。少し緩めるよう言ってくれぬか？」
――虎を縛るのだ、キツくしないわけにはゆくまい？
「これからは孟徳殿が歩兵を、私が騎兵を率いて戦えば、天下も容易に手に入れることができましょうぞ！」
　呂布のこの言葉に色気を出した曹操でしたが、それに気づいた隣の劉備が耳元で囁きます。
――呂布にかかわった丁原・董卓の末路、よもやお忘れではありますまいな？
　これを聞いて怒り狂った呂布は叫びます。
「この大耳野郎（＊07）が一番信用おけんのだぞ！」
　こうして呂布とともに、陳宮・高順も処刑されましたが、張遼だけは曹操にいたく気に入られ、その幕下に入りました。
　かくして、後世「三國志最強」と謳われた呂布はついに歴史の舞台から姿を消し、以後、歴史は新しい段階へと突入していくことになります。

（＊07）劉備のこと。『正史』にも「自分の耳を自分で見ることができた」とあり、かなりの福耳だったようです。『演義』ではさらに誇張され、「肩まで垂れ下がった耳」とあります。

Column 呂布、強さの秘密

―― 人中に呂布あり、馬中に赤兎あり！

「三國最強」とも謳われた呂布は、こうして下邳に散りました。

ところで、『三國志』の中では、猛将たちが雑兵たちをバッタバッタと薙ぎ払いながら進む姿が描写されることがありますが、あれは『演義』の中だけの「創作（フィクション）」でしょうか、それとも「史実（ノンフィクション）」でしょうか。

物語上の演出としてはおもしろくても「まさか現実では…」と思えるこうした記述も、じつは演出（フィクション）とも言い切れない側面があります。

ちなみに呂布は、幷州五原郡出身。

ここは現在の内蒙古自治区にあたりますから、彼は純血の漢民族ではなく、おそらくはモンゴル人かその混血と思われます。

騎馬民族たる彼らは乗馬技術にすぐれ、遊牧民たるモンゴル人の身体能力は漢民族のそれを凌駕し、体も大きく筋力もあり、とりわけ呂布などは弓も百発百中、身長は「９尺（２ｍ７ｃｍ）」と伝えられています。

いくらなんでも「９尺」というのは後世の誇張としても、おそらく８尺（184ｃｍ）以上はあったのでしょう。

当時は各地で叛乱が相次ぐほど食糧事情が劣悪だったため、将校クラスを除く下々の者の平均身長は150ｃｍ程度。

つまり、現在でいえば中学生くらいの身長しかない痩せこけた雑兵の群に、プロレスラー並みの体格をした巨漢が戟を振り回すのです。

そりゃあ、強い！！

こうした背景を考えれば、「雑兵たちがたったひとりの将の前に潮が引くように後退させられる」ということもまんざら嘘とも言い切れません。

ちなみに、呂布に並び称される猛将といえば、関羽・張飛・趙雲・張遼・典韋・許褚…といった面々が思い浮かびますが、彼らは揃いも揃って大男・巨漢ばかり。

つまり、彼らは「強い」というより「大きい」。技巧（テクニック）より力押し（パワー）。

「技は力の中にあり！（空手家 大山倍達）」とはよく言ったものです。

第2章 群雄割拠

第5幕

英雄と呼ぶにふさわしい者は！

劉備の再自立と孫策の抬頭

公孫瓚（こうそんさん）を討ち滅ぼし、華北四州を平定した袁紹（えんしょう）がつぎに睨んだのが曹操（そうそう）だった。曹操は北の袁紹に臨み、南の袁術（えんじゅつ）を劉備（りゅうび）に任せる。ところが袁術は劉備軍の到着前に餓死。残された袁一族は南へ逃れようとするが、それが会稽（かいけい）太守孫策（そんさく）・廬江（ろこう）太守劉勲（りゅうくん）・荊州牧劉表（けいしゅうぼくりゅうひょう）の戦へと発展することになる。

曹操：英雄は私と君だけだ！
劉備：わっ！びっくりしたぁ！からん！

〈劉備の再自立と孫策の台頭〉

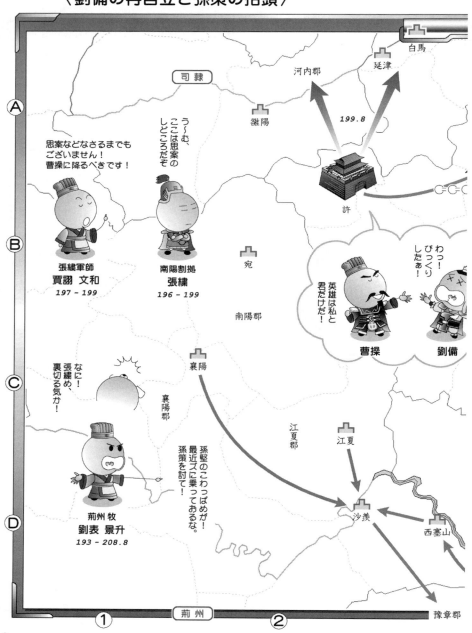

第5幕　劉備の再自立と孫策の台頭

199年

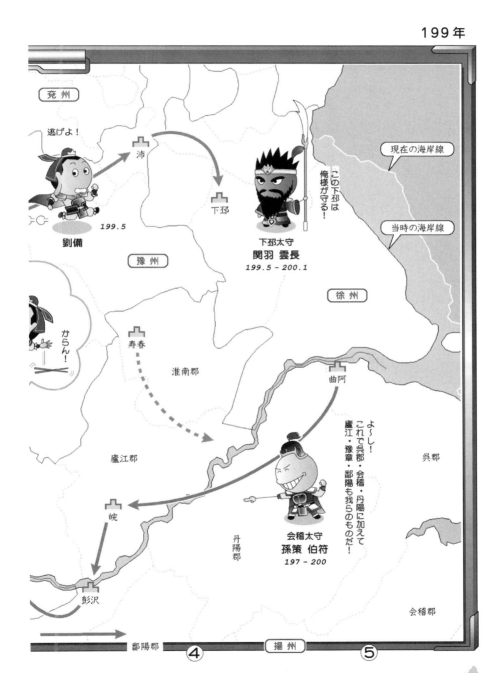

呂布の死によって、曹操は"四面楚歌"の一角を崩すことができました。新たに手に入れた徐州（B-5）を車冑＊に任せます。

> ＊経歴不詳。字すら不明。呂布滅亡後、曹操から徐州刺史を拝命されたが、まもなく曹操に叛逆した劉備の手にかかって殺されることに。『演義』では車騎将軍の地位にもあり、劉備ではなく、関羽と張飛によって殺されている。

曹操にとって、徐州は父親（曹嵩）を殺されたころ（193年）以来の宿願の地だったので、これを大いに喜びましたが、まだまだ予断を許さない状況がつづきます。

いまだ北に袁紹、西に張繡（B-1/2）・劉表（C/D-1）、南に袁術が控え、そのうえ、外だけでなく内にも問題は山積していたためです。

ひとつには、呂布を討ったあと保護していた劉備の処遇について。

ある者は「劉備には英雄の相あり、今のうちに誅殺すべし」と進言し、またある者は「今殺せば、人徳の士を殺したとの悪評が立ち得策ではない」と献策し、曹操自身も決めかねていたため、とりあえず劉備には「豫州牧」という名目的な地位を与えて監視下に置いておくことにします。

さらに、車騎将軍董承＊が献帝より「曹操討つべし！」との密勅を受け、策動しているとの未確認情報もあり、曹操は劉備もこれに加担しているのではないか（＊01）との疑念も持っていました。

> ＊献帝の祖母・霊帝の母にあたる董太后の甥にあたる人物。字は不明。もともと董卓の娘婿（牛輔）の武将をしていたが、献帝が李傕・郭汜の支配を脱し、雒陽に向かう逃避行の際、献帝に付き従い、娘は献帝の側室となっていた。

そこで曹操（B/C-2/3）は劉備の腹を探るため、彼を食事に誘います。

――玄徳殿。

天下に"英雄"と呼ぶにふさわしい人物は誰であると思う？

「さあ？　私ごとき凡夫ではなんとも…」

（＊01）実際、その同志の中には劉備も名を連ねていました。

―― 卿の思うところを忌憚なく述べていただきたい。

「そうですね。やはり、いまや皇帝まで僭称している袁術、あるいは、河北に覇を唱えている袁紹あたりでしょうか？」

―― あんな小者どもなど、まったく取るに足らぬ！

「では、荊州の劉表、益州の劉璋［季玉］＊ あたり、はたまた、江東の孫策、南陽の張繡などは如何でしょうか？」

  ＊ 漢室の傍系。益州牧劉焉の子。若いころ長安で奉車都尉をしていたが、父（劉焉）が益州で独立の野心を持ちはじめたため、これを諫めるために益州に戻ったが、そのまま戻らず、父の死後、益州牧を継いだ。

―― 戯れ事を！　どいつもこいつも問題にならん！

  この広き天下に、英雄と呼べる者はただ２人のみ！

「２人？　それは…？」

―― それは余と……そして玄徳殿、君だ！

  この言葉に劉備は自分の野心を見透かされていると驚き、思わず持っていた箸を落としてしまいます。(＊02)(B/C-3)

  ちょうどそのころ、袁紹が宿敵であった幽州牧公孫瓚を易京(＊03)で破り（199年３月）、その勢いのまま、東の青州・西の并州をも呑み込んで、河北

曹操
英雄は私と君だけだ！

劉備
わっ！びっくりしたぁ！
からん！

(＊02)「驚いて箸を落とす」なんて、如何にも作り話っぽいですが、じつは『正史』にも載っている逸話です。『演義』では、この話をさらに盛って「箸を落としたちょうどそのとき、雷が鳴ったので、劉備はとっさにこれに驚いて箸を落とした小心者のフリをした」としています。つまり、「心を見透かされて驚いた」のではないとゴマかそうとしたわけです。

(＊03) 冀州 河間郡と幽州 涿郡の州境にある城。

四州の統一に成功した ── との報が入ってきました。

　これにより従来のパワーバランスが大きく崩れたため、これを契機として歴史が動きはじめます。

　まず、後顧の憂いを断った袁紹(えんしょう)が南下してくることは必定で、そうなれば曹操(そうそう)は、先手を打って河内(かだい)(＊04)(A-2)を押さえておかねばなりません。

　この河内(かだい)は、前年（198年）まで張楊(ちょうよう)(＊05)が太守をしていましたが、配下の楊醜(ようしゅう)＊に殺され、その楊醜も同僚の眭固(すいこ)［白兎(はくと)］＊＊に殺される ── というように混迷を極めており、さらに間(ま)の悪いことに、眭固(すいこ)は袁紹(えんしょう)と手を結ぼうと策動していました。

> ＊ 主君の張楊は呂布と懇意の関係にあり、呂布が曹操によって下邳に追い詰められたとき、曹操の本陣を背後から突くことで呂布を助けようとしたが、これに反対だった楊醜は張楊を殺して、その首を手土産に曹操へ降ろうとした。

> ＊＊ もとは黒山賊の頭目。東郡太守王肱を打ち破ったものの、王肱の後釜として討伐にやってきた曹操に敗れ、河内太守張楊に庇護されてその配下となった。その恩義ある主君張楊が同僚に殺されたと知り、楊醜を殺した。

　悪いときには悪いことが重なるもので、このタイミングで袁術(えんじゅつ)が袁紹(えんしょう)と手を結ぶべく、北上を始めたとの報が入ります。

　曹操(そうそう)にとって、袁術(えんじゅつ)・袁紹(えんしょう)・眭固(すいこ)が手を結べば、大包囲網が完成してしまうわけで、如何(いか)にもまずい。

　そこで曹操(そうそう)はこれを阻止すべく、自らは河内(かだい)へと兵を進める(A-2/3)（199年4月）一方、劉備(りゅうび)には袁術(えんじゅつ)を討たせるべく、徐州へ向かわせることにしました。

　もちろん曹操(そうそう)は劉備(りゅうび)を完全に信じていたわけではありませんから、朱霊(しゅれい)［文博(ぶんはく)］＊と路招(ろしょう)＊＊を監軍(＊06)に付けて。

(＊04) 河内は「そこが袁紹の手に陥ちれば曹操の本拠地が殆うい」という地勢でした。

(＊05) 本書「第2章 第1幕」で、呂布を保護した人物です。

(＊06) 軍隊を監察する役職。戦目付。

> * 初めは袁紹の配下だったが、袁紹が朱霊を曹操の援軍に出したとき、朱霊は曹操の人柄に惚れ込み、そのまま曹操の配下となってしまい、二度と袁紹の下に戻らなかったという。
>
> ** 詳しい経歴は不詳だが、朱霊と行動を共にすることが多かった曹操の武将。『正史』では、この後も、曹操の荊州征伐（208年）や夏侯淵の長安駐屯に従軍している（212年〜）が、『演義』ではこのとき1回きりの登場で以降登場しない。

　当時曹操の監視下から逃れたい一心であった劉備は、監視付きとはいえ、これ幸いと曹操の気の変わらないうちに早々に徐州へと出陣します（A/B-3/4）。
　ところが、これを知った程昱と郭嘉［奉孝］＊が驚いて曹操の許へ駆けつけ、これを諫めます。

> ＊ 初めは袁紹に仕えたものの、すぐに「仕えるに値しない人物」と出奔、その後、荀彧の推薦により曹操に仕えるようになる。郭嘉を得た曹操は「私の大業を成すのはかならずやこの人物だ」といって喜んだという。

「劉備に軍を与えて解き放ったと聞き及びましたが、それは真ですか！？
　そんなことをすれば、あやつはかならず叛逆しますぞ！」
　彼らの言葉に曹操は慌てて翻意し、張遼と許褚［仲康］＊を派遣して劉備に戻るよう伝えさせます。

> ＊ 曹操に仕える前は、一族郎党を率いて砦を作り、単独で黄巾賊から身を護っていた。怪力の持ち主で、胴回りが10囲（120cm）ほどもあったという。
> 曹操は「我が樊噲（劉邦に仕えた豪傑）を得た」と喜び、自らの親衛隊長とした。

　しかし劉備とて、せっかく曹操の下を離れる千載一遇の好機（チャンス）を得ながら、ここですごすごと戻るわけにはいきません。
――将は外にありては君命も受けざるところあり！（＊07）
　劉備はこう言って曹操の帰還命令を拒否、張遼・許褚を追い返して進軍をつづけました。

(＊07)『孫子（九変編）』の引用。

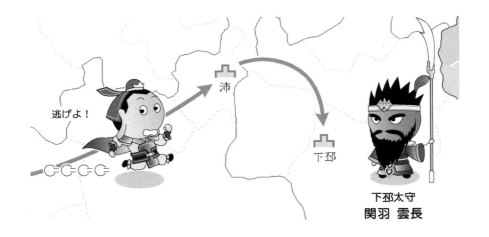

　徐州へ着くと体よく監軍の朱霊と路招も追い返し（＊08）、さらに徐州刺史車胄を殺害（＊09）して自立してしまいます。(199年6月)
　そして自らは小沛(A-4)に駐屯し、関羽(A/B-4/5)を下邳太守とし、これを守らせます。
　かくして劉備は、陶謙に譲られ、呂布に奪われた徐州を、ついに曹操から奪い返すことに成功したのでした。
　裏切られ、怒り心頭の曹操は、ただちに劉備を討ちたいという思いに駆られましたが、今は河内平定中で、袁紹と一触即発の状況。
　そのうえ、背後の張繡(B-1/2)の動きも不測のため、悔しさに歯軋りしつつ、ここはグッと堪えます。
　ところで。

(＊08)『演義』では、監軍の役目も果たせず、劉備に言いくるめられてのこのこ戻ってきた朱霊・路招に、曹操は「両名を処刑せよ！」と激昂していますが、『正史』にはそのような記述はありません。ただし、因果関係は定かではありませんが、別の箇所で曹操が朱霊の軍権を奪うシーンが出てくるので、それがこのときの失態によるものかもしれません。

(＊09)『演義』では「関羽・張飛が暴走して勝手にやった」ということにされています。

第5幕　劉備の再自立と孫策の抬頭

　劉備が徐州を手に入れる直前、彼が直接手を下すまでもなく、袁術は寿春（B/C-4）近郊で血を吐いて頓死していました（199年6月）。
　残された袁家一族（袁胤＊・袁燿＊＊ら）は北上を諦め、大将軍張勲＊＊＊らに連れられて、かねて密な関係にあった孫策を頼るべく、寿春を棄てて南下を始めます。（C-4）

　　＊　袁術の従弟。ただし『演義』では「甥」となっている。袁術の死後、その嫡男（袁燿）がまだ若輩であったため袁家を率いることになったが、劉勲・孫策の勢力争いに翻弄され、その後の消息は不明となる。

　　＊＊　父（袁術）の死後、紆余曲折ののち孫策に保護されると、彼の姉妹が孫権の側室となり、その関係で郎中に任ぜられた。彼の娘が孫権の子（孫奮）に嫁いだとあるが、彼自身のその後の消息は不明。

　　＊＊＊　長く袁術に仕えながら、袁術が陳国を攻めたとき、あっさり袁術に見棄てられた武将のひとり。陳国に取り残された将がことごとく討ち取られていった中、彼だけが袁術の下に帰参することに成功していた。

　ところが、そこに袁術配下だった廬江（C-3/4）太守劉勲［子台］＊の軍が現れ、彼らを拉致し、旧袁術軍を吸収してしまいました。(＊10)

　　＊　沛国の県長から始まり、のち袁術の配下となる。袁術は孫策に「廬江を取ればその太守としよう」と約束しながら、いざ孫策がこれを陥とすと劉勲をその太守に任じてしまう。その経緯により、孫策との間に確執が生じていた。

　軍を横取りされる形となった孫策（C/D-4/5）は、これまでの経緯もあり、劉勲との対決を決意。
　まず、劉勲が豫章（D-3）へ南征に出るよう唆し、空城同然となった本拠地皖城（C/D-3/4）を攻めてこれを占領、旧袁術軍を自軍に組み込みます。(＊11)
　本拠地を奪われて、慌てて戻ってきた劉勲は彭沢（D-3/4）・西塞山（D-3）で連戦連敗、散々に打ち破られてそのまま滅亡。

（＊10）裴注『江表伝』では、「袁胤らは最初から自らの意志で劉勲の許に向かった」とあります。
（＊11）孫策が妻とした大橋、周瑜が妻とした小橋は、このときの捕虜のひとりでした。

こうして孫策は、新たに廬江郡を支配下に置くことに成功しました。
しかし、この情勢に驚いたのが、荊州（D-1/2）牧 劉表と江夏（C-2/3）太守黄祖です。(＊12)
西塞山はすでに荊州（江夏郡）の地ですから、これを看過するわけにはいきません。
孫策は、沙羨（D-2/3）に軍を進めてきた劉表・黄祖連合軍を散々に打ち破る（199年12月）と、そのまま反転して豫章と鄱陽（D-4）まで押さえ、江南をもその勢力圏下に組み込みます。
こうした孫策の動きは、西の劉表だけでなく、北の曹操周辺にも大きな影響を及ぼすことになりました。
劉表は北の曹操、東の孫策と対決しなければならなくなり、二正面作戦を余儀なくされましたが、それは劉表を後盾として曹操との対決姿勢を貫いてきた張繍を不安に陥らせます。
―― これでは、いざというとき、劉表の援軍はアテにならないのではないか？

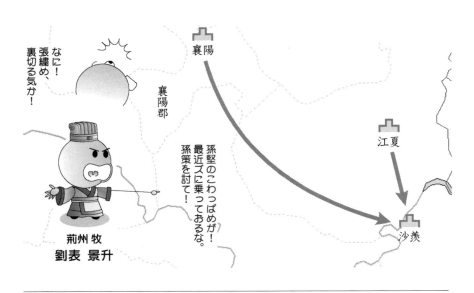

(＊12) 黄祖は、孫策にとって父（孫堅）の仇です。本書「第1章 第5幕」参照。

張繍（ちょうしゅう）は善後策を賈詡（かく）に訊ねます。
「わしはどうすればよい？」
──そうですな。
　この際、曹操に降ってしまいなさい。
張繍（ちょうしゅう）は我が耳を疑いました。
曹操（そうそう）に降るなど、考えられません。
先年、曹操（そうそう）に叛逆して、その子（曹昂（そうこう））、甥（曹安民（そうあんみん））、そして曹操（そうそう）が我が子以上にかわいがっていた典韋（てんい）をまとめて殺したばかり。
曹操（そうそう）は、その怨み骨髄に徹しているはず。
ましてや、外交の基本は「遠交近攻（＊13）」。
もしこのとき、張繍（ちょうしゅう）の懐刀が范雎（はんしょ）であれば、「遠（袁紹（えんしょう））と交わり、近（曹操（そうそう））を攻むるべし」と献策したに違いありません。
「なぜじゃ？　曹操（そうそう）は仇敵中の仇敵だぞ？
そのうえ袁紹（えんしょう）は強く、曹操（そうそう）は弱い。

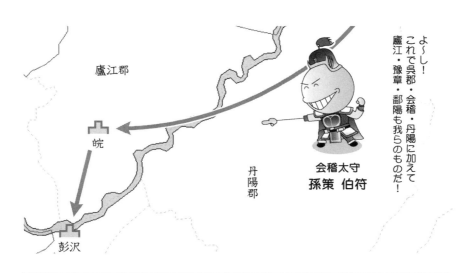

（＊13）出典は『史記』。戦国時代、魏の范雎が秦の昭襄王に「遠交近攻」を献策して、これを採用した秦は急速に勢力を強め、のちの天下統一の礎を築くことに。

強い者に付いた方がよいに決まっているではないか?」

賈詡(かく)は答えます。

——公(との)。なればこそです。心配には及びませぬ。

曹操は仇だの何だの、そんな小さなことをネチネチと根に持つようなケツの穴の小さい男ではありません。(＊14)

また、袁紹(えんしょう)は強大であるがゆえ、我らがわずかな手勢で従ったところで大して喜びもせず、我々を軽んずるでしょう。

それに引き換え、曹操(そうそう)は弱小であるがゆえ、我らが味方になるとなれば大いに喜び、厚遇してくれるに違いありません。

賈詡(かく)の献策が間違ったことなど一度もないことは骨身に染みて知っていましたから、張繡(ちょうしゅう)は意を決して曹操(そうそう)の軍門に降る(199年11月)と、果たして、曹操(そう)は大いにこれを喜び、彼を温かく迎え入れてくれました。

以降、賈詡(かく)は曹操(そうそう)に迎えられ、彼の参謀として活躍するようになります。

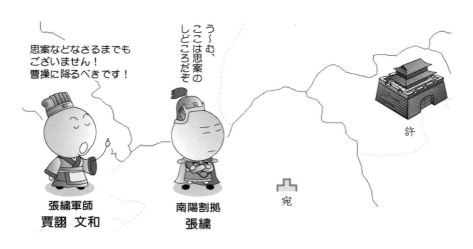

(＊14) 裴松之が参照した『魏略』によれば、彼の息子曹丕は、曹昂・曹安民を殺された怨みをいつまでも根に持っていたようですが。

第2章　群雄割拠

第6幕

薄氷の上の勝利
官渡の戦

建安5年（200年）は激動の年となった。1月には曹操暗殺計画が明らかとなり、徐州を攻めてこれを陥とし、そしてついに宿敵袁紹との決戦に臨む。しかし、緒戦こそ快勝したものの、その後はジリ貧で約半年後（8月）には官渡まで退くことに。もはや万策尽き、絶体絶命の曹操の下に朗報が舞い込む。

袁紹に助けてもらおっと！

劉備

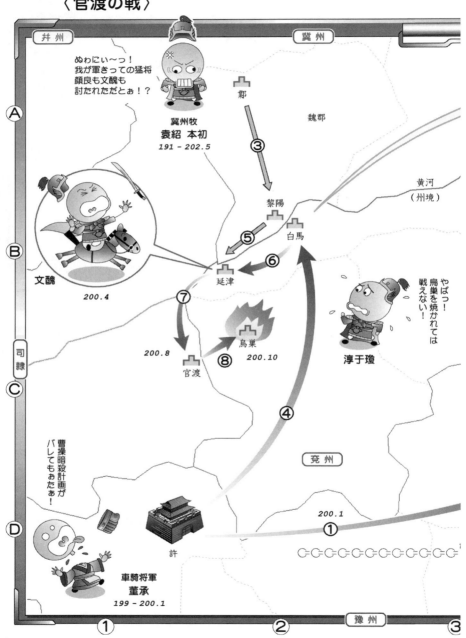

第6幕 官渡の戦

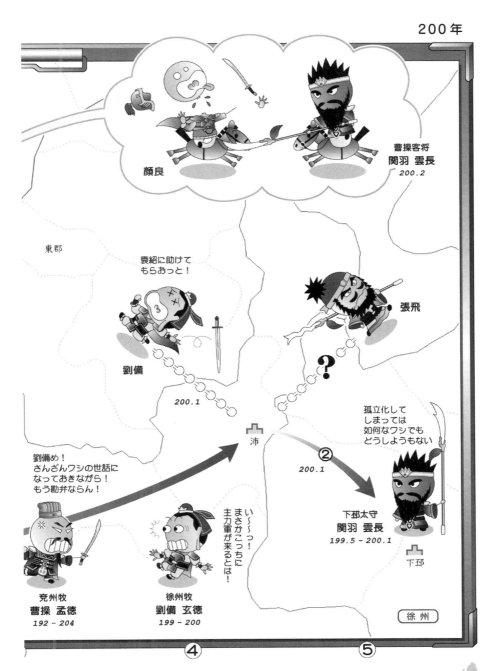

年が明けた建安5年（200年）は、正月のお祝いもそこそこ、宮廷は騒然となり、歴史が大きく動く年となります。

　ついに、董承（D-1）の「曹操暗殺計画」が露見したのです。

　その血判状に名を連ねた者はことごとく族滅[*01]となりましたが、その血判状の中にひとりだけ、曹操がすぐには手が出せない人物がいました。

　それが小沛（C-4/5）に拠っていた劉備（D-4）です。

　ついに堪忍袋の緒が切れた曹操は、劉備討伐を決意。

　南陽の張繡はすでに軍門に降り、淮南の袁術はすでに亡く、代わって台頭してきた江東の孫策ははるか遠い。

　問題は河北の袁紹（A-1/2）ですが、この者は優柔不断。

　——なぁに、袁紹が決断を下す前に一気にカタを付けてしまえばよい！

　しかしこれはかなり危険な賭でもあります。

　徐州（D-5）を短期間で陥とすためには、大軍を以て臨まなければなりませんが、そうすれば許都（D-1/2）は空城同然となってしまう。

　如何な袁紹が優柔不断といえども、空城となった許都を指を銜えて黙って見過ごすほど愚かだろうか。

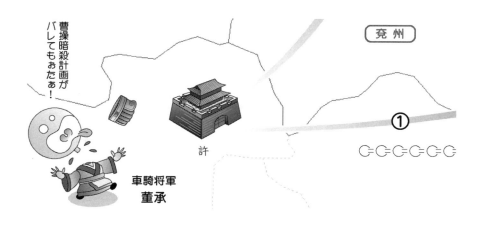

(＊01) 一族郎党皆殺し。「族誅」「三族（九族）皆殺し」とも言い、中国では頻繁に行われた刑罰。
　　　日本では、豊臣秀次が切腹させられた際、その側室・子・娘はもちろん、乳母から侍女に

第6幕 官渡の戦

いや、たとえ袁紹が愚かでも、彼には田豊[元皓]*・許攸[子遠]**・郭図[公則]***といったすぐれた参謀(ブレイン)が多数控えていますから、彼らが黙っているわけがありません。

* 初め宮廷の官吏(侍御史)を務めるも、王朝の腐敗ぶりに嫌気がさして官を辞し、まもなく袁紹の参謀となる。彼の献策はいつも正確であったが、主君が暗愚であるがゆえに採用されることは少なく、軍師としては不遇であった。

** 若いころ、霊帝を廃して新帝を立てる政変を目論むも失敗、袁紹の許に身を寄せる。しかし、欲が深く、素行が定まらず、傲慢な性格が身を亡ぼすことになる。

*** 初め、鍾繇・荀彧・荀攸らとともに潁川太守(陰脩)に仕えていたが、いつのころからか袁紹に仕えるように。しかし、ライバルを陥れる讒言癖があり、暗愚な袁紹はいちいちこの讒言をマに受け、失態を重ねることに。

万が一にも徐州攻略が長引いて、袁紹が許都に総攻撃をかけたならば、曹操は一気に滅亡してしまうかもしれません。

↗至るまで、皆殺しにあった事例が有名だが、中国のような大規模なもの、徹底したものはあまり見られず、女・子供は見逃されることが多かった。

しかし、それでも曹操の決意は変わらず。
――劉備は人傑である！
　今、亡ぼしておかなければ将来の禍根となろう！（＊02）
　然して、曹操はこの賭に勝ちます。
　袁紹と睨みあっている曹操が徐州に攻めてくるとは夢にも思っていなかった劉備は、「曹操（D-3）軍、小沛に向けて進撃中！！（矢印①）」との報告を受けても、どうしてもこれを信じることができません。
――あり得ぬ！　曹操は今、袁紹に釘付けのはず！
　ええい、もうよい！　私が自らこの眼で確かめに行く！
　こうして彼は手勢数十騎だけ従えて偵察に行ったところ、確かに曹操の大軍が目前に！
　狼狽した彼は、戦うでもなく籠城するでもなく、将兵も妻子も城ごと見棄ててそのまま袁紹の許へ遁走！（＊03）（B-4）
　これにより曹操は苦もなく小沛に"無血入城"を果たし、さらに劉備に見棄てられた関羽（C/D-5）は下邳（D-5）で孤立してしまったため降伏を余儀なくされ（＊04）（矢印②）、曹操の捕虜となってしまいます（200年1月）。
　こうして曹操は難なく徐州奪還に成功し、許都へと凱旋。
　その間、曹操の予想通り、袁紹はついに動かず。
　じつは、袁紹の参謀田豊が「今こそ曹操を亡ぼす千載一遇の好機ですぞ！」と再三訴えたにもかかわらず、気後れした袁紹は「息子の病が心配」などという取って付けたような理由でこれを拒否していたのでした。
　田豊は杖を地面に叩きつけて悔しがりましたが、これにより袁紹は曹操を討つ千載一遇のチャンスを逃し、逆に曹操は後顧の憂いを断ち全軍を以て袁紹と

（＊02）孫盛『魏氏春秋』より。当時、劉備など取るに足らない勢力で、ふつうに考えれば袁紹戦を優先するべきで、危険を冒して劉備討伐を優先するのは不自然です。
　　　しかし曹操にとって、劉備はそれほど脅威を感じる存在だったということでしょう。

（＊03）『演義』では、ここで劉備は張飛とともに曹操軍（夏侯惇・夏侯淵）と死闘を繰り広げて敗れたことになっています。ちなみに『正史』には張飛（B-5）の動向は触れられていません。

の決戦に臨むことが可能となります。
　袁紹（えんしょう）は、曹操（そうそう）が万全の態勢を整えた２月になってようやく、その重い腰を上げ、軍を動かしはじめるというタイミングの悪さ。
　しかしそうは言っても、さすが河北四州を平定しているだけあって、いざ進軍となれば、袁紹（えんしょう）は10万もの軍を動員し、鄴（ぎょう）（A-2）から黎陽（れいよう）（B-2）に軍を進め（矢印③）、冀州（き）（A-2）と兗州（えん）（C/D-2）の州境ともなっている黄河（A/B-3）を挟んで、白馬（はくば）（B-2）に陣を構える曹操（そうそう）軍と対峙します。
　これに対して、曹操（そうそう）軍が動員できた兵力はわずかに１万。(＊05)
　最初からわかっていたこととはいえ、やはり曹・袁（そう・えん）の兵力差は大きい。
　開戦直前、曹操（そうそう）は「もはや袁紹（えんしょう）との決戦は避けられぬ」と頭ではわかっていても、その圧倒的兵力差を思うにつけ不安となり、なんとか決戦を避けられないかと思い悩んだほどです。
　しかし、このとき曹操（そうそう）の背中を押したのが郭嘉（かくか）でした。
「公（との）！　気後れなさいますな。
　私はむかし袁紹（えんしょう）に仕えておりましたからよくわかります。
　袁紹（えんしょう）などどれだけの兵を擁していようが、公（との）の十勝、袁紹（えんしょう）の十敗です！」
――然してその理由は？
「袁紹（えんしょう）は儀礼を好み、公（との）は自然体を好む。これ"道（道義）"の勝利。
　袁紹（えんしょう）は逆賊、公（との）は順臣。これ"義（正義）"の勝利。
　袁紹（えんしょう）は緩慢にして、公（との）は厳格。これ"治（政治）"の勝利。
　袁紹は猜疑心が強く肉親を重用、公（との）は才を重視。これ"度（度量）"の勝利。
　袁紹は優柔不断、公（との）は即断即行。これ"謀（策謀）"の勝利。
　袁紹は虚飾を好み、公（との）は誠実を好む。これ"徳（人徳）"の勝利。

（＊04）このあたり、『演義』では、張遼の説得（３つの大罪）に応じて「３つの条件」を出しての"堂々とした降伏"だったように演出されていますが、現実はそんなかっこよいものではありませんでした。こうして関羽は、しばらく曹操の客将として従うことに。

（＊05）とはいえ、当時の状況から推察して「１万」という数字は少なすぎです。裴松之も「曹操のすごさを強調するために故意に少ない数字にしたのでは？」と疑念を挟んでいます。

袁紹は思慮浅く、公は周到に熟慮される。これ"仁（仁義）"の勝利。
袁紹は讒言を信じ、公はこれを退けられる。これ"明（聡明）"の勝利。
袁紹は善悪の判断がつかず、公は法の下に正す。これ"文（法政）"の勝利。
袁紹は兵法に疎く、公は神のごとき用兵。これ"武（軍事）"の勝利。
これにて袁紹の十敗、公の十勝にございます！」
この言葉に、曹操も決戦を決意したのでした。
閑話休題。
黄河を挟んでしばらく睨み合っていた曹・袁両軍、先に仕掛けたのは袁紹軍でした。
袁紹は猛将顔良＊を渡河させ、白馬に向かわせます。

> ＊ 文醜とともに袁紹軍きっての猛将 ── という前評判（『正史』荀彧伝）で登場するも、具体的にどの戦でどれほどの武功を挙げたのかについての記述は一切ない。性格は「偏狭」（『正史』袁紹伝）。詳しい経歴も字も不明。

それを知った曹操は、白馬を守っていた東郡太守劉延＊では荷が重いと、先遣隊として張遼と関羽（＊06）を増援に送り込みました（矢印④）。

> ＊ 経歴等一切不明。このときに東郡太守として初登場、いきなり白馬で危機に陥って関羽に助けられ、『正史』では以後登場しない人物。『演義』では、関羽の「千里行」の際、白馬での恩に報いるため、彼を陰ながら助けている。

このとき軍師荀攸の献策により、曹操主力軍がさも延津（B-1/2）を渡河して黎陽の側背を突く陽動を見せると、袁紹軍はまんまとこの策にかかり、軍主力を延津に向けてしまいます（矢印⑤）。

これにより、すでに黄河を渡河してしまっていた顔良が孤立、そこに関羽（A-5）が襲いかかったため、一刀両断の下に顔良（A-4）は討死してしまうことに（200年2月 白馬の戦）。

（＊06）張遼はもともと呂布の武将として、関羽は劉備の武将として、両名とも曹操が下邳を陥としたときの降将にして猛将。何かと共通点も多く、2人はお互い信頼し合う間柄でした。

曹操はこれをいたく喜び、ただちに上奏して関羽を「漢寿亭侯」に封じましたが、ちょうどこのころ関羽は劉備の消息を知り、「恩は返しましたぞ」とばかり劉備の許へ走ってしまいます。
　かたや袁紹は猛将顔良を討ち取られ、報復戦とばかり、もうひとりの猛将文醜＊と客将劉備を延津に向かわせます。

　　＊ 顔良同様、袁紹配下きっての猛将というフレコミで登場するも、その経歴も字も
　　　武功も一切不明。『演義』では関羽に討ち取られているが、『正史』では敵味方入
　　　り乱れた混戦の中で討死しているため、誰に殺されたのか不明。

　曹操軍もすぐに延津に兵を集めた（矢印⑥）ものの、迫る袁紹軍5000に対して、延津守備軍はわずかに600を集めるのが精一杯。
　これでは戦にもならぬと、曹操軍は軍馬も輜重（＊07）も放り出して一目散に逃げ出すと、追う袁紹軍は散乱する軍馬や輜重を目の前にして、味方同士でその争奪が始まってしまいます。
「たわけ！
　輜重など捨て置け！　さっさと曹操を追わぬか！！」

顔良　　曹操客将　関羽 雲長

（＊07）前線に輸送するべき兵糧・武器など軍需品の総称。

文醜は部下を叱責してさかんに進軍を促すも、こうなるともはや兵の統率は利きません。(＊08)

じつはこれ、荀攸の策。

わざと軍馬と輜重を放置して命からがら敗走したように見せかけ、敵軍の軍規を弛ませ、混乱させるため。

こうして、ただの"追い剝ぎ集団"と化して統率を失った袁紹軍を、逃げたはずの曹操軍が急襲したのです。

この大混乱の中で文醜は討死、劉備は敗走していきます（200年4月 延津の戦）。

こうして袁紹は緒戦の白馬・延津で2連敗したのみならず、二枚看板の猛将

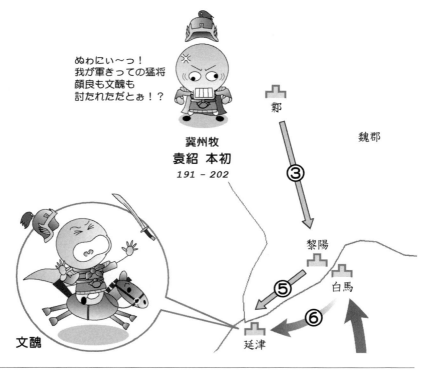

(＊08) 当時の兵の生活は貧しく、目の前に馬や食糧があれば、将の命令も聞かずに掠奪に走り、たちまち軍の統率が取れなくなる ── というのが常でした。

顔良・文醜を失うという大失態を演じます。

しかし、それでも両軍の兵力差は如何ともしがたく、このあと曹操軍はジリ貧となり、守りにくい白馬・延津を棄て、官渡（C-1/2）まで退いていくことになりました。（矢印⑦）

ここで戦線は膠着化（200年8月）することになりましたが、この少し前、顔良を討ったのが劉備の義兄弟・関羽だとの報が伝わり、劉備と袁紹の間に亀裂が生じはじめます。

すっかり居心地が悪くなったうえ、つねづね「袁紹は人の上に立つ器ではない」とその人柄・器量に嫌気がさしていた劉備は、これを機に、彼の下から離れる算段を練ります。

── 本初殿！　如何でありましょうや。

この膠着を打開するため、ここはひとつ荊州の劉表と結び、曹操の背後を突かせてみては？

私が行って、劉表を説得してみせましょう！

「なるほど！　そなたは劉表と同じ漢室の末裔。

そなたほど適任者はおるまい。よし、行くがよい！」

こうして袁紹の下を離れることに成功した劉備は、二度と戻るつもりはありませんでした。

一方、曹・袁が睨みあう官渡では、籠城による膠着化の中で、先に兵糧が尽きはじめたのは、大軍を率いた袁紹軍ではなく曹操軍の方でした。

大軍に包囲され、兵糧も尽きかける。

誰もが曹操の惨敗を予想しはじめ、曹操の将兵の中からも袁紹に寝返ろうとする者が続出、中には「曹操の首を持って帰順する」との手紙を袁紹に送り、曹操暗殺を企てる者まで出る有様。

このときは許褚の機転で難を逃れたものの、もはやこれ以上の継戦は困難と考えはじめた曹操は、許都を守る荀彧に手紙を送って撤退を相談します。

しかし、荀彧はこれに反対。

── 味方が苦しいときは、敵も苦しいのです。

こういうときは根比べ、先に退いた方が負けです。

むしろ、奇策を用いて攻勢に出る好機と見ます。

「危機は好機」とはよく言われることですが、そうはいっても、よい策も思いつかぬまま日々刻々と兵糧は減っていく。
　しかしそんなときに吉報が曹操の許に転がりこんできます。
　なんと、許攸が投降してきたのです。
　許攸といえば、田豊と並んで袁紹の側近中の側近。
　その報を耳にした曹操は跣で飛び出して彼を迎え、手を叩いて喜びながら叫んだといいます。（＊09）
　──嗚於、子遠よ！　よくぞ参った！
　おぬしが来てくれたとあらば、我が事は成ったも同然！
　許攸は、「今こそ軍の一部を割いて許都を攻めれば、我が軍の大勝利は間違いなしですぞ！」と進言したにもかかわらず、これを却下されたばかりか、謀反人扱いまでされ家族の者が逮捕され、嫌気がさして曹操に投降してきた（＊10）という。
　彼からの情報により、袁紹軍の兵糧が淳于瓊［仲簡］＊（B/C-2/3）の守る烏巣（B/C-2）に蓄えられていることがわかりました。

　　　＊字は『正史』にはなく『曹瞞伝』より。霊帝の御世、蹇碩・袁紹・曹操らとともに西園八校尉（霊帝直属軍）のひとりを務めたこともある漢末の重鎮。
　　　董卓の専横が始まると、中央を去り、袁紹に従っていた。

　大きな獣ほどたくさん喰らうもの。
　烏巣の兵糧庫を焼き払ってやれば、10万もの大軍はたちまち飢え、逆転勝利は間違いなし！
　しかし、万が一にも許攸の投降が偽りで、これが袁紹の罠だったとするならば、曹操軍は待ち伏せにあって潰滅することは必定。
　許攸を信じ、烏巣を襲撃するべきか否か。

（＊09）裴注『曹瞞伝』より。
（＊10）許攸と曹操は、少年時代よく遊んだ友人同士でした。

第6幕　官渡の戦

曹操の側近の多くは「罠」だとしてこれに反対したものの、荀攸と賈詡が賛成、曹操は烏巣急襲を決断します。（＊11）

烏巣が襲われた（矢印⑧）ことを知った袁紹は、ここでも右顧左眄、優柔不断ぶりを発揮しました。

郭図が進言します。

「曹操が烏巣を攻めているということは、今、敵本陣はガラ空きですぞ！
兵糧のことなど気にせずとも、ここで全軍を以て敵本陣を突けば、戦はただちに終わります！」

しかし、これに中郎将 張郃［儁乂］＊ が反対します。

> ＊ もともと黄巾賊討伐の募兵に応じて名を上げ、その活躍が韓馥の目に留まってその配下となった武将。韓馥の没落後は袁紹に仕えたが、この「官渡の戦」で袁紹を見限り、曹操に寝返る。以降、曹操 → 曹丕 → 曹叡に仕えた魏の大功臣。

「とんでもない！
本陣の守りは堅く、かならず陥とせる保証もない！
そのうえ兵糧まで失ってしまえば、我が軍は総崩れです。
ただちに烏巣へ救援を出すべきです！」

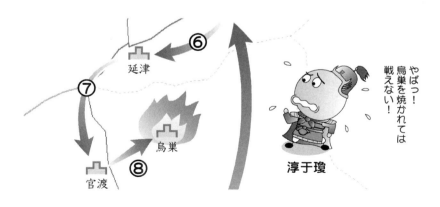

（＊11）田豊や許攸が「決断」を求めたときの袁紹の優柔不断と比べてきわめて対照的です。官渡の戦はまさに「曹操と袁紹の決断力の差」が勝敗を分けたといっても過言ではありません。

郭図の「官渡急襲」策、張郃の「烏巣救援」策。
　どちらを採るべきか。
　さすが袁紹、ここで優柔不断の本領発揮！
　あろうことか「では、軍を２つに分け、官渡と烏巣の両方に向かわせる」という、兵法を語るうえで絶対にやってはいけない愚策(＊12)を採用。
　しかも、よりによって「烏巣救援を主張した張郃に官渡を攻めさせる」という愚かさ。(＊13)
　こうして「戦力の分散」「不用意な人事」を行った結果、敵本陣は陥ちず、烏巣も焼き払われて淳于瓊は討死(＊14)── という散々な結果となり、張郃は後難を恐れて(＊15)そのまま曹操に投降してしまいます。
　袁紹は、この戦で主だった武将をほとんど失ったどころか、莫大な兵糧まで失って総崩れとなり、何もかもかなぐり棄てて敗走せざるを得ないという有様に。
　こうして曹操は、薄氷を踏む思いながら、なんとか官渡に勝利することができたのでした。
　── 兵どもが夢の跡 ──
　戦が終わり、ついさっきまで多くの兵でひしめき合っていた袁紹の軍営もいまやもぬけの殻。
　曹操は、そこに残されていた輜重・書・珍宝などを接収させます。
　すると、その書の中に、袁紹へ内通・投降を約した曹操将兵の文書が大量に見つかったのです。
「我々が身命を賭して必死に戦っていた中、敵に内通していたとは言語道断！
　この者たちをただちに処分いたしましょう！」

（＊12）「戦力の分散」は、兵法において洋の東西を問わず強く戒めている基本中の基本です。袁紹が兵法のイロハも理解できていなかったということがよくわかります。

（＊13）これでは張郃が必死になって曹操本陣を陥とせば、「本陣は陥ちない」と主張した自分の意見は間違いで「郭図の意見が正しかった」となってしまうため、本気になって戦えるわけがありません。

いきり立つ忠臣たちに、心当たりのある一部の将兵は震えあがります。

騒然となる中、曹操は静かに言葉を発します。

――いや。こたびはたいへん苦しい戦であった。

大将のこのわしですら、何度、逃げ出したいと思ったことか。

ましてや下々のことだ、逃げ出したくなって当然のことだ。

こう言って曹操は、すべての内通文書を目の前で焼かせます。

内通文書を送っていた将兵たちは、ホッと胸をなでおろすと同時に、この寛大な措置に、心から忠誠を誓ったに違いありません。

こうしたところに曹操の度量の大きさが窺い知れます。

ところで。

振り返って袁紹は、この一敗によってただちにその勢力が衰えたわけではありませんでしたが、しかしこれを契機として、袁紹を見くびった国内勢力が各地で叛乱を起こすようになり、袁家はジリ貧となっていきます。

袁紹はその鎮定に忙殺されながらまもなく亡くなります（202年5月）。

享年49。

対する曹操は、群雄No.1の袁紹の総力をかけた軍を撃退したことでその名を天下に轟かせ、戦前までの中堅どころから一躍天下獲りに

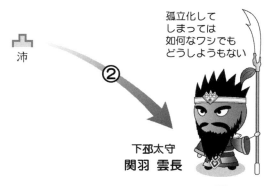

（＊14）『正史』では楽進によってその場で討ち取られたことになっていますが、裴注『曹瞞伝』では、捕縛され鼻を削がれて曹操の前に召し出されています。その堂々とした態度に曹操は臣下に加えることを考えましたが、許攸が「今やつを許せば、やつは鏡を見るたびに公への怨みを思い出すことになりますぞ」と言われ、やむなく処刑したという。

（＊15）自分の献策の誤りを追及されることを恐れた郭図が袁紹に張郃について讒言していました。

名乗りをあげることに。
　そうした意味において、こたびの「官渡の戦」は、日本の戦国時代でいうところの織田 vs 今川の「桶狭間の戦」を彷彿とさせます。（＊16）
　ところで。
　このころ、「江東の虎」孫策は中原進出の野心を燃やし、まさに曹操と袁紹が官渡で雌雄を決していたころ、留守の許都急襲の準備を進めていました。
　この動きを察知した曹操は焦ります。
　——今、孫策に背後を突かれては、我が軍は恐慌に陥るぞ！？
　しかし、これに郭嘉は笑って答えます。
「公、そうご案じ召さるな。
　孫策は江東・江南の制圧を急ぐあまり、苛烈な粛清を行って各方面から恨みを買っておりますが、本人にその自覚なく、あまりに無防備です。
　あれでは遠からず暗殺されるでしょう」
　然して、許都進軍直前の４月。
　孫策は、彼がかつて殺した許貢＊の食客に暗殺されて落命してしまいます。

> ＊ 当時呉郡太守だっ許貢は、急激に勢力を伸ばしていた孫策を警戒し、朝廷に「孫策は項羽に似たり。放置すればかならず朝廷の災いとなります」と上奏。これが孫策の耳に入り、殺されていました。

　孫策の急死を受けて、弟の孫権［仲謀］＊が継ぐこととなると、彼は国内の安定に力を注ぐために許都侵攻を中止。

> ＊ 孫策（26歳）は死に臨んで、彼の子（孫紹）はまだ幼かったため、弟の孫権（19歳）に事後を託した。若いころには忠臣の甘言にも耳を傾け、「名君」としての評価も得たが、晩年は「老害」そのものとなり、国を亡ぼす元凶となった。

　まさに郭嘉の言葉どおりとなったのでした。

（＊16）桶狭間（官渡）でも、今川（袁紹）軍４万 vs 織田（曹操）軍4000という10倍もの多勢に無勢で戦いながら今川が破れると、今川はこの一戦で領地が減ったわけではないにもかかわらず、以後、衰亡の一途を辿り、まもなく滅亡。逆に勝った織田は弱小勢力から一気に天下獲りに名乗りを上げることになりました。
　cf. （　）内で読み替えると、官渡の動きとそっくりになります。

第3章　曹操躍進

第1幕

いまだ功業建たず
髀肉の嘆

袁紹の下を離れた劉備は、汝南から曹操の背後を突くもたちまち駆逐され、荊州へと遁走。一方、その翌年に袁紹が亡くなると、後継問題によりその遺領は四分五裂。これを好機と見た曹操は袁氏を亡ぼすべく討伐戦に入った。曹操が躍進していくのを尻目に、為すところのない劉備は自らの境遇を嘆く。

日月若馳
　月日はあっという間に流れ
老將至矣
　私ももう老境に入ったのに
而功業不建
　しかも功業を建てておらず
是以悲耳
　ただただ悲しいばかりです

劉表客将
劉備　玄徳

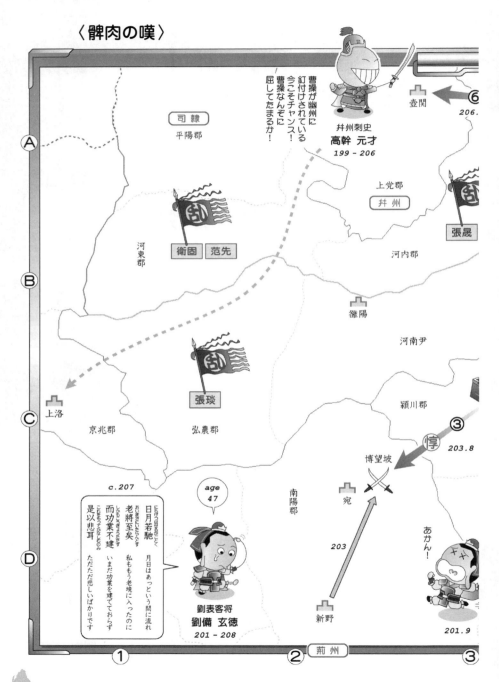

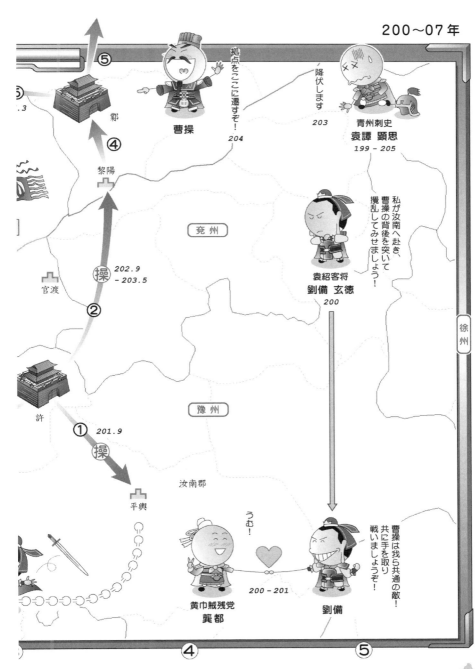

袁紹はお世辞にもすぐれた人物ではありませんでしたから、その息子に期待をかけたいところでしたが、「鳶が鷹を生む」ことなく「蛙の子は蛙」でした。

官渡の戦での敗戦（200年）、さらに当主袁紹の死（202年）。

立てつづけに起こる袁家の不幸を前に、こんなときこそ、袁家三兄弟は結束して事にあたらなければならないのに、小人の哀しさ、この状況で後継者争いを起こしてしまいます。

騒動の末、結局、体面的には三男の袁尚［顕甫］＊がその跡を継いで、一応は冀州を支配することになりました。

* 端整な顔立ちで武勇にもすぐれていたため、袁紹の末子でありながら父からもっとも寵愛を受けていた。これを理由として、逢紀・審配らに擁立され、遺言書を偽造して当主の座を得る。

しかし、これにより長男袁譚［顕思］＊が青州、次男袁煕［顕奕／顕雍］＊＊が幽州、さらには従弟高幹［元才］＊＊＊（A-2）が并州（A/B-2/3）にそれぞれ刺史として独立割拠し、父の遺領は4分割されてしまいます。

* 袁紹の長子でありながら、父の生前、伯父の養子にされる。これは後継者から外されたことを意味したが、袁紹の死後、郭図・辛評らに擁立され、後継者争いに名乗りを上げた。

** 字は『正史』（袁紹伝）では「顕奕」とあるが、『後漢書』では「顕雍」とある。兄袁譚と弟袁尚が相続争いに突入する中、彼は沈黙を守る。妻は甄氏。のちに曹操が鄴を攻め陥としたとき、曹丕が宮内にいた甄氏を見初めてこれを妻としている。

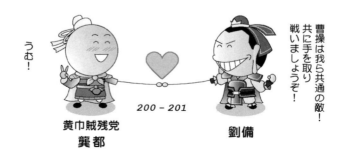

＊＊＊ 袁紹の甥でありながら、その文武両道の才覚を愛され、袁紹から自らの子と同等の扱いを受けた。しかし、その才に自惚れたため、「身の程を越えた大きすぎる野心を持っていることが災いするだろう」と忠告されている。

とはいえ袁家の底力は侮りがたく、曹操が袁家を完全に亡ぼすまでさらに5年を要したのですから、もしこの三兄弟が争うことなく団結して事にあたっていれば、どう転んでいたかわからなかったでしょう。

ところで。

まだ曹操（A-4）と袁紹が官渡（B-3）で睨みあっていたころ（200年）、袁紹の下を離れた劉備（B-5）は、後方攪乱のため黄巾賊残党の龔都＊（D-4）と結んで（D-4/5）汝南（C/D-4）の平輿（C/D-4）を中心に暴れていました。

＊ 経歴等詳細は不明だが、官渡の戦に前後して袁紹に帰順していた黄巾賊残党のひとり。『正史』ではここでひとしきり暴れたあとの生死すらも不明だが、『演義』では夏侯淵に討ち取られたことになっている。

そこで曹操は、官渡の戦が片づくや、踵を返して汝南へと侵攻（矢印①）します。（C-3/4）

「曹操御自ら出陣！」の報が届くと、案の定というべきか、またしてもというべきか、劉備は周りを顧みず一目散に逃げ出した（201年9月）（D-3）ため、

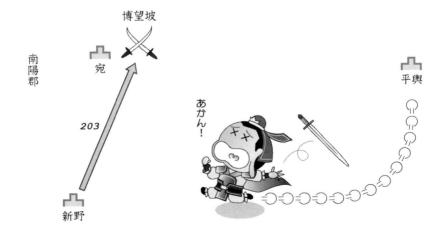

哀れ、見棄てられた龔都は孤立して潰滅してしまいます。
　劉備はそのまま荊州(D-2)の劉表を頼ると、劉表は彼を客将として迎え、南陽郡の新野(D-2)に駐屯させました。
　当時の南陽は、その北部が宛城(C/D-2)を中心として曹操の支配圏にあり、南部が襄陽を中心として劉表の支配圏にあって、新野はその最前線基地でしたから、ここを劉備に任せることで、劉表は"掎角の勢"(＊01)としようとしたのです。
　そうこうするうち、青州刺史袁譚(袁紹長男)(A-5)を下し(矢印②)、袁家討征に一区切りつけた曹操は、203年、ふたたび振り返って"宿敵"劉備を討つべく、荊州へ軍を派遣します。
　隻眼将軍夏侯惇を総大将とし、李典[曼成]＊・于禁[文則]＊＊らを副将とした錚々たる顔ぶれで迫った(矢印③)ため、劉備も博望坡(C/D-2)まで軍を進め、ここで対峙することに。(＊02)

> ＊ 曹操の旗揚げに応じ、伯父の李乾とともに曹操に従った古参中の古参。李乾もその子(李整)も亡くなると、その軍団を李典が引き継ぐことになった。学問を好み、諸将と功を競うこともなく、謙虚であったが36歳の若さで病没する。

> ＊＊ 初めは鮑信に従い、彼が戦死すると曹操の下に走って、最初は王朗の配下から下積みを重ねる。まもなく王朗から認められ、その推挙で曹操直属の将軍に。戦のたびに戦功を上げ、曹操の信頼厚き将軍となるも、のちに晩節を穢すことに。

ところが緒戦、劉備軍が小競り合いしただけですぐに退却を始めたため、劉備を見くびった夏侯惇はただちにこれを追撃しようとしましたが、李典がこれを諫めます。

(＊01) 2つの勢力がお互いに助けあって、敵がどちらか一方を攻めれば、もう一方から後背を突かれる状況のこと。

(＊02) 曹操親征軍を前にすると、かならず我を忘れて逃げ出す劉備ですが、その配下の軍だと、けっこう勇敢に戦います。よほど曹操に対して恐怖心があったのだと思われます。

(＊03) 軍編成の後方で待機している軍勢のこと。

「将軍！ しばしお待ちを！ これはニオイますぞ！
ほとんど干戈も交えぬうちから敵が撤退するときには、伏兵に気をつけねばなりませぬ！」
しかし、夏侯惇は聞く耳を持たない。
――曼成、おぬしはチト考えすぎだ！
相手は戦下手の劉備だぞ！？
仮に伏兵がいたとて、そんなもの蹴散らしてくれるわ！
しかし案の定、劉備軍の伏兵の襲撃に遭い、夏侯惇は散々に打ち破られ、念のため後詰め（＊03）をしていた李典に助けられて命からがら撤退していくハメに陥りました（博望坡の戦）（＊04）。
しかし、如何せん多勢に無勢、緒戦に勝利したものの、劉備も逃げていく彼らを追撃する余力はなく、そのまま新野に帰還することになりました。
博望坡の敗北を知らされた曹操は、いったん荊州は諦め、ふたたび河北討征に力を注ぐことにします。
このころ袁尚と袁譚は内戦状態でしたから、その背後を突いて袁尚の拠点鄴（A-3/4）を陥とす（矢印④）ことは他愛もなく（＊05）、曹操は以降、ここに拠点を遷すことにしました。

曹操：拠点をここに遷すぞ！
鄴

青州刺史 袁譚 顕思：降伏します

（＊04）この博望坡の戦は、『演義』では諸葛亮のデビュー戦として華々しい活躍が描かれていますが、このころはまだ劉備が諸葛亮に出会う前の話ですから、彼の活躍はあり得ません。

（＊05）曹丕がここにいた袁熙の妻・甄氏を奪い、これを妻としたのはこのときです。

鄴を奪われた袁尚が盧奴（＊06）まで敗走していく中、青州の袁譚・幽州の袁熙・幷州の高幹が結束して三方から鄴を挟撃すれば、如何な曹操とて、撤退したでしょうに、このとき袁熙は傍観、高幹は即座に降伏（＊07）、そして袁譚は曹操ではなく落ち延びる袁尚をここぞとばかり追撃（＊08）する有様。

　事ここに至っても、「兄弟同士がいがみ合う」ことしかできない小人など、曹操にとっては赤子の手をひねるようなもの。

　まずは袁譚を亡ぼし（＊09）て冀州のほぼ全域を手中に収め（矢印⑤）、さらに袁熙・袁尚が逃げ込んだ幽州征伐に入ります。

　このまま順調に河北四郡を制圧できるかと思ったそのとき！

　服属していた高幹が突如叛逆してきました。（A-2/3）

――まずい！

　背後を突かれ、驚いた曹操は、李典と楽進［文謙］＊を壺関（A-2/3）に送り込んだものの、彼らも苦戦。

　すると、曹操の危機を見た河内郡（B-2/3）の張晟（B-3）、弘農郡（C-1/2）の張琰（C-1/2）、河東郡（B-1）の衛固・范先（B-1/2）など、諸侯たちが一斉に反旗を翻しはじめ、幷州と司隷（A-1/2）は大混乱に陥ります。

> ＊ 曹操旗揚げとともに従った古参のひとり。猛将というものはほとんどが大柄だが、その中で彼は珍しく小柄ながら勇猛果敢な武将であった。
> 李典とともに先鋒を任されることが多かった、曹操の信頼厚い人物。

――このままでは、叛乱が冀州にまで及んでしまうかもしれぬ！

　慌てた曹操はただちに帰還し、高幹と直接対決（矢印⑥）となりました。

　曹操の大軍を前にして高幹もよく戦いましたが、3ヶ月に及び攻防ののち壺関はついに陥落（206年3月）。

（＊06）幽州の州境にも近い、冀州最北方の中山国の都。

（＊07）でもそのおかげで地位（幷州刺史）は安堵されています。

（＊08）そのため袁尚はさらに北の幽州まで落ち延びねばならなくなり、袁熙の保護を受けます。

（＊09）このとき、袁譚・その妻子・郭図らが斬刑に処されています。

高幹は荊州へと落ち延びる途中、京兆郡の上洛（C-1）で捕縛され、処刑されました。
　こうしてようやく後顧の憂いを断った曹操は、その勢いのまま、その年のうちに青州も押さえ、残るは幽州のみ。
　懼れを抱いた幽州の公孫康は翌207年、自分を頼ってきていた袁熙・袁尚兄弟の首を曹操に差し出して屈服、こうしてついに幽州までも支配下に置くことに成功したのでした。
　官渡の戦から7年、袁紹が死んでから5年、曹操はついに袁紹の遺領（河北四州）をことごとく併呑したのです。
　ところで。
　まさに曹操が河北で東奔西走していたころ、劉備は再三劉表に進言していました。
――今こそ袁家と結んで曹操の背後を突くべきです！
　袁家が亡びてからではすべては手遅れです！
　しかし劉表は、元来事勿れ主義のうえ、劉備の野心を疑って(*10)これを却下しつづけます。
　そのため、曹操が日々着々と河北に勢力を伸ばしていたこの7年間、劉備は何もできずに鬱々としたもどかしい日々を送らざるを得ませんでした。
――なんたることだ！
　曹操が河北を平定した暁には、つぎは荊州が餌食になることは目に見えておるのに！
　そうした悶々とした日々を過ごしていたある日、劉備が厠に入ると、ふと髀に贅肉（髀肉）が付いていることに気がつきます。（D-1/2）
　髀肉というものは、馬に乗って戦場を駆けまわっていればけっして付くことのない贅肉です。

(*10) 蔡瑁をはじめとした劉表の家臣らが「劉備を信用してはなりませぬ！」と再三忠告していたため、劉表も徐々に劉備に疑いの目を向けるようになっていました。

――嗚呼！　なんたるザマ！

「漢王朝再建」という大志を立ててから早20年。

50年生きられれば"御の字"という当時にあって、劉備もすでに50に手が届く歳になっていました。

彼は、こんな田舎の小城で老いさらばえていくのかと思うと、世の無常と人生の虚しさを感じざるを得ず、詩を詠んでいます。

――日月馳せるが若く　　（月日はあっという間に流れ）
　　老い将に至らんとす　（私ももう老境に入ったのに）
　　而も功業建たず　　　（いまだ功業を建てておらず）
　　是を以て悲しむのみ　（ただただ悲しいばかりです）（D-1）

ところで、ちょうどこのころというのは、江東では、兄孫策から地盤を受け継いだ孫権が、曹操と同じく、領地の地盤固めに必死でした。

あちらを叩けばこちらが起ち、こちらを叩けばそちらが起つ。

時を同じうして、孫権も曹操と同じ苦労を味わっていたのです。

しかし、それもようやく一段落してきたころ、同じタイミングで曹操の方も落ち着いてきました。

こうして、両雄が激突する条件が整ったのです。

第3章　曹操躍進

第2幕

臥龍(がりょう)を得たり！
長坂の戦

208年、歴史が激動する。劉備はついに臥龍・諸葛亮を得るも、その直後、曹操が大軍を以て南下を始める。恃みの綱の荊州では翌月劉表が死去、跡を継いだ劉琮はただちに降伏してしまったため、劉備を追う曹操軍はついにこれを長坂坂で捉えたが、ここに張飛が立ちはだかる！

「我こそは燕人張益徳！命の惜しくない者はかかってこい！」

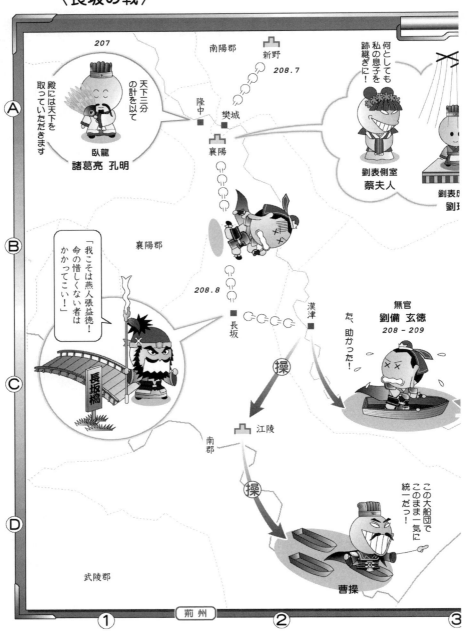

第2幕 長坂の戦

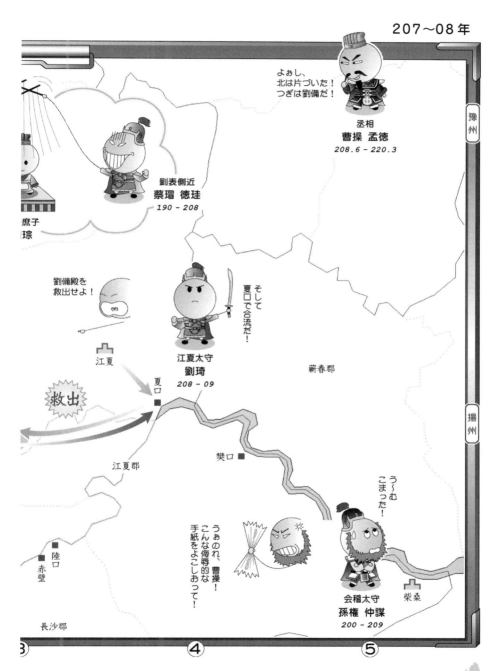

まだ劉備が20代前半の若者だったころ、関羽・張飛とともに「漢王朝復興」という高い志を掲げて以来、早四半世紀近くにもわたって文字通りの東奔西走・粉骨砕身、まさに命懸けでそれこそ全国を駆けずりまわって努力してきました。

　しかしその結果が、いまだ地盤を持たず、新野（A-2）という小城を与えられた「客将」という身分にあえぎ、齢50に手が届くかという歳に老いさらばえて髀肉を嘆く有様。

　怠けてきたわけではない。努力はしてきた。

　にもかかわらず、一向に結果となって現れない。

　こうしたとき、事がうまくいかない原因は、才覚云々・努力不足というより、「努力が空回りしている」ということがほとんどです。

　確かに劉備には関羽・張飛・趙雲［子龍］＊のような一騎当千の猛将が従って彼を支えてくれていました。

> ＊ もともとは公孫瓚配下の武将。その後、趙雲も劉備も公孫瓚の下を離れて別々に各地を転戦していたが、劉備が曹操に下邳を追われ、袁紹を頼ったころ、趙雲は鄴で劉備と再会し、彼に仕えるようになる。

　しかしそれは曹操も同じ。

　彼にも、夏侯淵［妙才］＊・曹仁［子孝］＊＊・張遼・徐晃［公明］＊＊＊・許褚などなど多くの猛将が従い、彼を支えてくれていました。

> ＊ 曹操の親族で、曹操の妻と彼の妻は姉妹。『正史』では夏侯惇の従弟だが、『演義』ではその弟で弓の名手ということになっている。曹操の旗揚げ当初から従い、行軍の速さで知られ、後方支援を得意とする将。
>
> ＊＊ 曹操の義父曹騰の兄（曹褒）の孫。若いころは乱暴者で、董卓討伐戦のときには徐州で暴れ回っていたという。そののち曹操に仕えるようになると、戦のたびに武功を挙げ、最終的には大将軍の地位にまで昇り詰めている。
>
> ＊＊＊ 初めは李傕の部下であった楊奉に仕えていたが、楊奉が曹軍軍に敗れて敗走すると、そのまま曹操に帰順。
> 武勲を競わず、驕らず、徒党を組まず、人望が厚い将だったと伝わる。

　しかし劉備陣営には、決定的に欠けるものがありました。

　それは、曹操陣営における荀彧・荀攸・賈詡・郭嘉らにあたるすぐれた参謀（ブレイン）です。

これでは、せっかくの豪傑たちもその力を発揮できません。

譬えるなら、向こう岸まで泳いで渡ろうと思っている者が「泳法も学ばずに川に飛び込んで、ただ力のみに頼って闇雲に手足をバタバタさせている」ようなものです。

それではいくら「筋骨隆々」であっても水柱が立つだけでちっとも前に進まず、あっという間に体力を使い果たして溺れてしまう。

この当時の劉備はまさにこの状態で、"溺れる"寸前だったのです。

溺れたくなければきちんと「泳法」を学ばなければならないように、せっかく万夫不当・天下無双の豪傑を揃えていても、これまで彼らを使いこなせる「軍師（参謀）」がいなければ、乱世の荒波の中に消えていく運命です。

曹操はこのことをよく理解していたからこそ、たとえ敵であろうが仇であろうが、才さえあればお構いなしに重臣として囲い込んでいきました。

荀彧も許攸も、もともと曹操の政敵袁紹から寝返ってきた者たちでしたし、賈詡などは我が子を殺した仇です。

この違いが、曹操と劉備の"隔絶たる差"となって、今、目の前に広がっていたのでした。

このころになって、ようやくそのことに気づいた劉備。

── すぐれた軍師を得なければ！

とはいえ、人材探しほど難しいものはありません。

その点、当時劉備が拠っていた荊州（D-1/2）は人材発掘にはもってこいの土地柄でした。

なんとなれば、劉表が「天下布武」に消極的だったことが幸いして、いまだ戦乱の少ない土地柄だったため、全国から戦禍を逃れた多くの賢人たちが集まってきていたからです。

劉備はまず徐庶［元直］＊という人材を得ます。

> ＊ 若いころは粗暴であったが、その後、戦乱を逃れて荊州へ遷り、学問に励んだ。もともとは「徐福」という名だったが、のちに「徐庶」と改名している。司馬徽に師事し、同門には諸葛亮・孟建・石韜などがいる。

劉備は、この徐庶から彼が司馬徽［徳操］＊に師事していたころに同門だった"ある人物"を紹介されました。

> * 「水鏡」と号して人物鑑定を得意としていた人物。諸葛亮・龐統の才を見いだした。なんでも「好（ハオ）」と答えるが常で、訃報にも「好（いいね！）」と答えて顰蹙を買ったという変わり者。

「もし将軍が臥龍（*01）と鳳雛、そのどちらかでも得たならば、天下を獲ることも容易いでしょう」（*02）

──「臥した龍」に「鳳凰の雛」！！

して、その2人とは誰のことです！？　今どこにおられます！？

こうして、「臥龍」とは諸葛亮［孔明］*、「鳳雛」とは龐統［士元］** のことで、「鳳雛」は今近くにはいないが、「臥龍」なら新野からもほど近い襄陽近郊の隆中（A-1/2）に隠棲していると知ります。

> * 徐州琅邪郡に住んでいたが、曹操の徐州侵攻の戦禍から逃れるため荊州へと遷り、司馬徽に師事する。他の同門たちが表面的な知識の暗記に力を注ぐ中、彼だけが本質を摑もうとしていたため、徐庶と崔州平だけは彼に一目置いていた。

> ** のちに、彼が劉備の幕下に入ったとき、劉備は「鳳雛」を得たにもかかわらず、なぜか彼を信用せず大役を与えなかった。魯粛や諸葛亮の取りなしでようやく軍師の地位を与えられるようになったが、そのあたりの事情は『正史』にはない。

そうなるともう劉備は居ても立ってもいられず、関羽・張飛の反対もなんのその、隆中へ赴くと言って聞かない。

このときの劉備は客将の身分とはいえ、すでに齢47、「左将軍」「宜城亭侯」「豫州牧」といった肩書（*03）を持つ、少しは名の知れた将軍。

これに対して、諸葛亮はまだ何の実績もない27歳の書生。

当時の常識から考えれば、劉備が彼を呼びつけるのが筋というものです。

劉備はそれを曲げてまで関羽・張飛を伴い、新野から160里（約66km）離

（*01）かの有名な諸葛亮の号「臥龍」は、『正史』ではここでただ1回使用されるだけです。しかし、『演義』では「臥龍」が41回、「伏龍」が11回も使用されています。

（*02）『演義』では水鏡から直接聞いたことになっています。

（*03）『演義』ではこれらに「皇叔」も加わります。もっともほとんどは実のない名目的な肩書ばかりでしたが。

第 2 幕　長坂の戦

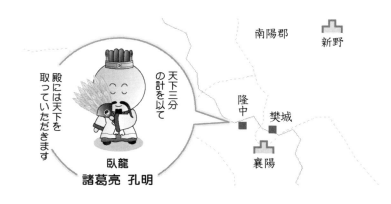

れた隆中へと馳せ参じたというのに、このとき"想い人"は留守でした。

　つぎはちゃんと在宅を確認のうえ、雪の吹きすさぶ中を訪問したにもかかわらず、またしても入れ違いの留守。

　それでも腐ることなく、諦めることなく、3度目の訪問でようやく"想い人"に逢うことができ(＊04)、劉備は親子ほど歳の離れたこの若者に頭を下げて自らの窮状を訴えます。

「漢帝室の復興を誓い、志を立ててから早二十有余年！
　しかし武運拙く、いまだに客将の身に甘んじております。
　どうか先生の才によって某をお導きください！」

　諸葛亮はこのとき、劉備に「天下三分の計」を説いたといいます。
——曹操はすでに天下の半分を押さえ、漢帝を擁して、100万の軍を以て天下を睨んでおります。

　片や孫権は、豊かな江東を三代にわたって治め、その結束は強く、これを敵に回すことは得策ではありません。

　そこでまず、公にはここ荊州を取ってもらいます。

（＊04）これがかの有名な「三顧の礼」ですが、史実であったかどうかは微妙です。詳しくは本幕コラムをご覧ください。

そしてこれを地盤としてさらに益州を取り、孫権と結んで曹操と対決し、機を待って曹操を討てば、おのずと孫権も降りましょう。
　時、２０７年。
　ようやく「我が子房（＊05）」を得た劉備は、この年を境として、これまで燻りつづけてきた鬱憤を一気に晴らすがごとく、まるで"水を得た魚（＊06）"のように大活躍することになります。
　ところで、この年は曹操がようやく袁氏を亡ぼした年でもあります。
　河北を平定し、後顧の憂いを断った曹操（A-5）が、つぎに南を目指すのは自然の理。
　年が明けた翌２０８年正月、曹操は三公制度を廃止して丞相を置き、自らその地位に就く（６月）や、翌月には１５万もの軍を動員して南征を始めます。
　当時、中国の南半を支配していたのは、東から順に、江東の孫権（D-5）、荊州の劉表、益州の劉璋ですが、曹操はこの３人のいずれも歯牙にもかけておらず、唯一彼が恐れていたのは「劉備」だけでした。
　そこで曹操は、満を持して荊州を目指すことにします。
　こうなることは最初からわかっていたこと！
　しかも、こうなってからではもう遅い！
　だからこそ、曹操が北（袁氏）に釘付けになっているうちに曹操を挟撃するべきと、劉備だけでなく劉表の直参家臣の従事中郎韓嵩［徳高］＊、別駕劉先［始宗］＊＊、そして大将の蒯越［異度］＊＊＊までもがそう進言していたにもかかわらず、劉表はただ狐疑逡巡するのみで、結局これを容れませんでした。

　　　＊ 官渡の戦の際、どちらに付くでもなく右顧左眄する劉表に、彼は曹操の英明と威徳を説き、「かならずや袁紹が敗れる」と曹操に帰順するように勧めたという。のち、荊州が制圧されたあと、曹操に仕えた。

（＊05）本書「第２章 第２幕」の（註08）を参照のこと。
（＊06）以後、劉備があまりに諸葛亮ベッタリになるので、関羽・張飛が不満を持つようになります。劉備は「私が孔明を得たは、魚が水に出会えたようなものなのだ。どうか大目に見てほしい」となだめたといいます。後世これを「水魚の交わり」と表すようになります。

よぉし、
北は片づいた！
つぎは劉備だ！

丞相
曹操 孟徳

** 彼は劉表の名代として曹操に謁見したことがあるが、そのとき曹操の前で堂々「凶悪な者ども」「軍事力を頼りに残忍な行為をする者」と彼を面罵した。しかしその一方で、劉表には曹操の英明を説き、降伏を勧めている。

*** 初め何進に仕えていたが、これを見限り、劉表に走った。その後は知謀と弁舌を駆使して荊州統一に大きく貢献する。のちに曹操は荀彧に対して「荊州を手に入れたことより蒯異度を手に入れたことの方が嬉しい」と語っている。

若いころは「八俊（＊07）」などと褒めそやされた劉表でしたが、「十歳で神童、十五で才子」も、二十歳過ぎればなんとやら。

大人になった八俊は、優柔不断で猜疑心が強く、決断力に欠ける"小人"と成り下がっていたのでした。（＊08）

──曹操軍15万が荊州に向けて南下中！（208年7月）

この報を耳にした劉表は狼狽し、劉備に「君の意見を採らなかったばかりにこの有様だ！」と嘆いたといわれています。

曹操が親征してきたとき、劉備が取る行動はいつも同じです。

脱兎のごとく逃げる！

ただひたすらに逃げる！

（＊07）劉表の他は、陳翔、范滂、孔昱、范康、檀敷、張儉、岑晊。もっとも、他の7人も後世にその業績を刻んでいませんから、それほどたいそうな「8人」でもなかったようですが。

（＊08）とはいえ、荊州はよく治めていましたから、「群雄たる器量」はなかったとはいえ、「州牧程度の器量」はあったものと思われます。泰平の世であったならば、「よき州牧」として慕われたかもしれません。

妻子も部下もかなぐり棄てて、一心不乱に逃げる！
しかしこのときは、領民までもが「劉備についていきたい！」という。
曹操が昔、徐州攻めでその領民を老若男女問わず皆殺しにした、その残忍な仕打は荊州にも轟きわたっていたため、自分たちも皆殺しにされるのではないかと怯え、劉備を頼ったのです。(＊09)

領民も連れて進んだのでは、日に10里（4km）も進めませんから、これに反対する者が現れるのは当然でしたが、劉備は答えました。
「大事を成すに、人こそその根本である。
今、その領民が私を慕ってくれているというのに、彼らを見棄ててどうして大事が成せようか！」

こうして劉備が領民を引きつれ、新野から樊城（A-2）に入ってまもなく、さらに訃報が飛び込んできます。
── 劉表逝去！(＊10)（208年8月）

風雲は急を告げます。
この危急存亡の秋にあって、主を失うというのは致命的です。

（＊09）『演義』では「純粋に劉備の人柄に惹かれて」という設定になっています。

しかもこのとき劉表(りゅうひょう)は、最後まで跡継ぎを曖昧にしたまま亡くなっていましたから、事態はより一層深刻でした。

劉表には長男の劉琦*(B/C-4)と次男の劉琮**(A-3)の2人の子がいましたが、常識的に考えれば、家督を継ぐのは嫡男にして長男の劉琦(りゅうき)です。

> * 劉表の嫡男（正室の子）。性格も大人しく孝心に富んだ人物だったため、劉表からかわいがられていたが、蔡瑁一派が彼の讒言を繰り返したため、次第に劉表から疎んじられるようになる。

> ** 劉表の庶子（側室の子）。劉琦の異母弟。母は蔡瑁の姉で妻は蔡瑁の姪。荊州が曹操に制圧されたあとは、青州刺史とされ、着任後の消息は不明。『演義』では、任地に向かう途上で曹操の命を受けた于禁によって暗殺されている。

しかし、劉表家臣団の中でも特に発言権の強かった蔡瑁[徳珪](A-3/4)が劉琮の叔父（母の弟）だったため、なんとしても劉琮に継がせんと前々から陰謀を巡らせていました。

> * 荊州の豪族で、劉表が荊州刺史として着任してくると、姉を彼に嫁がせ、姪を劉琮に嫁がせ、劉表を自己の勢力拡大に利用した。実際、劉表が荊州に地盤を築くことができたのは、まったく彼のおかげだといわれる。

このままでは命も殆(あや)ういと感じた劉琦は、諸葛亮の助言に従って、しばらく中央（襄陽(じょうよう)）から距離を置くことにします。

ちょうどこのころ、永年にわたって孫権と対立関係にあった江夏太守の黄祖(こうそ)がついに孫権(そんけん)に討たれたとの報が入ったため、「黄祖の後任」という口実を得て、彼は江夏(こうか)(B/C-3/4)に赴任していきました。

ところが、まさにそのタイミングで劉表が亡くなったのです。

蔡瑁(さいぼう)は劉琦が中央（襄陽）にいないのをいいことに、強引に次男劉琮(りゅうそう)に家督を譲らせ、そのまま曹操(そうそう)に帰順してしまいました（9月）。

蔡瑁には崇高な政治理想(ポリシー)などなく、ただ自分の権益を守れるのなら主君など

（*10）一応便宜的には「病死」ということになっていますが、その死のタイミングがあまりにも蔡瑁一派に好都合であったため、彼らによる暗殺かもしれません。

誰でもよかったからです。(＊11)
　このとき樊城にいた劉備は、後ろには曹操が迫り、前には曹操に寝返った劉琮（蔡瑁の傀儡）が阻み、一気に進退谷まります。
　すぐさま諸葛亮が劉備に耳打ちしました。
――我が君！
　このまま進軍し、劉琮を討って荊州を奪いましょう！
　そして、襄陽で曹操を迎え討つのです！
　しかし、劉備は言下にこの策を却下。
「劉表殿には恩義がある、そんな不義理はできぬ！」
　荊州は蔡瑁に簒奪されたのですから、これを討ち、劉琦を荊州牧に立てれば名分も立ち、大義も得られる――と説きましたが、それでも劉備は頑として首を縦に振りません。
　しかしながら、樊城のような小城では曹操の大軍を守りきれません。
――では仕方ありません。
　江夏まで下り、劉琦殿を頼りましょう。
　江夏郡の夏口なら、長江という自然の要害に護られているため、ここで待ち構えれば、曹操の大軍もその力を充分に発揮できないあろうし、また、曹操軍をここまで誘き寄せることで、孫呉の危機感を煽り、その掩護が期待できる、という諸葛亮の目論見がありました。
　しかしそれとて茨の道。
　劉備には数万人の領民がぞろぞろとついてきていましたから、行軍は遅々として進まず、これではアッという間に曹操軍に追いつかれてしまいます。
　しかしその点、劉備はタカを括っていました。

(＊11) しかも、『襄陽記』によると「蔡瑁と曹操は旧知の仲」だといいます。
　　もしそれが本当だとすれば、蔡瑁にしてみれば、さっさと曹操に降って身の安全を図りたいに決まっていますが、これを実行するには、降伏に断固反対する劉表と劉備と劉琦が邪魔になります。そう考えると、蔡瑁の言動はいろいろと辻褄が合ってきます。

「なァに、曹操は襄陽の占領で手間取るであろうから、充分時は稼げる！」
　しかし。
　なんと曹操は、輜重すら後回しにして襄陽に直行し、その占拠も後続の軍に任せて、自らは強行軍で劉備を追ってきたのです。(＊12)
　このため、ついに長坂（B/C-2）で曹操軍に追いつかれてしまいました。
　頼りの関羽は、このとき別行動を取っていた（漢水を南下中）ため長坂におらず。
　追い詰められた劉備はここで本性を現します。
　義弟 張飛（C-1）を"捨て駒"としてわずか20騎を与えて殿軍とし、妻子も領民も兵もかなぐり棄て、自分だけが親衛隊数十騎に守られて一目散に逃げ出したのです（B/C-2）。

(＊12) 200年の徐州討伐（第2章 第6幕）のときもそうでしたが、曹操は何よりも劉備討伐を優先します。如何に曹操が劉備を恐れていたかがわかります。

「領民を見棄てて大事が成せるか！」

　そう大見得を切った、その舌の根も乾かぬうちにこの所業。(＊13)

　そうした中、趙雲は劉備の妻子が曹操軍の手に陥ちたと知り、これを救い出すべく、踵を返して単騎曹操軍の中へ突進していくという大混乱。

　単騎で敵陣に突っ込むなど自殺行為。

　常識的には考えられないため、趙雲の姿を見た者は「趙雲将軍が曹操に投降しました！」と劉備に報告したほど。

── 趙雲ほどの側近中の側近が劉備を見棄てた！？

　この報に軍内に動揺が走る中、劉備は言下に否定します。

── あり得ぬ！

　他の者ならいざ知らず、あの趙雲が私を裏切るなど、断じてあり得ぬ！！

　劉備の趙雲への絶対的信頼。

　そこへ趙雲が、見事甘夫人とその子（阿斗）を救い出して生還してきました。

　じつはこのとき趙雲によって救い出された子供こそが、のちの蜀帝国２代皇帝となる劉禅［公嗣］＊でしたから、彼のこの功なくば、歴史が変わっていたことでしょう。

　　　＊ 劉備がちょうど「三顧の礼」をしていたころ、甘氏との間に生まれた子。救いようのないほどの無能で、現在、中国語辞典で「阿斗」と引くと「バカ・アホ・ろくでなしの代名詞」と出てくるほど。

　張飛が長坂橋(＊14)（C-1）を落とし、命懸けで曹操軍を食い止めてくれていた(＊15)その隙に、命からがら長坂から脱した劉備は、そのまま東進して漢津（B/C-2）を目指します。

　じつは、樊城から江夏までは川（漢水など）で繋がっていましたから、劉備が陸路長坂に向かう一方、関羽は水路江夏に向かい、劉琦を説得してその水

（＊13）もっとも『正史』の劉備はもともとこういう人間です。「聖人君子」たる劉備のイメージは、後世に創り上げられた虚像にすぎません。

（＊14）このときの橋の名前はわかっていませんが、便宜上「長坂橋」と呼ばれています。

軍とともに漢津まで救援にやってくる手筈となっていたのです。
　こうして間一髪、漢津に辿りつくことに成功した劉備は、そこからは船で夏口（C-4）に向かい、劉琦本軍との合流を果たしました。
　あと一歩のところで、水路を逃げられてしまった曹操は、仕方なくそのまま南下して豊かな江陵（C-2）を占拠、この地で水軍を編成して、長江を下ることにします。
　しかし、その先に控えしは孫権の統べる江東の地。
　曹操が水軍を編成している報が伝わるや、孫権陣営は戦々恐々！
　こうして、いよいよ史上空前の大決戦「赤壁の戦」が幕を切って落とされることになったのでした。

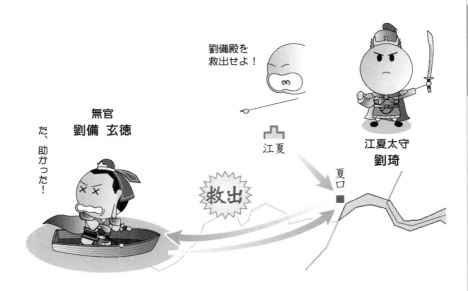

（＊15）ここが張飛の人生最大の見せ場で、彼は曹操軍を前にして「命の惜しくないやつはかかってきやがれ！」と大喝して曹操の大軍を押し戻した（C-1）と伝えられています。
　しかし、もし彼が落ちた橋の手前でそう叫んだのなら、張飛自身が戻れなくなり、間違いなく討死したでしょうから、橋の向こう側から叫んだと思われますが、落ちた橋の向こうから「かかってこい！」と叫ばれても、さぞや曹軍も困惑したことでしょう。

Column 三顧の礼は史実か

　『演義』ではコト細かに語られる「三顧の礼」ですが、『正史』では「先主（劉備）は諸葛亮を3度訪れてようやく会えた（諸葛亮伝）」とたったひとことあるだけです。
　ところが、裴注の『魏略』や『九州春秋』には、逆に「諸葛亮の方から劉備に自分を売り込んだ」と読める記述があるため、その真実性を疑う声もあります。
──あるとき、間近に迫った曹操による荊州侵攻について、劉備がその善後策を協議していたところ、そこに見知らぬ若者が座っていた。
　このとき、若者が劉備に尋ねます。
「将軍のわずかな手勢で、如何に曹操の大軍に対するおつもりか？」
「余もそれを案じておる。そちの存念や如何に？」
　若者と議論を交わす中で、劉備はすっかり彼に感心し、この若者を上客の礼を以て迎えた──と。
　もちろんこの若者こそが諸葛亮なのですが、裴松之は「『出師の表』に"三顧の礼"が出てくることから、"三顧の礼"が史実であることは議論の余地はない」と断じつつも、「にもかかわらず、ここまで事実に反する異聞が存在すること自体が不可解」と訝しさを覗かせています。
　果たして「三顧の礼」は、史実か虚実か。
　いまだその決着は付いていませんが、筆者は「どちらかが真、どちらかが偽」ではなく「両方とも真」なのではないか、と推察しています。
　つまり、『魏略』で伝えているように、まずは諸葛亮の方から訪問して、自分の存在を劉備に知らしめておき、その後は『正史』で伝えているように、草廬に籠もって劉備が訪ねてくるのをじっと待つ。
「私の存在を知ったうえで将軍が訪ねてこないならばそれまでのこと。訪ねてきたらせいぜい自分を高く売りつけてやる！」という魂胆で。
「押したら引く」は異性を口説くテクニックのひとつです。
　諸葛亮ほどの策士、これくらいのことはしそうに思いますが如何？

第3章　曹操躍進

第3幕

野望を挫く紅蓮の炎
赤壁の戦

「荊州を制する者は天下を制す!」曹操は惜しくも劉備を取り逃がしはしたが、宿願の荊州は手に入れた。残るは益州の劉璋と江東の孫権のみだが、劉璋など問題にならぬ! そして孫権とても公称80万(実質20万)の大軍で脅せば、簡単に陥ちよう! 誰しも曹操の天下統一は目前……と思ったのだが…。

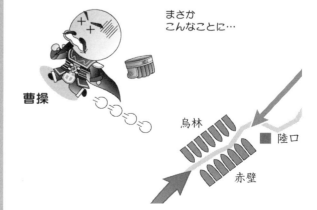

まさかこんなことに…

曹操

烏林

陸口

赤壁

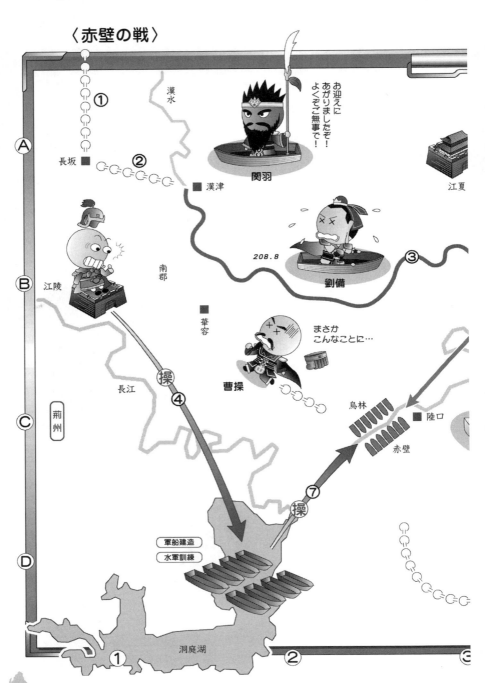

第3幕 赤壁の戦

208年

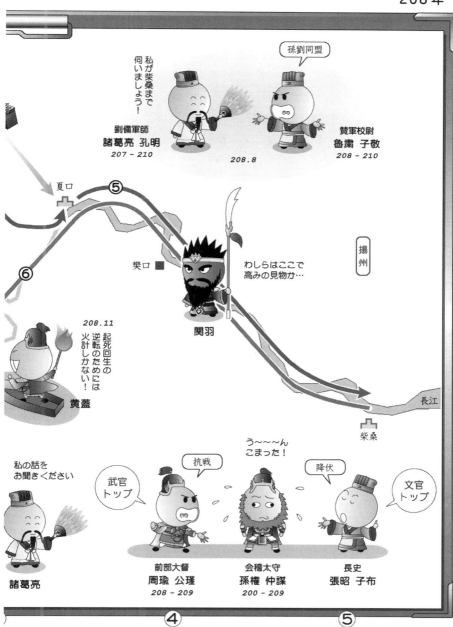

劉備が曹操軍から必死の逃走劇を演じていた（A-1）ころ、孫権（D-4/5）は本拠地の呉ではなく柴桑（C-5）にいました。

じつはこの年（208年）の春（＊01）、孫権は父（孫堅）の仇で江夏（A-3）太守の黄祖を討つべく兵を起こし、孫権御自らここまで出陣していたためです。

先代の孫策以来、幾度となく黄祖討伐の兵を起こしながらその目的を達せられないままにきた孫権でしたが、今度ばかりは、あらかじめ黄祖の首を入れる箱まで用意して、必勝を期した陣を布きます。

それが奏功したか、今回は過去にない連戦連勝で、あれだけ苦労した黄祖の首級をあっけなく取ることに成功。（＊02）

父孫堅を殺されたときまだ10歳だった孫権は、17年の時を経てようやく仇を討ったものの、一息つく間もなく時代は急変します。

すぐに黄祖の後任太守として劉琦が赴任してきたかと思ったら、間髪を容れず、荊州牧 劉 表の訃報が入ってきたためです。

孫権第一の臣下として、武将では周瑜（D-4）、文官では張昭［子布］＊（D-5）がいましたが、当時、彼らに勝るとも劣らぬほど孫権が信頼してやまない人物に魯粛［子敬］＊＊（A-5）なる人物がいました。

　　＊ 若いころから学問に励み、何度も中央に推挙されるが応じなかった。しかし、孫策が挙兵したとき参謀として招聘されるとこれに応じる。孫策の信頼は厚く、その死にあたって、孫権に「内政のことは張昭に相談せよ」と遺言したほど。

　　＊＊ 豪族の家に生まれたが、困った人には惜しみなく財を分け与えるくせがあり、周瑜が資金援助を申し出たとき、２つあった倉のうち丸々ひとつの倉を惜しげもなく周瑜に差し出したため、以来、２人は懇意の仲となる。

魯粛はつねづね「荊州（C-1）を制する者が天下を制す」と考えており、こたびの劉 表の死によって荊州が劉備のものとなるのならこれを手懐け、もし混乱

（＊01）旧暦の「春」は１月～３月を指します。

（＊02）『演義』では、黄祖と因縁浅からぬ甘寧によって討ち取られたことになっていますが、『正史』では名もなき鼠輩（馮則）に斬られています。

するようならこれを我が物にしたいと思い、これを上奏します。

そこで、まずは動静を探るため、孫権は「弔問」という名目で魯粛を荊州に送り込むことにしました。

ところが、魯粛が夏口（B-3/4）まできたところで事態は予想以上に深刻であることを知ります。

──すでに曹操が大軍を動員して荊州へと進軍しつつある、じゃと！？

荊州を曹操に取られたのでは、孫呉の命運は尽きます。

魯粛は急ぎ夏口から西へ向かいましたが、南郡（B-1/2）に入ってすぐ、今度は「すでに劉琮が曹操に降り、劉備は南へと敗走中！」との報を耳にします。

事態は刻一刻と悪化しており、魯粛は焦りを覚えます。

彼は「とにかく劉備と会わねば！」と南郡を北上し、長坂（A-1）にてついに劉備と会見することができました。(＊03)

その会見で魯粛は、孫権の名代として「孫劉同盟」を申し出る(＊04)（A-4/5）と、劉備はたいそう喜び、今度は劉備の名代として諸葛亮（A-4）を孫権の許へ派遣することにします。（矢印⑤）

（＊03）『演義』では、劉備が夏口まで辿りついたところで魯粛と会見したことになっています。

（＊04）『正史』周瑜伝ではこうなっていますが、諸葛亮伝では諸葛亮の発案となっています。

ちょうどそのころ。

柴桑では「曹操の大軍が江陵（B-1）まで押し寄せ、すぐ南の洞庭湖（D-1/2）で軍船を建造し、蔡瑁指導の下、水軍の調練を始めている」との報が入り、朝議は真っ二つに割れて論争をしていました。

おおよそ文官は孫権に降伏を勧め、武官は開戦を主張。

こうして孫呉の文武百官が対立して浮き足立っているところに、曹操から「80万の水軍」と称する挑発的かつ威圧的な降伏勧告の書（＊05）が届くや、その圧倒的大軍を前にして朝論は一気に怖じ気づいてしまいます。

──戦うべきか、降るべきか。

孫権自身は開戦を望みましたが、この朝議に蔓延する降伏論を覆すのは容易なことではありません。

なんとなれば、孫呉もまた荊州同様、各地の土着豪族の協力なくして存続はあり得ず、彼らが宮廷重臣を担って発言権を有していたため、彼らの反対を押し切って強引に開戦したとなれば、たちまち各地の豪族が離反する可能性が高かったためです。

孫権が弱り果てていた（D-4/5）ところに、開戦派の魯粛が諸葛亮を連れて

私の話を
お聞きください

諸葛亮

（＊05）裴注『江表伝』に書の内容が記されています（前幕パネルD-4/5）。
　「我が軍の偉容を前にして、劉琮はなんら抵抗することなく降伏した。
　　つぎは水軍80万の軍勢を以て、貴公と呉の地で狩でも楽しもうと思う」
この文中の「狩を楽しむ」とは、もちろんそのままの意味ではなく、「戦って雌雄を決する」という意味の雅語的表現。

戻ってきました（D-3）。
　諸葛亮は降伏派の群臣が居並ぶ宮廷の中、孫権を前にして話しはじめます。
── 事態は切迫しております。
　にもかかわらず、将軍（孫権）はいつまでも態度を明らかにされない。
　これはもっとも災いの元となる所業(＊06)です。
　決戦するにしろ、降伏するにしろ、すぐにでも決断せねばなりません。
　もし戦うご意志がおありならば、ただちに曹操と断交し、戦いの準備を始めなければ間に合わなくなりますし、さもなければ、ただちに兵器甲冑を束ねて曹操の前に頭を垂れて臣下の礼を取らねば、降伏すら認められなくなるでしょう。
「ならば問う。劉豫州(＊07)はなぜ降伏されぬ？」
── 我が君（劉備）は将軍とは違います。
　誇り高き漢室の末裔なのです。
　たとえ天命が我が君を亡ぼそうとも、断じて降伏などいたしませぬ！

前部大督　　　　会稽太守　　　　長史
周瑜 公瑾　　　孫権 仲謀　　　張昭 子布

（＊06）現についこの間、荊州の劉表がまさに"優柔不断"で態度を明らかとしなかったことが災いとなって国（荊州）を亡ぼすことになったばかりでしたから、これは説得力があります。

（＊07）劉備は呂布に追われて曹操の庇護下に置かれていたとき、曹操から「豫州牧」に任命されていました（第2章 第5幕）が、以来、この肩書で呼ばれていました。

自分と劉備の"格の違い(家柄・誇り)"を突かれ、ムッとなる孫権。
「劉豫州が降伏せぬものを、どうして私が降伏できようか！
とはいえ、勝ち目はあろうか？」
　諸葛亮は滔々と答えます。
──曹軍はその数だけを見れば大軍なれど、長きにわたる強行軍、連日連夜の城攻めで兵は疲弊しているうえ、北方の兵であるがゆえにこちらの風土に合わず、多くの兵が病を得て苦しんでおります。
　さらには、新たに加わった荊州兵は曹操に心服しておらず不満を抱え、戦が長引けば、謀反を起こされる不安を抱えております。
　さらにこたびの合戦は水上戦ですが、水軍なら江東が天下一。
　曹操も洞庭湖で軍船を建造し、練兵をしているようですが、急造水軍などモノの敵ではありません。
　周瑜もこれを後押しします。
──加えて、河北はまだ平定されたばかりで安定しておらず、そのうえ西涼からは馬騰［寿成］＊・韓遂［文約］＊＊が睨みを利かせております。

　　＊　黄巾の乱により漢帝国が揺らぎはじめたころ以来、涼州を中心に叛乱を繰り返した群雄のひとり。韓遂・董卓・李傕・郭汜・曹操など、周りの群雄らへの叛服常なく、それがやがて身を亡ぼすことに。馬超の父、馬岱の伯父。

　　＊＊　馬騰とは義兄弟の契りを結んだり、敵対したりを繰り返しつつも、涼州を基盤として共に戦い、やがて馬騰が中央に召されたあとは、その子馬超とともに戦うことが多くなった。

　これらの後患を無理押しして曹操はほとんどの軍を南下させており、戦が長引けば彼らが反旗を翻し、後背を突いてくれるでしょう。
　しかも今は冬を控え、秣(馬の餌)や兵糧がつづきませぬ！
　私に兵３万をお預けくだされば、かならずや敵を打ち負かせてみせましょう！

（＊08）裴注『江表伝』より。

この言葉を聞いた孫権は、宝剣を手にするや、玉案の角を斬り落として叫びます。(＊08)

「よし、私の腹は決まった！
今後、降伏を口にする者は、この玉案のごとくなると心得よ！」

そうこうするうちに曹操水軍は調練を終え、ついに208年10月、洞庭湖から出撃してきました(矢印⑦)(C/D-2)。

初め曹操は陸口(C-3)に着岸してそこから上陸、得意の陸戦に持ち込みたいと考えていましたが、孫水軍に先手を取られ(矢印⑥)て陸口に上陸かなわず、やむなく黄河北岸の烏林(C-2/3)に布陣します。

これに対応して孫水軍も、その対岸(のちの赤壁)(C-2/3)に布陣し、睨み合いとなりました。

曹水軍は数こそ孫水軍を圧倒していたものの、兵は「多ければ多いほど強い」というものではありません。

むしろ、軍というものはある一定数を越えると急速に効率が悪化し、数に見合った力を発揮できなくなるものです。

たとえば、漢の高祖(劉邦)も彭城を50万の兵力で急襲しながら、わずか3万の項羽精兵に大敗していますし、曹操自身も官渡にて、1万の兵力で袁紹10

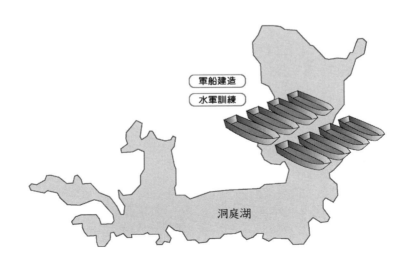

万の大軍を破ったことは記憶に新しく、精鋭な寡兵が愚鈍な大軍を破る例は古今東西、枚挙に遑（いとま）がありません。

今回も、大軍ゆえに兵糧の負担も大きく、兵の練度も低く、慣れない風土に疫病も蔓延し、そのうえ不慣れな水上戦ときてはなかなか戦果が挙げられず、長引く戦に兵の士気も衰える一方で、曹軍（そう）も苦しい戦いを強いられていました。

そんな折、曹操（そうそう）の許（もと）に周瑜（しゅうゆ）の武将黄蓋（こうがい）（C-3）から降伏の密書が届きます。

「江東（こうとう）六郡ごときで中原百万の兵に対抗できるはずもなく、私は最初から投降を主張していたにもかかわらず、周瑜と魯粛（ろしゅく）のみがその道理をわきまえず、こたび強引に開戦へと持っていってしまったのです。

私なら周瑜（しゅうゆ）水軍の弱点を知り尽くしておりますから、容易にこれを打ち破ることができましょう！」(＊09)

苦境の中、藁（わら）をもつかむ思いだった曹操はこの投降をたいそう喜び、御（おん）自ら彼の投降を出迎えたほど。

しかし、やってきた投降船団は減速せぬまま接近し、火が放たれて曹操（そうそう）の船団に突っ込んできました。

これにより曹操（そうそう）の船団はアッという間に紅蓮（ぐれん）の炎に包まれ、その炎は対岸を赤く染め(＊10)、北岸の軍営まで焼き尽くしていきます。(＊11)

曹操（そうそう）は烏林（うりん）から命からがら華容（かよう）（B-1/2）へと敗走(＊12)し、江陵（こうりょう）に着くとこれを曹仁（そうじん）に任せ、そのまま北上して襄陽（じょうよう）を楽進（がくしん）に託して、自らは宛（えん）、許（きょ）を経て、鄴（ぎょう）へと帰還しました。

こうして大敗を喫したとはいえ、曹操（そうそう）は依然として全国14州のうち半数を越える8州を支配し、天子を擁して、圧倒的軍事力を有していることは変わらず、

(＊09)『演義』では「苦肉の計」を使って曹操を信用させていますが、実際には実行していません。

(＊10)ここから後世、この地を「赤壁」と呼ぶようになったといいます。

(＊11)『正史』周瑜伝や先主伝などにはちゃんと火計のことが書かれていますが、武帝紀には「疫病が大流行したために撤退した」とあるだけ。呉主伝では「撤退にあたり、軍船を孫呉に奪われないために曹操自ら火を付けた」とあり、『正史』の中でも記述が一貫していない。

こたびの一戦のみで天下の形勢が変わったわけではありません。

しかし。

おそらくこのとき曹操の脳裏には「官渡」が思い浮かんだことでしょう。

官渡でもこたびの一戦同様、寡兵に大軍が敗れはしたものの、敗れた袁紹の河北支配が揺らいだわけではありませんでした。

にもかかわらず、袁氏はこのときの痛手から復活することなく、みるみる解体していったものです。

――袁紹の轍を踏んではならぬ。

ここからは、箍が緩まぬよう慎重にゆかねば。

しかし、曹操もこのとき齢54。

当時としてはすでに老齢期で、彼に残された時間は多くありません。

――こたびの敗戦の痛手から立ち直るのに10年はかかろう。

もはや儂の代で天下統一は無理かもしれぬな。

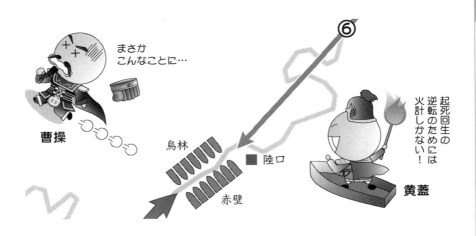

（＊12）『演義』では、「敗走する曹操軍をはじめは趙雲が、さらには張飛が追撃し、ついには関羽に追い詰められるも、情に厚い関羽はむかし曹操の世話になった旧恩を思い起こし、これを見逃す」という名シーンがありますが、あれも『演義』のフィクションです。

曹操の心に一種の諦念の情が湧きおこったであろうことは否めません。
そうしてみると、赤壁での敗戦は、直接的な"物的損害"もさることながら、"曹操の心理的挫折感"の方が大きな痛手だったのかもしれません。

ところで。
赤壁の戦の間、劉備軍はどこで何をしていたのでしょうか。
じつは劉備は、関羽（B/C-4）らとともに赤壁よりはるか後方の樊口（B-4）に布陣し、戦闘を眺めていただけで、直接戦闘には参加していません。(＊13)
あたかも、洞ヶ峠の筒井順慶がごとく。
はたまた、関ヶ原の小早川秀秋がごとく。
その行動から察するに、劉備（＆諸葛亮）は、筒井順慶・小早川秀秋同様、両軍の動静を見ながら兵力を温存し、曹操が敗れればこれを追って荊州を奪い、周瑜が敗れれば江東を奪おうと、"漁夫の利"を狙っていたのかもしれません。
そして今、曹操は敗走していきました。
となれば、つぎに劉備の取る行動は自ずから見えてきます。

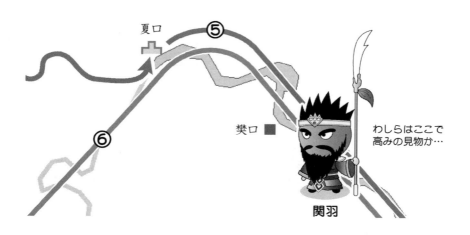

(＊13)『演義』では、諸葛亮が祈禱により風向きを変えたりして、勝敗に大きく貢献したことになっていますが、もちろんフィクションです。

第4章 三國鼎立

第1幕

揺らぐ孫劉同盟
荊州争奪戦

赤壁(せきへき)は紅蓮の炎に包まれ、その炎とともに曹操の野望も挫けた。周瑜(しゅうゆ)はこのまま一気に荊州を陥とすべく江陵(こうりょう)へと軍を進める一方、孫権は合肥(がっぴ)を攻めた。しかし、江陵と合肥で曹・孫が睨み合う中、劉備がつぎつぎと荊州四郡を陥としていく。これによりいよいよ曹・孫・劉「三國」鼎立時代へと突入していくことに。

やった！呂布に徐州牧を奪われて苦節十三年！ようやく牧に返り咲いた！

荊州牧
劉備 玄徳

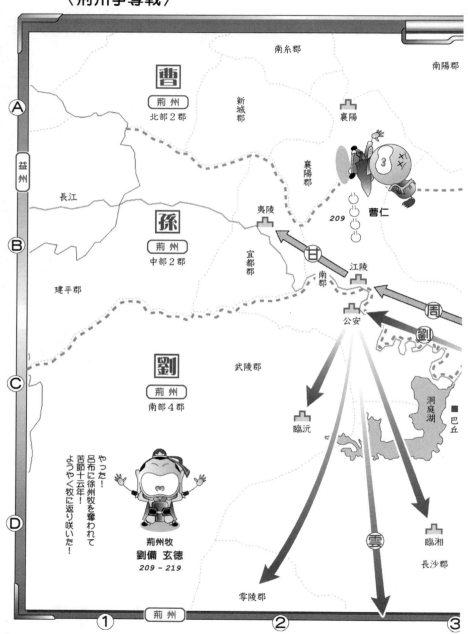

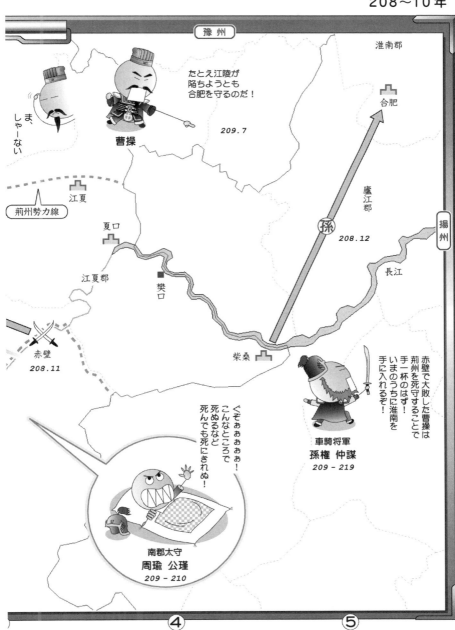

三

　國志最大のクライマックス（＊01）「赤壁（B/C-3）の戦」はこうして孫劉連合の勝利に終わりました。

　しかし、ここまではあくまでも三國志の「序章」であり、「本章」はまさにここから始まると言っても過言ではありません。

　なんとなれば、この大戦こそがようやく「三國」が生まれる契機となるからです。（＊02）

　したがって、本章からは「どのようにして魏・蜀・呉が成立していくのか」を追っていくことになります。

　「赤壁」に勝利したからといって、呉将周瑜に勝利の美酒に浸っている遑はありませんでした。

　彼はただちに劉備とともに曹操を追撃（B/C-3）、曹仁が守る江陵（B-2/3）に到達するや、まず劉備に長江以南の南郡（B-2）を与えて（＊03）後背の備えとしましたが、目の前にそびえる江陵城は天下の堅城、正面からぶつかったのではおいそれと陥ちる城ではありません。

　そこで周瑜は、江陵と"掎角の勢"を成していた夷陵（＊04）（B-2）に甘寧［興霸］＊を送り込んで（B-2）これを陥とし、江陵の包囲態勢を固めます。

　　　＊ 若いころより遊侠の徒として、羽根飾り・鈴などで派手に着飾って我がもの顔でねり歩いた。その後、各地を転々としたのち、江夏太守（黄祖）に仕えたが、彼に軽んぜられたため、ここを出奔、孫権に仕えるようになっていた。

　これに驚いたのが曹仁。

　「夷陵が陥ちた！？　それでは、ここも長くは保たんぞ！」

　曹仁は、急ぎ別動隊を編成して夷陵を攻めると、今度は甘寧が危機に陥り、

（＊01）三國志がアニメ化・映画化されるとき、この「赤壁の戦」が焦点になっていることが多い。

（＊02）『三國志』を謳いながら、クライマックスのひとつである赤壁の時点（208年）ではまだ「三國」はひとつも生まれていません。三國の中では最初に国造りをおこなっていく魏ですら、「魏公」を名乗ったのは213年。以降、「魏王」が216年、「魏帝」に至っては220年。

（＊03）裴注『江表伝』より。

江陵の周瑜に援軍を要請してきました。
「む、さすが曹仁。なかなか手強い！」
周瑜は江陵の守備を凌統［公績］＊に任せ、御自ら甘寧救援に向かい、その救出に成功したものの、このとき敵の流れ矢が周瑜の右脇腹に命中（＊05）し、重傷を負ってしまいます。

> ＊ 父（凌操）の代より孫家に仕えていたが、夏口の戦（203年）で黄祖の武将をしていた甘寧に父を討たれ、甘寧が孫権に降ったのちも甘寧を怨みつづけた。『演義』ではその後 和解したことになっているが、『正史』にはそうした記述はない。

一方、孫権（C-5）は208年12月、合肥（A-5）に侵攻（第1次 合肥の戦）。合肥といえば、淮南郡（A-5）の都寿春の南を守る要害です。
当時孫権は、揚州（B-5）の主要な郡をほとんど押さえながら、淮南だけがいまだ曹操の支配下にあったため、赤壁の戦勝を機に一気にこれを奪取せんと図ったのでした。

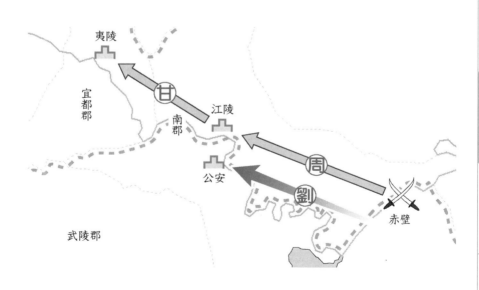

(＊04) 『正史』では「徐晃を守将とした」とありますが、『演義』では「曹洪」になっています。
(＊05) 『正史』の唯一の全訳本である筑摩書房の『正史三国志』ではなぜか「左の鎖骨」となっていますが、原文では「右脅（右の脇腹）」です。ちなみに『演義』では「左のあばら」。

しかし、こちらも守りが堅固で、戦(いくさ)は長期化の様相を呈してきます。
　こうして、江陵(こうりょう)・合肥(がっぴ)どちらも、まさに"がっぷり四つ"となって身動きの取れない状態となった、その隙を突いて動いたのが劉備(りゅうび)でした。
　周瑜(しゅうゆ)から長江以南の南郡を与えられていた劉備は、江陵のすぐ南の油江口(ゆこうこう)に陣営を築いて(＊06)ここに駐屯し、久しぶりに拠って立つ地を得ます。
　さらにここを拠点として、以南の荊州(けい)4郡(C-1/2)、すなわち――

・太守韓玄(かんげん)　　＊　　の守る長沙(ちょうさ)郡（D-3）（都：臨湘(りんしょう)（D-3））
・太守趙範(ちょうはん)　　＊＊　の守る桂陽(けいよう)郡（D-2/3）（都：郴(りん)　　　）
・太守劉度(りゅうたく)　　＊＊＊　の守る零陵(れいりょう)郡（D-2）（都：泉陵(せんりょう)　　　）
・太守金旋(きんせん)[元機(げんき)]＊＊＊の守る武陵(ぶりょう)郡（C-2）（都：臨沅(りんげん)（C-2））

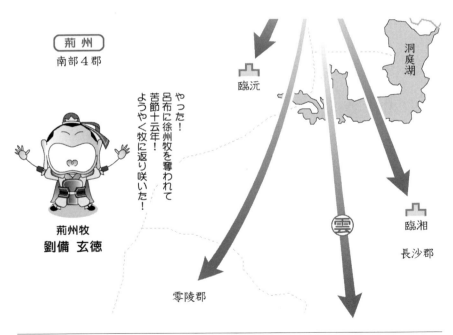

──────────────────────────────

(＊06) 翌年、この油江口を「公安」(B/C-2/3)に改名しています。

(＊07) このあたり、『演義』では劉備の数少ない活躍の場として、ここぞとばかりドラマチックに事細かく演出されていますが、『正史』では事実のみを短く記述してあるだけです。

> * 『演義』では劉備に敵対する"悪役"として小人扱いされ、関羽に討たれているが、『正史』にはほとんど記述なく、その経歴・性格等一切不明。ただ、彼の配下だった黄忠がこののち劉備配下の武将として大いに活躍することになる。
>
> ** ここに至るまでの経歴は不明。趙雲に桂陽を攻められて降伏したのち、同じ「趙姓」であることを頼りに趙雲におもねり、「亡き兄の妻（樊氏）を彼に嫁がせて誼を深めようとしたが、趙雲に拒絶された」との逸話が残るのみの人物。
>
> *** 劉度・金旋ともに「劉備軍に攻められ、劉度は降伏、金旋は討死した」とあるのみで、その経歴詳細は一切不明。『演義』では両郡とも張飛に攻め陥とされているが、その際、劉度の武将として登場する邢道栄は架空の人物。

――を、アッという間に手中に収め(*07)、上奏して劉琦を荊州牧(*08)とさせます。

さらにこれと前後して、廬江郡（B-5）から雷緒*が数万の兵を率いて劉備に帰順した(*09)のをはじめ、ぞくぞくと自ら進んで劉備に投降・帰順する者が相次ぎ、その勢いはいよいよさかんになっていきました。

> * 200年ごろ廬江一帯を荒らし回り、一時は独立勢力となっていたが、曹操の前に屈服していた。その動向の一致性から、「雷薄」と呼ばれる人物と同一人物か、または縁者と推測されている（「第2章 第3幕」参照）。

孫権や周瑜はこうした動きを苦々しく思いながらも、合肥と江陵で曹軍と睨み合っていたため身動き取れません。

そして年が明けて翌209年。

その7月、周瑜が攻めていた江陵がついに陥ち、曹仁（A/B-2/3）は襄陽（A-2/3）へと撤退していきます。(*10)

(*08) 劉琦はもともと荊州牧劉表の嫡男であり、正統な継承者でした。

(*09) 当時、廬江郡も曹・孫の鬩ぎ合いが激しく、その混乱の中で追い詰められた雷緒が劉備を頼ったものと思われます。

(*10) 『演義』では、江陵どころか襄陽まで、諸葛亮がその舌先三寸で一戦も交えることなく奪ったことになっています。

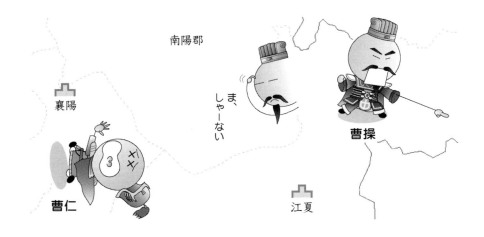

　しかし、一進しては一退、同月、曹操(A-4)御自ら合肥に駆けつけたため、孫権はついに合肥を諦めて撤退。
　こうして孫権は、「赤壁」「江陵」「合肥」と熾烈な戦を経たにもかかわらず、得たのは荊州中部(B-1/2)のみ。
　結局、荊州北部(A-1/2)は曹操が死守し、曹孫の激しい戦のスキを突いて、荊州南部(C-1/2)は劉備に奪われてしまいます。
　これは、これまでの"従属的同盟者"から対等な立場への「独立宣言」に等しく(＊11)、ようやくここにおいて事実上「三國」が成立したことになります。
　── 荊州を制する者が天下を制す！ ──
　荊州を巡る曹・孫・劉 三ッ巴の争奪戦の結果、曹操が北部2郡(A-1)を、孫権が中部2郡(B-1)を、そして劉備が南部4郡(C-1)を支配することにな

(＊11) 208年の「孫劉同盟」は、日本の戦国時代でいえば「清洲同盟」の織田信長(孫権)と徳川家康(劉備)のような関係でした。すなわち、名目的には「同盟」ですが、実質的には主従に近い関係です。今回の劉備の行動は「信長(孫権)が浅井・朝倉(曹操)と戦っているスキに、家康(劉備)が北条・武田(荊州四郡)を併呑して信長から離反した」くらいの衝撃的事件です。

りました。(＊12)

しかし、怒りが収まらないのが孫権、特に周瑜です。
――「赤壁」で多大な犠牲を払って曹操軍を打ち破ったのは我々であって、樊口（B-4）で高みの見物をしていた劉備ではない！
当然、荊州を手に入れることができる権利を持つのは我々だ！

こうして「孫劉同盟」に大きなヒビが入ったものの、しかしここで孫劉が決裂すれば、漁夫の利を得た曹操に孫・劉ともに亡ぼされることは火を見るより明らか。

そこでどちらも"妥協点"を探り合い、まず孫権は自分の妹(＊13)を劉備に嫁がせてこれを楔とします。

年が明けて210年には劉備も折れ、荊州を「取る」のではなく「暫時借り受けたい」と孫権に申し出ました。

「借り受ける」という体ならば、「荊州はあくまでも孫呉のもの」であると認めることになり、孫権の面目も立ちます。

しかし孫権とて、そんな言葉遊びで引き下がるほどお人好しではありません。
――貴公は同盟者にして、いまや義弟。
「借りたい」ということであらば、お貸しすることは吝かではありませぬが、きちんと"期限"を設けてもらいたい。

劉備は答えます。
「我々も拠って立つ地がなければ如何ともしがたく。
そこで、将来かならずや西進して益州（A/B-1）を奪いますから、これを得たのちに荊州をお返しする、ということでは如何でありましょう？」
――結構。

（＊12）曹操：南陽郡（A-3）・襄陽郡（A/B-2） ／ 孫権：江夏郡（B-3/4）・南郡（B-2）
　　　　劉備：長沙郡（D-3）・桂陽郡（D-2/3）・零陵郡（D-2）・武陵郡（C-2）

（＊13）彼女の名は、『正史』では法正伝で「孫夫人」という呼び名が1度登場するのみで、名前は不明。なお、名無しでは不便なため、『演義』では便宜上「孫仁」、京劇などでは「孫尚香」という名が与えられています。

ならば、今すぐにでも益州に攻め込んでもらいたい！
「とんでもありませぬ！
　益州に攻め込むとなれば、莫大な兵・軍馬・兵糧を準備いたさねばならず、今すぐになど、とてもとても……」
──兵が足らぬと申すのであれば、我々も兵を出そう！
　軍馬・兵糧が足らぬと申すのであれば、それも貸そう！
　我らと共同で兵を起こし、共に益州を奪おうではありませんか！
　しかし、これはとんでもない申し出。
　そんなことを許せば、間違いなく「道を仮りて虢を伐つ」(＊14)の故事の轍を踏むことは必定。
　百歩譲ってそうならなかったとしても、益州は劉備が単独で取るつもりなのであって、孫権の手を煩わせれば、益州まで孫権に取られかねません。
「我々はまだ荊州を得たばかりで、いまだ地盤が固まっておらず、国内の安定に忙殺され、とても戦を起こす余裕はございませぬ」
　劉備は体よく、しかし穏便に断ろうとしましたが、周瑜は頑として引き下がりません。
──ならば、我々が単独でも出陣する！
　こうして周瑜は益州遠征の戦の準備を始めてしまいます。
「まずい！」
　もしこのまま周瑜の出陣を許せば、揚州・荊州中部に加え、益州までが孫権の支配下に入ることとなり、劉備は西（益州）・北（荊州中部）・東（揚州）をぐるりと包囲される形となり、滅亡は時間の問題となります。
　かといって、これを止める手立てもなく、劉備が頭を抱えていたところ、こ

（＊14）兵法三十六計のうちのひとつ（第二十四計）。春秋時代、晋（大国）が虢（小国）を討つべく出陣した際、軍が領内を通過させてもらえるよう虞（小国）に申請します。虞は断って晋に睨まれるのを懼れ、これを承諾しましたが、晋は虞を軍が通過する途中、これを亡ぼしてしまったという故事。他国の軍の通過を許せば、国そのものを獲られます。

のタイミングで周瑜が巴丘（C-3）にて急死（*15）してしまいます。(D-4)
　享年36。
　周瑜は死の床にあって、魯粛に後事を託しましたが、周瑜と違い、魯粛はあくまでも「孫劉同盟」を尊重する考えであり、劉備との関係を荒立てるような益州遠征には反対していたため、こたびの遠征は周瑜の死とともに立ち消えとなりました。
　こうして、今回は周瑜の急死により、辛うじて「孫劉同盟」が存続することになりましたが……しかし、この同盟はいつ壊れてもおかしくない、きわめて脆いものでした。

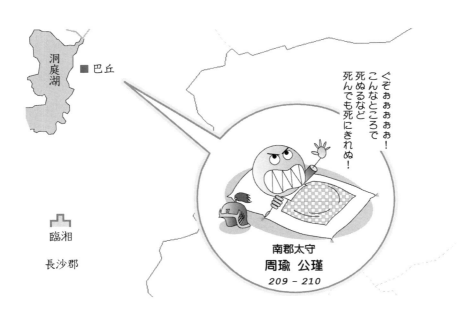

（*15）『正史』ではその死因は明らかにされていませんが、『演義』では曹仁との「江陵の戦」で受けた矢傷が悪化して死んだことになっています。
　そして死の間際、こう叫ぶや、吐血して絶命したといいます。
　「天はこの世に私という者を産み落としながら、何故に諸葛亮をも生んだのだ！」
　もし周瑜が長生きしていたら、確実に歴史は大きく変わっていたことでしょう。

Column 曹操、敗走を笑う

　赤壁に破れ、敗走する曹操を『演義』はすばらしい演出で描き出しています。
　赤壁から脱出を図った曹操は、呂蒙、凌統、甘寧らにつぎつぎと追い立てられましたが、烏林の西あたりでようやくこれを振り切ります。
　将兵みな疲労困憊、意気消沈する中、曹操はかんらかんらと高笑い。
「公!? この惨状で、いったい何がおかしいのでしょう?」
――見よ、この地形を!
　ここに伏兵を置かぬ周瑜の猿知恵、諸葛亮の浅知恵を笑うのだ!
　ところがその途端、陣太鼓が鳴り響き、「趙子龍 参上!」の大喝。
　曹操はひっくり返って驚き、取るものも取りあえず逃げ出します。
　なんとか趙雲を振り切り、葫蘆口までやってきたところで、曹操はふたたび高笑い。
「公、先ほど痛い目にあったばかりであるのに、なぜ笑われるか?」
――周瑜も諸葛亮もまだまだ甘い!
　わしなら間違いなくここに伏兵を置く!
　すると、ふたたび陣太鼓とともに「燕人 張 益徳、これにあり!」。
　曹操が這々の体で張飛から逃げ果せたときには、もはや満身創痍となった兵がわずか300付き従うだけとなります。
　なんとか華容道のあたりに辿りついたとき、曹操は三たび大笑い。
「公! 笑うのはもうおやめください! 何故笑いますか?」
――ここに伏兵がおれば、我々はもうお終いだ!
　それを置かぬ周瑜や諸葛亮の愚かさを笑わずにおられようか!
　しかし。
　そこに青龍刀をひっさげ、鉄騎500を率いた関羽が現れる。
　さしもの曹操も「我が命これまで!」と絶望し、討死を覚悟しましたが、ここは関羽の情に訴え、"泣き落とし作戦"で事なきを得ます。
　華容を越えたとき、付き従う者はわずかに27騎となっていました。

第4章 三國鼎立

第2幕

2つの「仮道伐虢の計」
潼関の戦

赤壁の傷を癒した曹操は、ついに動きはじめた。漢中の張魯の制圧を名目に関中に軍を動員し、仮道伐虢、これを掠め取ろうというのだ。しかし、これに西涼軍の馬超・韓遂が立ちはだかる。こうした動きに危機感を抱いた益州牧劉璋は、劉備を引き入れてこれを盾とする策を考えていたのだが…。

劉璋 ＆ 劉備

〈潼関の戦〉

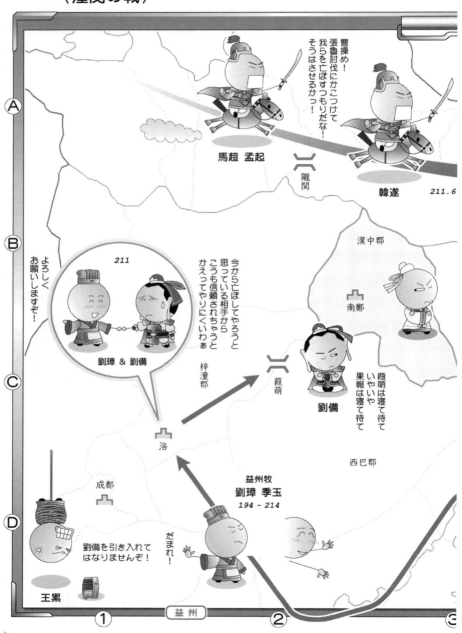

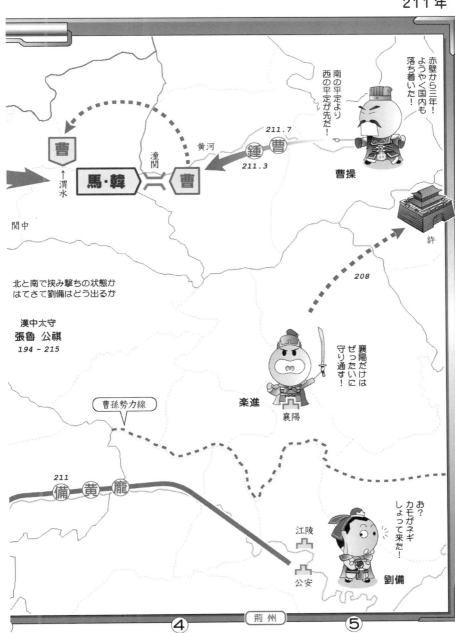

兎にも角にも劉備（D-5）は、徐州を追われて以来、じつに13年ぶりにふたたび地盤を得ることができました。

これによりようやく魏・呉・蜀「三國」の元となる三勢力(*01)が出揃います。

しかし、早合点してはいけないのは、この時点ではまだ、曹・孫・劉の三勢力が当時の中国の「三大勢力」ではない、ということです。

まだ当時の中国には主だった者だけで、涼州に馬超［孟起］*・韓遂。

    * 父は馬騰。従弟に馬岱がいる。父の義兄弟であった韓遂とは対立したり同盟したりを繰り返していたため、のち賈詡の「離間の計」に見事にかかり大敗（潼関の戦）。その後、劉備に降ってからはたいした活躍もなく、47歳で病死。

そのすぐ南・雍州(*02)には宋建*、東北の幽州に公孫康**。

    * 黄巾の乱の起こった年（184年）に叛乱を起こす。「河首平漢王」を称し、独自の元号を定め、文武百官を置いてさながら独立王朝の体を成し、以後30年にわたって金城郡・西平郡・隴西郡に割拠した人物。214年、夏侯淵に亡ぼされた。

    ** 同じ幽州でも、公孫瓚がその西半、公孫度がその東半に割拠していたが、やがて公孫度が亡くなり（204年）、彼が父の遺領を継いだ。帯方郡を設置し、のち、韓や倭まで威令を発するようになっていく。

そして、漢中（B-2/3）には張魯［公祺］*（B/C-3）。

    * 張角が冀州で「太平道（黄巾賊）」を展開していたころ、益州では張陵が「五斗米道（米賊）」を展開していたが、その張陵の孫。初め劉焉に服していたが、のち漢中で独立を果たしていた。

さらには、まだまだ漢化が進んでおらず、ベトナム文化の強い交州の士燮［威彦］*に至るまで、いまだ多くの群雄が割拠しており、孫・劉より大きな勢力、拮抗する勢力はいくつもありました。

(*01) まだこの時点では「国」ではありません。実質的にはすでに独立国家でしたが、名目的には彼ら3人はあくまで「漢帝国」の丞相や牧にすぎないためです。

(*02) 正確には、西平郡・金城郡・隴西郡の3郡。

＊蒼梧郡出身の豪族で、黄巾の乱の年(184年)に交趾太守となったが、ちょうど
そのころ交州刺史をしていた朱符(朱儁の子)が苛政を怨まれ殺害されたのを契機
に、交州の事実上の支配者となって割拠していた。

　このころの国力はおよそ人口で測ることができますから、赤壁の直前におけ
る各群雄の人口を比較してみると、断トツNo.1の曹操の支配する華北2800
万人を筆頭として、以下——
・No.2＝劉璋の支配する益州(630万人)
・No.3＝劉表の支配する荊州(600万人)　　　1630万人
・No.4＝孫権の支配する揚州(400万人)
…となり、このころの孫権など劉璋(No.2)・劉表(No.3)にすら遠く及ば
ない「第4勢力」にすぎず、赤壁で干戈を交えた曹操との実力差はなんと7倍！
　これを見れば、張昭が臆病風に吹かれたのも無理からぬところです。
　それどころか、益州(D-1/2)・荊州(D-4/5)・揚州のすべてを統合しても
1630万人で、曹操(2800万人)には遠く及ばず。
　孫権の1.5倍もの人口を擁していた荊州ですら、戦わずして白旗を揚げてし
まうのが現実です。
　したがって、劉備が「地盤を得た」とはいっても、荊州を曹・孫・劉で痛み
分けしたにすぎず、吹けば飛ぶような弱小勢力です。
　このように、曹・孫・劉が「ビッグ3」というわけではなく、赤壁後も依然と
してNo.2は劉璋でしたが、彼には孫権・劉備と比べて、決定的に欠けていた
ものがありました。
　それが「覇業を成そうとする野心(＊03)」です。
　『三國志』100年の歴史を語るとき、煌星のごとく数多現れた群雄の中で、
曹・孫・劉らをはじめ数えるほどの群雄しか顧みられることがないのは、割拠

(＊03)たとえば、日本では「上杉謙信」。彼は他の戦国武将を圧倒する強さ(71戦中61勝2敗
8分)を見せ、魔王・織田信長(68戦中49勝15敗4分)すら憚れさせましたが、ついに
彼が天下を取ることはありませんでした。それは、彼に「天下を取る野心」が(死の直前ま
で)なかったためです。

はしていても自領の安堵のみに満足し、「天下」への野心を秘めていた者は多くなかったためです。

　何事もそうですが、どれほど「実力」があろうとも、「野心」がない者はけっして天下を取ることはできません。

　したがって、洋の東西と古今を問わず、野望を持たぬ者は、たとえそれが大勢力であったとしてもモノの数に入りません。

　『三國志』において、劉璋・劉表ほどの実力者がつねに脇役に甘んじ、曹操・孫権・劉備らを中心として歴史が動くのはそのためです。

　劉璋と劉表はよく似ており、せっかく「皇族」という有利な立場にあり、かつ、乱世の初期なら天下に号令できるほどの大きな領地を擁しながら、天下への野心を持たず、したがって行動も起こさず、その日限りの安穏を楽しむのが精一杯という惰弱な小人でした。

　そうこうするうちに、乱世初期における優位を失い、日々刻々と追い詰められる立場となり、曹・孫・劉につけ狙われる立場となります。

　ところで。

　赤壁後の曹操は辛酸を味わっていました。

　歴史を紐解けば、「大軍を動員して小国に敗れた大国がそのまま混乱のうちに亡びる」ことは珍しくありません。

　譬えば、官渡での敗戦後の袁紹がそうでしたし、イスラーム世界では、建国以来ほとんど敗け知らずだったオスマン帝国が、1683年、15万もの大軍を以てわずか1万5000で籠城するウィーンを包囲しながらこれに失敗するや、これを境として収拾のつかない混乱に陥って衰亡の一途を辿っていきましたし、ヨーロッパにおいては、かのナポレオンが60万もの大軍を以てロシアに遠征し

（＊04）そうした意味において、豊臣秀吉が20万もの大軍で小田原を包囲したとき、なかなか降らぬ北条に、じつは秀吉の方がたいへんな焦りを感じていたとも言われています。
　秀吉は、上方より女や芸人を呼び寄せ、毎日のように宴を催して"余裕"を演出したものですが、そうしたデモンストレーションがかえって彼の焦りを感じさせます。
　それもこれも"大軍が寡兵に敗れたあとの末路"を秀吉がよく理解していたからでしょう。

ながらこれに失敗するや、その後は一気に退位に追い込まれたことは人口に膾炙しています。

日本でも、大軍を擁して上洛中の今川義元がわずか2000の信長軍の奇襲を受けて桶狭間に敗れると、その後の今川氏は衰亡の一途を辿ったものです。

ことほど左様に、大軍を擁しての戦いは、一見有利なように見えて、じつは意外に脆い"諸刃の剣"。(＊04)

曹操とて例外ではありません。

公称80万(＊05)もの大軍が大敗したとの報が広がるや、曹操を侮った者たちによって、揚州 廬江郡では「陳蘭・梅成＊の乱」、涼州 武威郡では「張猛[叔威]＊＊の乱」、幷州 太原郡では「商曜＊＊＊の乱」など、たちまち領内各地で叛乱が相次ぐようになり、しばらく曹操はその鎮圧に忙殺されます。

> ＊ 陳蘭とは盟友で、曹操軍が荊州を制圧したころ2人で反曹叛乱を起こす。
> いったんは于禁・臧覇らの指揮する討伐軍に鎮圧されたものの、赤壁で曹操が敗戦したことを知り、揚州廬江郡で再起。今度は張遼に討伐され、処刑された。

> ＊＊ 建安(196〜220年)のころ涼州の治安が悪化したため、209年、武威太守に任ぜられ、雍州刺史(邯鄲商)とともに任地に向かったが、そこで邯鄲商と仲違いを起こしてこれを殺してしまったため、やむなく謀反を起こすことになった。

> ＊＊＊ 詳しい経歴は一切不明。赤壁の敗戦後の混乱に乗じて叛乱を起こしたが、夏侯淵・徐晃の討伐軍に破れて戦死した。

赤壁で多くの兵・人材を失って、まだその傷も癒えぬうちに各地で叛乱が起

(＊05)「80万」という数字は誇大広告で、実際の数字は「20万」ほどと考えられています。

こったため、さしもの曹操も人材不足に頭を抱え、このころ「求賢令」を発しています（210年）。

――家柄・身分はいうに及ばず、素行すら不問！
　　才覚さえあらば、何人であろうとも厚く用いよう！
　この「求賢令」を発するにあたって、曹操は漢の陳平を例に挙げています。
　陳平は、世話になっていた兄の嫁を寝取ったり、賄賂を受け取ったり、その素行はお世辞にも褒められたものではありませんでしたが、しかし、彼の貢献なくして漢の統一はあり得ませんでした。
　乱世にあっては「素行より才覚」です。
　こうして、赤壁後３年にわたって傷を癒すことに専念してきた曹操でしたが、ついに211年３月、雌伏の時を越えて動きはじめます。
　じつは過ぐる194年、益州牧の劉焉［君郎］＊が亡くなって、子の劉璋が跡を継いでいましたが、それを機に益州から独立を果たしていたのが漢中を地盤としていた張魯です。

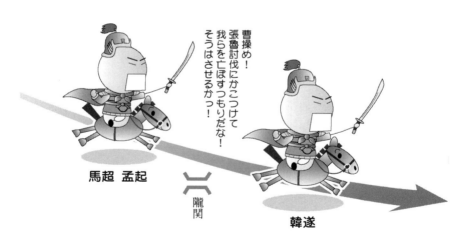

（＊06）よく混同されますが、「関中」と「漢中」は違います。
　　　「関中」とは、おおよそ函谷関より西、隴関より東の渭水盆地のあたりを指す言葉で、
　　　「漢中」とは、そのすぐ南にある漢中盆地のあたりを指す言葉です。

* 漢室の傍系。それまで州の長官「刺史」には軍権がなく、これでは黄巾の乱以降の混乱を鎮めることができないと新たに軍権を有する「牧」の設置を霊帝に進言した。そして自らは益州牧として赴任し、そのまま独立勢力となっていた。

曹操(そうそう)(A-5)は、司隷校尉(しれいしょうよう) 鍾繇[元常](げんじょう)＊ に兵馬を与え、夏侯淵(かこうえん)を輔佐としてこれを討伐するよう命じました(A-4/5)。

* 初めは中央の役人を歴任していたが、献帝の許都入りとともに曹操の幕下となる。関中の馬騰・韓遂に対する西の防壁として、曹操から司隷校尉に任ぜられ、大権が与えられる。子に、魏に反旗を翻すことになる鍾会がいる。

しかし、これはあくまでも口実。

漢中に攻め入るためにはどうしても関中(B-3)を通る(＊06)ことになりますから、こたびの出兵の真意は、そのどさくさに紛れて馬超・韓遂ら(A-2)の支配する関中を支配下に置かんとした、というのが本心です。

まさに、「仮道伐虢(かどうばっかく)(道を仮りて虢を伐つ)」(＊07)の計。

関中を支配していた豪族「関中十部(かんちゅうじゅうぶ)(＊08)」らも愚かではありませんから曹操の"本意"はすぐに見抜き、ただちに挙兵、潼関(どうかん)(A/B-4)に結集(6月)し、

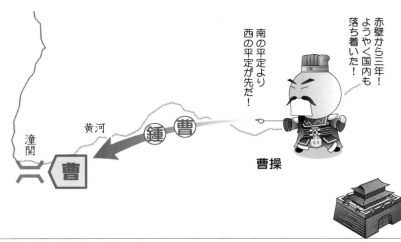

(＊07) 本書「第4章 第1幕」(＊14)を参照。
(＊08) 関中の十大豪族、馬超・韓遂・李堪・楊秋・馬玩・成宜・梁興・程銀・張横・侯選ら。

曹操軍の進軍を妨がんとします。
　ここに「潼関の戦」が幕を切って落とされました。(＊09)
　ぞくぞくと潼関に結集する関中十部の大軍を前にして、曹操は「今は守りに徹せよ！　戦端を開いてはならぬ！」と厳命したうえで、曹仁に増援させ、自らも許褚を伴って出陣（7月）、馬超らと対峙しました。
　しかし増援したとはいえ、曹操軍5万に対し、馬超・韓遂らを中心とした関中十部の総兵力は10万に及び、数的には圧倒的に不利。
　そのうえ彼らは関に砦を築いて万全の態勢で待ち構えているのですから、さしもの曹操もおいそれとこれに手を出すことができません。
　そこで一計を案じ、黄河を北に渡河して敵軍の背後に回り込む作戦（A-3/4）が採られます。
　まず徐晃・朱霊らを先鋒として黄河（A-4）を渡河させました。
　ところが、「あとは曹操とその近衛兵（許褚率いる虎士100余名）を残すのみ」という最悪のタイミングで馬超軍1万余に急襲されてしまいます。
　100倍もの軍勢に襲われ、曹操、絶体絶命の危機！！
　雨のごとく降りそそぐ矢の中、許褚が左手で鞍を持って曹操を庇い、右手で艪を漕いで、間一髪、逃げ延びます。
　もしこのとき、許褚の獅子奮迅の活躍がなければ、曹操はここで落命していたところで、そうなれば、その後の歴史も激変したことでしょう。
　こうして一命を取り止めた曹操は、なんとか馬超・韓遂軍の後背に回り込むことに成功したものの、馬超とて必死、今度は渭水（A/B-3/4）を渡らせてもらえません。
　渡河を成功させるためには、まず渭水の南に防衛線の砦を築く必要がありますが、その砦を築く前に襲撃されてしまうためです。

(＊09)『演義』では、父（馬騰）や弟ら（馬休・馬鉄）が曹操に殺されたため、その復讐として馬超が立ち上がったことになっていますが、『正史』では、馬超が反旗を翻したため、これを理由に馬騰が見せしめに処刑された（馬騰は当時宮廷にいた）のであって、因果が逆です。

―― どうすれば砦を築くことができるか。

このとき、臣下のひとり婁圭［子伯］＊が献策しました。

> ＊ 董卓が長安を支配していたころ、荊州の北の州境に割拠していた群雄のひとり。
> その後、張済が侵攻してくると、これを討ち取るも、その後、王忠に敗走し、
> 曹操の配下となる。のち、ちょっとした失言が元で曹操に処刑されている。

「ここのところ一段と冷え込みが厳しい。

そこで、夜のうちに砂を盛り上げてそこに渭水の水をかけてやるだけで、一晩でカチカチに凍って(＊10)立派な城壁となりましょう！」

こうして秀吉の墨俣一夜城ばりの"氷の一夜城"が完成、これを見た馬超は、戦況の不利を悟って和を請うてきます。

―― 関中を安堵してもらいたい。

それを認めてくれるならば、人質を送ってもよい。

「人質を送る」ということは「臣従する」という意味ですから、事実上の"白旗"です。

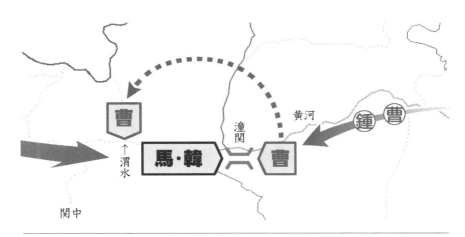

(＊10) 裴注『曹瞞伝』より。ただし、当時は閏8月であり、常識的に考えてそれほど寒い季節ではないため、裴松之を筆頭に「これは後世の作り話」と断ずる人もいます。しかし、現在の研究では当時は「寒冷期」にあたり（これは裴松之も知らないこと）、そのうえ、その年は例年に比べてとりわけ寒気の到来が早かった年だったのかも知れず、「真冬じゃないから」という理由だけで「作り話」と断ずるのはいささか早計と考えられます。

しかし曹操はこれを認めない。

「臣従すら認めない」、つまり「亡ぼす」という意思表示です。

とはいえ、彼らが屈強な精兵を擁して手強いことも確かです。

曹操は「馬超・韓遂に勝利しなければならない」どころか、苦戦すら許されない立場にあります。

ここでモタつけば、ふたたび国内の叛乱を誘発させ、対外的には孫・劉の侵攻すら考えられるためです。

事実、すでにこの機に乗じて、背後（冀州 河間郡）では「田銀・蘇伯*の乱」が起こっていました。

> *　田銀・蘇伯ともに詳しい経歴は不明。彼らの叛乱は、曹仁を総大将とした討伐軍によって制圧された。投降兵たちに対し、諸官は「死罪」を主張したが、程昱だけが「寛大な措置」を主張、留守居役の曹丕は彼の案を採用した。

ここで賈詡が進言します。

──公。ここはひとつ、「離間の計」を用いましょう。

そこで曹操は、賈詡の言に従い、表向き彼らの話を聞くという建前で韓遂と一席設けます。

ところが、曹操は最初から最後まで韓遂と昔話をして談笑するばかりで、軍議のことにはまったく触れません。

首をかしげて帰ってきた韓遂に馬超が訊ねます。

馬超「どうだった？」

韓遂「どうだったも何も、曹操、なぜかひとことも本題に触れないのだ」

──和睦交渉するためにわざわざ話しに出かけたというのに、

　軍議の話が何も出なかっただと？　そんなバカな話があるものか！

　韓遂め、我々を裏切るつもりではあるまいな!?

（＊11）通常、手紙というものは、主君の意思を文官が文に起こし、一言一句にわたって審議され、清書されるものであって、手紙を書くための専門職があったほどで、常識的に考えれば、墨消し修正だらけの手紙など出すわけがありません。

馬超は韓遂に疑念を抱きはじめます。
さらに後日、曹操から韓遂宛に手紙が送りつけられてきたことを知った馬超は、飛んできて韓遂に詰め寄ります。
馬超「聞いたぞ、曹操から手紙が来たそうだな！？　見せてくれ！」
韓遂「それが……中身は他愛ないものでな、見せるほどのものでも…」
「いいから！」と半ば強引に手紙を見てみると、確かに中身は他愛ないもの。
しかし、随所に書き改められた箇所が多数ある。
馬超「なんだ、この修正だらけの手紙は！？」（＊11）
韓遂「なんだと言われても、最初からこうだったのだ」
ここにおいて馬超は確信します。
── 韓遂め、私に読まれてはまずい部分を消しやがったな！？
── やつは曹操と手を結んで、自分を裏切ろうとしているに違いない！
しかしこれ、すべてはそう思い込むように仕組まれた賈詡の策でした。
こうして疑心暗鬼に陥った関中十部はたちまち足並みが乱れて敗れ、彼らのうち李堪＊・成宜＊は討死、楊秋＊＊は安定郡の臨涇まで落ち延びましたが、ここで夏侯淵・張郃軍に包囲され降伏を余儀なくされます。

> ＊　両名とも『正史』にその名が散見されるも、「関中十部」であること以外、その経歴は不明で、具体的な行動についてはまったく触れられていない。『演義』では、このとき李堪が于禁に射殺され、成宜が夏侯淵に討たれている。

> ＊＊　「関中十部」のひとり。他の「関中十部」がつぎつぎと討死する中、彼はあっさりと降伏。その後、曹操にうまく取り入って（＊12）、乱前と同じ爵位を与えられ、曹操の配下として生きながらえている。

馬超と韓遂は涼州（＊13）まで遁走し、曹操はようやく関中を支配下に置くこ

（＊12）このとき楊秋は曹操に対して「私は最初から降伏するつもりでした」と弁明。「最初から降伏するつもりならばなぜ安定郡まで逃げた？」と追及されると、「そりゃ（関中十部たちへの）つきあいですよ、つきあい」と答えたため、曹操は大笑い、帰順を認めたといいます。

（＊13）このとき馬超・韓遂が逃げていった州は、正確には当時は「雍州」と呼ばれていました。詳しくは、次ページのコラム「涼州と雍州」をご覧ください。

Column 涼州と雍州

　涼州と雍州は複雑な問題を抱えています。
　そのために、歴史家ですら混乱し、誤記がよく見られます。
　じつは後漢時代において全国がまだ「13州」だったころ、潼関を挟んでその西の地は「涼州」、その東は「司隷」と呼ばれていました。
　ところが194年、馬騰・韓遂が涼州の西の地域で蜂起したことをきっかけにして、彼らの独立地域、武威郡より西（河西四郡）を「雍州」として切り離すことにします。
　このため、西から順に「雍州・涼州・司隷」と並ぶことになり、州がひとつ増えて14州になりました。
　さらに213年、ついに曹操が「魏公」となり、事実上の「魏」が建国された年、彼は「古代の中国は九州制であった」として、「全国14州を統廃合して9州に戻す」と宣言します。
　この関係で、雍州・涼州・司隷はひとつに統合され、「雍州」とされました。
　ところが220年、曹操が亡くなって曹丕が帝位に就くや、曹丕はふたたび武威郡より西を切り離し、これを涼州とします。
　こうした経緯により、以後、西から順に「涼州・雍州」という配置となりましたが、これは213年以前の「雍州・涼州」という配置とはまったく逆になってしまっています。
　こうして短期間のうちに州の統廃合が行われた結果、ほんの数年の違いで、同じ場所なのに「涼州」だったり「雍州」だったり、またその位置関係が逆になったりで、たいへんややこしく、史家ですら混同し、『正史』にも誤記が見られる有様となります。
　そこで、歴史を記述する際、一貫して「涼州・雍州・司隷」という配置だったという設定にして話を進めている史書がほとんどです。
　本書でも、その慣例に倣って話を進めており、混乱を避けるため、上記のような州の変動については（本文では）触れていません。

とに成功したのでした。

ところで。

こうした北の動きは、益州にも大きな影響を与えます。

漢中（張魯）の独立、そして曹操による関中侵攻は、そのすぐ南にあって益州牧 劉璋を不安にさせました。

そこで、彼の幕閣 張 松［子喬］＊が進言します。

* 『演義』では字が「永年」となっている。劉璋に別駕（州牧側近）として仕え、初め曹操に帰順するため使者として許都を訪れたものの、曹操に冷遇されて憤慨、一転して劉備と結託して曹操に対抗することを劉璋に勧めるように。

——我が君。

ここは劉備に援軍を請うことです！

彼は同族（劉氏）のうえ信望厚く、仁徳の高い信頼できる人物です。

彼の下には関羽・張飛・趙雲・黄忠［漢升］＊・魏延［文長］＊＊などの豪傑が慕い集まり、我々と違って戦馴れしております。

彼を北の守りとさせるのです！

* もともと劉表に仕えていたが、荊州が曹操に服属すると、長沙太守韓玄の配下となる。そして赤壁後まもなく劉備に帰順しているが詳しい経緯は不明。『演義』では関羽と一騎討ちをした老将として描かれるが、これはまったくの創作。

＊＊『演義』では「黄忠とともに韓玄に仕える武将であったが、これを斬って劉備に帰順した」旨が詳しく書かれているが、『正史』には、いつどういう契機で劉備に帰順したのか記載がなく、劉備が入蜀するあたりから活躍しはじめた猛将。

これはその昔、荊州牧 劉表が劉備に新野を与えて北の守りとしたことを彷彿とさせますが、これに黄権［公衡］＊・王累＊＊らが大反対！

* 劉璋の主簿（事務官）。それ以前の経歴は不詳。的を射た献策を行い、主君への忠誠心は強いが、主君が倒れれば、きのうまでの君敵に忠義を尽くした人物。心ならずも、劉璋 → 劉備 → 曹丕 と主君を渡り歩くことになる。

＊＊劉璋の忠臣。これ以前の経歴はほとんどまったく不明で、字すらわかっていないが、その壮絶な死に様が語り草となっている人物。そのため、後世「忠烈公」と呼ばれるようになった。

——いまや劉備とて、左将軍として荊州を司る身の上です。

その彼を「将」として処遇すれば不満を抱くでしょうし、対等の礼を以てもてなせば、一国の中に主が2人いることとなり、かならずや国を奪われましょうぞ！

しかし、法正［孝直］＊や孟達［子敬］＊＊らが張松を支持して劉璋の説得に成功しました。（D-2）

> ＊ 初め劉璋に仕えたものの、「劉璋は仕えるに値しない」と、張松とともに劉備を益州に招き入れることに尽力した。のち劉備の配下となると、諸葛亮すら一目置く采配を揮い、曹操も彼を手に入れられなかったことを悔やんだという。

> ＊＊ 何かと法正と行動を共にする武将。法正とともに劉璋に仕え、法正とともに劉備を迎え、法正とともに劉璋に仕えた。しかし、その法正が死ぬと（220年）、ただちに劉備に叛逆し、以後は曹家（曹操、曹丕、曹叡）に仕えることに。

そのため、断固反対の黄権は辺境に左遷され、王累などは劉璋が劉備を迎えるために城を出ようとするのを遮るようにして自らの身体を城門に逆さ吊りにさ

（＊14）まさにこの年（211年）、曹操は「仮道伐虢の計」で関中を掠め取ろうとしていたことはすでに述べました。この2つの「仮道伐虢の計」は、関中と益州と同時進行で行われていたのです。

追い詰められた王累は、逆さ吊りのまま劉璋の目の前で自らの首を掻き切って、最期の諫言を行いましたが、それでも彼の忠言が劉璋の心に響くことなく、彼は王累の屍を横切って出陣、さらに法正に4000の兵を与えて州境まで劉備を出迎えさせました。

　ところで、諸葛亮の唱える「天下三分の計」は、荊州に加え、益州を手中に収めることが大前提。

　したがってこれを虎視眈々と狙っていた劉備（D-5）にとって、劉璋の申し出は願ったり叶ったり、渡りに船。

　労せずして益州の奥深くまで軍を入れることができ、まさに仮道伐虢、このまま機を見て益州を掠め取ってしまえばよい。^(＊14)

　こうして劉備は、関羽・張飛・趙雲・諸葛亮を荊州に残し、黄忠・龐統とともに2万の軍勢を率いて入蜀^(＊15)を果たします。

　お人好しの劉璋は、わざわざ御自ら梓潼郡（C-1/2）の涪（C/D-1/2）まで出迎えて劉備を歓待しました（B/C-1）。

　このとき法正は劉備の耳元で囁きます^(＊16)。

「今この場で彼を殺ってしまいなさい」

　じつは、劉備の入蜀をお膳立てした張松と法正は、とっくに劉璋を見限っており、劉備に益州を取ってもらいたいと画策していたのです。

　しかし、野心を以て入蜀してきている自分を満面の笑みで歓待してくれている劉璋を目の前にすると、さすがの劉備も気が引け、首を縦に振りません。

(＊15) 益州は大きく3つの地域に分けられ、成都周辺の北西部を「蜀」、重慶周辺の東部を「巴」、南部を「南中」と呼んでいたため、益州を「巴蜀」とか、単に「蜀」と呼ぶことがありました。のちに劉備がこの地に建国した国を後世「蜀」と呼ぶのはこのためです。

(＊16) 『正史』の「先主伝」では、法正が囁いたことになっていますが、「龐統伝」では、龐統が囁いたことになっています。

こうして劉璋から兵馬1万を借り受け、総兵力3万となった軍勢を率いて、漢中と益州の関となっていた葭萌関（C-2）に駐屯します。

ところが。

その後、待てど暮らせど劉備は張魯征伐を起こさず、ただ葭萌の民心掌握に腐心するばかり。

さしものお人好し劉璋も、劉備のこの不審な動きに、ようやく彼の野心に気づきます。

「なぜ劉備は動かぬ？　民心掌握？
漢中を討伐するのに、なんでそんな必要がある！？
さては劉備め、葭萌を地盤として、この益州を乗っ取るつもりか！？」

こうして劉備・劉璋間には亀裂が入りつつも、その後1年ほどは、少なくとも表面的には同盟関係が維持されました。

しかし。

翌212年、両者を決定的に決裂させる事件が勃発します。

そして、それにより歴史が急速に回転しはじめることになったのでした。

第4章 三國鼎立

第3幕

天下三分の計、成る
濡須口の戦

曹操の関中制圧は孫権に危機感を与え、それが「濡須口の戦」を誘発する。するとこの戦が、隴西では馬超の叛乱を引き起こして冀城包囲戦が、蜀では劉備の成都侵攻を誘発して雒城包囲戦が勃発する。こうして、濡須口・冀城・雒城での三ッ巴戦ののち、天下はいよいよ「三分」されることとなる。

こ〜さ〜ん！

馬超までも敵にまわったとは！もうダメだ！

益州牧
劉璋 季玉

〈濡須口の戦〉

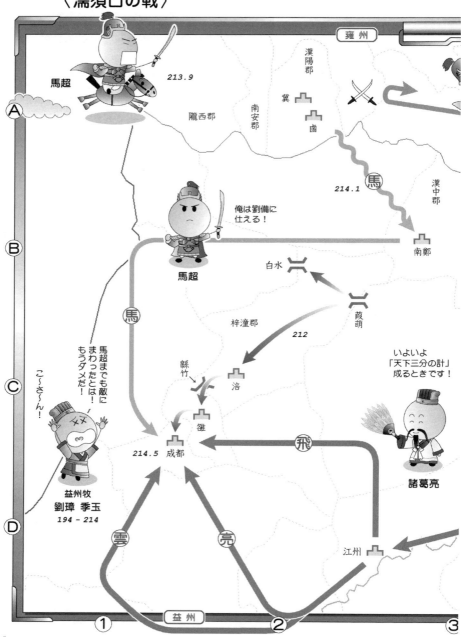

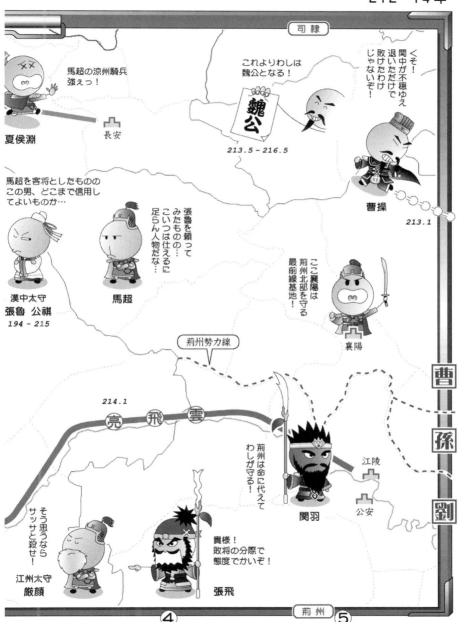

劉備が葭萌関（B/C-2/3）に駐屯していたころ（212年）、その東方では孫権が動きはじめます。

前年（211年）、曹操が関中を制圧したとの報を得、背後の憂いを断った曹操がつぎに狙うのはこちらに決まっています。

「明日は我が身」とばかり、孫権も準備に入ったのです。

まずその年の7月、秣陵を「建業」と改めてここを都とし（＊01）、その守りの要として濡須に砦を築いて曹操の南征に備えます。

案の定、この動きに触発された曹操が、10月、御自ら大軍を率いて濡須に押し寄せてきました。

これが世にいう「濡須口の戦」です。

曹操の津波のごとき大軍（＊02）を前にして「赤壁の再来」かと戦慄を覚えた孫権は、ただちに劉備に援軍を要請します。

劉備はこれに応じるため、劉璋にさらなる増援（1万の兵と兵糧）を願い出ましたが、劉璋にしてみれば、彼が劉備を招いて兵まで与えたのは「漢中（B-3）征伐のため」であって「孫権救援のため」ではありません。

それに、曹操や張魯の侵攻を恐れている劉璋にしてみれば、少しでも兵は温存しておきたい。

ましてや劉璋はすでに劉備に疑念を抱いていたのですから、劉備の要請に素直に応えず、取りあえず4000の兵と兵糧だけを与えてお茶を濁すことにしました。（＊03）

ところで、「劉備が東征する」との報を受け取った張松は仰天。

「劉備殿はいったい何を考えておられるのだ！？」

（＊01）現在の南京。

（＊02）裴注『江表伝』によると、このときの曹操軍は40万。これに対して孫権軍は7万。なんと6倍近くもの開きがあります。

（＊03）物事、決断するにおいてこういう中途半端な判断が一番いけない。やるならやる、やらないならやらないが上策。こうしたところに劉璋の優柔不断が表れています。

彼にしてみれば、いつ何時"事（叛逆）"が漏れるか気が気ではなく、一刻も早く劉璋を討ってもらいたいのに、1年にわたって焦らされたうえ、ようやく起ったかと思ったら、成都（C/D-1/2）ではなく濡須に向かうという。
「今ここで劉備軍が益州からいなくなったら、
　彼を推した私の首も殆ういではないか！」
　狼狽えた張松は、劉備を説得するべく彼に手紙を出そうとしましたが、それが裏目に出ます。
　不用意にもその手紙が兄張粛［君矯］＊に発見されてしまい、弟の叛逆に驚いた張粛は、これを劉璋に密告してしまったのです。

> ＊ 劉璋に仕え、広漢太守を務めていた張松の兄。弟の張松は小男だったが、彼は
> 　堂々たる風采で並んで立つと兄弟には見えなかったという。
> 　弟の叛逆を知り、自分に災いが降りかかることを懼れての密告であった。

　張松の内通と劉備の裏切りを知った劉璋は激怒、ただちに張松とその妻子を処刑、ここにおいて劉備と劉璋は完全に決裂します。
　こうなると劉備は孫権救援どころではなくなり、目の前の劉璋を倒す意外に途はなくなります。
　まずは背後の憂いを断つため、白水関（B-2）の守将（楊懐と高沛）を葭萌関に

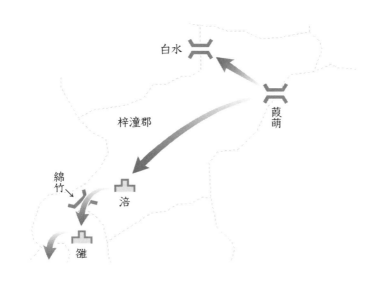

呼びつけてこれを謀殺し(＊04)、そのまま涪城(C-2)へと進軍、これを本拠地とし、つぎに緜竹関(C-1/2)を攻めることになりましたが、ここは難攻です。

ところが、その守将李厳［正方］＊・費観［賓伯］＊＊はほとんど戦いもせず軍を率いて投降してしまう始末。

> ＊ 初め劉表に仕えていたが、劉表の死を契機に劉璋に仕えた。劉備に帰順後、すぐれた政治手腕を発揮して国の発展に貢献したものの、のち、彼の「私腹を肥やし、保身と名誉欲と自尊心が異様に強い」性格が蜀の災いとなっていく。

> ＊＊ 劉璋の娘の夫で『季漢輔臣賛』では「才幹があり、文武両道、聡明で義に厚い」と絶讃されている人物だが、劉備の進軍を前にあっさりと降り、劉備の配下となる。しかし、その後は目立った活躍もなく、37歳の若さで病死。

こうして緜竹関を難なく通過した劉備軍は、その先の雒城(C-1/2)を包囲するに至りますが、ここは成都を守る"最後の砦"であり、ここが陥ちれば成都は丸裸、パリにとってのヴェルダン(＊05)でしたから、劉璋軍も必死に抗戦、戦線は膠着し、越年することに。

さて。

一方の孫権陣営は、当てにしていた劉備の援軍が一向に現れないため、猛将甘寧に夜襲をかけるよう命じました。

すると甘寧は、40万の曹操軍営にわずか100騎の精鋭のみで奇襲をかけ、多くの首級を取って帰還する(＊06)という快挙を成し遂げます。

孫権は帰還した甘寧を迎え叫びました。

──曹操には張遼がおるやも知れぬが、余には興覇がおるわ！

先手必勝、戦というものは初戦が大切です。

奇襲が成功して気勢の上がる孫権軍に対して、いきなり出鼻を挫かれた曹操

(＊04) このとき龐統は、劉備に対して3つの策を提示しています。
上策は「精鋭の兵で昼夜を問わず成都に向かい、急襲して一気にこれを陥とすこと」。
次策は「楊懐と高沛を謀殺して背後の憂いを断ってから、全軍で成都を攻めること」。
下策は「このまま荊州へ逃げ帰ること」。劉備は「次策」を採用しました。

(＊05) 第一次世界大戦においてヴェルダンが最大の激戦地のひとつになったのはそのためです。

軍は大いに士気が衰え、40万もの大軍を擁しながらその後は大きな攻勢に出ることもなく、膠着状態に陥ります。

　すると今度は、「曹操が濡須で苦戦している！」との報に馬超（A-1）がふたたび反旗を翻す。

　その叛乱はまさに"燎原の火"のごとく隴上（＊07）に拡がり、その郡県はつぎつぎと彼に帰順していきましたが、ただひとつ、涼州刺史 韋康［元将］＊の守る冀城（A-2）だけが頑強に抵抗を見せました。

> ＊ 孔融をして「底知れぬ才能、強い意志、大きな度量」と絶讃せしめ、荀彧に推挙されて曹操の配下となった人物。楊阜を別駕（側近）とし、彼が中央（丞相府）に召されても、慰留して参軍事として召し抱え、関係を保っていた。

　かくて、「曹操vs孫権」が濡須口で、「劉備vs劉璋」が雒城で、「曹操vs馬超」が冀城でほぼ同時期（＊08）に釘付けとなり、"三竦み"のような状態となります。

　しかしこの膠着はすぐに崩れました。

（＊06）裴注『江表伝』より。

（＊07）隴山一帯。関中西部。具体的には、隴西郡・南安郡・漢陽（天水）郡のあたり（A-1/2）。

（＊08）213年前後。曹操vs孫権の戦いが212年10月〜213年1月、劉備vs劉璋の戦いが212年12月〜214年5月、曹操vs馬超の戦いが213年1〜8月。

まず濡須口では、「関中でふたたび馬超が暴れ、隴上の郡県がつぎつぎ陥落中！」との報告を受け、曹操は撤退を決意（A/B-5）、帰国後は前年度から進めていた「魏公」（A-4/5）に就きます。
　こうして孫権は、赤壁につづきこたびも曹操の大軍を撃退することに成功したのでした。
　一方、その関中では、なかなか陥ちない冀城に苛立ちを覚えた馬超が漢中の張魯（B-3）に増援を請い、これを加えた１万の精鋭で攻め立てます。
　片や冀城を守る韋康は、すぐ東の長安（A-4）に駐屯していた夏侯淵からの援軍を心の支えに８ヶ月にわたって籠城をつづけたものの、その夏侯淵が援軍に駆けつける途中、馬超に撃破された（A-3）との報を聞き及ぶに至り、韋康の心はついに折れ、２１３年８月、側近楊阜［義山］＊が涙ながらに訴えた徹底抗戦を押し切って開城してしまいました。

　　＊まだ曹操が袁紹と争っていたころ、すぐに曹操の勝利を看破したという。
　　　その後、涼州刺史韋康の側近（別駕・参軍事）となる。主君への報恩のためなら、
　　　一族郎党の多くの犠牲をも顧みない、忠義の塊のような人物。

　ようやく隴上すべての郡県の制圧に成功した馬超でしたが、彼は事態を手こずらせた韋康を怒りに任せて処刑してしまうという愚を犯してしまいます。
　主君（韋康）の復讐を誓った楊阜は、翌２１４年１月、仲間と諮って鹵城（A-2）で挙兵。
　──苦労して冀城を陥としたばかりだというのに、今度は鹵城か！
　怒りの収まらない馬超がただちに鹵城に出撃したところで、示し合わせた楊阜の同志が留守となった冀城を襲撃！
　この楊阜の計略がまんまと当たり、馬超が苦労して陥とした冀城はあっさり

（＊09）『正史』では、龐統の死の詳しい描写は一切なく、その場所も状況も不明です。『演義』では、「落鳳坡にて、劉備の愛乗する白馬（おそらく的盧）に乗った龐統が、劉備に間違われて伏兵に襲われ、射殺される」ということになっていますが、「鳳雛」と号する彼が「鳳凰が落ちる坂道（坡）」という意味を持つ地で命を落とすなど、あまりにも話ができすぎで、これはもちろん『演義』の創作です。

陥落したうえ、楊阜の決死の防衛により、鹵城も陥とせず。

こうして進退谷まった馬超は関中を棄てて漢中へと敗走、以後、張魯の保護下に入ることになります。

翌215年には韓遂も謀殺され、ここにおいて、永年にわたって独立を保ってきた関中は、ついに曹操の手中に収まることになったのでした。

ところで。

このころの劉備はというと、包囲して1年経っても雒城が陥とせなかったどころか、その間に「鳳雛」と謳われた稀代の軍師龐統が流れ矢に当たって戦死してしまうという不幸を経験(＊09)。

劉備は大いに嘆くと同時に、強い焦りを覚えるようになります。

そこで、龐統亡きあとを担ってもらうため、荊州を守っていた諸葛亮（C-3）を呼び寄せることにしました(＊10)。

諸葛亮は荊州の守りを関羽（C/D-5）に託し、自ら張飛（D-4）・趙雲らを率いて成都を包囲するべく進軍します。

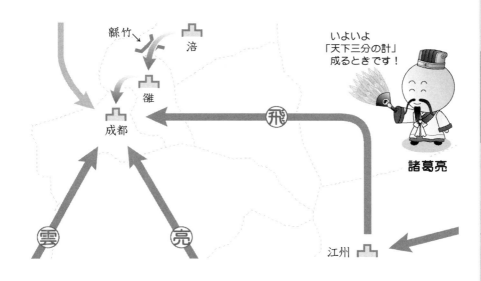

いよいよ「天下三分の計」成るときです！

諸葛亮

(＊10)「諸葛亮が呼び寄せられた理由」については『正史』では一切書かれていないため、このあたりの事情は『演義』に拠りました。

快進撃をつづけた張飛も、江州（＊11）（D-2/3）で巴郡太守厳顔＊（D-3/4）を破ると、彼を自分の前に連れて来させました。

　　　＊劉焉・劉璋親子に仕え、巴郡太守を務めた将軍。それ以外の詳細は一切不明で、
　　　　張飛との会話のみが後世に伝えられた。『演義』では老将として描かれ、黄忠と
　　　　ともに活躍しているが、『正史』では、これ以前も以降も登場しない。

　こうしたとき、敗将は後ろ手に縛られ跪かされるものですが、このときの厳顔は頑として跪こうとしません。
張飛「貴様、敗将のくせに態度がでかいな。
　　　敗将は敗将らしく我が足下に跪いたらどうだ！」

厳顔「侵略者の分際で偉そうに。
　　　我が益州には首を刎ねられる将軍はおっても降伏する将軍はおらん！」
張飛「なんだと！　無礼なやつめ！
　　　おい、刑吏！　さっさとこいつの首を刎ねよ！」
　しかし厳顔は顔色ひとつ変えず答えます。
厳顔「ふん！　最初から黙ってそうすればよい。
　　　いちいち引きずり出して怒鳴ることなどないわ！」
　死に臨んでもこの堂々たる態度に感じ入った張飛は態度を一変させ、自ら厳顔の縄を解いて、賓客として扱います。

張飛「これは失礼つかまつった。そなたこそは真の勇将。
　　わしがそなたの立場でも、そなたと同じ態度で臨んだでしょう」
　こうした張飛の誠実な態度に厳顔も心を開き、劉備に降りました。
　こうして諸葛亮・張飛・趙雲が南・南東・東の三方から破竹の勢いで成都を目指していたころ、劉備もようやく雒城を陥とし、北から成都に迫り、これを文字どおり四方から包囲。
　しかしそれでも成都の士気は高く、兵糧も１年分を蓄え、官民一体となって徹底抗戦の構えを見せたため、ここでも雒城同様、１年以上の包囲戦となる可能性が出てきました。
　包囲戦は消耗戦であり、たとえ勝っても包囲した側の消耗も激しく、また万一、劉璋と張魯が手を組み、漢中からの攻撃があればたちまち挟撃の勢となり、一気に敗勢に陥りかねません。
　しかも、張魯の懐には今、「呂布にも劣らぬ」と謳われる猛将馬超が客将として頼ってきています。
　しかし幸いなことに、馬超（B-4）と張魯の関係はうまくいっていませんでした。
　漢中での馬超の立場は悪化する一方で、ついに彼は劉備を攻めるどころか、自ら帰順を願い出ます。(＊12) (B-1/2)
　これにより一気に形勢は逆転。
　劉備は「これで益州は手に入ったも同然だ！」と喜び(＊13)、一方の劉璋は「猛将馬超までが劉備に降ったか」と戦意を失い、それから10日と経ずして成都は開城されることになります。
　劉備が初めて諸葛亮と出会ったとき、彼の草廬で聴いた「天下三分の計」はここに完成したのでした。

(＊11) 益州巴郡の郡都。現在の重慶。
(＊12) 『演義』では、これも「諸葛亮の計略によって」ということになります。『演義』は何でもかんでも「諸葛亮の手柄」にしてしまう傾向があります。
(＊13) 裴注『典略』より。

Column 鳳雛、墜つ！

　劉備がまだ荊州新野で客将をしていたころ、徐庶から（『演義』では水鏡から）「もし将軍が臥龍（諸葛亮）と鳳雛（龐統）、そのどちらかでも得たならば、天下を獲ることも容易いでしょう」と言われていましたが、劉備はその両者を手に入れることに成功します。

　しかし、龐統の才は「荀彧にも匹敵する（陳寿）」と評されるほどでありながら、口ベタで容姿にすぐれなかったため、初め劉備に信用されず、閑職（地方県令）しか与えられなかったといいます。

　魯粛や諸葛亮の取りなしでようやく軍師として登用された龐統は、さかんに益州侵攻を勧めていたこともあり、入蜀の際には諸葛亮が荊州の留守居役、龐統が劉備に同行することになりましたが、これが2人の命運を分けることになりました。

　『演義』では、「龐統が劉備の愛馬（白馬）に乗って"落鳳坡"という間道を通った際、劉備と間違われて伏兵の襲撃に遭い戦死した」ことになっています。

　ここを通過する際、龐統は「"鳳凰が落ちる坂道"とはあまりにも縁起が悪い」と回り道をしようと思ったその刹那、"蝗の群"がごとき矢の雨が降りそそぎ落命したといいます。

　享年36（一説に38）。

　鳳雛を失ったことで、劉備は片翼をもがれたも同然となり、彼の「漢朝再建」の大志に暗い影を落とすことになります。

　天下三分を成功たらしめるためには、荊州と益州の支配が必須。しかし、如何な諸葛亮とてその両方を統治するのは不可能で、龐統が益州、諸葛亮が荊州を守る、というのが理想的でした。

　そうなれば、関羽の悲劇もなく、さすれば荊州を失うこともなく、夷陵の惨敗もなく、そうなれば北伐も成功していたかもしれず。

　結局、劉備は「臥龍と鳳雛」の両方を得たにもかかわらず、天下を獲ることができなかったのでした。

第4章 三國鼎立

第4幕
"箱"が変えた戦況
荊州分割

劉備はついに蜀を得た。しかし、劉備は先に「蜀を得た暁には荊州を返す」と孫権に約している。したがって、呉は当然のごとく荊州の返還要求をしてきたが、劉備が天下を望むならばけっしてこれを返還することはできない。どちらも退かぬ一触即発の情勢の中、曹操が動いた。これにより歴史が動きはじめる。

もぉ堪忍袋の緒が切れた！
出兵だ！戦争だ！
力ずくでも荊州を取る！

孫権

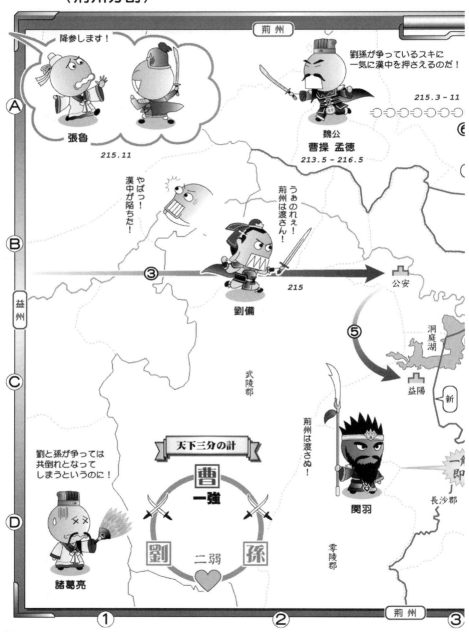

〈荊州分割〉

第4幕　荊州分割

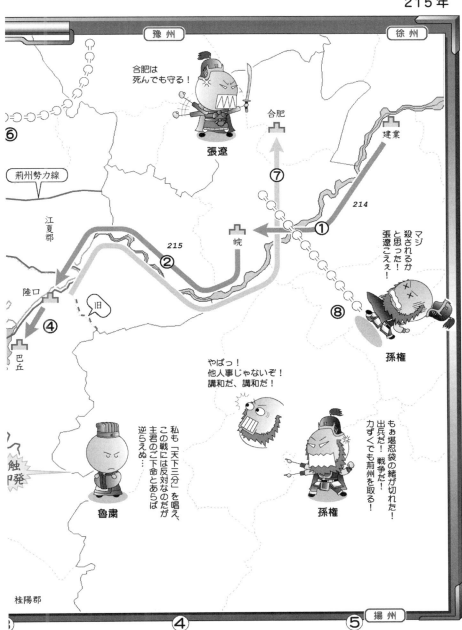

ついに「天下三分の計（C/D-1/2）」成る！
　劉備47歳、諸葛亮27歳のとき、隆中の草廬で2人が初めて出逢った日から数えて7年。

　あの日、劉備が一介の書生にすぎなかった諸葛亮からこの高説を耳にしたとき、劉備は"一客将"にすぎず、「天下三分」などと言われても雲をつかむような話でした。

　それどころか、その直後に曹操の大軍に攻めたてられ、客将の地位すら失って放浪する苦難の日々がつづき、一時、劉備は「天下三分」どころか、交州蒼梧郡（＊01）まで落ち延びようかと思い詰めたほどです。

　しかし、そんなときにあっても諸葛亮はブレることなく「天下三分」を目指し、ついに彼の言葉は現実のものとなったのです。

　劉備も諸葛亮もさぞや感無量だったことでしょう。

　しかしこれは"ゴール"ではなく、"スタート"です。

　真の"茨の道"はむしろここから始まるといっても過言ではありません。

　諸葛亮のつぎなる一手は、これを足掛かりとして北伐し、曹操を討つこと。

　それが成った暁には孫権を従え、天下を統一する。

　しかし、これを実現するためには「必須条件」が2つありました。

　そのひとつが「荊州の死守」です。

　荊州は、地理的には中国の中央にあって陸路・水路が四方に通じ、北伐東征も思うがままの天下の要衝のうえ、豊かな土地柄でしたから、経済的にも軍事的にも劉備が天下を目指すためには必須の地。

　しかしそれがゆえに、曹操も孫権もここを垂涎の的として狙っていましたから、これを守り通さなければなりません。

　そしてもうひとつが「劉孫同盟の堅持」です。

　一強二弱（曹vs劉・孫）にあって、鼎立を維持するためには二弱（劉・孫）の

（＊01）現在の広東省西部から広西チワン族自治区東部にかけて存在した郡。当時の漢民族の感覚では「地の果て」というイメージの辺境で、『三國志』にもほとんど登場しません。

固い結束（D-1/2）が絶対的に欠かせません。
　これを「合従策」と言います。
　これより遡ること500年ほど前の戦国時代、一強六弱（秦 vs 六国[*02]）の情勢にあったとき、2人の戦略家が現れました。
　ひとりは、六国を守るべく「"弱"が結束して"強"に対抗する合従策」を唱えた蘇秦。
　もうひとりは、秦の統一を目論み、「"弱"を目先の小利で釣って、各個撃破を図る連衡策」を唱えた張儀。
　"弱"が生き残りたくば、好むと好まざるとにかかわらず「合従」しかなく、逆に"強"の立場から見れば、「如何に合従を突き崩し、"弱"を小利で釣って連衡に寝返らせるか」が要となります。
　このとき（戦国末期）は、「合従」の重要性を理解できない六国がつぎつぎと「連衡」に走ったため、秦の天下統一が成りました。
　これを三國志に当てはめると、二弱の劉・孫が固い結束で結ばれること（合従）が二弱が生き残る唯一の途であり、仲違いすること（連衡）は自滅への一本道となります。

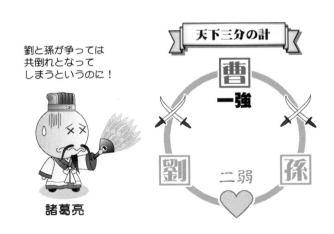

(*02)「戦国の七雄」のうち、秦を除いた6ヶ国（韓・趙・魏・楚・燕・斉）のこと。

ところが、「三國志」の登場人物でこの 理 を理解できていたのは、ほとんど諸葛亮と魯肅のみで、孫権の歴代軍師は周瑜も呂蒙［子明］＊も、そして陸遜［伯言］＊＊もことごとくこの 理 を理解できず、六国の轍を踏み、目先の"餌"に釣られて自滅への一本道、「連衡」に走る始末。

　　　＊　魯肅の後任軍師。若いころは武一辺倒だったことから、魯肅から「阿蒙」と軽ん
　　　　じられていたが、その後、猛勉強して魯肅を驚かせている。有名な「士別れて三
　　　　日なれば刮目して相対すべし」という言葉は、このとき彼が魯肅に言った言葉。

　　＊＊　呂蒙の後任軍師。もともと孫策との戦いで討ち滅ぼされた江東の豪族・陸氏の出身
　　　　だったが、孫権の代になって陸氏復興を夢見て彼に仕えるようになる。のちに丞
　　　　相の地位まで上り詰めるが、後継問題に巻き込まれて憤死する。

「鼎立崩壊の最大戦犯は孫呉」と言われることがあるのはそれ故です。(＊03)
　如何に「荊州は益州を取るまでの孫権からの寸借地」という体裁を取っていたとはいえ、だからといって孫権は本気でこれを取り返そうとしてはいけません。
　つねにその「返還要求」をチラつかせて劉孫同盟を有利にする材料 ── くらいに留め置かなければ。
　しかし孫権やその家臣団にはこの理がどうしても理解できず、本気で荊州を取り返すべく、その目的のためには曹魏におもねる始末。
　まずは劉備が益州を取った翌215年、孫権はただちに諸葛瑾［子瑜］＊を派遣して、荊州の返還要求をさせています。

　　　＊　諸葛亮の実兄。孫権に仕えた。
　　　　諸葛亮が劉備から絶大な信任があったように、諸葛瑾もまた孫権から絶大な信任
　　　　があり、讒言があっても孫権はまったく取り合わなかったという。

「晴れて益州を取ったのだから、約束どおり、荊州は返還してもらいますぞ！」

(＊03)『ドラえもん（©藤子・Ｆ・不二雄）』で喩えれば、ジャイアンが「魏」、のび太が「蜀」、スネ夫が「呉」。ジャイアン（魏）に対抗するためには、のび太（蜀）とスネ夫（呉）が団結してあたらねばならないのに、スネ夫（呉）はいつも目先の小利に目を奪われてジャイアン（魏）におもねり、のび太（蜀）をイジメる。それがジャイアン（魏）の立場を強め、自分の首を絞めていることに気がついていません。

劉備は答えます。

——果てさて、これは弱りました。

我々とて、お返ししたい気持ちは山々なれど、益州はまだ取ったばかりで統治が安定しておらず、今すぐに返せと言われても……。

そこで如何でありましょう？

つぎに涼州を取ったならば、かならずやお返しいたしますので、それまで今しばらくご猶予をいただけませぬか。

この馬耳東風、慇懃無礼な返答（＊04）に孫権（C/D-5）は怒りを爆発！ついに軍を動員することを決意します。

じつは孫権は、すでに前の年（214年）、曹魏との戦いで皖城（B-4/5）を攻め陥とし、そこに駐屯していました。（矢印①）

そこで、そこからさらに陸口（B/C-3）まで進み（矢印②）、呂蒙に２万の兵を与えて荊州を攻めさせます。

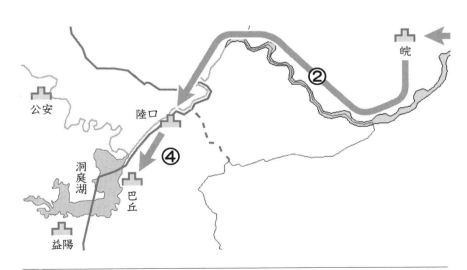

（＊04）涼州など、曹操ですら手こずり、いまだに支配が安定していない地域です。劉備がこれを取るなど、いつのことになるや知れたものではありませんし、この言い逃れが通るなら、仮に取ったところで、今度は「兗州を取ったら」つぎは「豫州（A-4）を取ったら」と言われるのがオチで、これは「返すつもりはない」と宣言したのも同然でした。

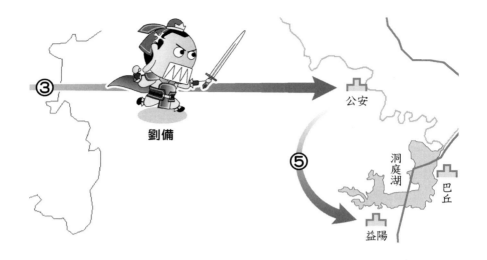

　これにより長沙（C/D-3）・桂陽（D-3）がたちまち陥ち、これに驚いた劉備（B-2）が御自ら公安（B-3）に駆けつける（矢印③）と、孫権も魯粛（C/D-3/4）に1万の兵を与えて洞庭湖（C-3）東岸の巴丘（B/C-3）へと軍を進ませます（矢印④）。

　時を同じうして、劉備も関羽（C/D-2/3）に兵3万を与えて洞庭湖を西から益陽（C-3）へと向かわせていた（矢印⑤）ため、両軍は洞庭湖を挟んで睨み合う形となりました。

　しかしこのままでは、魯粛軍の方が圧倒的に不利（3万vs1万）であったため、孫権は零陵（D-2/3）攻略中だった呂蒙を慌てて呼び戻し、まもなく零陵を陥とした呂蒙（2万）が駆けつけたため、これで五分となります。

　まさに一触即発、もはやこのまま全面戦争に入るかと思われたそのとき！
　魯粛が関羽に会見を申し入れてきました。
　魯粛は「天下三分」の理を理解できた数少ない政治家でしたから、全面衝突だけは避けたいと考えていたためです。

　関羽もこれに応じ、お互いの軍を100歩離れたところに控えさせ、関羽と魯粛が「刀一振りのみ」と数人の供を携えて会見するというものであったため、後世これを「単刀赴会」と呼ぶようになります。

第4幕　荊州分割

魯粛「荊州はもともと孫家から豫州公（＊05）に貸し与えられた土地。
　　　しかも"益州を得るまで"との約束であったはず。
　　　今、益州を手に入れたのですから、お返しするのが筋というものです」

関羽「赤壁では孫呉とともに左将軍（＊05）は寝食も忘れて曹魏と戦ったというのに、そうした働きを無視してどうして我らから土地を取り上げようとされるのか！」

魯粛「そうではありますまい。
　　　私が初めて長坂で豫州公とお会いしたときには、軍勢はわずか、将来への展望もない絶望の中にあって、気力も力も尽き果て、僻地（交州）に亡命されることまで考えておられたのですぞ。
　　　それを我が君が憐れんで、荊州の地を貸し与えてくださったのに、恩を仇で返すようにして、豫州公はこれを掠め取ろうとされているのだ」

所詮、関羽は"武一辺倒"。
魯粛の弁舌を前にしてはタジタジで返す言葉もない。（＊06）
これに助け船を出そうと思ったか、関羽の後ろから叫ぶ者がいました。

荊州は渡さぬ！
関羽

一触即発

私も「天下三分」を唱え、この戦には反対なのだが主君のご下命とあらば逆らえぬ…
魯粛

（＊05）劉備のこと。劉備は「左将軍」「宜城亭侯」「豫州牧」「皇叔」といった名目的な肩書をいくつも持っていました（第3章第2幕）。

（＊06）『演義』では、関羽の言葉と迫力の前に魯粛がタジタジになり、挙げ句の果てに広場で引きずり回されてボロボロにされる ―― ということになっており、立場が逆転しています。

――土地というものは、自然と徳のある者に帰するものだ！
　いつまでも呉の領地ではないぞ！
　すると、普段温厚な魯粛が声を荒らげてこの者を厳しく叱責。
魯粛「黙れ、下郎！！
　今、将軍と腹を割って国家の大事を話しておるというのに、貴様のような下郎が横から口を挟むでないわ！」
　これにはさしもの関羽も気圧されたか、この者を下がらせます。
関羽「貴殿の申すとおり、もとよりこれは国家に関すること。
　この者の関知することではありません。下がれ！」
　こうした関・魯の緊迫した折衝が交わされる中、曹操（A-2/3）が漢中へ軍を進めたとの報が入ります。

劉孫が争っているスキに
一気に漢中を押さえるのだ！

魏公
曹操　孟徳

　これにより、情勢は一変！
　このまま荊州を挟んで劉・孫が全面戦争となれば、劉備は荊州と漢中で曹・孫から挟撃される形となりますし、孫権も前年に皖城を制圧していたために、いつ何時合肥（A-4/5）の守将　張遼（A-4）が南下してくるか予断を許さない情

（＊07）これにより長沙郡は東西に分割され、のちに長沙郡西部は「衡陽郡」として分離します。

勢にあったためです。
　それどころか孫権は、曹操が漢中に釘付けにされている今のうちに合肥に総攻撃をかけてこれを取ってしまいたい！
　これほどの千載一遇の機会（チャンス）、滅多にあるものではありません。
　こうして両者の思惑は一致し、一転和睦となりました。
　諸葛亮と諸葛瑾兄弟の間で和議の話し合いが持たれ、劉備が孫権に長沙郡東部（＊07）と桂陽郡（D-3）の返還を認める代わり、劉備は漢中を、孫権は合肥を同時に攻め、曹魏を東西から挟撃することで合意に至ります。
　和睦は成るが早いか、孫権は踵を返して兵を合肥に向かわせました（第2次合肥の戦）。
　その急ぎようは、いったん建業（A-5）に戻ることもなく陸口から合肥に直行させた（矢印⑦）ほど（10月）。
　今回の戦は"時間との勝負"です。
　曹操が漢中に釘付けにされている間に決着をつけなければなりませんから、短期にカタをつけんとして、孫権が繰り出した軍はなんと10万！（＊08）
　この兵数に、こたびの戦に対する孫権の意気込みが表れています。
　対する合肥城は、張遼・楽進・李典が率いる兵、わずか7000。
　曹操軍の主力のほとんどは漢中に注がれており、合肥には最低限の守備兵しか残っていなかったためです。
　兵力的に絶対不利の情勢にあって、せめて三将が一致団結して事に当たらなければならないところですが、さらにまずいことに、張遼と楽進・李典はたいそう仲が悪い。

（＊08）しかしながら、この「10万」という数字はいささか不自然ではあります。
　　　　ついさっき関羽軍3万と対峙したとき、孫権は零陵攻略に忙殺されていた呂蒙をわざわざ呼び戻しています。これはたかが3万の兵を集めることすら厳しいことを意味していますが、そこから合肥に向かった途端、突然10万もの大軍が湧いて出たとは考えにくい。
　　　　おそらく、このあとの合肥の戦での張遼の活躍を讃美するための誇張と考えられます。

　張遼は元呂布の武将であり、いわば"外様"。
　曹操旗揚げ以来の譜代であった楽進・李典にしてみれば、あとからのこのこ傘下に加わって、自分たちと同列となった張遼の存在がおもしろくなく、両者は「水と油」でした。
　この絶体絶命の危機にあって、張遼らは「箱」を開封することにします。
　じつは、曹操が漢中に出撃する際、こうした事態に陥ることを想定して、「賊（孫権）が来たらば開け」と曹操が命じた箱があったのです。
　しかし、開けて仰天、そこに書かれていた命令書は目を疑うものでした。
──張遼と李典は討って出よ。
　　楽進は守備に徹せよ。
「討って出よ？　この圧倒的兵力差で？」
　通常、寡兵の場合は、門を固く閉じて籠城し、援軍を待つのが定石です。
「公（曹操）は我々に犬死にせよとおっしゃるか！？
（しかも選りにも選って、この張遼と組んで！？）」
　不信感の込もった語気の荒い言葉が、思わず李典の口を衝いて出ましたが、これに対して張遼は少しも動じることなく答えます。

（＊09）「援軍のない籠城」は、不名誉で悲惨な敗北が待つのみです。
　　濡須口の戦でも、曹操軍40万の大軍に対して、甘寧が奇襲をかけて出鼻を挫いた結果、曹操軍は撤退しています。なんでも「機先を制する」ことが勝敗を大きく左右します。

「つまりこれは、"籠城しても援軍は来ない"という意味だろう。

援軍が来ないとなれば、敵軍の包囲が完成してしまう前に機先を制して討って出るしかない。(＊09) 何を躊躇うことがあろうか！」

この言葉を聞き、李典は衝撃を受けます。

――なんたること！

「外様」「外様」と見下してきた張遼の方が、我らよりよっぽど公の御心を理解しているではないか！

李典は自らを恥じ、これまでの反抗的態度を改め、「なるほどもっともだ。ならば私も私怨(＊10)を忘れて全身全霊で戦おう！」

こうして初めて結束した2人が「決死隊」を募ったところ800名ほどが志願したため、彼らに酒と肉を振る舞い、孫権軍がぐっすり眠りこけている明け方、出撃します。

10万もの軍営に突っ込んでいくたった800の歩兵(＊11)。

しかし、10万とはいっても、圧倒的兵力を前に軍規は弛み(＊12)、長い遠征で疲れて眠りこけており、片やこちらの800兵は決死の覚悟でやってきた精鋭中の精鋭。

明け方の奇襲を受け、大混乱に陥った孫権軍の中を搔き分けるようにして、張遼は大将首を取るべく、一直線に将旗を目指して突き進んだものの、ここで彼は致命的な問題に気づきます。

――わしは孫権の顔を知らん！

これでは孫権を討とうにも、誰を討てばよいのかわかりません。

そこで張遼はそれらしい将をかたっぱしから討ち取っていったため、孫権軍

(＊10) じつは、李典の伯父が呂布軍に殺されており、そのことも李典が張遼を憎む理由となっていました（直接張遼が殺したわけではないのですが）。

(＊11) これを「800騎」と記している書が散見されますが、騎乗していたのは大将クラスくらいで、『正史』（張遼伝）にもはっきり「歩兵」と明記されています。

(＊12) 兵力差が圧倒的だと、どうしても"楽勝ムード"が蔓延し、軍規が弛むものです。

は恐慌に陥って崩壊寸前となったものの、潘璋［文珪］＊の必死の働きもあってなんとか戦線を持ち堪え、結局張遼は孫権を討ち取る目的を果たせぬまま、昼ごろになって城へと帰還していきました。

> ＊ 孫権がまだ若いころから仕えはじめた武将。大酒呑みで粗暴な性格であったが、武将としてはすぐれ、このときの軍功が認められ、偏将軍に出世している。甘寧亡きあとの甘寧軍を継承した。

その後、孫権軍は10日におよび城を囲んだものの、いきなり出鼻を挫かれ、多くの将兵を失い、張遼の怖ろしさをまざまざと見せつけられた将兵の士気の低下は著しく、孫権はついに包囲を解いて撤退を始めます。（＊13）

しかし。

意気消沈して撤退しはじめたところを、張遼と楽進が追撃してきました。

戦意を失い、背を向けた軍ほど弱いものはありません。

軍はたちまち大混乱に陥り、孫権は凌統や甘寧らの必死の防戦に守られつつ、自らも弓で応戦しながら逃げ、なんとか目の前に橋が見えてきました。

──助かった！　あの橋さえ越えれば！

川さえ渡ってしまえば、そのあと橋を落としてやることで、その間に悠々と逃げ果すことができます。

ところが、いざ橋まで辿りついたとき、孫権の目の前には"絶望"が広がっていました。

なんと、橋の中央部が巾1丈（約230cm）あまりにわたってすでに落とされていたのです。

孫権　マジ殺されるかと思った！張遼こえぇ！

（＊13）まさに「濡須口の戦」をそっくりそのままやり返された形です。

背後に迫る張遼に孫権は覚悟を決めます。
――イチかバチか！　この馬で橋を駆け飛ぶしかない！
　孫権は勢いをつけて橋をジャンプ！（＊14）
　賭は見事に成功し、彼はなんとか逃げ切ることができたのでした。
　張遼が駆けつけてきたとき、川向こうへ逃げていく孫権の背が見えました。
　彼は口惜しい目でそれを見ながら、すぐそばの捕虜に訊ねます。
――おい、あそこの紫髯をたくわえ、背が高いくせにやけに足の短い、しかし
　　馬と弓を操るのがうまい武将は誰だ？（＊15）
「あのお方こそ、孫仲謀様にございます！」
――なに!?　あやつが孫権だったのか！
　そうと知っていたら、もっと無理押しして討ってやったものを！
　以後孫権は、張遼を必要以上に恐れるようになったといいます。（＊16）
　ところで。
　長沙にて孫権との和睦が成ったあと、劉備陣営も約束どおり、踵を返して漢中に急行しています。
　こちらも孫権同様、"時間との勝負"でした。
　漢中が曹操の手に陥ちてしまう前に張魯を救援しなければならないためです。
　しかし、劉備軍が蜀に入ったころには張魯はすでに降伏、漢中は陥ち、曹操は夏侯淵に守備を任せてすでに撤退してしまっていました。
　これは、曹操との全面衝突を覚悟していた劉備にとっても意外なことで、劉備軍が迫ってくることはわかっていたのですから、本来なら、その前に成都を取ってしまうか、ここで迎え討つのが定石で、実際、参謀司馬懿［仲達］＊も

（＊14）このあたりの描写は、裴注『江表伝』より。

（＊15）裴注『献帝春秋』より。どうやら孫権は相当な胴長短足だったようです。

（＊16）のちに張遼が病に倒れたときも、孫権は「病に冒されたとて、あの張遼だ、細心の注意を怠ってはならん！」と諸将に釘を刺したといいます。『蒙求』には「呉では泣きやまない子に"遼来遼来（張遼が来るぞ！）"というと恐怖のあまり泣きやんだ」とも書かれています。

それを勧めましたが、なぜか曹操は頑としてこれを却下します。

> ＊ 若いころから聡明で名高かったが、曹操の出仕要請を何度も断っている。最後はほとんど強制的に召されるが、結果、その孫（司馬炎）が魏を滅ぼし晋を打ち建てることに。ちなみに、正史『三國志』の中には、彼の「伝」はない。

「人の欲望には際限なく、またそれが不幸を呼ぶものだ。
　今、余はすでに"隴（＊17）"を得た。
　これ以上蜀まで望むこともあるまい」
如何にも曹操らしくない言葉です。
こんな、光武帝（＊18）の言葉（＊19）まで引用して、なぜ曹操が諸将の反対を押し切り撤退に執着したのかは謎です。
孤軍奮闘する合肥が気がかりだったのか、荊州の関羽に挟撃されることを恐れたのか、はたまた、このときすでに曹操は死に至る病を自覚していたからかもしれません（＊20）。
真相はわかりませんが、このときの曹操の判断が、すぐに魏に"悲劇"をもたらすことになります。

(＊17)「隴」とは本来涼州のあたりを指す言葉ですが、ここでは「漢中」を指しています。
(＊18) 当時の皇帝が献帝でしたが、彼を遡ること14代前の後漢王朝の初代皇帝。
(＊19) その言葉とは「すでに隴を得て、また蜀を望む」。隴（涼州）を平らげた光武帝が、すぐに南下して蜀（益州）を望んだ、その自分の欲深さを自嘲した言葉。
(＊20) このとき、曹操が亡くなる5年前のことです。

第4章 三國鼎立

第5幕

魏王、進退谷まれり
定軍山の戦・漢中の戦

ついに曹操が「魏王」を名乗る。漢王朝に対するあからさまな叛逆行為に怒り心頭の劉備は、法正を軍師として夏侯淵・張郃の護る漢中へと兵を動かした。曹操もただちにこれに反応し、曹洪・曹休らを増派する。こうして下辨と定軍山で両軍は睨み合うこととなったが、緒戦の下辨で劉備は一敗地にまみれる。しかし……

固山　下辨

すまん…
援軍が間に
合わなんだ…

〈定軍山の戦・漢中の戦〉

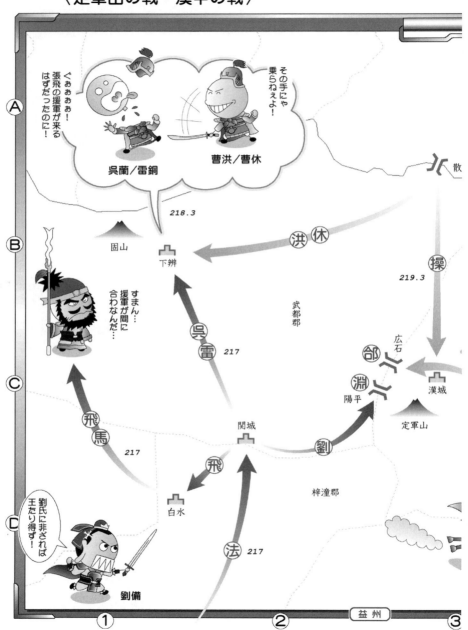

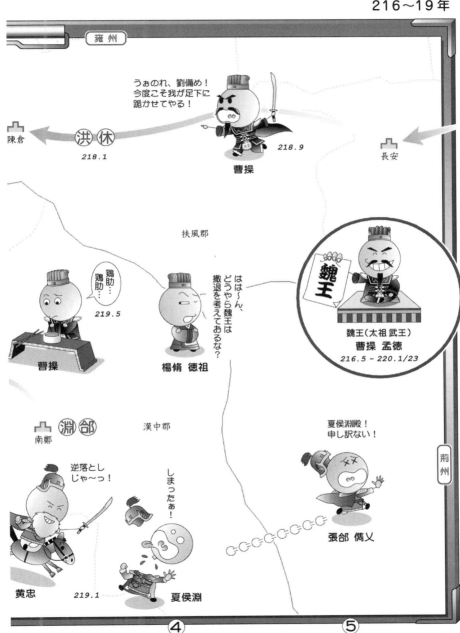

こうして漢中から戻ってきた曹操は、翌216年、ついに「魏王(＊01)」を名乗ります(B/C-5)。

　一見「公」から「王」に変わっただけのようですが、じつはこれ、九州(＊02)を震撼させる"事件"でした。

　なんとなれば、400年前に白蛇(＊03)を斬って漢を開いた高祖(劉邦)が以下のごとく遺言していたからです。

「劉氏に非ざれば王たり得ず」(D-1)

「もし異姓(劉氏以外)の王が現れたらば、天下を挙げて之を討つべし！」

　つまり曹操が「王」に就くことは、高祖の禁を破って「異姓の王」として君臨することを意味し、本来なら「天下を挙げて討つ」べき逆賊、明らかな帝室への反逆行為にあたります。

　これには、特に「漢の中山靖王 劉勝＊ が末孫」を自称し、「漢帝国の復興」を掲げる劉備(D-1)は激昂しました。

　　＊ 前漢第6代景帝の9男。弟(10男)が第7代武帝。無類の女好きで、"オットセイ将軍"と謳われる徳川家斉(53人の子だくさん)に匹敵する子だくさんだったため、当時「劉勝が末孫」を名乗る者は劉備以外にも数多く存在していた。

　怒りの収まらない劉備に法正が進言します。

魏王(太祖 武王)
曹操 孟徳

(＊01)死後、廟号として「太祖」、諡号として「武王(のち武帝)」が諡られました。

(＊02)「中国全土」の意。もともと古代中国が「全9州」で成り立っていたことから。

(＊03)『史記』高祖本紀にある逸話。「白蛇」は「白帝の子(秦始皇)の化身」であり、「秦帝国」の象徴ですから、これを斬ったというのは秦を亡ぼすという予言。

第5幕　定軍山の戦・漢中の戦

　——我が君。ここはまず漢中を奪還しましょう。
　曹操が慌てて帰還したのは、何か国内に内訌などの問題が起こったからに相違ありません。
　今、漢中は夏侯淵・張郃らが守っていますが、あの者たちに漢中を守らせるには荷が重く、ここで漢中を攻めれば、かならずやこれを奪取できましょうぞ。
　法正といえば、劉備の入蜀を手助けし、諸葛亮すら一目置き、陳寿も「魏臣では程昱・郭嘉に匹敵する」と褒めちぎった人物です。
　そこで劉備は、曹操が王を"僭称"した翌217年、法正を軍師（＊04）として兵を動員し、まず梓潼郡（D-2）と武都郡（B/C-2）の郡境にある関所・関城（C/D-2）を押さえると、さらにそこから呉蘭と雷銅＊（C-1/2）を下辨（B-1/2）へと派兵します。

　　　＊ 呉蘭・雷銅の両将軍とも、『演義』ではもともと劉璋配下だったことになっているが、『正史』ではここで初登場したかと思ったら、その初戦で戦死して二度と登場しない武将のため、その経歴・素性は一切不明。

　こうした動きに曹操もただちに反応し、曹洪と曹休［文烈］＊を派遣（B-2）。

　　　＊ 曹操の族子であるが、父の名も不明。子供のころに父を失い、呉郡太守をしていた祖父を頼ったものの、曹操挙兵の報を聞き、ただちに駆けつけた。
　　　曹操は「千里の駒」といってこれを喜び、我が子曹丕と同列に育てたという。

　曹洪・曹休に率いられた魏軍は、長安（A-5）から陳倉（A-3）を経て、州境の散関（A/B-3）を越えて益州（D-2/3）へと入り、そのまま下辨へと直行。ここで呉蘭・雷銅軍と激突することに。
　この事態に、数において劣勢であった呉蘭らを掩護させるべく、劉備は張飛と馬超を白水（D-1/2）から固山（B-1）へと回り込ませます。
　これを知った曹洪は焦りました。

（＊04）どうも諸葛亮は今回の遠征にあまり乗り気でなかったようで、成都で留守を守っています。

曹洪「おい、まずいぞ！
　　　張飛らは固山から我が軍の側背を突こうとしているに違いない！
　　　かといって我々が固山に向かえば、下辨から側背を突かれる。
　　　ここは軍を2つに分け、固山と下辨、両方を一度に攻めるか？」
曹休「いえ。もし張飛がそのつもりなら、やつらは隠密行動を取るはず。
　　　ところがやつらはこれ見よがしに派手な行軍をしています。
　　　つまりやつらは陽動です。このまま一気に下辨を陥としましょう！」
曹洪「なるほど！」

　曹休の策は当たり、呉蘭と雷銅は討死（A-1/2）（3月）、これにより退路を断たれそうになった張飛（B/C-1）らは撤退を余儀なくされます（下辨の戦）。
　そのころ、南鄭（C-3）にいた夏侯淵・張郃はこの下辨の動きを見て主戦場が武都方面となると思い、曹洪・曹休を掩護するべく軍を出撃させ、陽平関・広石関（C-2/3）を越えたあたりまで進軍していました(＊05)。
　緒戦（下辨の戦）は劉備軍の大敗に終わったにもかかわらず、劉備本軍は撤退するどころか、ここぞとばかり陽平関に進撃し、夏侯淵・張郃の退路を断つことに成功します。

（＊05）史書には「呉蘭・雷銅（下辨）が主力で張飛・馬超（固山）が陽動」とありますが、だとすれば、軍師法正の采配は若造の曹休にすら見抜かれる程度の稚拙なものだったことになります。しかし、もし呉蘭・雷銅軍自体が「南陽に立て籠もる夏侯淵・張郃をおびきだすための陽動」だったとしたら、法正の策は見事で、夏侯淵はその掌の内だったことになります。

いつもの"弱腰"の劉備とはひと味違う、"強気"の姿勢を見た曹操も御自ら出陣（7月）し、まもなく長安に入城（9月）しました。(A-5)

陽平関を挟んで夏侯淵と睨み合っていた間、劉備はそのすぐ背後の定軍山（C-3）の麓に新たに陣営を建設しており、その完成とともに翌219年、陽平関を引き払って、こちらに拠点を移します。

夏侯淵は、定軍山まで退いた劉備の動きを弱腰と見て定軍山を攻め立てたため、ここに両軍が激突することになりました。

これが所謂「定軍山の戦」です。(*06)

そこで軍師法正は策を立てます。

まず、広石関を守っていた張郃を攻め、この陽動に乗せられた夏侯淵が張郃に援軍を送るや、つぎに黄忠（D-3）に命じて、手薄となった夏侯淵の側背に"逆落とし(*07)"をかけさせたのです。

これにより夏侯淵はあっけなく討ち取られ（D-4）、総大将を失った魏軍は総崩れとなって、張郃は軍をまとめて撤退させるのが精一杯（D-5）という情勢に。

(*06)『演義』では、なぜか定軍山を守るのが夏侯淵、これを攻めるのが劉備となっており、攻守が史実とは逆になっています。

(*07) 斜面を駆け下りながら敵軍に突っ込んでいく戦法。
　　　平地を駆けるより勢いがつき、しかも通常不意を突くため、敵は総崩れに陥りやすい。

夏侯淵に加勢するべく漢中へと進軍中（B-3）だった曹操は、その途上で「夏侯淵討死！」「張郃敗走中！」の報を耳にし、衝撃を受けます。
――バカな！
　今回、諸葛亮は成都を守っているのではなかったか！？
　あの戦下手の劉備にそんな芸当ができるはずがない！
　今回の軍師が法正だと知らされた曹操は吐き棄てます。
――納得いったわ！
　あの劉備にこんな鮮やかな策が思いつくはずがない！
　法正を我が幕下に加えられなかったことが口惜しい！
　曹操と夏侯淵は近しい親族（＊08）だったため、その嘆きと怒りは一入で、弔い合戦とばかり、曹操はそのまま漢城（C-3）（＊09）入りします。
　これまでの劉備なら、曹操親征軍を見ただけで、妻子も兵も腹心の部下すら見棄てて裸足で逃げ出すのが常でしたが、今回に限っては「曹操親征軍接近！」の報にも動じません。
――ふん！
　如何な曹操でも、この鉄壁の守りの前には手も足も出まい！
　この劉備の自信が示すとおり、曹操は劉備と２ヶ月にわたって交戦をつづけました（漢中の戦）が、ただ闇雲に損害を増やすのみで、一向に勝機が見いだせず、戦況は悪化する一方となりました。
　かといって今回は「夏侯淵の弔い合戦」という意味合いもあるため、曹操としても退くに退けず、進退谷まってしまいます。
　そんなある日、その日の口令（合言葉）を訊ねに来た兵の前でも、考え事をしている様子の曹操は夕食の鶏肉湯を箸で突きながらつぶやきます。

（＊08）夏侯惇・曹仁・曹洪らとともに、曹操の従兄弟か、もしくは同世代の親族。
　　　　また彼の妻は曹操の妻の妹であったため、義兄弟でもありました。

（＊09）漢水（漢江）を挟んで定軍山のすぐ北にあった城のことで、先に劉備が入城した武都郡と梓潼郡の郡境にある「関城」（C/D-2）とは別です。

――鶏肋… 鶏肋……（B/C-3/4）

鶏肋？　ただの独り言？
それとも合言葉が「鶏肋」なのか？
考え事をしていたようでしたから、他に何か深い意味でもあるのか？
その真意を測りかねた兵は、楊脩［徳祖］*（B/C-4）に尋ねます。(＊10)

> ＊ 4代にわたって三公（太尉）を輩出した名門出身。政務をそつなくこなしたため、曹操に気に入られ、その側近となる。頭が切れる人物であったが、それを誇示する面があり、やがて曹操から疎んじられるようになる。

じつは、曹操はなぞかけが好きな人物で、よくそういう意味不明な命令を下して、家臣がオロオロするのを見て楽しむところがありました。
　以前にも、完成したばかりの庭園を曹操が視察に来たとき、彼は不満そうな顔をして筆を取り、門のところに「活」と一文字だけ書いて帰ってしまったことがあります。
　皆、その真意がわからず動揺していると、楊脩が「公はこの門が大きすぎるとおっしゃっておられるのだ。小さく作り直せ」と言う。
「なぜそうなるのでしょうか？」と不審がる者たちに楊脩は答えます。
――門の中に「活」の字を入れれば「闊」という字になるであろう？
　「闊」は"ひろい"という意味だからな。

（＊10）『後漢書』楊脩伝や裴注『九州春秋』などに見える逸話。『演義』では夏侯惇が尋ねている。

なるほど！

他にも、曹操が「一合」とだけ書いた紙を貼って、家臣たちの手の届くところに菓子箱を置いておいたことがあります。

家臣たちは意味がわからずそのままにしていると、そこに楊脩（ようしゅう）がやってきて「みなで分けて食べなさい」という。

理由を問われた彼は答えました。

――「一合」という字を分解すると「一人一口（ひとりひとくち）ずつ」となるであろうが。

左様なわけで、今回の「鶏肋」という言葉にも、何か深い意味があるかもしれませんから、いつも曹操の真意をズバリと言い当てる楊脩（ようしゅう）を頼ったというわけです。

――ふむ。魏王は撤退を考えておられるようだな。

なぜ、そのように？

――鶏肋の肉は旨くて棄てるには惜しいが、かといって、食べにくいうえ腹の足しになるわけでもない。

それを漢中に喩（たと）えたのだから、鶏肋同様「惜しい気もするが棄てる」という意味(＊11)であろう。

かくして撤退準備が始まりましたが、曹操は内心これを快く思わなかったようで、まもなく楊脩（ようしゅう）に難クセをつけて処刑してしまいます。(＊12)

口は災いの元。

"能ある鷹"がその"爪"をひけらかすと、災いを招くことになるという好例といえます。

(＊11) 一説に「鶏肋」とは、「漢中からは撤退するが、漢中すべての住民を自領に強制移住させることで、漢中をもぬけの殻とし、"鶏肋"同然にする策略」という意味ともいわれています。

(＊12) 一説には、曹植に肩入れしすぎたためともいわれていますが、処刑の理由ははっきりしません。ちなみに『演義』では、楊脩の勝手な判断で撤退準備に入った独断専行の罪によって、その場で処刑されています。

第4章 三國鼎立

第6幕

軍神関羽、討死！
樊城攻略戦

劉備が漢中王になったことを喜んだ関羽は、このまま一気に曹操を討たんと北伐を開始する。一時は龐徳を討ち、于禁を捕らえ、曹仁の守る樊城を包囲し、別動隊が許都にまで肉薄したものの、すべては呂蒙の無明と呉の裏切りによって水泡と帰す。進退谷まった関羽は蜀への脱出を図ったが……。

兄者！益徳！桃園の誓いを守れず申し訳ない！

関羽

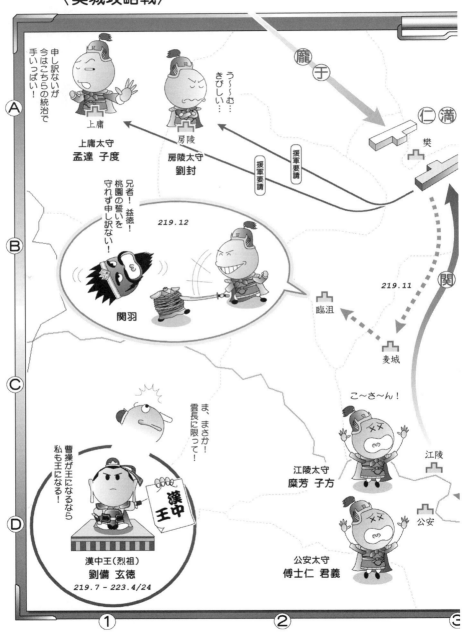

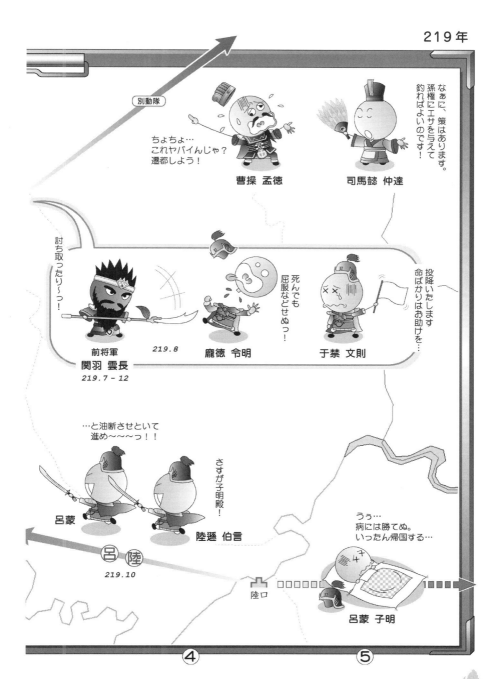

かくして宿願の地・漢中を得た劉備は、間髪を容れず孟達［子度（＊01）］（A-1）および劉封＊（A-1/2）に兵を与え、漢中の東の守りとして上庸（A-1）・房陵（A-1/2）を押さえさせました。

> ＊ 劉備がまだ荊州新野で劉表の客将をしていて、世継ぎ（劉禅）に恵まれていなかったころ（207年以前）に迎えた養子。養子に迎えた直後に劉禅が生まれ、嫡男ではなくなったが、武芸にすぐれ、張飛らとともに各地を転戦していた。

そして、自らは曹操が撤退していった2ヶ月後の219年7月、ついに「漢中王」に即位します。（D-1）

漢中王（烈祖）
劉備 玄徳

曹操が王になるなら私も王になる！
漢中王

遡ること400年前。
漢の高祖 劉邦はこの地で「漢王（＊02）」を名乗って全国を統一を果たしたのですから、「漢の再興」を掲げる劉備としてもたいへん縁起のよい土地柄。
"草鞋売り"から身を興した劉備は、立志してから苦節三十有余年、ついに

（＊01）劉璋の家臣だったころは字を「子敬」と言いましたが、劉備に降ってからは、劉備の叔父と同じ字だったため、「子度」と改名していました。

（＊02）とはいえ、まだ漢王朝は名目的ではありながら滅んでいない今、さすがに「漢王」を名乗るわけにもいかず、「漢中王」としました。

（＊03）孫権が「呉王」を名乗るのは、曹操の死の翌年（221年）になってからです。

「王」にまで昇り詰めたのです。(＊03)

ここ漢中さえ手に入れば、そこから北を望めば関中（雍州）があり、長安は目と鼻の先。

さらにそこから東を望めば中原（司隷）があり、雒陽および許都は目前です。

劉備もすでにこのとき齢59でしたから、残された時間はあまり多くないとはいえ、これで曹魏を倒すことも"絵空事"ではなくなってきました。

ほんの10年ちょっと前まで、曹操の大軍に追い立てられ、命からがら逃げ回っていた（208年長坂の戦）ことを思えば、現状は信じられない想いです。

しかし、歴史は語ります。

── 破滅は絶頂の中に忍び寄る ──

こうした絶頂の真っただ中こそじつは殆うい……ということを。

ご多分に漏れず劉備にも、まさにこの絶頂の最中、"破滅の跫音"はすぐこまで迫ってきていたのでした。

ところでちょうどこのころ。

江陵（C/D-3）で荊州を守っていた関羽は、兄者（劉備）の「漢中王」即位を心から歓ぶとともに、翌月（8月）には、この勢いのまま一気に落ち目の曹操を蹴散らさんと北伐を決意します。(＊04)

関羽は、本拠江陵を麋芳［子方］＊（C/D-2/3）に、公安（D-3）を傅士仁［君義］＊＊（D-2/3）に任せ、自らは曹仁（A-3）の守る樊城（A/B-3）を目指して北上していきました。

> ＊ 麋竺の弟で、妹は劉備の妻であるため、劉備の義弟でもある。
> 劉備が徐州牧であったころから、兄（麋竺）とともに30年にわたって艱難に耐えてきた劉備の股肱の臣。

(＊04) 主君の劉備が「王」となったことで、関羽も「前将軍」に格上げされ、荊州の軍権が与えられました。これにより、いちいち中央に諮らずとも関羽の意志で軍を動かすことができるようになったことも、今回の機敏な出撃を可能としました。
ちなみに『演義』では、同時に黄忠が「後将軍」に任ぜられたことを知り、「あんな老いぼれと同格か！」とその就任を拒絶しようとして費詩にたしなめられています。

** 経歴等不詳。『正史』の関羽伝のみ「傅士仁」ですが、それ以外(呉主伝・呂蒙伝)
では「士仁」、その他の史書も「士仁」であるため、おそらくは「士仁」の誤り。
しかし『演義』は「傅士仁」を採用しているため、こちらの方が有名。

これを知った曹操は、ただちに長安にいた于禁と龐徳[令明]*を援軍として
樊城に送り込みました(A-2/3)が、折悪く長雨となり漢水が氾濫(*05)。

* 元は馬騰・馬超の配下で、その武勇は軍内第一でしたが、馬超が張魯の下へ落ち
延び、さらに劉備に降ったとき馬超と袂を分かち張魯の配下となり、その張魯が
曹操に降ると、そのまま曹操の配下となっていた。

急な出撃命令で水軍の準備などまったくしていなかった于禁・龐徳の両陣営は
たちまち漢水から溢れた水に囲まれて身動きが取れなくなってしまいます。
そこに、用意周到、水軍を連れてきていた関羽の猛攻を受け、于禁は耐えき
れずに投降(B-5)、龐徳は最後まで戦って討死(B-4)という惨事に。(*06)
関羽はそのまま樊城の包囲に取りかかりつつ、さらに別動隊1000を穎川に
向けて派遣(A-4)します。

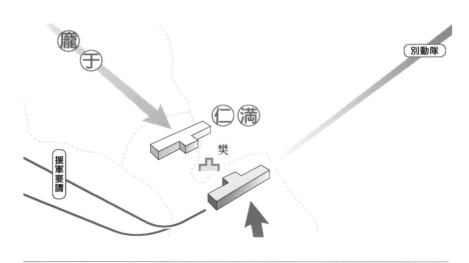

(*05)『演義』では、関羽が川を堰き止めて氾濫させた「水計」として描かれていますが、『正史』
では単に「長雨のために川が氾濫した」とだけあり、関羽の計略とは書いてありません。

その先にあるのは漢の献帝の御座します許都。

追い詰められた樊城守将の曹仁は、関羽軍による包囲が完成してしまう前に城を放棄しようと考えるほど弱気になります。

もしここで曹仁が敗走していたら、この先の歴史も大きく変わることになったでしょうが、このとき曹仁の参謀だった満寵［伯寧］＊（A-3）が彼を思い止まらせました。

> ＊ 曲がったことが大嫌いな性格で、きわめて公明正大、たとえ曹家に近い者でも悪を行えば容赦なく処断するほどであったが、けっして傲慢ではなく、その実直な性格から人から疎まれることなく、曹操からも賞賛された人物。

――この城を放棄するなどとんでもありませんぞ！

心配するには及びませぬ、山の水はすぐに退きます。

関羽は許都方面に別動隊を出したと聞き及んでおりますが、関羽自身が行かないのは、我々を恐れてのことです。

今、我々が敗走すれば、荊州をすべて失うことになります。

将軍、ここは踏んばりどころですぞ！

前将軍
関羽 雲長

龐徳 令明

于禁 文則

（＊06）この于禁と龐徳の軍が潰滅した報に触れた曹操は「30年も余に仕えてきた于禁が、配下に加わったばかりの龐徳に及ばぬとは思いもよらなかった！」と嘆いたといいます。
数々の戦功を上げ、曹操からの覚えもめでたく、勇将の誉れを恣にしていた于禁でしたが、ここで投降したことは、潔く討死した龐徳と比べられて晩節を穢すことになりました。
のちに呉を経て魏に帰参しましたが、曹丕に辱められ、憤死することになります。

「うむ。伯寧、君の申すことはいちいちもっともだ」
　こうして満寵の言を聞き入れた曹仁は、断固樊城に籠城することを決意しました。
　当時長安にいた曹操の"関羽恐怖症"は相当だったようで、わずか1000ぽっちの関羽軍別動隊が許都に向けて進撃中の報が入るや狼狽しきり。(A-4)

ちょちょ…
これヤバイんじゃ？
遷都しよう！

曹操　孟徳

なに、策はあります。孫権にエサを与えて釣ればよいのです！

司馬懿　仲達

──関羽が来るぞ、あの関羽が！
　このまま帝（献帝）を奪われては一大事、都を許都から鄴に遷そう！
　慌てて司馬懿が諫めます。(A-5)
「魏王、落ち着いてください！
　そんなことをすれば魏王の権威は地に堕ち、一気に崩壊しかねませぬぞ！
　だいじょうぶ、手はあります！
　樊城に増援を送るとともに、甘言を以て孫権に背後を突かせるのです！」
──うむ、なるほど。

（＊07）魯粛は、あの「単刀赴会（215年）」ののちまもなく（217年）亡くなっています。

（＊08）「阿○」で子供に呼びかけるときの「○ちゃん」。これを大の大人に向かって呼びかけるのは、「まだまだ半人前の○ちゃん」という小馬鹿にした呼びかけになります。

こうして、ただちに樊城への援軍として徐晃が送り込まれるとともに、建業に使者が送られ、「江南の支配権を認める」という条件を餌に、孫権軍が荊州の背後を突くよう要請します。

　先にも述べましたとおり、「一強」が「多弱」に対するとき、「弱」を"餌"で釣って「弱」同士を仲間割れさせる「連衡策」しか手はないのですから、司馬懿の策は兵法における"定石中の定石"です。

　逆に、「弱」から見れば「連衡」に乗ることは"滅亡への一本道"であり、むしろ「一強（魏）」が弱っている今こそ「合従策」最大の見せ処、「蜀・呉（二弱）」が手に手を取って「魏（一強）」を挟撃する千載一遇のチャンスです。

　孫権も「バカめ！　その手（連衡）に乗るか！」とばかり、今こそ合肥へと兵を進める……のかと思いきや。

　愚かなるかな、孫権は司馬懿の"撒き餌（江南支配権）"にまんまと喰いついて「連衡」へと走ってしまいます。

　魯粛が生きていれば孫権を諫めたでしょうが、その魯粛も今は亡く(＊07)、その跡を継いでいたのは呂蒙。

　彼は若いころこそ武一辺倒でしたが、孫権から諭されて一念発起、猛勉強して智将へと成長した武将です。

　久しぶりに彼と面会した魯粛は、その変貌ぶりに「呉下の阿蒙(＊08)に非ず」と驚きましたが、その魯粛に対し、「士別れて三日なれば刮目して相対すべし！」と大見得切った、あの呂蒙です。(＊09)

　しかし。

　よく勘違いされることですが、「知識量」と「教養」は別物です。

　どんなに膨大な「知識」を蓄えようとも、付け焼き刃のそれは「教養」ではあ

（＊09）この逸話によって、後世、呂蒙は「すぐれた軍師」との評価を得ることになりました。陳寿も「勇敢にして軍略を知る」「関羽を討ったことがそれをよく表している」と評しています。しかし、呂蒙が関羽を討つことができたのは、彼が「すぐれた武将（戦術）」だからであって「すぐれた軍師（戦略）」だからではありません。呂蒙を「すぐれた軍師」と評する者は「戦術」と「戦略」の区別がついていない —— と断ずることができます。

りません。

孔子様もおっしゃいました。
── 学びて思わざれば則ち罔し。(『論語』第 2 章 第 15 節)

食べ物も咀嚼もせずにまるごと胃の中に突っ込めば、消化不良を起こして血となり肉とはならないように、「知識」も云十年単位の長い年月をかけて実践の中で試行錯誤しながら考証考究されることで、バラバラだった知識が頭の中で少しずつつながりはじめ、それが構造的有機的な「理解」に到達したとき、初めてそれは「教養（活きた知識）」へと昇華するのです。

雛が"三日"で鶏にはならないように、「知識」も「教養」へと醸成されるまで莫大な時が必要なのであり、そうなっていない知識は、中国では「死記（死んだ知識）」といって、実践では役に立たないどころか、時に害悪ですらあるとして忌避されています。

なんとなれば、まだ浅学であるがゆえに、本人は「知識」を得たことを「教

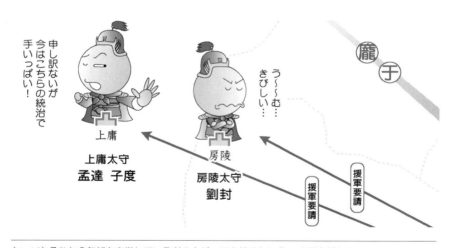

───

(＊10) それなら無知を自覚している者の方が、口を挟まない分、まだ害がない。
　　　今も昔も、「多くの知識を知っている」だけの浅学者が、その知識量を以てすべてを理解したと錯覚し、永年にわたって研究し考究してきた学者・研究者の見解に得意満面でマの抜けた批判を加える ── などという恥ずかしい行為が日常的に繰り返されています。

(＊11)「泣いて馬謖を斬る」の故事で有名な馬謖も、まさにこの典型的人物でした。

養」を得たと勘違いし、机上論・空理空論・画餅論を正しいと信じて議論を引っかき回すことがあるからです。(＊10)

――「知識」だけは豊富にある。

　しかし、底が浅くて「教養」にまで達していないのに、

　浅学ゆえにその自覚がまったくない。

呂蒙はまさにそうした"浅学者の典型(＊11)"で、確かに「戦術」だけを見ればたいへんすぐれた武将でしたが、だからといって、「戦略」を見る軍師としての才があるかどうかは別問題です。

「戦略」をまるで理解できていなかった呂蒙が軍師として軍議に発言権を持ったことが、呉にとっても蜀にとっても不幸となります。

彼にはどうしても「合従」が理解できず、"目先の利"に目を奪われ、孫権に「連衡（滅びの道）」を説いてしまったのです。

　こうして孫権もついに決断(＊12)。

じつは、関羽が北伐を始めるとき、陸口（D-4/5）に駐屯していた呂蒙を懸念し、その防衛としてかなりの軍を江陵・公安に残さざるを得ませんでした。

そのため、樊城攻略ではつねに兵力不足に悩み、関羽は再三、すぐ西隣の上庸・房陵に拠っていた孟達・劉封に援軍を出すよう要請していた（A/B-2）ので

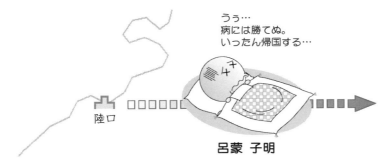

（＊12）『演義』では、先年、孫権が関羽と姻戚関係を結んで同盟強化を図ろうとしたところ、関羽から「虎（関羽）の娘を犬（孫権）の子にやれるか！」と無下に断られた ―― という逸話があり、このときの怒りが出兵決断の背景にあったということになっていますが、『正史』にその逸話は見られません。

すが、両将軍からは「当地支配が始まったばかりでいまだ政情不安にて」とこれを拒絶(＊13)(A-1)され、表面的には于禁(うきん)・龐徳(ほうとく)を討って大戦果を挙げながら、それは"天の佑け(長雨)"のおかげであり、内情はたいへん苦しかったのです。

そんなときでした。

その呂蒙(りょもう)が病と称して(＊14)建業(けんぎょう)へ帰還(D-5)し、後任として陸口(りくこう)に送り込まれてきたのは「陸遜(りくそん)」(C/D-4)という関羽も聞いたことがない無名のゴマすり孺子(こぞう)。

関羽(かんう)という人物は、万夫不当の猛将であったことは間違いありませんが、自尊心(プライド)が異常に高すぎて、同格の者や士大夫(したいふ)(＊15)を異常に敵視・蔑視するところがあり、また、おだてに弱く、へりくだる者を軽んじてしまう嫌いがありました。

そうした関羽(かんう)の性質を突き、陸遜(りくそん)はわざと関羽(かんう)を讃美し、へりくだった手紙を送っておいたのです。

これにより関羽(かんう)はすっかり陸遜(りくそん)をナメてかかり、対呉軍として残しておいた江陵(こうりょう)・公安(こうあん)の兵もごっそり北伐軍に回してしまいます。

そのため、すでに荊(けい)州の側面は丸裸状態となっていました。

──細工は流々。仕上げをご覧じろ。

まさにそのタイミングで曹操から援軍要請(そうそう)が来たのです。

「機は熟したり！」

呂蒙(りょもう)は秘かに陸口(りくこう)に戻り、一気に江陵(こうりょう)・公安(こうあん)を攻めました(219年10月)。(C/D-3/4)

こうなると、兵もほとんど残っていない状態で、糜芳(びほう)(C/D-2/3)・傅士仁(ふしじん)(D-2/3)にはどうしようもなく、ほとんど抵抗らしい抵抗もなく降伏。

(＊13) 実際、孟達・劉封らはその統治に難儀しており、まだこのころは関羽軍も于禁・龐徳を討つなど連戦連勝中で、それほど急を要するものではなかろうと判断して援軍を断ったようです。ところが『演義』では、関羽が彼らに援軍要請をしたタイミングが、彼が麦城に籠城して窮地に陥っていたころにずらされていて、孟達がさも「関羽を見棄てた最大戦犯」のように仕立て上げられています。

第6幕　樊城攻略戦

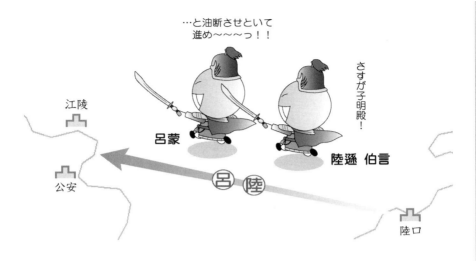

　片や樊城では、今度は"天の恵み"もなく、ただでさえ徐晃に手こずっていたのに、さらに新手まで到来し、そのうえ江陵・公安が呉軍の手に陥ちたとの報が入ります。
　関羽軍は、前に魏軍、後ろに呉軍と挟撃される形となり、一気に窮地に陥りました。
――しまった！　呂蒙に一杯喰わされたか！
　しかし、気づいたときには時すでに遅し。
　致し方なく関羽は樊城の囲みを解き、踵を返して江陵・公安へ向けて南進することにしました（219年11月）(*16)（B-2/3）が、そこに江陵・公安からの近況が届きます。

(*14) 呂蒙は、孫権に対してはちゃんと「仮病」「策」だと説明している（呂蒙伝）のに、なぜか陸遜に対しては「本当に病を得て撤兵せざるを得ないのだ」と説明しています（陸遜伝）。
　　　その理由は書いてありませんが、「敵を騙すにはまず味方から」ということでしょうか。

(*15) 家柄のよい者のこと。

(*16) 関羽が南下したこの道は、11年前、劉備が新野を棄てて江陵に向けて敗走したあの道です。

それによると、かの地では呂蒙が善政を布き、住民の生命・財産は"笠ひとつに至るまで"安堵されている(*17)という。

　こうなるともう、故郷に妻子を残していた兵たちはたちまち呉に対する戦意を失い、逃亡兵が相次いで関羽軍は四散、崩壊。

　残ったわずか数百騎の兵とともに、関羽は麦城（B/C-2/3）へと敗走するも、ここも大軍に包囲されます。

　進退谷まった関羽はわずか十余騎で城からの逃亡を図るも、ついに臨沮（B/C-2）で朱然［義封］*・潘璋軍に追い詰められ、その鼠輩（馬忠**）によって捕縛されることになります。

> 　* 孫呉の元勲・朱治の甥であったが、彼に子がなかったため養子となる。孫権とは竹馬の友で厚い信頼を得ていた。『演義』では夷陵の戦で趙雲によって討たれているが、実際には夷陵の戦から27年ものちに大往生している。

> 　** ここで関羽を捕縛した将として登場してその後登場しないため、詳しい経歴は一切不明の鼠輩。『演義』では、関羽亡きあと赤兎馬を下賜されたものの、馬から食事を取ることを拒否され餓死させてしまっている。

　こうして関羽は、その子の関平*とともに、その場で処刑(*18)（B-1/2）されることに。

> 　* 字は不明。『正史』では「関羽の子」で、最後まで関羽に付き従って父とともに討たれた —— との記述があるのみの将。弟に関興がいる。『演義』ではなぜか「養子」という設定に変えられ、関興が実子ということになっている。

　時、219年12月、享年58。(*19)

　彼の死は、単に「ひとりの猛将の死」を意味するものではありません。

　彼は"三國の要"となっていた荊州を守る守将。

（*17）これには逸話があります。呂蒙は軍法で「掠奪禁止」とお触れを出しましたが、その直後、ある呉兵が農民の「編み笠」を奪ったという事件が明るみに出ます。さっそく犯人を捕まえてみたら、呂蒙直属の配下で同郷の顔見知り。捕まった呉兵は泣いて減刑を訴えましたが、呂蒙は「法は曲げられぬ」と彼を斬首刑とします。このことが知れ渡ったことで、全軍が震えあがり、呉兵による住民への掠奪は一切なくなったといいます。

彼の死は荊州の失陥を意味し、これを失ったことで三國のパワーバランスが大きく崩れたため、翌220年からの激動の時代の幕開けともなります。

　そして何より、「桃園結義」が史実かどうかは別問題としても、劉備・関羽・張飛が本当の兄弟以上の結びつきで三十有余年にわたって行動を共にしてきたことは事実。

　劉備にとって、関羽を失った喪失感は如何ばかりか。

　ひょっとしたら劉備は、自分が帝位に就く姿を他の誰でもない、これまでどんな苦境にあっても自分に付き従ってくれた関羽と張飛にこそ、見てもらいたかったのかもしれません。

　その関羽を失った今、劉備は理性を失い、自暴自棄となり、暴走を始め、もはや誰にも止められなくなっていきます。

　"水魚の交わり"であった諸葛亮ですら。

　蜀の崩壊は、関羽の死の瞬間から始まったといってよいかもしれません。

(＊18)『演義』では、関羽は捕縛後、孫権の前に召し出され、配下になるよう勧められています。しかし史実では、関羽は臨沮の地で即座に処刑され、そのころ孫権はそこから200〜300里(100km前後)ほども離れた江陵にいたため、両者の謁見、および問答は『演義』の創作と考えられます。

(＊19)『正史』では生年が書かれていないため、ここは『演義』に拠りました。

Column 劉備と関羽の関係

こうして関羽は、波瀾万丈の人生に幕を閉じました。

ところで、劉備・関羽・張飛の3人は、強い絆で結ばれた"義兄弟"としてあまりにも有名ですが、彼らは同時に、劉備は主君、関羽と張飛は家臣という側面もありました。

しかし、「劉備と関羽」の関係には、これだけではどうにも説明がつかない違和感を覚える場面が多々あります。

たとえば、劉備が徐州牧に復権したとき、自らは張飛とともに小沛という小城に駐屯しながら、関羽は州都の下邳を守っています。

ふつうに考えて、これはどう考えても逆です。

州都であり、難攻の下邳に"主君"が構え、小城なれどこれと掎角の計を成す重要拠点小沛に"猛将"を配するのが当たり前。

これでは、どちらが主人かわかりません。

どうしてこんな不自然な配置にしたのか、そこにはよほどの理由があるはずですが、その理由についてはどこにも書かれていません。

他にも、曹操が大挙して荊州に攻め寄せたとき、劉備は張飛らを伴って陸路を南下していますが、なぜか関羽だけが海路で別行動。「江夏の劉毅に援軍を求めるため」ということですが、これも討たれる危険性が高い陸路が関羽で、安全圏に置かれる海路を劉備とする方が自然です。なぜそうしなかったのか。

さらに益州を奪った劉備は、関羽に荊州を任せていますが、これは主君の領地に匹敵する規模で、石田三成（4万石）が島左近を2万石で召し抱えた逸話など、例がないわけではないですが、きわめて異例なことです。

ひょっとしたら関羽は、張飛とは違い、劉備の家臣であると同時に同盟者、いわば「織田信長と徳川家康の清洲同盟」のような関係だったのかもしれません。

もしそうでなかったとしても、少なくとも関羽は、張飛を含めた他の家臣たちとは"別格の存在"だったことは間違いないでしょう。

第5章 鼎立崩壊

第1幕

巨星墜つ!
蜀の動揺と魏帝国の成立

関羽の死は蜀に動揺を与えた。荊州を失陥したばかりか、この直後から法正・黄忠・糜竺ら、蜀を支えた功臣がつぎつぎと病死し、さらに劉備の怒りが蜀の結束をガタガタにし、糜芳・傅士仁は呉に、孟達は魏に走り、張飛は謀殺されてしまう。そうした混乱の中、曹操が薨去し、子の曹丕が「魏帝」として即位した。

雲長よ！
なぜ私を残して逝って
しまったのだぁ！

劉備

軍 神関羽、臨沮(かんう)(りんしょ)(C-4/5)にて討死！(B/C-5)
　彼の死は、蜀にとって計り知れないほど大きな"人的損失"となりましたが、それ以上に、取り返しのつかない"物的損失"となり、底知れぬ"心的痛手(しょく)"となって蜀を襲うことになりました。
――荊州(けい)(C-4)を制する者が天下を制す！
　荊州は北に魏(けい)(ぎ)(A-4/5)、東に呉(ご)(C-5)、西に蜀(しょく)(B/C-1)に囲まれてその中央にあり、これまで魏蜀呉によって三分割されていましたが、これを失ったことは国家の存亡に関わるほどの大きな損失でした。
　諸葛亮は若き日、隆中(しょかつりょう)(りゅうちゅう)で劉備に「天下三分の計」を説きましたが、それは荊州を基盤として初めて成り立つものです。
　荊州は肥沃な地にあって兵糧を支え、そのうえ陸路・水路が四方に通じており、魏を攻むるに必須の地。
　それを失ったことは、莫大な沃地と民を失ったのみならず、以後、北伐するためには蜀(しょく)の地から軍を進めるしかなくなったことを意味しました。そうなれば、険しい山河に征く手を阻まれながら遠く長い道程(みちのり)を行軍しなければならなくなってしまい、北伐は絶望的となります。
　荊州の失陥は、孔明(こうめい)が10年かけて創りあげてきた「天下三分の計」が一瞬にして崩れ落ちたことを意味したのでした。
　のみならず。
　呉では、関羽(かんう)を死に追いやった呂蒙(りょもう)(D-5)もその直後(＊01)、彼のあとを追うように亡くなり、孫権(そんけん)をいたく哀しませましたが、蜀(しょく)では関羽(かんう)の死を境に、それどころではないほど多くの人材を失っていきます。
　まず、翌220年には"老将"黄忠(こうちゅう)が病死(＊02)(D-1)。

(＊01) 呂蒙の死は219年説と220年説がありますが、関羽の死のあといろいろあって死んでいますから、関羽の討死が219年12月であることを考えると、220年説が妥当のように思えます。

(＊02) 『演義』ではもう少し長生きし、夷陵の戦(221～222年)にて、関羽を生け捕りにした馬忠に矢で討たれて戦死しています。

308

第 1 幕　蜀の動揺と魏帝国の成立

さらに軍師法正もまだ 45 の若さで亡くなってしまいます（A-1）。
軍師不足にあえぐ蜀にとって、法正の死は痛い。
この 6 年前（214 年）に雒城包囲戦で龐統を失い、今また法正を失い、さらにこの翌年には、夷陵の戦の混乱の中で黄権が魏に走ってしまいます。
後進の蒋琬［公琰］＊・費禕［文偉］＊＊・董允［休昭］＊＊＊ らも育ってきていましたが、いまだ若輩にて、以後、国家の大任を安心して任せられる者はほとんど諸葛亮のみとなり、彼は睡眠時間を削って東奔西走、粉骨砕身、我が身に鞭打ち働かざるを得なくなります。

* 荊州零陵郡の出身で、劉備が荊州四郡を押さえたころから劉備に仕えるようになる。劉備入蜀に従い、諸葛亮に見出されて「社稷の器」と評され、その死に際して後任を託された人物。

** 劉備の入蜀ののち、劉備の家臣となり、劉禅が太子に立てられるとともにその側近となる。諸葛亮からも厚い信頼を受け、使者として呉に出向いたときに孫権からも「近いうちかならずや蜀の股肱の臣となろう」と絶賛されている。

*** 費禕とともに劉禅の側近となり、諸葛亮・蒋琬・費禕とともに「四相（または四英）」と称された。彼の存命中は劉禅の暗愚を輔佐し得たが、彼の死後、その暴走を止める者がいなくなり、蜀滅亡を早めることになった。

国家に限らず、どんな組織でも「ひとりの人物に頼りきり」になったとき、その組織は殆うい。
その人物が亡くなったとき、紐帯を失って一気に崩壊が始まる可能性を孕む

からです。(＊03)

このように蜀に暗雲が垂れ込めてきたこうしたときこそ、トップである劉備が気を引き締めてかからなければならないのに、その肝心の劉備が一番我を失って激昂し、暴走を始めてしまいます。

雲長よ！
なぜ私を残して逝って
しまったのだぁ！

兄者！
拙者は果報者でござった！
天界から兄者が天下を取る
ことを祈っておりますぞ！

劉備　　　　　　　　　　　関羽

——糜芳と傅士仁（D-4）は何をしていた！？
「ろくに戦いもせず、呉に降った由にございます！」
——バカな！！

傅士仁はいざ知らず、糜芳は兄の糜竺［子仲］＊とともに、まだ劉備が徐州牧だったころから付き従い、艱難辛苦を乗り越えてきた忠臣中の忠臣です。

（＊03）たとえば、織田政権も豊臣政権も、ともにトップのカリスマ性ゆえ、権力がひとりに集中しすぎてしまい、その死とともに紐帯を失って、ほどなく崩壊しています。
　これに対して徳川政権は、家康が凡庸であったがゆえに家臣が一団となってこれを支える組織づくりが行われたため、家康の死後も組織はビクともしませんでした。

* もともと陶謙の側近として仕えていたが、その死にあたって、劉備を新徐州牧に迎えるよう尽力した。その後まもなく劉備は呂布に徐州を奪われたが、それでも彼は劉備を見棄てることなく、自分の財を削ってまで劉備を支えつづけた忠臣。

ましてや、彼の妹は劉備に嫁いでいましたから、糜芳は義弟でもあり、単なる君臣関係をも超え、強い絆で結ばれた特別な存在です。

兄上、すまぬ！不本意ではあるが事ここに至ってはこうするしか他に手はなかったのだ！

糜芳　傅士仁

その彼があっさりと蜀を見棄てて呉に走った！？（＊04）
──信じられぬ！！
しかしその思いは兄の糜竺も同じで、彼は自らを縄で縛って出頭し、劉備に処罰を請うたほど。
怒り心頭の劉備もさすがに「弟の罪を兄が負わずともよい」と彼を労るも、彼自身は自責の念で床に伏し、翌221年には亡くなってしまいます（D-2/3）。
劉備は、本来なら糜芳・傅士仁を八つ裂きにして鬱憤を晴らしたいところで

（＊04）呉に降ったあとの動向は、『正史』では蜀降将として肩身が狭かった描写がわずかに伝わるのみで、詳しいことはわかっていません。『演義』では夷陵の戦の際、ふたたび蜀に帰参を願い出て、劉備に斬り殺されています。

したが、彼らは呉に遁走してしまいそれも叶わず。
　そこで、怒りの矛先は上庸・房陵（B-4）の孟達・劉封に向きます。
──雲長は再三援軍要請を出したというではないか！
　孟達と劉封はなぜ援軍に応じなかったのだ！？
　両名を召し出せい！！
　しかし、こうした劉備の激憤は孟達を魏に走らせてしまい（A/B-4/5）、さらなる"人材流出"を招くことに。
　劉封も孟達から「いっしょに魏に降ろう」と誘いを受けましたが、彼は新野時代以来の劉備の養子、成都に戻って謝罪と釈明をしようとしました。
　しかし、劉備の怒りは止むべくもなく、諸葛亮も庇ってくれず（＊05）、劉封は取り付く島もなく死を賜る（＊06）ことに（B-3）。

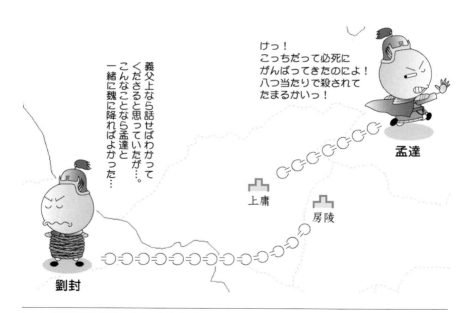

（＊05）諸葛亮は進言します。「劉封は公の養子であり、剛勇。こたびのことで大きなしこりが生まれてしまい、ご子息（劉禅）の御世になったとき、彼を制御しきれなくなることは目に見えております。今のうちに禍根を断っておく以外にありますまい」

（＊06）自殺を強要されること。

第 1 幕　蜀の動揺と魏帝国の成立

曹操

夏侯惇

　彼は死に際してこう言い遺したといいます。
　──孟達の誘いに乗らなかったがこのザマだ。
　こうして劉備は、貴重な人材を、しかも我が子を殺してしまい、またひとりまたひとりとすぐれた人材を減らしていき、結局は自らの首を絞めていくことになりました。
　このように、それまで一枚岩に見えた劉備陣営はあちこちで綻びが生まれ、不幸がつぎつぎと舞い込むようになります。
　ところで孫権は、討ち取った関羽の首を曹操の下に送りつけました。(＊07)
　曹操は関羽を「諸侯の礼」を以て手厚く葬ると、それから1ヶ月と経たないうちに関羽のあとを追うように亡くなります(＊08)。(A-4)

　巨星墜つ！
　時、220年1月。
　乱世を駆け抜けた覇王曹操、享年66。

(＊07)　裴注『呉歴』より。蜀の怨みが呉に向くことを懼れ、直接手を下したのは呉でも、命を下したのが魏であるとアピールするため、とも。

(＊08)　『演義』では、曹操が関羽の首に「お変わりありませんでしたかな？」と話しかけると、関羽の首がカッと目を見開いて曹操を睨みつけて曹操を卒倒させ、その後、またたく間に曹操は衰弱し、死に至った──と、さも関羽の呪いで殺されたように描かれています。

若いころからずっと付き従ってきた曹操の死によって気が抜けてしまったのか、それから3ヶ月と経たぬうち、曹操のあとを追うようにして、今度は夏侯惇まで亡くなってしまいます。(A-5)
　関羽の死からまだ半年も経っていないというのに、『三國志』を彩った英雄たちがつぎつぎとこの世を去りはじめ、時代は急速に"次世代"へと移り変わろうとしていました。
　曹操の跡を継いだのは、嫡男曹丕［子桓］＊(A-3)。

> ＊曹操の三男だったが、次男(曹鑠)は早世、長男(曹昂)は宛城の戦で戦死したため、嫡男となる。しかし曹操は曹沖(八男)や曹植(五男)を嫡男に据えるべく大いにブレ、彼の嫡男としての地位はつねに殆ういものでした。

　「三國志」という新しい時代が幕を開けた(184年)当初、曹操・孫堅・劉備の3人が同世代として火花を散らして活躍を始めましたが、まず孫堅が若くして戦死(192年)し、呉は早々に子(孫策・孫権)の世代に入りました。
　それから30年ほどは呉だけが子の世代という状態がつづきましたが、ついに魏もここにおいて子(曹丕)の世代に入り(220年)、残る劉備もこれからほどなく(223年)子(劉禅)に代を譲ることになり、関羽死後の短期間のうちに三國はことごとく世代交代していくことになります。
　さて、こうして魏王に即位した曹丕は、ただちに嫡男の地位を争った弟の曹植［子建］＊を追放し(＊09)、さらにその年のうち(10月)に献帝(A-2)より禅譲(＊10)を受けました(A-2/3)。

> ＊曹操の五男。曹操は詩文に秀でていた彼を愛し、一時は曹操も曹丕の廃嫡まで考えたものの、賈詡の「袁紹と劉表のこと(いずれも嫡男を廃嫡して滅亡)を考えておりました」との言葉を聞き、翻意している。

　これにより曹丕は「魏帝国」の初代皇帝(文帝)となり、これを以て「漢帝国

(＊09)　裴注『世説新語』の中に、このときの逸話として「七歩詩」が語られています。
　　　曹丕から「7歩歩くうちに兄弟を主題とした詩を詠め」と命じられた曹植は、即興で「豆を煮るに豆がらを燃やせば、豆は釜中に在りて泣く。本これ同根に生ぜしに、相煎ること何ぞはなはだ急なる」と詠んだといいます。おそらくは創作。

第 1 幕 蜀の動揺と魏帝国の成立

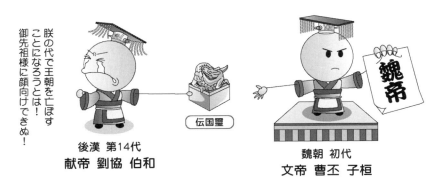

後漢 第14代
献帝 劉協 伯和

魏朝 初代
文帝 曹丕 子桓

「400年」の長い歴史についに幕が下りることになります。

この報が劉備の耳に届いたとき、「献帝は謀殺された(＊11)」と伝わったため、翌221年、劉備は「漢帝国」の皇帝として即位。

こうして生まれた、「前漢」「後漢」につづくいわば"第三の漢王朝"は、後世「蜀漢」あるいは単に「蜀」、または「季漢(＊12)」と呼ばれるようになります。

皇帝に即位した劉備が、まず最初に行おうとしたのが「孫呉討伐」でした。

建前は「荊州奪還」。

然してその本心は「関羽の仇討ち」。

すでに何度も見てまいりましたように、「三國鼎立」を維持するためには、けっして蜀呉が争ってはなりません。

諸葛亮も趙雲も必死に劉備を止めました（C/D-2）が、どうしても彼の復讐心を鎮めることはできませんでした（C-1）。

(＊10) 皇帝が有徳者に帝位を譲ること。
パネル絵の中では「伝国璽」が描かれていますが、これはあくまで"禅譲の象徴"として描いたのであって、実際には「董卓の乱」の混乱の中で伝国璽は失われています。

(＊11) 実際には殺されることもなく、山陽公（兗州）に封じられ、曹丕より長生きしています。

(＊12)「前漢」「後漢」を兄として、これにつづく"末の弟の漢"という意味合いです。

劉備は巴西郡閬中（B/C-1/2）に駐屯していた張飛に手勢を率いて江州（D-2）で本軍と合流するよう命じます。

　しかし。

　張飛が江州に現れることはありませんでした。

　その直前、側近の張達と范彊*に寝込みを襲われて斬殺されてしまったためです（２２１年６月）（B-1/2）。

　　　* 両名とも『正史』ではこの出来事に登場し、こののち呉に降ったとあるのみで、それ以外の詳細は一切不明。『演義』では、夷陵の戦で恐れをなした孫権が「和睦交渉の手土産」として彼らを劉備に送り返したため、斬首されている。

　張飛死す！

　関羽の死より遅れること１年半、享年５３。(*13)

　張飛の側に仕えていたこの２人がどうして突然叛逆したのか、その理由はよくわかっていません(*14)が、おそらくは劉備の強引な出兵なくば、この悲劇

(*13)『正史』では生年が書かれていないため、ここは『演義』に拠りました。

(*14)『演義』では、張飛から「３日以内に全軍分の白鎧を用意せよ！」と無理難題を押し付けられたうえ、「用意できなくば斬る！」と脅されたため、と説明しています。

はなかったでしょう。

となれば、こたびの張飛の横死も、責任の一端は劉備にあったと言えます。

関羽の死後、つぎからつぎへと蜀に降りかかってきた不幸や災いは、"天災"でも"関羽の呪い(＊15)"でもなく、単に劉備の暴走が招いた"人災"——ということになりますが、劉備はそれを省みることなく、頑として出兵をやめようとしません。

一貫して出兵に反対しつづけた諸葛亮は成都で留守居役とされ、趙雲は江州に後詰めとして残し、強引な出撃となりました。

このことが、さらなる災いを招くことになることすら理解できずに。

劉備の"並々ならぬ決意"を見た孫権は武昌に入城し、ここに遷都してこれに備えつつも、一方で危機感を募らせていきます。

――まずい！

このまま蜀と全面戦争になったとき、万が一にも魏に側背を突かれたら呉は存亡の危機に立たされてしまう！

そこで孫権は、劉備に使者を送り、なんとか和睦の道を探ろうとしましたが、もはや"復讐の鬼"と化し、諸葛亮らの忠言にすら耳を貸さない状態となっていた劉備が、いまさら仇敵孫権の言葉に耳を貸すはずもなく。

けんもほろろに肘鉄を喰らった孫権は、蜀との決戦が避けられぬと悟ると、今度は魏に使者を送り、あろうことか、魏に「臣従の意」を表します。

かつて曹操が云十万もの大軍を以て臨んだ赤壁でも、濡須口でも、断固として臣従を拒否して戦い、その矜恃を守ってきた呉が、ここにいともあっさりと魏に降ったのでした。

関羽の死後、蜀では人材喪失がつづいていたことはすでに触れましたが、じ

（＊15）『演義』では「呂蒙や曹操は関羽によって呪い殺された」というオカルティックな設定を採用しています。『演義』は「多少の演出はあったとしても史実を元にした」というところに醍醐味があるのに、このオカルト描写のせいで一気に「ウソくさい」「安っぽい」「陳腐」になってしまうため、総じて日本人には不評で、二次創作ではたいていカットされます。ところが、民族の価値観の違いか、中国人はむしろこうしたオカルト描写を喜びます。

つは呉も世代交代が進む中で人材不足に悩んでいました。

　すでに周瑜なく、魯粛もなく、そして呂蒙もなく(＊16)。

　彼らはそれぞれ考え方は違い、ときに激論を交わしたことはあれど、「断固と

呂蒙

して魏に屈せず！」という点においては一致していました。

　しかし、彼らを失った呉は、先人たちが命を削って守ってきた呉を、あっさりと魏に明け渡す道を選んでしまったのです。

　周瑜・魯粛は、草葉の陰から哭いていたことでしょう。

　もっとも呉に言わせれば、「これはあくまで"偽降の計"であって、蜀との戦が終わればただちに反故にする"計略"である！」ということになりますが、「計略」といえば聞こえがよいものの、これは単なる「弥縫策(＊17)」にすぎません。

　しかも、これは"禁断の果実"。

　なんとなれば、これを一度やってしまうと、呉に対する国家の信用はガタ落ちとなり、ひとたび信用を失った国は、以降の外交にきわめて困難を伴うこと

(＊16) とはいえ、呉をこの苦境に追い込んだ張本人が呂蒙。呂蒙には、関羽を討てばこういう展開が待っていることがまったく予見できなかったのでした。
　　　目の前の戦に勝つことだけを考えるのが「将」、その先の先の先まで考えるのが「軍師」。
　　　呂蒙が「将」としては優秀でも「軍師」としては無能だったことがわかります。

(＊17) その場限りに取り繕われただけの一時しのぎの策、根本解決になっていない策のこと。

になるからです。

このとき、魏でも「呉の臣従は虚偽！」と呉の偽計を見破り、「むしろ呉こそ討つべし！」との意見も多かったものの、曹丕は「臣従を願い出た者を討てば、以後、臣従する者がいなくなってしまう！」として、これを受け容れることにしました。

にもかかわらず、もしこれをあっさり反故にしたとなれば、曹丕の怒りや如何ばかりか。

したがって、たとえ今回、一時しのぎに蜀の脅威を打ち払えたとしても、立てつづけに魏の脅威を受けねばならなくなり、お世辞にも"良策"とはいえませんが、しかしこのときの呉は、そんなこと言っていられないほど追い詰められていた、といえるかもしれません。

ここまでしてようやく、呉は蜀軍に匹敵する兵を繰り出すことが可能となったのですから。

こうして両軍はついに国境付近の巫城（C-4）で干戈を交えることになりました。

いよいよ一大決戦「夷陵の戦」が幕を切って落とされます。

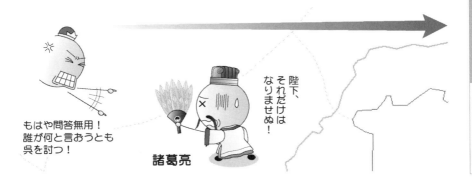

Column 字のひみつ

　中国には「姓」「名」の他に「字」というものがありますが、この字にはよく「伯」「仲」「叔」「季」という文字が使われます。
・伯 … 蔡邕［伯喈］・公孫瓚［伯珪］・陸遜［伯言］・姜維［伯約］
・仲 … 董卓［仲穎］・許褚［仲康］・夏侯覇［仲権］・田丘倹［仲恭］
・叔 … 諸葛融［叔長］・張猛［叔威］・張休［叔嗣］・羊祜［叔子］
・季 … 劉璋［季玉］

　じつはこれ、順番に「長男」「次男」「三男」「末子」を意味しています。

　日本でも昔は、長男に「太郎（一郎）」、次男に「次郎（二郎）」、三男に「三郎」などと付けたものですが、これに似ています。

　たとえば、司馬懿の字は「仲達」ですが、兄は「伯達」、すぐ下の弟は「叔達」、末弟が「季達」です。

　また、長男に「孟」、次男に「公」と付けることもあります。
・孟 … 曹操［孟徳］・張邈［孟卓］・馬超［孟起］
・公 … 周瑜［公瑾］・袁術［公路］・朱儁［公偉］・陳宮［公台］

　さらに、「季」のあとに生まれた子には「幼」と付けます。

　「馬氏の五常」と謳われた馬氏五兄弟は、馬良［季常］と馬謖［幼常］の２名だけしかその名が伝えられていませんが、おそらく彼らは馬兄弟の四男と五男で、兄たちは上から順に「伯常」「仲常」「叔常」だったと推測されます。

　このように、字に「伯」「仲」「叔」「季」があれば、何番目の子かがわかり、伝わっていない字まで類推できる便利さがあります。

　ちなみに「五常」の場合、「伯仲叔季」以外の文字はすべて「常」で統一されていますが、たとえば孫堅の子らは、上から順に「孫策［伯符］」「孫権［仲謀］」「孫翊［叔弼］」「孫匡［季佐］」で統一されていません。

　現在の日本でも、父の兄を「伯父」、父の弟を「叔父」と書き分けるのは、父が「仲某」だとすると、父の兄は「伯某」、父の弟は叔某という字を持つことが多い —— という中国の習慣の名残です。

第5章　鼎立崩壊

第2幕

劉備、白帝城に逝く
夷陵の戦

関羽を失い、今また張飛を失い、自暴自棄に陥った劉備は、もはや諸葛亮や趙雲の諫言にも耳を貸さず、対呉出兵を強行する。開戦当初こそ、重要拠点の長江三峡（瞿塘峡・巫峡・西陵峡）をつぎつぎと陥として快進撃だった蜀軍だが、その先の夷陵で火計にあって大敗。劉備は白帝城まで逃げ帰り、最期の時を迎える。

それ！
対岸から一斉に
火矢を放て！

ぴゅ！

陸遜

〈夷陵の戦〉

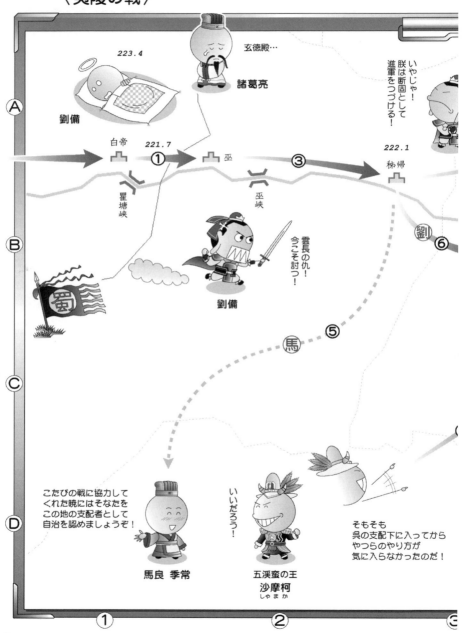

第2幕 夷陵の戦

221〜23年

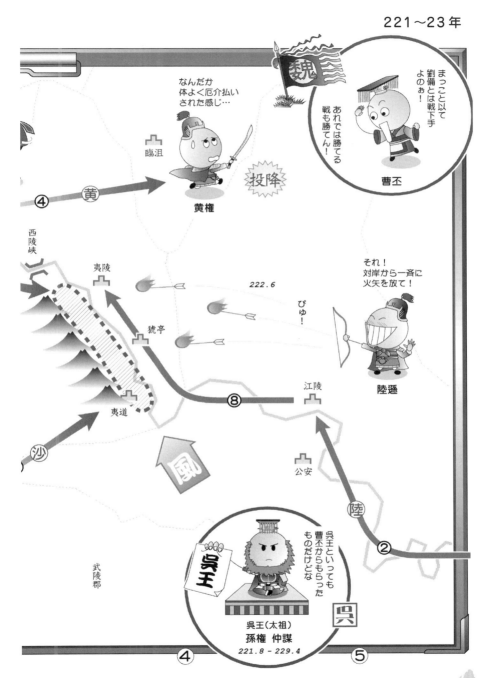

こうして、いよいよ蜀呉の戦の火蓋は切られました。
張飛が非業の最期を遂げた翌月、221年7月。
　まずは呉班［元雄］＊・馮習［休元］＊＊らを先鋒として、兵4万（＊01）を以て国境を越え、呉の最初の防衛線巫城（A/B-1/2）をアッという間に陥落させ（矢印①）、幸先のよいスタートを切ります。

　　＊　益州において、劉焉・劉璋と2代にわたってこれに仕えていたが、劉備が入蜀すると、族兄（呉懿）の妹を劉備に嫁がせることで姻戚関係を結び、昇進する。夷陵の戦、北伐での活躍が伝わるが、それ以外ではほとんど登場しない。

　＊＊　劉備が荊州を押さえたころから劉備に仕えていた武将だが、ほとんど「夷陵の戦」でしか登場しない。緒戦の勝利で呉をナメきってしまった彼の失態が、この戦を無惨な敗北へ導いた"元凶"として、非難を受けることが多い。

　ほぼ時を同じうして、呉王を名乗りはじめた孫権（D-4/5）も、陸遜を大都督として、朱然・潘璋・韓当・徐盛［文嚮］＊といった錚々たる将らを従えさせ、これに兵5万を与えて武昌を西進しはじめました（矢印②）。

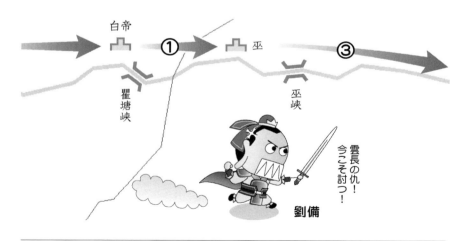

（＊01）『正史』には数字の記載がないため、この数字は『資治通鑑（司馬光）』より。ちなみに『演義』では、呉軍の兵力は史実のままですが、劉備軍の兵力だけが「75万」と異様に誇張されています。しかし現実には、当時の劉備が持ちうる兵力は8万程度が限界でした。

> ＊孫策から孫権へと代わったころから呉に仕えるようになった武将。数々の軍功を挙げた勇将のひとりだが、陸遜・蒋欽・周泰ら、他将と衝突することが多く、プライドの高さが災いして、今ひとつ協調性がなかった旨を窺わせる逸話が多い。

しかし、士気高く気勢の上がる蜀軍に反して、呉軍は軍内に不協和音が鳴り響いていました。

じつは今回、呉の歴戦の古参武将たちを差しおいて、書生あがりの若い陸遜が総大将になったことに諸将が不満を覚え、陸遜の思い通りに動いてくれなかったためです。(＊02)

そうした中、蜀軍（B-1/2）は秭帰（A/B-2/3）までも陥とし（矢印③）、勢

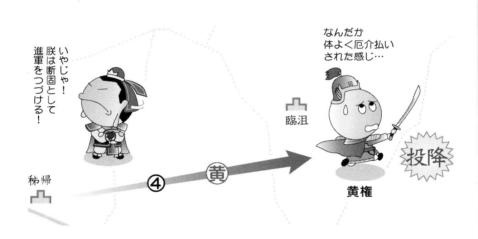

いづく劉備はさらなる進軍を考えましたが、しかし、これに諫言する者がありました。

(＊02) 日本でいえば、"成り上がり"の官僚タイプ石田三成に反発した、叩き上げの古参武将加藤清正・福島正則の対立 ── のような構図です。

本戦に従っていた劉備の軍師、黄権です。
「陛下！ 呉軍を侮ってはなりませぬ！
今、我々は長江の流れに沿って進んでいますから、進軍に易い態勢ですが、万一のとき撤退が困難な情勢にあります。
ここはひとつ、私が先鋒に立って敵軍に探りを入れてきますから、陛下は後詰めとしてここ（秭帰）で待機しておられますよう！」
しかし、もはやこのころの劉備は、何人の意見も聞き入れなくなってしまっていました。（＊03）
彼はこの意見を退けた（A-3）のみならず、黄権に別軍を与え、臨沮（A-4）方面に向かうよう命じます（A-3/4）（矢印④）。
耳の痛い諫言をする黄権を厄介払いするようにして。
さらに、馬良［季常］＊（D-1/2）に命じ、武陵郡（D-3/4）のあたりで「五渓蛮」（＊04）と呼ばれていた異民族の王 沙摩柯（D-2）を慰撫して本戦への参加を促すよう命じておき（矢印⑤）、自らは黄権の諫言を無視して城を出、長江を渡り、西陵峡（B-3）を越え（矢印⑥）、アッという間に夷陵（B-3/4）を攻め陥とし、さらにその先の猇亭（B/C-4）までも呑み込む快進撃。

こたびの戦に協力してくれた暁にはそなたをこの地の支配者として自治を認めましょうぞ！

馬良 季常

いいだろう！

五渓蛮の王
沙摩柯

そもそも呉の支配下に入ってからやつらのやり方が気に入らなかったのだ！

（＊03）あまりの暴走ぶりに、関羽・張飛を立てつづけに失って自暴自棄になっていたようにも見えます。「今すぐただちに関羽の仇を討つか、さもなくば死せん！」と。
ひょっとしたら、若き日、関羽・張飛とともに誓ったといわれる「同年同月同日に死せん！」という誓約（桃園結義）を守るため、死に場所を探していたのかもしれません。

＊ 五人兄弟のおそらく四男で、末弟に馬謖がいる。兄弟は全員字に「常」の字が
　　　入っていたため「馬氏の五常」と謳われ、中でも彼は若いころから眉に白髪が
　　　あったため、「白眉」と呼ばれて五常の中でももっとも優秀とされた人物。

　これにより「長江三峡（＊05）」のすべてを失った呉軍に動揺が走りました。
「ついに三峡すべてが陥ちてしまったではないか！
　陸伯言が何ら策を講じず、手をこまねいているだけだからだ！
　無能め！　あんな若造に総大将を任せておいたのでは呉は亡びるぞ！」
　しかし、こうした諸将の批判にもかかわらず、それでも陸遜は動きません。
──今は辛抱の時。
　　遠征軍は、大軍であればあるほど、兵站線が長くなればなるほど、戦が長
　　引けば長引くほど、見る間に兵糧は尽き、士気は落ちていくもの！
　　敵の勢いがあるうちはけっしてこちらから攻勢に出てはならぬ！
　呉に不審がみなぎる中、劉備は猇亭に本陣を遷し（222年2月）、さらに先鋒を出して夷道（C-4）を攻め立てます。
　ここさえ陥とせば、旧領奪還まであとは江陵を残すのみ！
　夷道の守将孫桓［叔武］＊は蜀の大軍に包囲され、江陵（C-5）を守る陸遜に援軍要請を出しましたが、事ここに至っても陸遜は動こうとしません。

　　＊ 呉の宗室のひとり。容姿端麗のうえ博識で、孫権から「顔淵の如し」と賞賛され
　　　た。その喩えの通り、彼は25歳にして中郎将となり、本戦に参加。しかし、戦
　　　後まもなく若くして亡くなってしまう。

──我に策あり！
　孫桓殿には「自軍のみで守りきるべし」と伝えよ。
　こうして、呉軍は断固とした守りに徹し、劉備軍がどれほど挑発してもこれ

（＊04）「武陵蛮」とも呼ばれ、宋代以降は「土民」、現在では湖北省・湖南省のあたりに住み、「土
　　　家（トウチャ）族」と呼ばれている少数民族。
（＊05）長江沿いにある3つの峡谷。上流より瞿塘峡（A/B-1）・巫峡（A/B-2）・西陵峡（B-3）。
　　　川の両岸が断崖絶壁になっており、船を着けるところもなく、陸路による侵攻は至難、守
　　　るに易く、攻めるに難い防衛拠点。

に乗ることなく、8ヶ月にもわたって睨み合いがつづきます。
　戦うこともできず、蜀兵の挑発にイラ立ちを覚える呉の古参諸将たちはこうした陸遜の消極的作戦に不満と不信が募るばかり。
「陸伯言は戦というものがわかっておらぬ！
　討つなら巫城で劉備軍の出鼻を挫くべきだった！
　いまや国境から500〜600里（200〜250km）も侵入され、8ヶ月も膠着している間に、敵は盤石の守備体制を固めてしまった！
　こうなってはもう、いまさら攻めたところで、こちらに被害が出るだけだ！」
　しかし、陸遜は答えます。
——いや、逆だ。
　長戦で、いまや敵の士気は衰え、軍内には厭戦気運がみなぎっている。
　今こそ大攻勢の時である！
　しかし、陸遜の言葉どおり討って出てみたところ、モノの見事に敗北。

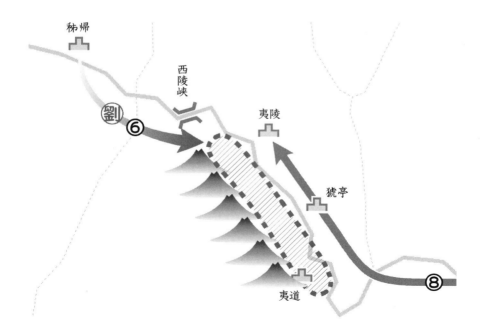

第2幕　夷陵の戦

「それ見たことか！
案の定、ただ無益に味方の兵を死なすことになっただけではないか！」
——いや、無益ではなかった。
今回の敗戦で、敵を打ち破る策を見つけた！

陸遜(りくそん)は、蜀軍(しょく)が川（長江）を前に、山を背にして夷陵(いりょう)・猇亭(こうてい)・夷道(いどう)に至る700里（約300km）(*06)もの長遠にわたって40余りの陣営を連ね、長細く布陣していること(*07)を知り、火計を発案。
——緒戦の連勝で軍規が弛み、しかも長引く戦に士気も下がりきっている今こそ、決行の好機！
敵陣営に対岸から火矢を打ち込めば、この時期の東南の風（C/D-4）にあおられて、一気に劉備陣営を火と煙で覆いつくすことができる！
そこで、夜半になってから敵陣に雨あられと火矢を打ち込む（矢印⑧）や、まったく予期していなかった夜襲と火攻(ひ)めに劉備(りゅうび)陣営は大混乱！！
抗戦どころか逃げ惑うしかない兵たちでしたが、逃げようにも前は川、後ろは山、右手に炎、左手は煙。

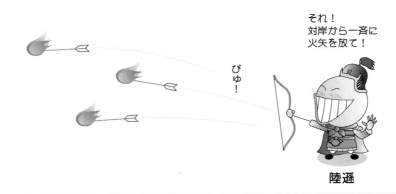

それ！
対岸から一斉に
火矢を放て！

びゅ！

陸遜

(*06)『正史』文帝紀より。しかし、実際の地図で測ってみると、夷道から遡って西陵峡まで120里（約50km）、秭帰まで190里（約80km）で700里に遠く及ばない。たとえ白帝城まで遡っても530里（約220km）で、かなり誇張した数字だということがわかる。

(*07) この布陣を伝え聞いた曹丕は結果を聞く前に「劉備というヤツは本当に戦を知らんヤツだな。これは間違いなく劉備の負けだ」と即座に断じています（A-5）（『正史』文帝紀）。

劉備軍はるいるいと死体を束ねながら敗走。

　たった一夜の攻撃で、劉備軍40の陣営が陥ち、長江は蜀兵の死体が一面に漂い、長年にわたって蓄えられた膨大な数の軍馬・軍船・糧秣・武器、その他の物資を失ったのみならず、馮習(＊08)・馬良などたくさんの将兵も討たれ、物的・人的損害は甚大なものとなります。

　劉備から別命を与えられて猇亭にいなかった黄権は、劉備軍の潰滅により退路を失い、致し方なく魏に降りました。

　命からがら敗走する劉備の下に、その報告が入ります。

——報告！

　黄権殿が魏に降った由にございます！

　これに家臣の中から憤りの声が上がりました。

「黄権の裏切者め！

　見せしめにやつの一族を族滅にするべし！」

　しかし、劉備はうなだれて答えます。

——いや。さにあらず。

　黄権が朕を裏切ったのではない、朕が黄権を裏切ったのだ。(＊09)

　白帝城まで逃げ帰ってきた劉備は、ショックのあまりここで病に倒れ、まもなく重篤となります。

　死を悟った劉備は、諸葛亮をはじめとする重臣、劉禅をはじめとする諸子を白帝城に呼び寄せ、遺言しました。

「孔明よ。君の才能は曹丕に十倍する。

　君ならば、かならずや我が宿願を成してくれるだろう。

　その際、もし我が子劉禅が皇帝として輔佐するに値するならば、是非これを輔佐してやってほしい。

(＊08) 彼が何をしでかしたかははっきりとは書かれていませんが、「こたびの大敗の原因は馮習の失態にその責任がある」と糾弾されています。

(＊09) 黄権の忠言を無視して無理な進軍を繰り返した自分の浅はかさを言っています。

だが、それに値しないならば、君が皇帝になるがよい」
諸葛亮ははらはらと落涙して答えます。
──何をおっしゃいますか。
　一介の書生にすぎなかった臣をここまで引き上げてくださった陛下のご恩に報いるべく、終生にわたり、身を粉にして、心より股肱として忠節を貫きます。
これを聞いて安心した劉備は、振り返って子供たちに告げます。
「息子たちよ。
　これからは丞相(諸葛亮)を父と思って仕えよ。
　善事はどんな小さなことも行え。
　悪事はどんな小さなことも行ってはならぬ。
　父は徳浅く、けっしてこれを見倣ってはならぬ。
　これらのことを怠ったならば、お前たちは不孝の子であると心得よ！」
そう言い遺すと、まもなく崩御しました。
享年63。
草鞋売りから身を興して以来40年。
矢の如く過ぎ去った日々の果てに、彼の波瀾万丈の人生はついにここ白帝城にその幕を閉じたのでした。

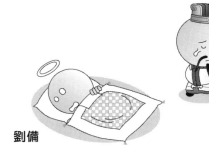

Column　水魚の交わり

　こうして夷陵の一戦で、蜀は長年蓄えた兵馬や兵糧を一気に失い、国勢が傾くほどの大敗を喫し、劉備も失意のうちに亡くなりました。
　ここでつくづく思うのは、「いくら開戦に反対していたとはいえ、開戦となってしまった以上、なぜ諸葛亮が軍師として従軍しなかったのか？」ということ。
　諸葛亮さえ側についていれば、こんな大敗はなかったろうに！
　劉備と諸葛亮の関係は、「水魚の交わり」と表現され、関羽・張飛も嫉妬したほどの蜜月でした。
　決起以来、四半世紀にわたって燻りつづけてきた劉備が、文字通り"水を得た魚"となり、一躍「群雄」のひとりとして名乗りを上げ、「皇帝」にまで昇り詰めることができたのも、ひとえに諸葛亮のおかげです。
　それがなぜ！？
　夷陵での大敗を伝え聞いた諸葛亮は、天を仰いで哀哭しました。
「嗚呼！！
　孝直殿さえ生きておれば、こたびの出兵を止められただろうに！
　たとえ止められなかったにせよ、これほどの大敗はなかったろうに！」
　孝直とはその前年になくなった法正のことですが、これは裏を返せば、
――自分には止められなかったが、法正なら止められたはず。
――自分は遠ざけられ、ついていくことが叶わなかったが、法正なら軍師として側に置いてもらえたはず。
…と言っているのも同然で、このころの劉備は諸葛亮を遠ざけ、むしろ法正を頼りとしていた――ということを意味しているのかもしれません。
　しかし、"魚"は所詮"水"の中でなければ生きてはいけません。
　"魚"が"水"を断ったならば、その先には「死」が待つのみです。
　劉備は"水"を得たことで鯉から昇龍しましたが、その"水"を拒んだことで自ら破滅の道へと突き進んだといってよいかもしれません。

第5章 鼎立崩壊

第3幕

兵馬なき統治を
南中征伐

夷陵の戦で大勝した呉だったが、それ以上蜀を追撃する余裕はなかった。魏が大軍で呉に攻めてきたためである。
しかし、魏呉が争っている間、蜀もまたこれに付け入ることができない。南中各地で叛乱が相次いでいたためである。そこで蜀は、呉と同盟を結んで背後の憂いを断ち、いよいよ南中征伐に乗り出す。

まだおやりになりますかな？

ぢぐじょ～～～っ！
どうしても勝てん！

孟獲

諸葛亮

〈南中征伐〉

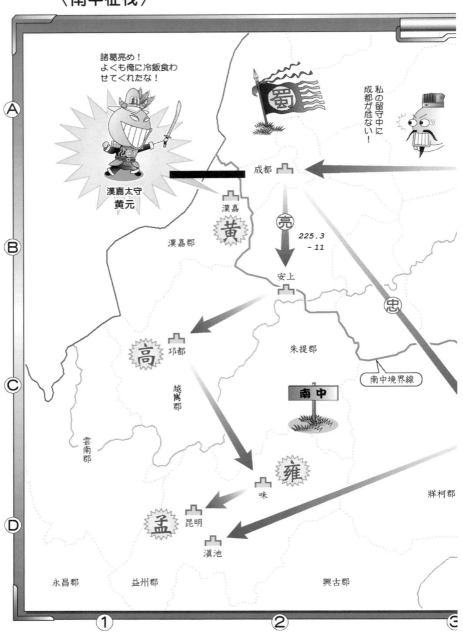

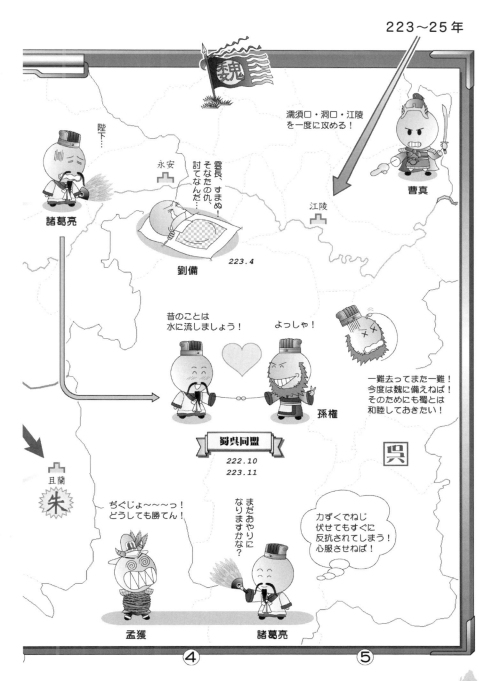

こうして関羽の死（219年12月）からわずか4年ほどで、これまで『三國志』で活躍してきた煌星のごとき英雄たちが一斉に姿を消していきました。(＊01)

　黄巾の乱（184年）から幕を開けた「三國志」は、以来35年の時を経て、この4年間が転換点（ターニングポイント）となって、急速に「次世代」に切り替わっていくことになります。(＊02)

　以後、『三國志』新章の開幕です。

　ところで魏と呉の関係は、夷陵の戦ののち、急速に冷え込んでいました。魏は"臣従の証"として太子孫登［子高］＊を人質に出すよう要求していたのに、呉は何やかやと言い逃れをしてこれに応じなかったためです。

> ＊　孫権の嫡男。母の身分が低かったが、聡明のうえ人望も厚く、やがて皇太子となる。政治においてもすぐれた手腕を発揮したが、33歳の若さで早世。周りから将来を嘱望されながら、結局、帝位に就くことなく亡くなった。

　人質の要求に応じないのは、「臣従する気などない」と意思表示しているのに等しく、家臣の反対を押し切って呉の臣従を受け容れた曹丕は怒り心頭、開戦を決意。

　呉はただちに夷陵から兵を退いて対魏戦に備えなければならなくなりました。夷陵で圧倒的勝利を収めながら、蜀軍が永安(＊03)（A-4）まで退くと、それ以上追撃することなく呉の側から蜀に和睦を申し入れたのは、こうした事情もあったためです。

　こうして劉備が永安で病に臥せっていた（A/B-4）ころ、呉は「夷陵の戦」の勝利の美酒に酔うまもなく、魏との一大決戦に臨まなければならなくなりました。

（＊01）本文に触れた以外にも、程昱（220年）、于禁（221年）、張遼・馬超（222年）、曹仁・賈詡（223年）といった三國志を語るうえで欠くべからざる錚々たる人物たちも、やはりこの時期に亡くなっています。

（＊02）しかし、次世代の者たちは第一世代の者たちに比べて総じて"小粒"。そのため、ここから先の歴史は"第一世代最後の巨星"諸葛亮を中心に語られることになります。

第3幕 南中征伐

魏は大軍を3つに分け、洞口戦線に曹休、濡須口戦線に曹仁、そして江陵（A/B-5）戦線に曹真［子丹］*（A-5）を派遣し、大将を曹氏一族で固めた三軍を以て「三方面作戦」で臨みます。

> * 曹操は彼の父（「曹邵（魏書）」とも「秦伯南（魏略）」ともいわれる）に命を助けられたことがあり、その恩義に報いて、父の死により孤児となった彼を引き取り、我が子同然に育てた。曹操・曹丕・曹叡に仕え、魏の重鎮となる。

この軍編成を見れば、曹丕の怒りと本気度がわかろうというもの。

兵数において3戦線すべてにおいて魏が圧倒していたうえ、呉軍は3戦線すべてにおいて失態を演じつづけます。

・洞口の戦では、暴風雨のために呉艦隊が大損害を出す。
・濡須口の戦では、曹仁の偽計に踊らされ、ただでさえ少ない城守備兵を激減させてしまう大失態を演ずる。
・江陵の戦では、城内に疫病が発生して兵は激減、士気も落ちる。

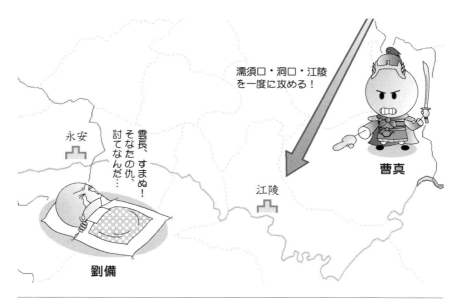

（＊03）劉備は猇亭から白帝城まで逃げ帰ってきた直後、白帝を「永安」と改名しています。

ところが、これほど有利な条件に恵まれながら、魏軍はついに呉を攻めきれずに撤退していくことに。(＊04)

魏も呉もポカ・ミス・連携不足でグダグダの戦は、魏の撤退で幕を閉じ、こうして呉は、蜀につづいて魏の侵攻からも自領を守ることに成功したのでした。

ところで。

まさに魏呉が激戦を繰り広げていたちょうどそのころ、蜀はこれを"高みの見物"――とはいかない情勢にありました。

―― 蜀軍、夷陵にて大敗！！

この報が各地に伝わるや、南中(＊05)(C-2)各地で叛乱の狼煙が上がったためです。

まず、諸葛亮（A-3）が劉備を見舞うため永安に出かけ、成都（A/B-2）を留守にしていたそのスキを狙って漢嘉（B-1/2）太守黄元＊（A/B-1）が反旗を翻します（222年12月）。

> ＊ ここに至るまでの詳しい経歴は不詳で、『演義』には登場しない。虚言癖があり、性格は粗暴で、恩や信義を感じぬ性質であったため、諸葛亮から遠ざけられ、漢嘉郡に左遷されたことが謀反の動機だといわれている。

(＊04) こうした失態は、曹操の死後、急速に魏の内部結束が揺らぎはじめていることを意味しています。股肱の臣は老い、軍権を与えても安心して任せられるすぐれた若手が育っていない証拠です。今回、総大将をすべて曹氏一族で固めたこともこのことを表しています。

(＊05) 益州の南部で異民族が多く居住している地域。

この叛乱自体は3ヶ月で鎮圧された（223年3月）ものの、息つくヒマもなく、すぐに益州郡（＊06）（D-1）から豪族雍闓＊と蛮族首長孟獲＊＊による叛乱がつづきます。

> ＊　劉備の死を知るや、益州太守（正昂）を殺し、孟獲を従えて挙兵。呉に帰服して、孫権から永昌太守に任ぜられる。こうした動きに朱褒・高定らも同調して叛乱は拡大していったものの、やがて高定の部下に殺されることに。

> ＊＊　『演義』では「七縦七擒」で重要な役割を演ずる有名な人物だが、『正史』には登場せず、史実としての彼の詳細はほとんど不明。諸葛亮に帰順後の彼の動向もよくわかっていない。

　さらに、牂柯（D-3）太守朱褒＊・越巂郡（C-1/2）の蛮族首長高定＊＊も挙兵し、アッという間に永昌郡（D-1）を除く南中全体に火の手が広がり、このときまだ夷陵の戦の傷が癒えていなかった蜀にはこれを討伐する余裕なく、一時は手が付けられなくなります。

> ＊　牂柯太守。雍闓の挙兵に応じた者のひとりだが、詳しい経歴等は不明。彼の地位も、後主伝では初めから「太守」なのに、馬忠伝では叛乱勃発時には「郡丞」だったが蜂起後「太守」を僭称したとあり、よくわかっていない。

> ＊＊　雍闓に呼応して叛乱に立ちあがった異民族（タイ系）の首領。しかし、途中で怖じ気づいてしまった雍闓を彼の部下が殺害し、孟獲を擁立して断固として諸葛亮軍と戦うも、捕らえられ斬首される。

　さしもの諸葛亮も、守勢に回るのが精一杯。
　もしこのとき、弱味につけ込まれて魏か呉、またはその両方から攻めたてられたら一巻の終わりです。
　そこで諸葛亮は、呉との同盟を模索し、呉もまた魏との対立にあって両者の利害は一致、関羽が討たれたとき以来壊れていた「蜀呉同盟」を再構築（223年）することに成功しました（B/C-4/5）。

（＊06）この乱の平定後、「建寧郡」と改称。

　こうして後顧の憂いも断ち、戦後の傷も癒えてきたと見た諸葛亮は、225年3月、ようやく南中平定に取りかかりました。
　今回は二正面作戦を取ることとし、左翼を馬忠［徳信］＊に任せ、牂柯太守朱褒の守る且蘭（C-3）に向かわせる（B/C-2/3）一方、自らは右軍を指揮して越巂郡の高定が守る邛都（C-1/2）に向かう（B-2）ことにします。

　　　＊ 関羽を捕えた潘璋配下の鼠輩「馬忠」とは同姓同名の別人。長らく県長などの
　　　　下級役人をしていたが、夷陵の戦のあとに見出され、劉備をして「黄権を失った
　　　　が、君を得た」と言わしめた。その後は、諸葛亮の右腕となって働くことに。

　安上（B/C-2）を出撃した諸葛亮はまもなく高定と対峙しましたが、ここで雍闓を調略するべく策動しました。
　調略に成功すれば高定を南北で挟み撃ちできますし、失敗しても両者に亀裂を生じさせる「離間の計」となり、一石二鳥。
　雍闓は、蜀軍の大軍を前にして怖じ気づき、降伏を考えましたが、これを察知した高定によって逆に討たれてしまいます。

（＊07）有名な「諸葛亮vs孟獲」の7度にわたる決戦、「七縦七擒」の逸話はこのあたりの話です。
　　　　詳しくは本幕コラム「七縦七擒」にて。

雍闓亡きあと、その軍は孟獲が引き継いで抗戦をつづけましたが、ここに高定を破った諸葛亮軍、朱褒を破った馬忠軍が昆明（D-1/2）に殺到して、善戦むなしく打ち破られることになりました。(＊07)

南中を平定した諸葛亮は、叛乱に加わった者たちを処罰することなくそのまま任用し、これを安撫します。

ある者が諸葛亮を問い糾しました。

「せっかく苦労して平定したものを、すべて叛徒たちに差し戻すのですか!?」

諸葛亮は答えます。

── もし、我々の手の者を就かせれば、彼らはそれを怨み、かならずやそれが災いの種となって、近いうちに反旗を翻すことは目に見えている。

そうならないためには兵を駐屯させなければならないが、そのための兵馬・兵糧の負担は甚大となろう。

兵も兵糧も使うことなく、この地に恒久的な秩序をもたらすためには、この方法しかないのだ。(＊08)

かくして、南中の者たちは諸葛亮の温情ある沙汰に心服し、見事に治まったのでした。

（＊08）裴注『漢晋春秋』より。

Column 七縦七擒

　諸葛亮による南中征伐は、『演義』では4回（第87〜90回）にもわたってながながと「七縦七擒」（7度捕らえ7度赦す）として解説されています。
　ところが『正史』では、諸葛亮伝に「春、諸葛亮は軍勢を率いて南征し、秋、これをことごとく平定した」とたったひとこと触れられているのみです。
　また『襄陽記』を紐解くと、南中征伐の直前、馬謖が諸葛亮に諡った助言が収録されています。
――南中は険阻と遠路に守られているゆえ、今日これを打ち破ったとしても、明日には反旗を翻しましょう。
　彼らを恒久的に支配するためには「城を攻む」のではなく「"心"を攻むる」のがよろしいかと。
　この言葉に、諸葛亮も孟獲を全面的に赦す方策を以て臨んだといいますから、わずか半年の間に「7度捕らえて7度解き放った」というのはいくらなんでも大袈裟（時間的に見ても不可能）でしょうが、ひょっとしたら1度くらいは解き放ったのかもしれません。
　ところで、『演義』でこの「七縦七擒」を紐解くと、「すさまじい」のひとことに尽きます。
　当時は存在しないはずの火薬を使った地雷。
　呑めば死に至り、浸かれば骨と化す毒泉、毒霧を吐く森。
　祈れば水が湧き、羽扇の一振りで風向きも変える諸葛亮の超能力。
　虎・豹・毒蛇・蠍を意のままに操る南蛮王。
　口から火を吹く巨大ロボット獣（獅子型）。
　南蛮兵が呑むと精力が出るのに蜀兵が呑むと死ぬという都合のよい水。
　刀も槍も矢も効かない不死身兵――などなど。
　いくらなんでもやりすぎで、あまりの荒唐無稽な話に、陳寿がこうした伝承をごっそり割愛したのも頷けます。

第5章　鼎立崩壊

第4幕

泣いて馬謖を斬る
第1次 北伐（街亭の戦）

南中を押さえた諸葛亮は、いよいよ北伐を決意する。趙雲に陽動軍を与えて暴れさせる一方、自らは主力軍を率いて関山道を進む。魏軍が陽動に釣られているうちに隴右はつぎつぎと蜀の手に陥ちていった。何もかも順調。あとは少しの間街亭を守りきるだけで大勝利は間違いなし！　諸葛亮はその守将に馬謖を任ずる。

嗚呼、幼常！
なんてことをしでかしてくれたのだ！
あと一歩だったのに！

諸葛亮

〈第1次 北伐（街亭の戦）〉

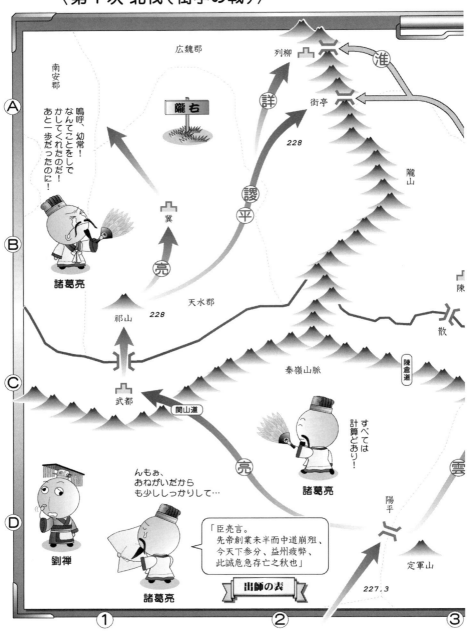

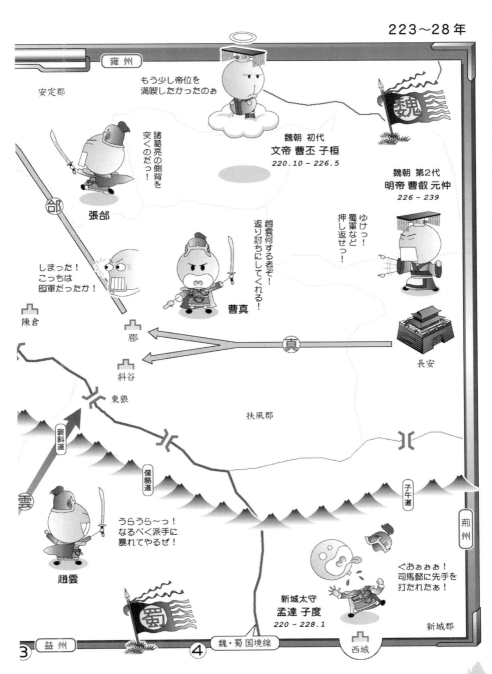

蜀が南中対策に忙殺されていたころ（223〜25年）、魏は連年のように呉討伐軍を繰り出していました。
222〜23年　洞口・濡須口・江陵の戦（三方面作戦）
224年　　　第1次 広陵の戦　　　（偽城の計）
225年　　　第2次 広陵の戦　　　（長江氷結）

　第1次 広陵の戦では、孫権は魏が濡須口に攻めてくると考え、ここに防衛態勢を固めていたら、想定外の広陵を攻められて危機に陥っています。
――なにっ！？　広陵に攻めてきただとっ！？
　　兵を濡須口に集めてしまっておるから、広陵はガラ空きだ！
　　今あそこを攻められたら簡単に陥ちてしまう！
　しかも、広陵と建業はまさに"目と鼻の先"（約7km）でしたから、万一広陵が陥ちれば、建業も殆うい（＊01）。
　狼狽する孫権に徐盛が名乗りを上げました。
「我が君！　私めに策が！
　　建業を中心として長江沿岸数百里にわたって簡単な木材の骨組みを作り、これに藁の簾をかけて壁に見せかけ、一定間隔に即席櫓を作るのです。
　　これで遠目には立派な"城壁"に見え、やつらは上陸を諦めるでしょう！
　いわば、三國志版「墨俣一夜城」といったところですが、これに諸将はこぞって反対。
――バカな！！
　　そんな子供騙しが通用するものか！
　　近づいて見ればバレバレだろうが！
「心配御無用！
　　"城壁"の前に軍船を並べて近づけさせないようにすればよいのです！」
　それでも諸将は頑として反対したものの、さりとて対案があるわけでもなく

（＊01）もっとも当時の呉の都は「武昌」（221〜229年）でしたから、仮に建業が陥ちても、ただちに「首都陥落」というわけでもありませんでしたが。

（＊02）、徐盛はこれを押し切って「偽城の計」を強行。

こうして一夜にして作られた"偽城"を前にして、進軍してきた曹丕は仰天。

──裏をかいて広陵を攻めたのに、見抜かれていたか！

いまだ呉には人材が多いと見えるな。

こうして、まんまと偽城に騙された曹丕は、戦わずして撤退していきました。

しかし、曹丕は諦めることなく、翌225年にも10万もの大軍で広陵を攻めてきます。

ところが今度は、折悪く例年にない大寒波が到来して長江が凍結、水軍が身動きできなくなってしまったため、またしても"戦わずして撤退"を余儀なくされます。

こうして即位直後から、失敗しても失敗してもまるで"何か"に急き立てられるように連年にわたって呉への侵攻を繰り返してきた曹丕。

しかし、その彼がこの翌年に出撃することはありませんでした。

226年5月、曹丕崩御（A-4）。

在位わずか7年、享年40という若さでした。

ひょっとしたら、彼を急き立てていた"何か"とは「病魔」だったのかもしれません。

もう少し帝位を
満喫したかったのぉ

魏朝　初代
文帝　曹丕　子桓

（＊02）いつの時代にも「対案もないくせに反対だけはする」者は多い。そういう輩は、失敗すれば「それ見たことか！」と発案者を追及するが、成功してもダンマリを決め込んで自ら責任を取ろうとせず、ただ組織を引っかき回すだけの"組織のガン"でしかありません。

あとを継いだのは嫡男曹叡［元仲］*（B-5）、弱冠21歳(＊03)。

> ＊ 母はもともと袁紹の次男袁熙の妻だった甄氏。子供のころは曹操からその才を愛
> され、成人後は「秦の始皇帝」「漢の武帝」に準えられた（劉曄）。
> 卑弥呼に「親魏倭王」の金印を下賜した皇帝とされる（魏志倭人伝）。

新皇帝はまだ若輩だったため、司馬懿・曹真・陳羣［長文］*らに後事が託されます。

> ＊ 初め、まだ徐州で陶謙の客将をしていたころの劉備に別駕として仕えていた。
> しかし、劉備が徐州牧になろうとすると、これに反対し、まもなく劉備との縁は
> 切れ、やがて徐州に入城してきた曹操に召され、ここで出世していくことに。

曹丕の急死は魏に動揺を与えましたが、蜀呉にとっては好機でした。
まず呉が動き、曹丕の死から2ヶ月と経たずして戦をしかけます（7月）。
しかしこれは急なこととて準備不足が祟り、あえなく石陽・襄陽で打ち破られ、成果なく撤退することに（8月）。
呉の撃退に成功した魏でしたが、国内でも不穏な動きが起こります。
樊城の戦(＊04)ののち、蜀を裏切り魏へ走っていた孟達です。
彼は、蜀降将として司馬懿ら魏の股肱の臣から疎んじられていましたが、曹丕にはたいそう気に入られていたため、その存命中は安泰でした。
西城郡・上庸郡・房陵の3郡を統合して「新城郡（D-5）」を新設(＊05)し、その太守とさせてもらう好待遇。
しかしこのたび、曹丕が急死したことで、彼の立場は急速に悪化。
――まずいな。今度は呉に降るか。
いや、劉備は死んだのだから、いっそ蜀に帰参を願い出るか。

(＊03)『正史』に拠れば、彼の生年は204年。しかしその年は曹丕が甄氏を妻に迎えた年なので、それだと父は甄氏の前夫（袁熙）ということになってしまいます。その割にはそのことが問題になった形跡はなく不自然なため、一般的には「生年206年説」が取られています。

(＊04) 関羽が討たれるきっかけとなった戦。「第4章 第6幕」参照。

(＊05) のちにふたたび元の3郡に戻されると、魏興郡・上庸郡・新城郡となります。

彼は苦悩します。
　一方そのころ、蜀もようやく南征が一段落し、後顧の憂いを断ったそのタイミングで曹丕の死が伝わり、諸葛亮は「北伐」を決意していました。
　北伐にあたって、この孟達を味方にできればどんなに心強いか。
　そこで諸葛亮は、彼に手紙を送って蜀への帰参と内応を勧めます。
　逡巡していた孟達はなかなか「是」とも「不」とも答えなかったため、彼の応諾を得られないまま時が過ぎ、出陣の時を迎えてしまいます。
　しかし。
　出陣にあたって、彼には大きな気がかりがありました。
　他でもない、蜀２代皇帝 劉禅（D-1）のことです。
　哀しいかな、彼は中国歴代皇帝の中でも「暗君」「愚帝」の筆頭・代名詞となっている桓帝・霊帝にも引けを取らぬ暗君。(＊06)
　諸葛亮が長く成都を留守にすれば、"目付"がいなくなった途端たちまち佞臣・奸臣(＊07)に操られて国が乱れかねず、後ろ髪を引かれる想い。

劉禅

んもぉ、
おねがいだから
も少ししっかりして…
諸葛亮

「臣亮言。
　先帝創業未半而中道崩殂、
　今天下参分、益州疲弊、
　此誠危急存亡之秋也」

出師の表

（＊06）劉禅の評価に関して「じつは名君」と主張する人たちがいます。しかしながら、どんな世界にも「じつはアポロは月に行っていなかった！」だの「相対性理論は誤りだ！」だの、あえて珍説・奇論を唱えて得意満面という人はいるもので、これもその類にすぎません。
（＊07）佞臣とは、「媚びへつらうことしか能のない家来」のこと。
　　　奸臣とは、「悪巧みをして国を傾ける家来」のこと。

そこで諸葛亮は、出陣にあたって"君主としての心構え"を劉禅に諭すため、「出師の表」を上奏します。
——臣亮言す。
　先帝の創業、未だ半ば、中道にして崩殂せり。
　今、天下は三分し、益州は疲弊す。
　此れ誠に危急存亡の秋なり。＊

　　＊ 私（諸葛亮）が陛下（劉禅）に申し上げます。先帝（劉備）は漢朝復興の大業を夢見ながら、志半ばにして亡くなられました。そして今、天下は３つに分れて相争っているというのに我が国は疲弊しきっており、これこそ国家存亡の時です。

…という言葉から始まり、つぎの言葉で結ばれます。
——臣、恩を受けて感激に勝えず、今まさに遠く離れるべし。
　表に臨んで涕泣し、云うところを知らず。＊

　　＊ 私（諸葛亮）は先帝（劉備）の恩を受けて感激に堪えませんが、今まさに陛下（劉禅）の下を遠く離れねばなりません。私の今の気持ちを陛下に伝えるにあたり、涙が止めどなく溢れ、これ以上つづける言葉もありません。

　これは、のちに「これを読んで涙を流さぬ者は、かならず不忠なり」と言われるほど、諸葛亮の忠心から湧き出る切実な想いが込められた名文でした。
　劉禅の心にどれだけ響いたかは別問題ですが。
　こうして諸葛亮は蜀のほぼ全軍に近い兵を率いて北上、陽平関（D-2/3）までやってまいりましたが、さて、つぎにどの道を通って長安（B/C-5）に向かうか。
　魏と蜀の間には3000m級の険しい秦嶺山脈（C-2）が聳え立ち、これを抜ける道は長安に近いところから順に、

（＊08）裴注『魏略』より。戦というものは「ただ勝てばよい」というものではなく、「如何に味方の損害を少なく勝つか」が重要なのであって、正面からの攻撃は仮に勝利したとしても味方の損害が大きくなる可能性が高く、智将のすることではありません。
　しかし魏延は納得せず、「孔明が臆病者のせいでワシの才が充分に発揮できぬ！」と不満を募らせていくことになります。この不満がのちに爆発し、彼の命取りに。

第4幕　第1次 北伐（街亭の戦）

子午道（C/D-5）・儻駱道（駱谷道）（C-3/4）・褒斜道（斜谷道）（C-3）・陳倉道（故道）（C-3）・関山道（祁山道）（C-1/2）の5つ。

魏延は、最短距離で長安の正面に出ることができる「子午道」を強く勧めましたが、"正面"であるがゆえに魏が万全の態勢で臨んでいないわけがなく、諸葛亮はこれを一蹴します。（＊08）

諸葛亮はまだ孟達の説得をつづけており、彼が寝返ってくれれば、子午道は孟達に任せ、長安を挟撃したいと考えていたためでもあります。

そこで諸葛亮は「褒斜道から東狼関（C-3/4）を抜けて郿（B/C-3/4）を攻める」と喧伝しつつ、実際に趙雲（D-3）に兵を与えてその道を進軍させます。

魏でも蜀軍の動きを察知し、明帝（曹叡）御自ら長安までやってくると、知らぬ者とてない勇将 趙雲が「褒斜道を進撃中！」との報を耳にしてこれを「主力軍」と確信、曹真（B-4）を総大将として斜谷（B-3/4）・郿へと進軍させました。

しかし、趙雲軍はあくまでも陽動。

そのころ蜀主力軍は諸葛亮に率いられて、魏がまったく想定していなかったもっとも遠回りの関山道を進軍中でした。

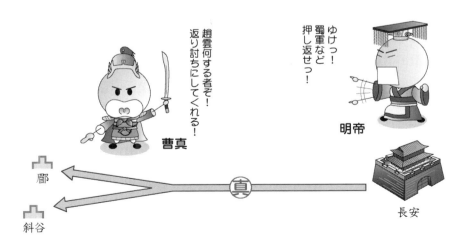

　こうした蜀の動きを知り、依違逡巡していた孟達もついに挙兵を決意。
　これを知った諸葛亮は「我が事成れり！」と喜びましたが、孟達の叛逆を察知した司馬懿が上庸を急襲、孟達を討ってしまったため（D-5）、これはヌカ喜びに終わります。

――無念！

　とはいえ、まだまだ作戦そのものは健全に動いていました。
　このまま兵を進め、まずは魏がこちらの動きに気づく前に隴右（A-1/2）（隴山以西一帯）を征圧し、ここを足掛かりとして着実に東進していく。
　つまり迅速（スピード）が命です。
　その点、関山道は比較的平坦な道で大軍を進めやすく、諸葛亮は一気に武都（C-1）を越え、祁山（B/C-1）に入り、さらに北上して冀城を陥とす(＊09)と、諸葛亮の威名を前にして天水郡（B/C-1/2）・南安郡（A-1）・安定郡（A-3）の３郡が戦わずしてぞくぞくと降ってきました。
　諸葛亮はこのままさらに北上して、一気に涼州をも陥とさんと軍を進めました（A/B-1）が、このころには魏も諸葛亮の動きに気づき、張郃（A-3/4）・郭

(＊09) このときの降将に姜維（天水郡武将）がいます。
(＊10) 『演義』では、街亭に派遣されたのは司馬懿ということになっています。

淮［伯済］＊を遣わしてこの側背を突かんと軍を進めてきます(＊10)。

> ＊ 潼関の戦のころ(211年)から曹操に仕えるようになり、漢中征伐に随行している。漢中征圧後はここに残り、夏侯淵の部下（司馬）となった。定軍山で夏侯淵が戦死したあと、動揺する兵をよくまとめ、見事な撤退戦を指揮している。

しかし、こうした魏の動きも諸葛亮の想定内。

隴右は隴山(A/B-2/3)という自然要害に護られており、その"通り道"となっているのは街亭と列柳(＊11)(A-2)の2ヶ所のみ。

つまり、この2つを固めてしまえば、張郃もおいそれと隴右に入ることはできませんから、その間に涼州を押さえてしまえばよい。

無理に魏軍を撃退する必要すらなく、ほんの少しの間だけ食い止めて時間稼ぎをしてくれるだけでいい。

こうして涼州を制圧した暁には、全軍で街亭に進んで張郃を撃破し、そこから南進して、趙雲とともに郿を守る曹真を南北から挟み撃ちにする。

郿さえ陥としてしまえば、あとは長安まで一直線です。

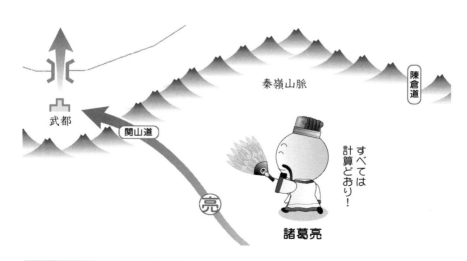

(＊11) じつのところ、「列柳」の正確な場所は現在わかっていません。
ただ「街亭の北方」「城があった」ということが記されているのみです。

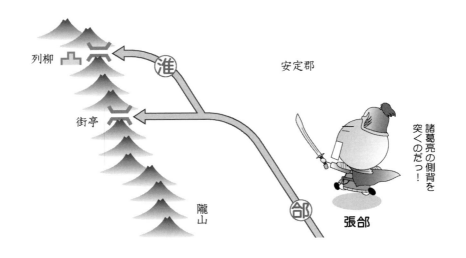

　ここまで、すべては諸葛亮の掌の上で動いており、もはや北伐は九分九厘成功したようなものでした。
　あとは、誰を街亭の守将とするか。
　列柳には城があったので比較的守りやすかったのですが、問題は街亭。
　ここには城がないぶん守りにくく、ここの防衛が戦況全体を左右する重要なものとなります。
　これを成し遂げた者は、間違いなくこたびの戦の第一級殊勲。
　断じて失敗は許されませんから、諸将はこぞって経験豊かな魏延・呉懿［子遠］＊らを推挙します。

> ＊「呉壱」とも。呉班の兄。劉備の義兄（妹が穆皇后）。初め劉璋に仕えていたが、劉備の入蜀とともに劉備に仕えるように。「剛毅な性質で将軍としての才溢れ、多くの戦功を上げながら、博愛の心を忘れなかった」と絶讃される将。

　ところが諸葛亮はこれを遮り、軍を指揮した経験もない馬謖を大抜擢、彼を街亭の守将に任じました。
　諸葛亮は彼の才を非常に高く買っていましたが、諸将の評価はあまり芳しいものではなく、「何の実績もないくせに口だけは達者な青二才」との謗りを受けることが多く、生前の劉備の評価もそれに準ずるものでした。

劉備はその臨終にあたって、諸葛亮に忠告しています。
「孔明よ。そなたはやけに馬謖を買っておるようだが、あやつはいかん。
あやつが達者なのは口だけ、くれぐれも重要な仕事を任せてはならんぞ」
　諸葛亮は、そんな馬謖に第一級の戦功を与えてやることで、こうした謗りを黙らせたかったのだと思われます。(＊12)
　こうして諸葛亮は、諸将の反対を押し切り、街亭に馬謖を、列柳に高詳＊を送り込んで、その守りとします。

> ＊『正史』ではここに登場するのみで、その詳しい経歴、生没年等まったく不明。字すら不明、名すらブレがあり、『正史』では「高詳（曹真伝・郭淮伝）」となっているが、『魏略』では「高祥」、『漢晋春秋』では「高翔」と記されている。

　しかし、諸将の反対を押し切っての人事となれば、万が一失敗すれば、その責は諸葛亮にも及びます。
──だいじょうぶ、街亭は城こそないが隘路(＊13)となっており、その道筋に陣を布けば、滅多なことで陥ちるものではない。
　しかし、諸葛亮も一抹の不安を感じたのでしょう、出撃前に馬謖に何度も念を押しています。
──よいか、幼常。かならず道筋に陣を布くのじゃぞ！？
　街亭では勝つ必要などない、ただ守るだけでよいのだから。
　まかり間違っても山頂などに陣を構えてはならぬぞ！
　それでも不安が拭えなかったのか、さらに諸葛亮は百戦錬磨の王平［子均］＊を輔佐に付けます。

> ＊初め曹操に仕えていたが、劉備が漢中を押さえると、蜀に仕えるようになる。ろくに文字も読めなかったにもかかわらず、洞察力にすぐれ、数々の軍功を挙げる。のち、蜀の重鎮となり、漢中太守として蜀の北を守る大将軍に昇り詰める。

(＊12) 人事に私情を挟んだとき、それは組織の腐敗と崩壊を招きます。しかし、人間というものは、私情を一切持ち込まぬなどおよそできない相談で、諸葛亮ほどの人物でもこの禁を守ることができませんでした。そして、それが蜀を破滅へと導くことになります。

(＊13) 狭い道。隘路は軍事的に防衛が易く、攻めるに難い拠点となります。

――万一幼常が暴走するようなことがあったら、彼を諫めてやってほしい。

まさに至れり尽くせり。

諸葛亮の"親心"を感じざるを得ません。

しかし、「親の心子知らず」とはよく言ったもの。

これで安心……と彼を送り出したものの、つぎにやってきた伝令の言葉は諸葛亮の耳を疑わせるものでした。

――なに！？　街亭が陥落しただと！？

バカな！！

あそこがそんなに簡単に陥ちるはずが！？

「はっ！

それが馬謖将軍は山上に陣取った由にて…」

――山上に陣取っただと！？

あれほどきつく道筋に陣取れと念を押しておいたのに！

王平は何をしておった！？

「それが……。

王平将軍の再三の諫言にもまったく聞く耳を持たなかったようで……」

馬謖は何を思ったか(＊14)、諸葛亮の命に背いて、あえて山頂に陣を布いてしまったため、張郃軍はこれを囲んで兵糧攻めを行い、難なく街亭を陥とすことに成功したのでした。

これにより今回の「北伐」は根本的に崩壊し、ただちに全軍総崩れとなって撤退を余儀なくされます。

軍命を守っての敗戦なら仕方ありませんが、軍命違反を犯したうえ、全軍を敗走に導いた罪は軍法上死罪です。

馬謖は自らを縛り上げて諸葛亮の前に出て死を請います。

諸葛亮は、我が子のように愛し、手塩にかけて育てた愛弟子馬謖を軍令に基

(＊14) 彼の本心は誰にもわかりませんが、おそらくは功に焦り、「誰もが驚く大勝利」「諸葛亮の軍略を超えた戦術」を考えてしまったのでしょう。

づいて処刑します。

——泣いて馬謖を斬る——

どんなに愛する者であっても、私情に駆られて処分を甘くしてはならない。これはこのときに生まれた成語です。

私情に駆られて大抜擢を行った諸葛亮は、私情を棄てて愛する者を処断せざるを得なくなったのでした。

「つかんだ！」と思った栄光は、するりとすり抜け、気がつけば大怪我。

諸葛亮が抱いたほんの少しの"私情"と、たったひとりの将の"功名心"が、国を傾けるほどの大敗を招き、結果的にこれを境として、蜀は本格的に衰勢に向かっていくことになるのでした。

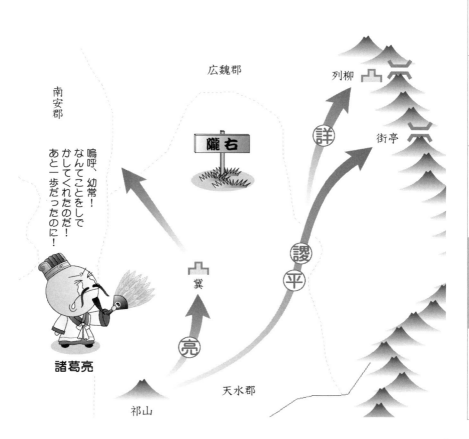

Column　己を過信した馬謖

　それにしても、馬謖はなぜ諸葛亮の言いつけを破ってまであえて山頂に陣取ったのでしょうか。
　『正史』にはその理由が書かれていませんが、『演義』には以下のように説明されています。

馬謖「道筋に陣を布くなど聞いたことがない！
　　　見ろ、あそこに山がある。あの頂に布陣しよう！」
王平「それは如何なものでしょうか。
　　　あれは孤山、包囲されればひとたまりもありません」
馬謖「兵法では『高きより低きに臨む、その勢いたるや破竹の如し』というのだ！　包囲されたら逆落としをかけて全滅させてやる！」
王平「それは敵が攻め上ってきたときの話です。
　　　包囲され、攻めてこず、水源を断たれたならば如何いたします？」
馬謖「孫子には『兵は死地に陥として活かせ』とある。
　　　水脈を奪われたとなれば、危機に陥った我が兵は百人力、それこそ敗けるはずがない！」

　馬謖は頑として山頂に布陣すると言って聞かず、結局、王平の言葉どおり、水源を押さえられ潰滅することになります。
　馬謖は若いころから多くの書を読みあさり、膨大な知識を得てこれを諳んじ、「馬氏の五常」と謳われましたが、軍人畑で生まれ育ち、文字もろくに読めなかった王平にも及ばなかったのです。
　これを現代日本で喩えるなら、東大を首席で卒業した者が、就職後、中学校もまともに出ていないような上司を小馬鹿にし、上司の命に従わずに勝手な行動を取って暴走、その結果、会社が倒産しかねないような莫大な損失を出した ── といったところです。
　「知識は実戦で磨かれて初めて活きる」ものであって、「知識量と洞察力は相対関係にない」という逸話は、歴史を紐解けば枚挙に遑がありませんが、いつの世もこれを理解できない者があとを絶ちません。

第5章 鼎立崩壊

第5幕

兵站ままならず！
第2次・第3次・第4次 北伐

諸葛亮は第一次北伐の敗戦に懲りることなく、連年のように北伐を繰り返す。しかし――。第2次ではあと一歩のところで兵糧が尽きて撤退。第3次では武都・陰平を陥とし一定の成果を挙げるも、第4次ではまたしても兵糧が尽きて撤退。前線での勝利はいつも兵站の破綻に潰されていった。

くくっ！
あと一歩なのに
帰還命令とは…

諸葛亮

祁山

〈第2次・第3次・第4次 北伐〉

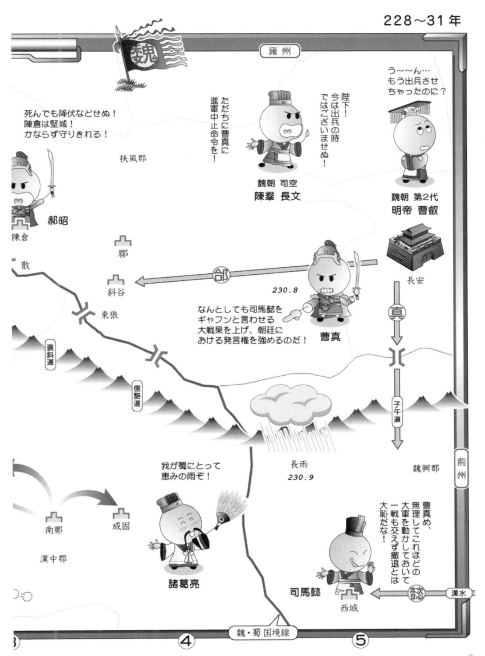

第1次北伐の直接的な敗因は、確かに馬謖の無能にあるでしょう。『演義』でも、さも馬謖に全責任があるかのように描かれています。

しかしながら。

「子の罪は親の責」、下の者の失敗はこれを用いた者に「任命責任」があるうえ、しかも今回は、周りの反対を押し切って、諸葛亮が私情を挟んだ人事を強行した結果ですから、諸葛亮の罪は重い。

これを自覚していた彼は、自らを三階級降格させます。(＊01)

ところで、ちょうどそのころ呉は、魏の主力軍が関中に釘付けとなっているのを見て、今のうちに魏と一戦交えたいと考えました。

とはいえ、呉は守勢には強いが、こちらから討って出て勝った試しがほとんどありません(＊02)。

そこで孫権は、寿春に籠もる曹休を皖城まで誘い出そうと一計を案じます。まず、呉将 周魴［子魚］＊ に命じて、曹休に投降の手紙を送らせました。

> ＊ 若いころから学問に励み、推挙されて県長となる。その後、数々の功を挙げて出世していき、孫権が曹休を誘い出すための「投降役」を募ったとき、これに名乗りを上げる。こうして曹休に7通もの手紙を送り、彼を騙すことに成功する。

「魴は今、呉での立場が殆うくなり、魏への投降を考えております。

今、皖城が手薄ですから、将軍がここを攻めてくだされば、魴もそれに合わせて内応しますので、かならず陥ちます！」

この「偽降の計」にまんまと騙された曹休は10万の大軍を以て寿春城を出て南進を始めます（228年5月）。

"巣穴に閉じ籠もるキツネ"を燻り出すことに成功した呉は、石亭にてこれを散々に打ち破ることに成功（石亭の戦）し、曹休軍は壊滅的打撃を受けて敗走するハメに（8月）。

(＊01) しかしながら、すでに蜀は諸葛亮なくして国が成り立たなくなっていたため、「三階級降格」といっても形式的であり、実質的にはこれまでと変わりなく「丞相」でした。

(＊02) 赤壁でも濡須口でも、呉はこれまで何度となく云十万という魏の大軍を撃退していますが、合肥の戦では「10万で攻めて7000に蹴散らされる」等、攻めにはめっぽう弱い。

これを伝え聞いた諸葛亮(D-2/3)も「第2次 北伐」を発動(12月)。

当時の陳倉(A/B-3)にはわずか1000の守備兵しかいないとの情報を得て、今度は陳倉道(B/C-3)から一気に散関(B-3)を抜け、陳倉を正面から攻めることにします。

しかし急のこととて準備不足が否めず、用意できた兵糧はわずかに20日分。この「20日間」のうちに陳倉を陥とさなければなりません。

そこで諸葛亮は、陳倉守将郝昭[伯道]*(A/B-3)に降伏を勧める手紙を送って心理的に揺さぶりをかけたり、衝車・雲梯(＊03)などの攻城兵器を駆使して攻めたてました(陳倉の戦)が、陳倉は堅城、20日という"持ち時間"はアッという間に消費し、たちまち兵糧が尽きて撤退を余儀なくされます(＊04)。

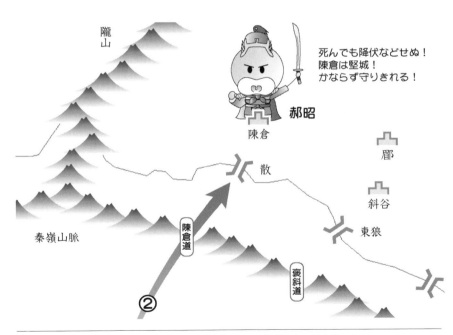

(＊03) 衝車とは、城門を破壊するための攻城兵器で、大槌が取りつけられた台車。
　　　雲梯とは、城壁をよじ登るための攻城兵器で、梯子が取りつけられた台車。

(＊04) 諸葛亮が直々に指揮した戦として、諸葛亮の"初黒星"となりました。

＊ 曹操以来、曹氏三代に仕えた武将。勇猛果敢で、数々の戦功を上げ、雑号将軍
　　　　にまで出世。わずか1000の手勢で諸葛亮に"初黒星"をつけたことで一気に名
　　　　を馳せることに。しかしこののちまもなく病没。

　しかし諸葛亮はこれに挫けることなく、年が明けたばかりの229年1月、早くも「第3次 北伐」に取りかかります。
　まるで"何か"に急き立てられているかのように。(＊05)
　今度は、陳式＊(D-1)に命じて、武都(B/C-1)・陰平(D-1)に進軍させ、自らは建威(B/C-1)で魏軍の侵攻を待ち受けます。

　　　＊ 関中の戦・夷陵の戦・北伐で活躍するも、史料が乏しく、出身地も字も不明で、
　　　　史料(資治通鑑など)によっては「陳戒」と表記されているなど、名にすらブレが
　　　　ある。『演義』では陳寿の父とされているが証拠はない。

　当時長安に駐屯していた雍州刺史郭淮は蜀軍の動きを知って、いったんは出撃するも、諸葛亮が建威に布陣したとの報を受け、布陣の不利(＊06)を悟り、あっさりと撤兵してしまいます。
　これにより、武都・陰平を戦わずして併合することに成功。
　諸葛亮は休む間もなく、今度は沔陽(C/D-3)に漢城を、成固(C/D-3/4)に楽城を築いて魏の反撃に備えます。
　この功により、諸葛亮は丞相の地位に返り咲いたものの、一難去ってまた一難、今度は呉が諸葛亮を悩ませました。
　この直後(4月)、孫権が「皇帝」に即位したのです。(＊07)
　中国にとって「皇帝」は、理念上"最高にして宇宙唯一の支配者"であって、他の「皇帝」の存在をけっして認めない存在です。
　これまで魏(帝)と呉(王)が同盟を結ぶことはあっても、魏(帝)と蜀(帝)

(＊05) 曹丕の晩年が思い起こされます。

(＊06) 郭淮軍が武都へ向かえば諸葛亮に背後を突かれ、建威に向かえば陳式に背後を突かれる懼れがありました。

(＊07) 魏・蜀・呉の三國が揃って「帝国」となったのは、このときが初めてです。

がけっして同盟を結ばないのは、皇帝(ホワンデイ)と皇帝(ホワンデイ)は文字どおり"不倶戴天(ふぐたいてん)の敵"だからです。

ところが、ここにきて孫権が「皇帝(ホワンデイ)」を僭称(＊08)したとなると、蜀と呉も"不倶戴天の敵"同士ということになり、理念上、同盟が不可能になります。

しかしすでに見てきたように、三國鼎立を維持するためには「蜀呉同盟(しょくごどうめい)」は絶対的に必要不可欠。

理想と現実の衝突。
諸葛亮(しょかつりょう)はこれに頭を抱えたのでした。
しかし、諸葛亮(しょかつりょう)は断腸の思いで「名を棄て実を取る」ことを選びます。

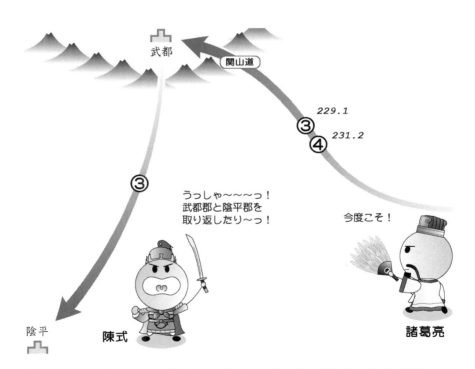

(＊08) 魏の大義名分は「漢王朝から禅譲されたから」。蜀の大義名分は「漢室の末裔だから」。これらはそれなりに説得力がありますが、呉の大義名分は「黄龍・鳳凰が現れたから」というウソ八百。どう贔屓目に見ても紛れもなき「僭称」です。

蜀呉同盟なくして、「三國鼎立」は断じてあり得ない(＊09)のですから。

毎度毎度、蜀呉に仇なす動きをする呉に憤る気持ちを抑えながら、諸葛亮はわざわざ陳震［孝起］＊を使者に立て（6月）、祝賀を述べさせてまで「蜀呉同盟」の存続を図りました。(＊10)

　　＊ 劉備が荊州牧になったころ以来の蜀臣。誠実・謙虚な人物。
　　　 人を見る目があり、諸葛亮に「李厳を重用すればかならず災いとなる」と忠告し
　　　 たことがあるが聞き流されている。のちに彼の言葉は現実となる。

蜀呉同盟の結束を知った魏は、年が明けるとともに（230年1月）合肥に新城を築いて呉に備えたうえで、8月には曹真（B-5）を総大将として蜀に大攻勢をかけます。

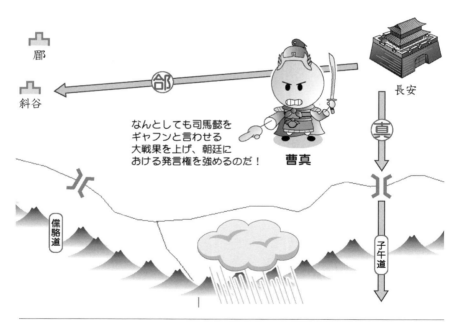

(＊09) 魯粛が亡くなって以降、呉にはこの道理が理解できる軍師がひとりも現れなかったことが、三国鼎立を崩壊させる主因となります。このタイミングで孫権が帝位に就くことは、自分の首を絞める行為以外の何物でもありませんでしたが、それが理解できない呉でした。

(＊10) このとき「魏領分割案」を取り決めています。呉が「幽州・青州・徐州・豫州・司隷」、蜀が「涼州・雍州・并州・冀州・兗州」を取ることをお互いに認め合いました。

第5幕　第2次・第3次・第4次 北伐

曹真はお得意の「三方面作戦」(＊11)で臨み、自身が子午道（C-5）経由、張郃が褒斜道（B/C-3）経由、司馬懿が漢水（D-5）経由で侵攻。

これに対し諸葛亮も自ら成固の楽城に出向き、その東方の赤阪に布陣させ、万全の態勢で魏軍を待ち受けます。

しかし、これほどの大攻勢をかけている最中、宮廷では司空陳羣（A-4/5）が出兵に大反対して明帝（A-5）を説得しており、一枚岩とは言えない状態。

魏朝　司空
陳羣　長文

魏朝　第2代
明帝　曹叡

「陛下！
漢中攻めは進退に厳しい険阻な道を征かねばならず、太祖（曹操）ですら攻略に苦しみ、「鶏肋」の言葉を残して撤退を余儀なくされた地ですぞ。
漢中を攻めるなら万全の態勢を以て臨まねばならないのに、今、我が国は石亭で大敗したばかりで、国力の恢復に力を注ぐべき時。
けっして攻勢に出る時ではございませぬ！」

（＊11）曹真は以前（222〜223年）にも洞口・濡須口・江陵で「三方面作戦」をかけながら、呉を攻めあぐねて戦果なく撤退しています。今回も同じパターンとなります。

陳羣の懸念どおり、進軍直後から始まった長雨（C-4/5）のために魏軍の兵站がズタズタとなって攻めあぐね、結局一戦も交えることなく撤兵（9月）することになります（赤阪・成固の戦）。

　陳羣を筆頭とする文官たちの反対を押し切っての出兵でしたから、曹真のメンツは丸つぶれ。

　そのショックからか、曹真は戦の直後病に倒れ、まもなく亡くなってしまいした（231年3月）。

　魏の侵攻を撃退することに成功した諸葛亮は、それから半年と経たぬうちにさっそく「第4次 北伐」にかかります。

　こたびで北伐も早4回目で、これまでの戦績は1勝1敗1分。

　「1敗（第1次）」は、ほとんど大勝利を手中に収めながら、馬謖による想定外の大失態で総崩れとなりました。

　「1分（第2次）」は、戦自体は攻勢であと一歩だったにもかかわらず、兵糧がつづかずに撤退を余儀なくされました。

　諸葛亮はこうした反省から「木牛（*12）」と呼ばれる新発明の輸送具を導入し、万全の態勢で臨みます。

　231年2月、「第1次 北伐」と同じルートで関山道（C-1/2）を抜けて武都へ向かい、そこから祁山（B-1）を包囲。

　「そうはさせじ！」と司馬懿（A-2）は先遣隊として郭淮・費曜＊に精鋭4000を与えて上邽（A/B-2）に向かわせ、自らも追って張郃とともに出陣。

> ＊ 字は不明。名にもブレがあり「費曜」「費瑶」とも呼ばれる。あまり有名ではないが、220年代を中心にかなりの戦功を挙げている"隠れた優将"。
> しかし『演義』では、姜維から"小者"扱いされて討死している。

（＊12）「木牛」が導入されたのはこのときが初めてですが、それがどういうものであったのかは現在に至るまでわかっていません。『蜀書』によると、「木牛ひとつで兵士半年分の食糧が運べた」とあり、一説には「狐輪車（猫車）」のようなものではないかといわれています。
第5次 北伐では、新たに「流馬」が投入されますが、これもどういうものかわかっていません。一説には、四輪の手押し車とも。

ところが、司馬懿率いる本隊が上邽に着いたころには、すでに郭淮が打ち破られて城に逃げ帰り、蜀軍は城の周り一帯の麦畑を悠々と刈り取っているところでした(＊13)。

ここに"蜀の頭脳（諸葛亮）"と"魏の知嚢（司馬懿）"、両雄初の直接対決！……となるかと思われましたが、司馬懿は諸葛亮を懼れ、城に籠もって討って出ようとせず、そうはなりませんでした。

彼の目の前にいるのはそこいらの将ではない、「臥龍」諸葛亮。

まともに戦わばこちらが大怪我を負いかねません。

そんな冒険など犯さずとも敵は遠征の身、どうせ兵站は長く保たないのですから、「敵が押さば籠もり、退かば進む」という持久戦に持っていけば、蜀軍は撤退するに決まっています。

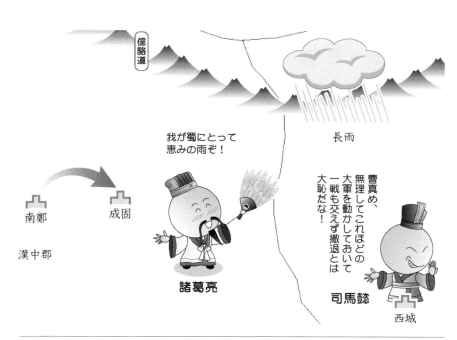

(＊13) これには3つの意味がありました。① 自軍の兵糧を確保する。② 敵軍の兵糧を奪う。③ 城に籠もる敵の目の前で麦を刈り取ることで敵を挑発する。

その背後を襲えば、簡単に倒すことができる。

逆に諸葛亮からすれば、こうした持久戦が一番困る。

そこで諸葛亮もあの手この手で魏軍を挑発しますが、どんな挑発にも、司馬懿はどこ吹く風。

しかし、これに堪えきれなかったのが他の魏将たち。

来る日も来る日も蜀兵に罵倒され侮辱されながら、討って出ることが許されず、その憤懣の矛先はついに司馬懿に向くようになります。

――公の亮を懼るること、あたかも虎を懼るるが如し！

この天下の物笑いを如何せん！

こうした諸将の不満を、ついに司馬懿も抑えきれなくなって一度は出陣したものの、案の定、諸葛亮に散々に打ち破られる（＊14）や、それ以降は城に貝のように閉じ籠もって二度と出てこなくなります。

なんとしても決戦に持ち込みたい諸葛亮。

なんとしても決戦を避けたい司馬懿。

両者の熾烈な駆け引きが交錯する中、またしても蜀軍の兵糧が心細くなってきました。

――今回は兵站準備に関しては万全を期していたはず！

主督運事（＊15）李平＊は何をしておる！？

  ＊ 李厳のこと。このころなぜか「李平」と改名。彼は政治の実務に長けていたため、諸葛亮から重用される。陳震から「彼の性悪はかならず国家に災いを招く」と進言されていたものの、諸葛亮は聞き流していたことが仇となることに。

諸葛亮は何度も李平に兵糧を催促しましたが、返ってくるのは言い訳の返事ばかり。

「長雨のため兵站がままならず。撤退を！」

――無念！　あと一歩だったのに！

（＊14）その戦果たるや、「首級3000、鎧5000領、弩3100張」とあります。

（＊15）兵糧の輸送責任者。

じつはこのとき、魏軍の方も兵站が悲鳴を上げており、李平の失態さえなければ、潰走していたのは魏軍のはずでした。
そうなれば、一気に長安まで陥とすことも不可能ではなく、その形勢を見れば涼州諸郡も一斉に蜀に寝返った(＊16)でしょうし、呉も再度攻勢をかけたに違いなく、ほんのボタンひとつの掛け違いで歴史は大きく変わっていたことでしょう。
しかし史実は、またしても先に兵糧が尽きたのは蜀軍でした。
兵を退いていく蜀軍を見た司馬懿は、これを好機と見ます。
「よし！
ついに蜀軍が退きはじめたぞ！
こちらも殆うかったが、向こうが先に音を上げよった！
今こそ千載一遇の好機（チャンス）！
張儁乂に命ず、ただちに蜀軍を追撃せよ！」
しかし、命を受けた張郃は反論します。

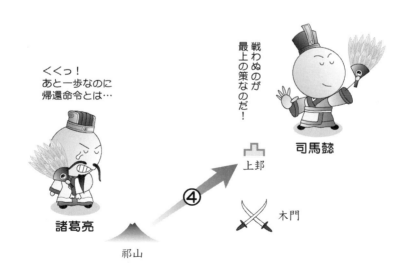

(＊16) 涼州諸郡は魏の支配に不満を持つ者が多く、第1次北伐がそうであったように、蜀の攻勢を見るとすぐに蜀に寝返る郡が多かった。

――お待ちください！

見たところ、敵は"敗走"しているのではなく、"整然と撤退"しております。

こうした軍にはかならず伏兵があるものです。

追撃はやめた方がよいかと。

「黙れ、儁乂！　臆したか！」

血気に逸る司馬懿はあくまで追撃を命じた(＊17)ため、張郃は仕方なく老体に鞭打ち出撃しましたが、木門谷(B-2)の隘路にさしかかったところで案の定伏兵に遭い、左右から雨あられと矢を浴びせかけられることに。

官渡の戦(200年)以来三十余年にわたって魏に尽くした猛将　張郃将軍、ここに散る(＊18)。

享年は不明ですが、おそらく70前後。

こうして、第4次北伐は莫大な損失を出しながら、「張郃を討ち取る」くらいの戦果しかなく終わります。

諸葛亮の心中や如何ばかりか。

――陳倉の轍を踏まぬよう、今回は「木牛」を導入し、兵站の確保は万全の態勢で臨んだ戦だった！

兵站のすべてを任せた李平はいったい何をしていたのだ！

帰国したら、ただちに彼を詰問せねば！

ところが。

帰国してみると、彼は啞然とさせられることになります。

(＊17)裴注『魏略』より。『演義』では「功を焦り、追撃に積極的だったのは張郃の方で、司馬懿はこれを止めようとした」ということにされています。

(＊18)『正史』では「右膝に矢を受け」となっているが、『魏略』では「腿に矢を受け」、『演義』では「岩の下敷き」となっています。吉川英治版『三国志』に至っては、汝南の戦で関羽に、長坂坡の戦で趙雲に、そして今回、木門の戦で孔明に、3回も討ち取られています。

第5章 鼎立崩壊

第6幕
死せる孔明、生ける仲達を走らす
第5次 北伐（五丈原の戦）

諸葛亮はついに最後の決戦に臨む。今度は兵站には万全を期し、褒斜道を抜け、五丈原に布陣し、安漢にて睨み合うことになった。しかし、先の決戦で痛い目を見た司馬懿はけっして討って出ようとせず、籠城を決め込み、蜀軍の兵糧が尽きるのを待つ作戦。そうこうするうち、「その時」は刻一刻と迫ってきていた。

諸葛亮の挑発に乗ってはならん！あくまで籠城だ！

安漢

司馬懿

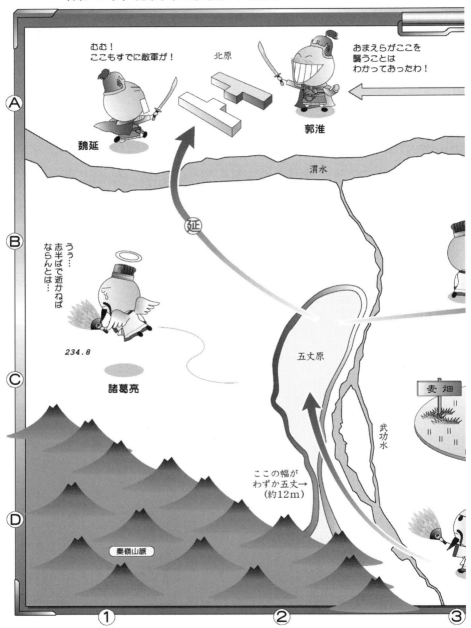

第6幕 第5次 北伐（五丈原の戦）

231〜34年

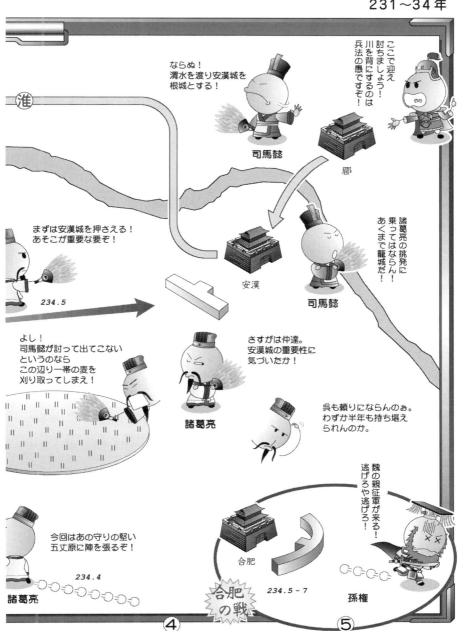

沈痛な思いで諸葛亮が漢中まで戻ってくると、これを出迎えた李平が驚きの表情を見せます。
「これはこれは丞相！？
　兵糧は滞りなく送っておりましたのに、どうして撤退してきたのです！？」
── 何を申しておる？
　そちが一向に兵糧を送らず、撤退を要請してきたからではないか！
「これはしたり！
　私はちゃんと充分な兵糧を送っておりましたぞ？」
　どうにも噛み合わぬ李平の言葉に、諸葛亮は急ぎ成都に向かいます。
　ところが成都に戻ってみると、今度は後主（＊01）が驚きの表情。
「朕は李平から"こたびの撤退は敵を誘い寄せるための策"と聞いておるが？
　まさか帝都まで戻ってくるのも策のうちなのか？」
　なんと李平は、諸葛亮には撤退を要請しながら知らぬ存ぜぬ、後主には「撤退は作戦のうち」と伝えていたのです。
　その相矛盾する言動により、彼が兵站に失敗した責を諸葛亮に押し付けようとした（＊02）ことが明白となり、ついに李平はすべてを白状。
　こうして彼の失態によって第4次北伐も失敗に終わったのでした。
　先の北伐（第1次）では馬謖、こたび（第4次）は李平。
　ともに「魏軍に敗れて」ではなく「身内が足を引っぱって」の撤退。
　とはいえ、諸葛亮に罪がないわけでもありません。
　じつは両名とも、馬謖については劉備が「あやつは口だけだから」、李平については陳震が「彼は腹に一物持っているから」けっして重用せぬよう諸葛亮に忠告していたにもかかわらず重用しつづけた結果だからです。

（＊01）『正史』では、蜀初代皇帝劉備を「先主」、2代皇帝劉禅を「後主」と呼んでいます。
（＊02）どうして李平はこんなすぐにバレるような幼稚なウソをついたのかが、今ひとつ解せないところです。もし仮に、兵糧が遅れたのが李平の失態ではなく不可抗力だとしたら、今回の北伐失敗の責任は総大将たる諸葛亮にあることになります。ひょっとしたら史実は逆で、諸葛亮こそが自己の責任回避のため、李平に責任を押し付けたのかもしれません。

彼は政治家・軍師としては優秀だったかもしれませんが、人を見る目が今ひとつだったようで、それが"最大の敗因"といえるかもしれません。

今回、第4次北伐の損害(ダメージ)は大きく、蜀はこの恢復と、つぎなる北伐の準備のために3年もの歳月を要したほど。

李平(りへい)の罪は死刑にも相当するものでしたが、これまでの功に鑑みて罪一等が減ぜられ、「すべての官位を剥奪のうえ、梓潼郡(しとう)へ追放」となりました。

ところで。

このように蜀が北伐に明け暮れていた(228～234年)ちょうどそのころ、呉も石亭(せきてい)の戦(228年)を皮切りに連年のように魏に侵攻していました。

その攻防拠点となっていたのが合肥(がっぴ)(D-4/5)です。

曹休(そうきゅう)亡きあと(＊03)、征東将軍満寵(まんちょう)(＊04)がその守将を務めていましたが、彼は合肥(がっぴ)城が川に近く、水軍を得意とする呉軍から守りにくいと判断、230年1月、その北西30里のところに「合肥新城(がっぴしんじょう)」を築きます。

その効果はすぐに現れました。

233年、孫権御自らが大軍を率いてここに押し寄せましたが、満寵(まんちょう)はこれをあっさりと撃退したのです。(D-5)(第3次 合肥の戦)

合肥　　　　孫権

(＊03) 曹休は「石亭の戦」の敗戦のショックでまもなく病死(228年)しています。
　　　じつは、彼につづいて曹真も敗戦(赤阪・成固の戦)のショックでまもなく病死(231年)していますが、この両名はともに曹操の族子で、幼いころ両親を失い、曹操によって我が子同然に育てられているなど、何かと共通点が多い。

(＊04) 関羽の猛攻に樊城を棄てようとした曹仁を説得、これを守り抜いた名将(第4章 第6幕)。

ちょうどこのころ、ようやく傷も癒えてきた蜀は、北伐の準備に入っていました。(＊05)

翌234年２月、満を持して諸葛亮が出撃する(D-3)ことになりますが、これが諸葛亮最後の戦となる「第５次(＊06)北伐」です。

今度は10数万もの大軍を率い、兵站に充分配慮しながら２ヶ月をかけて褒斜道を抜け、郿城(A-5)のすぐ西の五丈原(C-2)に布陣します(４月)。

そこは北に渭水(A/B-2)、東に武功水(斜水)(C/D-2/3)が流れる「匙形」をした広さ１万3000畝(約650ha)ほどの台地で、その柄にあたる部分(C/D-2)はわずか５丈(約12m)ほどしかない隘路で秦嶺山脈(D-1)につながっていたことから「五丈原」と呼ばれていました。

ここなら北は渭水、東は武功水に守られているし、たとえこれが突破

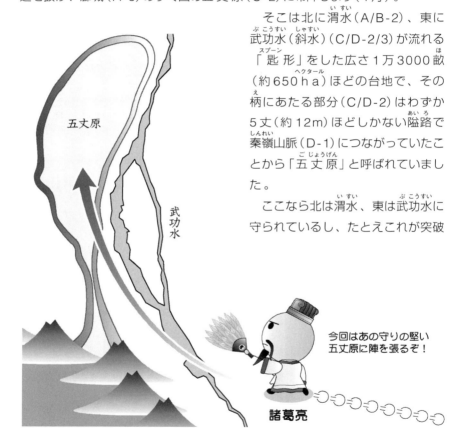

今回はあの守りの堅い五丈原に陣を張るぞ！

諸葛亮

(＊05) このころ(233年)、蜀の地で正史『三國志』の作者・陳寿が生まれています。

(＊06) 北伐の数え方はいろいろあり、「武都・陰平の戦」を北伐に含めなかったり、「赤阪・成固の戦」を含めたりするため、今回の北伐を「第４次」「第６次」と数えることがあります。

され、三方が包囲されても、戦に有利な高台にあって、補給も撤退も南の隘路からできるため、まさに"守るに易く攻めるに難い"自然の要害です(＊07)。

しかもここは、山と違って台地になっているため、兵は駐屯しながら耕作する「屯田(＊08)」が可能です。

今までのように「兵糧を全面的に補給に頼る」やり方ではどうしても限界がありましたから、今回「屯田を行って自給自足し、不足分だけ補給に頼る」ようにすることで、兵站の負担を和らげてやります。

その兵站も、今回諸葛亮は「木牛」をさらに改良した「流馬」を導入して、より滞りなく行えるようにし、過去の失敗に鑑み、万全の態勢で臨みました。

しかし。

頭の中で考えた"完璧・万全な策"が、実戦に入った途端つぎつぎと想定外の事態が起こって綻び、たちまち崩れてしまう ── ということはよくあることです。

諸葛亮はたいへんすぐれた軍師でしたが、彼とて例外ではありません。

まず第一に、蜀軍に応ずるべく長安を出陣した魏（司馬懿）軍が、30万という大軍だったこと。

このときはまだ呉軍は動いていませんでしたが、それにしてもいつ動き出すかわからぬ呉軍に備えて魏は合肥方面を手薄にするわけにはいかないはずなのに、ほぼ全軍に近い蜀軍の倍……いや、3倍近い兵力を差し向けてきたことになります。

やはりどうにも国力差がありすぎます。

諸葛亮と司馬懿は、五丈原と郿城の間に渭水を挟んで対峙することになったため、魏の諸将は渭水を防御線として郿を拠点に蜀軍を待ち受けることを主張しました。

(＊07) 馬謖もこのときの諸葛亮と同様、高台に布陣したにもかかわらず失敗しました。
それは馬謖が布陣したのが「補給も利かず逃げ道もない孤山」だったからです。

(＊08) 兵糧を農民からの徴収に頼るのではなく、兵士自らに耕作をさせ自弁する制度。

　しかし、司馬懿はこれを退けます（A-5）。
「ならぬ！
　渭水を渡り、安漢（B-4/5）を根城とする！」
──しかし、そうすれば我が軍は川を背に布陣することになりますぞ!?
　　川を背に布陣するは、兵法の愚です！
「兵法は時と場合によって変わるもの！
　百姓はみな渭南の安漢に集中しておるのだ、ここを押さえた者が勝つ！」
　じつは諸葛亮も同じ考えで、ただちに安漢城を押さえるべく五丈原を出陣した（B-3）ものの、司馬懿の軍が一歩早くここを押さえてしまっていたため、間に合わず。
　諸葛亮は、魏軍が渭水の北に布陣してくれることを期待していましたが、さすがは司馬懿、諸葛亮の思惑通りには動いてくれません。
　そこで諸葛亮は、魏軍と隴右・涼州との連絡路を断つべく、渭水を渡河し、北原（A-1/2）を征圧せんと魏延（A-1）を派遣したものの、ここでも先手を打たれ、郭淮（A-2）がすでに北原を占拠していたため撃退されてしまいます[*09]。

（＊09）『演義』では、「司馬懿の策にひっかかった魏延が、諸葛亮の了解なく勝手に軍を動かしたために大敗した」と、あたかも魏延の暴走・失態のように創作されています。

第6幕 第5次 北伐（五丈原の戦）

　一度ならず二度までも司馬懿に先手を取られた諸葛亮は、司馬懿との決戦を望み、城に籠もる司馬懿に女物の髪飾りや着物を贈って嘲笑したり、辺り一帯の麦を刈り取ったり（C-3/4）（5月）して様々な挑発を繰り返しましたが、司馬懿は一向にこの挑発に乗ってきません。

　それどころか、魏本国はさらに秦朗［元明］＊ に2万の兵を与え、増援を差し向けてきました。(＊10)

> ＊ 母の杜氏がたいそうな美人で、下邳包囲戦の際、関羽が曹操に「我が妻に」と願い出ている。曹操はこれをいったん認めながら杜氏が美人と知り、これを自分の妾にしてしまった（裴注『蜀記』）ため、秦朗は曹操の義子となっていた。

　新手接近の報に触れた諸葛亮は、さらなる兵力差の拡大で平地での戦は困難と見て、いったん五丈原まで退いていきます（5月）。

　ようやく呉が重い腰を上げ、合肥に軍を進めた（第4次 合肥の戦）のは、ちょうどこのころでした。(＊11)

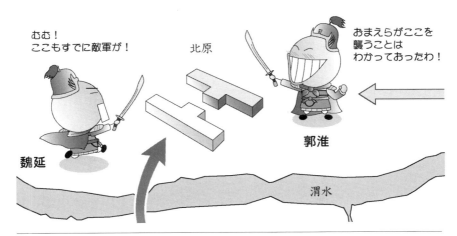

(＊10) 秦朗が援軍に駆けつけてきた時期については史料により矛盾があり、よくわかっていませんが、おそらく5〜6月ごろ。

(＊11) 『演義』では、司馬懿を攻めあぐねた諸葛亮が、呉に使者を派遣して「蜀・呉で魏を挟撃してこれを亡ぼし、天下を二分しよう」と持ちかけ、孫権もこれに応じたことになっています。

　呉は10万もの大軍を動員し、孫権自ら合肥新城を目指し、さらに孫韶 [公礼] *・張承 [仲嗣] ** を淮陰に、諸葛瑾・陸遜を襄陽に派兵し、「三方面作戦」の大攻勢で臨みます。(＊12)

　　* 呉の皇族のひとりで、広陵太守として二十余年にわたって長く北の守りを果たした将。その戦績はほとんど負けることがなく、曹丕が大挙して広陵に(224〜225年)攻めてきたときも大活躍している。

　　** 孫策から後事を託され、赤壁において断固降伏を訴えた張昭の子。若いころより勉学に励み、教養高く、身の程をわきまえ、長じては孫権に仕えて忠義を守った。2人の娘はそれぞれ孫和(孫権の子)、陸抗(陸遜の子)に嫁いでいる。

——よし！　待ちに待った孫権がようやく動いてくれたか！
これで呉が大暴れしてくれれば、魏も合肥に援軍を割かざるを得なくなり、こちらも有利に事を運べる！
　しかし。
　諸葛亮の期待はあっさりと裏切られることになります。

(＊12) 如何にも威勢のよい「三方面作戦」ですが、戦力分散は兵法の愚、「洞口・濡須口・江陵の戦 (222〜223年)」「赤阪・成固の戦 (230年)」など、過去ほとんど失敗に終わっています。

呉軍は、赤壁といい夷陵といい、コト"防戦"となるとたいへんな底力を発揮しますが、いざ"攻戦"となると「これが同じ呉軍か？」と疑いたくなるほど弱いことはこれまで見てきたとおり。

魏が明帝御自ら出撃する姿勢を見せただけで、合肥を包囲していた孫権はこれと一戦交えることもせぬまま一目散に逃げてしまう始末（D-5）。

まさに「大山鳴動鼠一匹」、5月に始まったばかりの呉の大攻勢は7月、2ヶ月と保たずに瓦解してしまったのでした。

呉の撤退があまりにも早すぎて、この間、諸葛亮はなんら手を打つこともできず、以後、五丈原に籠もって持久戦を余儀なくされます。

こうなると、蜀軍の兵糧が尽きるのが先か、魏軍の兵糧が尽きるのが先か。

しかし、今度こそ蜀の兵糧対策は万全！

安漢の周りの麦はすべて刈り取ったし、屯田もしている。兵站も滞りない。

先に音を上げるのは魏軍のはず！

ところが。

先に尽きたのは魏の兵糧でも蜀の糧秣でもありませんでした。

彼が五丈原に退いてきたのが夏真っ盛りの5～6月ごろでしたが、それからまだ100日も経っていない、秋風も冷たくなってきていた8月(＊13)、諸葛亮の命が尽きてしまったのです。（B/C-1）

享年54。

『三国志』は黄巾の乱が起こった年（184年）から数えますが、それからちょうど50年後のこと。

彼がまだ27のとき隆中で劉備に仕えて以来27年、人生の半分を劉備に尽くし、漢朝の復興に尽くした人生でした。(＊14)

(＊13) 旧暦の「夏」は4～6月、「秋」は7～9月です。

(＊14) 龐統・法正・黄権と、諸葛亮が頼りにすべきすぐれた人材をつぎつぎと失った結果、政治・軍事すべての重責が諸葛亮のこの双肩にのしかかり、睡眠時間を削ってこれらの激務をこなす中、北伐のストレスも加わり、彼の命を蝕んでいったものと思われます。
直接の死因は不明ですが、おそらくは現代でいうところの「過労死」でしょう。

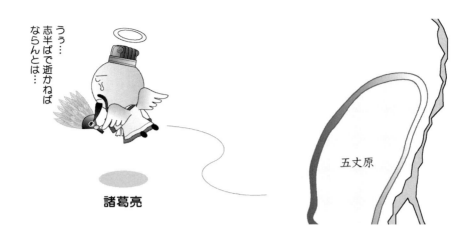

　彼は死に臨んで、秘かに楊儀[威公]＊・費禕・姜維[伯約]＊＊らを呼び、以下のことを遺言します。

> ＊ もと荊州刺史(傅羣)の主簿。のちに関羽に降り、劉備の使者に赴いたとき劉備にも気に入られ、彼の下で出世。劉備の死後は諸葛亮の側近(長史)となった。しかし、彼の「狭量な性質と人を見下す態度」がのちに命取りとなる。

> ＊＊ もともと天水郡を守る魏将。第1次北伐にあたって偵察に出たものの、天水太守に疑われて城に戻れなくなり、仕方なく蜀に降る。帰順後は諸葛亮から「仕事熱心で思慮深く、用兵にすぐれ度胸がある」と絶讃され、出世していった。

――私の亡きあとは、ここからすみやかに撤退せよ。
　殿軍(しんがり)は魏延(ぎえん)に任せ、万一魏延がこれに従わぬときには彼を放置してそのまま帰還せよ。

(＊15)『演義』では、司馬懿が諸葛亮の死を悟ったのは「星が墜ちたから」とあり、現在も星が墜ちたといわれる村(落星堡)が、五丈原の南西にありますが、もちろんこれは史実ではなく、実際には、使者から諸葛亮が「激務」「睡眠不足」「小食」との情報を得て彼の死が近いことを感じとり、その他、密偵からの報告、蜀軍の動向など、様々な情報を総合的に判断したものと思われます。

こうして諸葛亮の遺命は粛々と実行され、まもなく五丈原はもぬけの殻に。
物見の報告からこれを知った司馬懿は確信します。
「諸葛亮は死んだぞ！！」(＊15)
諸葛亮亡き蜀軍など懼るるに足らず！
今こそ、待ちに待った敵を一気に打ち破る千載一遇の好機（チャンス）！
司馬懿はここぞとばかり追撃をかけます。
ところが、蜀軍に追いついてみると、算を乱して逃げているはずの蜀軍は整然と魏軍を待ち構えており、陣太鼓を打ち鳴らして気勢を上げてきました。
「しまった！！
諸葛亮め、生きておったか！」
このとき司馬懿の頭には、先の北伐で撤退する蜀軍を無理に深追いさせた結果、木門谷に散った張郃のことが過ぎったに違いありません。
諸葛亮は百術千慮！
司馬懿はたちまち気が動転して、這々の体で逃げ帰ります。
── 死せる孔明、生ける仲達を走らす ──
『演義』では、「司馬懿は"諸葛亮の木像"を見て逃げ出した」という演出がされていますが、実際にはそんな小細工などするまでもなく、司馬懿は逃げ出しました。
それほどに彼が諸葛亮を恐れていたと言えましょう。(＊16)
しかし、撤退する蜀軍の中でもゴタゴタが起こっていました。
撤退を知った魏延がこれに猛反発、断固決戦を主張していたためです。
とはいえ、これは想定内。
諸葛亮から事後を預かった楊儀はその遺命どおり、魏延を置き去りにしてさっさと撤退を開始しました。
無視され、取り残された魏延は怒り狂い、楊儀軍の先回りをして桟橋を焼き

（＊16）むしろ、ヘタにそんな小細工などしていたら、司馬懿ほどの人物、動かない不自然な"諸葛亮"をただちに木像と見破り、逆に諸葛亮の死を確信したかもしれません。

落として撤退を妨害したり、さらに成都に「楊儀謀反！」の急使を出しつつ、楊儀軍を待ち受けました。
　そこにやってきた楊儀軍先鋒の王平（＊17）が魏延軍を一喝。
──この愚か者どもが！！
　　丞相が亡くなられて、まだそのご遺体も冷たくならぬうちから丞相の遺命に背くとは何事ぞ！
　　これ以上背くなら反逆罪に問うことになるぞ！
　この大喝を前に、魏延軍の兵士たちは散り散りバラバラに四散（＊18）してしまったため、魏延は孤立し、あっさりと馬岱＊に討たれてしまいます。

　　　＊馬超の従弟。『正史』では、後にも先にも「魏延を討った」というこの１ヶ所でのみ登場する武将。あとは、馬超が臨終の際に「事後のことは馬岱に託したい」と述べた"台詞の中"で名前が出るのみで、字すら不明。

　魏延もまた四半世紀にわたって劉備・劉禅父子に仕えてきた猛将でしたが、最後は裏切者扱いされて誅殺。
　諸葛亮という大きな紐帯を失った蜀はいきなり内紛が起こり、猛将を失ってしまいました。
　諸葛亮の遺体は、あたかも彼の御霊が「ここから魏領を睨み、蜀を守護せん！」と言わんが如く、定軍山の北麓に葬られました。
　しかし。
　諸葛亮の力で支えられてきた蜀は、彼の死の瞬間から滅亡へのカウントダウンが始まったといってよいでしょう。
　蜀滅亡まであと29年。
　その29年は、佞臣らが諸葛亮の遺産を食い潰していく29年となります。

(＊17) 第１次 北伐の街亭において馬謖が山上に陣取ろうとしたのを諫めた将軍です。詳しくは本書「第５章 第４幕」を参照のこと。

(＊18) 魏延軍が四散してしまった理由として、『正史（魏延伝）』では、「魏延の兵は非が魏延にあることを知っていたから」と説明していますが、もっと根本的理由は「魏延に人望がなかったから」でしょう。人望さえあれば人はついてくるものです。

第6章 三國帰晋

第1幕

名君から暗君へ
明帝崩御

諸葛亮の死は、蜀だけでなく魏にも動揺を与えた。蜀の"脅威"がいなくなったことで明帝はすっかり気が緩み、これまでの節制の反動からか、一気に享楽・奢侈・散財・女色に走り、国が傾きはじめてしまったのだ。そのうえ明帝の急死により幼帝が立ち、佞臣が蔓延るように。これを見た孫権は攻勢に出たが…

朕の跡は曹芳とする。
曹爽と司馬懿、
両名で曹芳を輔佐
してやってくれ…

司馬懿

曹爽

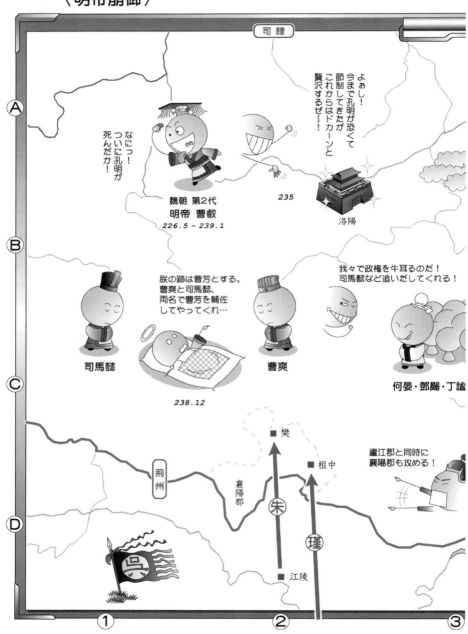

諸葛亮は「天下三分の計」を唱え、これを実現させた人物です。魏はつねにこの切り崩しを図り、共闘しなければならない呉は「天下三分」の理がどうしても理解できない。

　そうした中、孤軍奮闘、文字どおり"命を削って"これを支えてきた彼が亡くなったことは、「天下三分を支える者がいなくなった」ことを意味し、黄巾の乱の勃発（184年）を契機として「三國鼎立」へと向かっていた歴史は、彼の死を分水嶺として、以降「再統一」へと向かうことになります。

　まさに『演義』冒頭の言葉どおり。

──分かれて久しければ必ず合し、合して久しければ必ず分かる──

　そしてそれは同時に、これまでの「英雄・名軍師・猛将が相次いで現れ、英雄と奸雄が火花を散らし、軍師が策を講じ、策士が謀略を練り、猛将と勇将が戦場で戦戈をぶつけ合って、名場面や名勝負がつぎつぎと生まれ、裏切り、駆引、陰謀が駆け巡った血湧き肉躍る時代」の終焉をも意味しました。

　以降「再統一に向かう時代」は魏・蜀・呉がともに亡びゆく過程であり、魅力的な人物も見るべき名場面もめっきり少なくなるため、さらりと流され(＊01)、ほとんど「後日譚」といった風情すら漂うほどです。

　ところで、以降、魏・蜀・呉の三國が三國とも、似たような過程を辿って亡んでいくのが興味深いところです。

---

① まずは皇帝の暗愚が表面化し、
② それが内訌を生んで帝国を蝕んでいき、
③ ほどなくしてつぎつぎと司馬氏(晋)に呑み込まれていく。

(＊01) 諸葛亮の死は、時間軸で見れば「三國志」96年のちょうど真ん中あたりですが、『演義』では全120回のうち「諸葛亮の死」は第104回。残りの半世紀をたった16回で足早に終わらせています。二次的著作物（映画・ドラマ・アニメ・小説など）となるとこの傾向はもっとひどく、たとえば中国の大河ドラマ『三國 Three Kingdoms』も、全95話のうち「諸葛亮の死」は第94話。残りの半世紀をたった1話で終わらせています。

第 1 幕　明帝崩御

しかし。
　蜀の後主(劉禅)は「暗愚」としても、魏の明帝(曹叡)は幼いころより聡明であったはず。
　生前の曹操からもその才を愛され、将来を嘱望されたものです。
── 我が祖業はこの子の代で三代となるだろう！
　この曹操の悦びの声は現実となり、武帝・文帝(*02)の祖業を受け継ぎ、明帝として即位してからも劉曄から「秦の始皇帝、漢の武帝にも匹敵する」と評されたほど。
　事実、文帝崩御(226年)の際の帝国動揺を突くべく蜀(北伐)・呉(石亭・合肥の戦)が挟撃を仕掛けてきたため、明帝は即位早々試練を受けたものですが、まだ20代の若輩であったにもかかわらず戦況をよく理解し、冷静な判断の下みごとに諸将を采配し、必要とあらば親征も厭わず、前評判どおりの"名君"ぶりを発揮しています。
　ところが。
　「君子は豹変す(*03)」ではありませんが、初めは"名君"だったのに、何か

魏朝 第2代
明帝 曹叡

洛陽

なにっ！ついに孔明が死んだか！

よぉし！今まで孔明が恐くて節制してきたがこれからはドカーンと贅沢するぜ〜！

(*02)「武帝」は曹操の諡号、「文帝」は曹丕の諡号。

(*03) もともとは「すぐれた人は過ちをすぐに改める」という意味でしたが、現在では「仁徳の人かと思っていたら醜い本性を現した」という意味合いで使われることが多くなっています。

の契機で緊張の糸が切れ、「暗君」「暴君」となる例は歴史上枚挙に遑がありません。（＊04）

然して明帝もまた、そのひとりとなります。

彼の場合、その"契機"こそが「諸葛亮の死」でした。

「諸葛亮の死」は確かに蜀を大いに動揺させることになりましたが、じつは、魏・呉をも動揺させたのです。

蜀は魏・呉に比べて圧倒的に小国であったにもかかわらず、彼らと肩を並べることができたのは、諸葛亮の力の賜です。

その諸葛亮亡き今、蜀など懼るるに足らず。

しかし。

「強敵」の存在は内に"緊張感"を与え、「敵失」は内に"弛緩と腐敗"を誘発するものです。

強敵なくして緊張感を維持することはたいへんに難しい。

明帝も例外にあらず、すっかり気が緩んでしまいます。

たまたまそのころ（＊05）、洛陽（A/B-2）の宮殿のひとつ崇華殿が火災に遭って焼失していたのですが、これを再建したのを皮切りに、明帝はつぎつぎと洛陽宮の大修繕に取りかかります（＊06）。

云万の農民を駆り出し、軍事費を削り、金銀珠玉で飾り立てられ贅を尽くした昭陽殿・太極殿が新築され、総章観が増築されます（235〜237年）。

軍事費がどれだけあっても足らないこのご時世に、宮殿なんぞに湯水のように財を浪費しただけでも罪深いのに、完成を急がせるあまり農繁期の農民まで徴収したため、田畑は荒れ、民の怨嗟の声は天を覆い、財政は傾き、急速に国

（＊04）たとえば、司馬懿の孫・晋の初代皇帝（武帝）がそうです。彼は天下を統一するまでは奢侈品を燃やして質素倹約を率先して行い、熱心に政治を行っていましたが、天下を獲った途端、朝政への興味を失い、女色にふけって贅沢三昧、国を傾けていったものです。

（＊05）『正史（明帝紀）』には、「234年4月」と「235年7月」との記述があり、どちらが正しいのかは不明。再建後、厄払いとして「崇華殿」は「九龍殿」と改められた。

は乱れていきました。

　司馬懿を筆頭として楊阜・高堂隆［升平］*ら家臣が必死に帝を諫めましたが聞き入れられず、それどころか、これと並行して全国から数千人もの美女を後宮に集めさせ、酒色・女色に溺れる日々を送るようになり、政治は蔑ろにされる有様。

> ＊　初め曹操、のち曹叡（曹丕の子）に仕え、その側近として帝の相談役となる。
> 　　帝が宮殿建設に取りかかったころにはすでに病を得ていたが、病の床から諫言するも取り入れられることなく、こののちまもなく死去。

　もはや「これがあの聡明だった明帝か！？」と我が目を疑いたくなるほどの暗君ぶり。

　しかし、国が傾けば、これを見てよからぬ陰謀を巡らせる者が現れるもの。

　案の定、このときには遼東太守の公孫淵が反旗を翻し、「燕王（A-5）」を名乗って自立します（237年6月）。

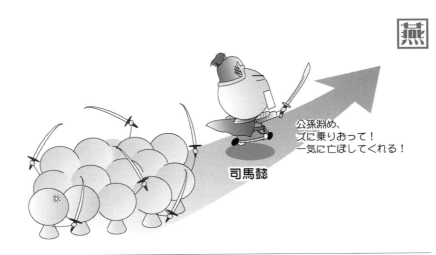

（＊06）これはまさに「象箸玉杯」の故事そのまま。
　　（昔、殷の紂王が象牙でできた高級箸を使いはじめたことを伝え聞いた箕子が「高級箸を使えば、それに見合った玉杯を使いたくなり、そうなればその器に盛る食事も贅沢なものとなろう。さすれば、豪華な食事に見合った錦衣をまとい、立派な宮殿にも住みたくなるというものだ。それはやがて国を傾ける遠因となることだろう」と懼れた、という故事）

翼238年1月、明帝は司馬懿を召し出して命じます。
── 仲達！ そちに4万の兵馬を与えるゆえ、公孫淵を討て！
　然して、如何ほどの時を要する？
「左様、往路に100日、攻撃に100日、復路に100日、兵の休息に60日。公孫淵ごとき、まず1年もあれば充分でしょう！」
　その言葉どおり、司馬懿が1年と経ずして公孫淵を討伐（A-4）して帰国してみると、このときすでに明帝は明日をも知れぬ重篤に陥っていました（C-1/2）。
　司馬懿（B/C-1）は帰国早々、曹爽［昭伯］*（B/C-2）とともに帝の枕元に呼ばれます。

> * 曹真の子。明帝から寵愛され、このころには大将軍にまで出世していたが、「親の七光り」と「帝の寵愛」のみによって支えられた出世であり、なんら「実績」の伴うものではなかった。実際には、政才も軍才も決断力も判断力もない無能。

── 朕のあとは斉王（曹芳［蘭卿］*）に継がせる。
　だが如何せん芳はまだ幼い。そなたらがよく輔佐してやってくれ。

> * 明帝の子はすべて早世していたため、帝が親族の中から連れてきて継嗣とした人物。そのため、魏の第3代皇帝でありながら、その両親すら不明。ただし、裴注『魏氏春秋』では「曹丕実弟の曹彰直系の孫」という説を紹介している。

(＊07)『正史（明帝紀）』や『三國志集解』などでは「36歳説」を取っていますが、それだと曹叡は曹丕の子ではないことになってしまうため、『裴注』などの「34歳説」が一般的。

第1幕　明帝崩御

こうして諸葛亮の死（234年）をきっかけとして"名君"から"暗君"に豹変した明帝は、その放蕩生活が体に障ったか、治世わずか12年半、まだ34歳という若さ[*07]で崩御します（239年1月）。

帝位を継いだ曹芳はまだ8歳。

どんな巨城も"たった1匹の小さな女王シロアリ"が棲みつけば、たちまち喰い荒らされて崩れ落ちるように、どんな帝国も"幼帝"が立てば、それはかならず内訌の温床となって帝国を蝕み、「亡国」への道を辿るものです。

そもそも「三國志」の世が幕開けたのも、漢王朝がそうして亡んだためです。

そのうえ、まだ地盤も固まっていない国に幼帝が立つとなればひとたまりもありません。

明帝にはそんな道理もわからなくなっていたのでした。

魏帝国の"名実とも滅亡"はこれよりもう少しのちのこと（265年）になりますが、すでにこの瞬間、魏の命運は"詰み"となり、"滅亡へのカウントダウン"が始まっていたといってよいでしょう。

後事を託された司馬懿と曹爽は、最初こそお互いに謙って相手を立て、帝の両輪となってこれを盛り立てていたものの、やがて曹爽が自分の悪友、何晏〔平叔〕*・鄧颺〔玄茂〕**・丁謐〔彦靖〕***（C-3）ら"三匹の犬[*08]"を

何晏・鄧颺・丁謐・李勝・畢軌ら

[*08] 当時、「台閣（尚書）には三匹の犬あり、二匹（何晏・鄧颺）はすぐに噛みつくため側に近づくこともできず、一匹（丁謐）は黙（曹爽）にくっつく癌となっている」と謳われました。

つぎつぎと尚書(しょうしょ)に取り立てていくようになったころから曹爽(そうそう)は野心を抱くようになり、両者の間に亀裂が生じはじめます。

* 何進の孫。母が曹操の側室になったため宮中で養育され、曹操からはかわいがられたが、その性格から曹丕から嫌われ、文帝・明帝と閑職に甘んじていた。しかし、曹爽に取り立てられてから増長・傲慢となり、我が身を亡ぼすことに。

** 後漢の初代光武帝に仕えた鄧禹の子孫だが、その後没落し、父母は不明。明帝の御世、放蕩を繰り返して失脚し、冷飯食いとなっていた。曹爽に取り立てられるようになると、賄賂を率先して要求し、不正の限りを尽くす。

*** 父(丁斐)の代から曹操に仕え、彼は明帝に仕えた。曹爽と懇意にしており、彼のコネで出世。強きに媚び、周りの者を小馬鹿にし、猜疑心が強く、尚書として多くの者を陥れたため、司馬懿からも憎まれた。

何晏(かあん)ら側近がさかんに曹爽(そうそう)を唆(そそのか)したためです。
「皇族たるあなた様がいちいち仲達(ちゅうたつ)になど相談する必要はありますまい!」
「これ以上司馬(しば)氏を野放しにしたのでは、魏はやつらに乗っ取られますぞ!」
「今のうちに仲達から権力を奪っておくのです!」
　とはいえ、司馬懿(しばい)は魏の大功臣、権力を剥奪するとなれば、それなりの大義名分が要ります。
　そこで丁謐(ていひつ)が悪知恵を働かせ、司馬懿(しばい)を人臣最高位ではあるが実権のない名誉職「太傅(たいふ)(＊09)」に祀り上げることで、表向きは「出世」、実質的な「左遷(さ)」で朝政から遠ざけるよう入れ知恵します(景初(けいしょ)の変)。
　さらに自らの権力基盤を固めるため、弟ら(曹羲(そうぎ)・曹訓(そうくん)・曹彦(そうげん))を栄達させて重要官職を一族で固め、さらに李勝(りしょう)[公昭(こうしょう)]＊や畢軌(ひっき)[昭先(しょうせん)]＊＊らも取り立てます。

* 若いころ都に遊学していたときに曹爽や鄧颺らと知り合い、昵懇の仲となる。しかし、放蕩でハメをはずしすぎて逮捕され、数年間官位の資格を剥奪されていた。曹爽によって取り立てられ、のちに「駱谷の役」を提唱する。

─────────────

(＊09)皇帝の教育係。

** 若いころから名声があり、明帝のころ黄門郎となり、子が公主（明帝の娘？）と結婚したため権勢を揮った。のちに幷州刺史となったが失態を演じたため更迭され、中央に舞い戻ったあと、曹爽に取り立てられて司隷校尉に昇進した。

こうした魏のゴタゴタを見た蜀・呉が、241年、これを機とばかり侵攻してきました。

今回、呉は10万前後の大軍を動員し、「四軍二方面作戦」で臨みます（芍陂の役）。

まず揚州（D-5）方面では、衛将軍全琮［子璜］* が寿春（C-4）を、威北将軍諸葛恪［元遜］** が六安（C/D-4）を攻める。

さらに荊州（C/D-1）方面では、車騎将軍朱然が樊城（C/D-2）、大将軍諸葛瑾が柤中（C/D-2）を攻める。

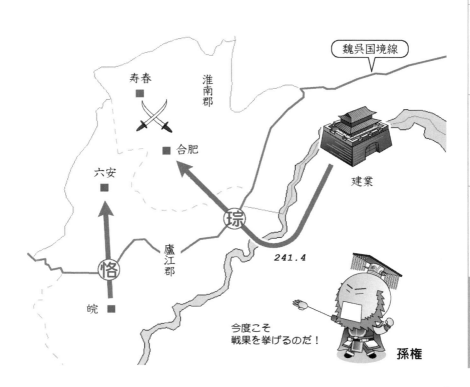

* 父（全柔）の代、孫策が挙兵したころからの孫家の配下で、孫権の娘（孫魯班）婿。洞口の戦、石亭の戦など数々の戦で功を挙げ、このころには大都督に昇進していた。のち「二宮事件」で陸遜と敵対するようになる。

** 諸葛亮の兄（瑾）の子。才気に溢れた人物だったが、これをひけらかし、人を見下す驕慢狭小な性質であったため、父は「この子の才が我が家を栄えさせ、この子の性が我が家を潰すだろう」と嘆いた。然して、その言葉どおりとなる。

しかし、一見すると大攻勢のように見えても、「多方面作戦」が成功した試しがないことはこれまで見てきたとおり。

前回（234年）も10万の兵力で「三方面作戦」をかけましたが、明帝が動きはじめただけでシッポを巻いて逃げ出す有様で、その攻勢は2ヶ月と保ちませんでした。

呉はこうした失敗を何度も繰り返しているにもかかわらず、性懲りもなく今回もまた「多方面作戦」を採ります。(＊10)

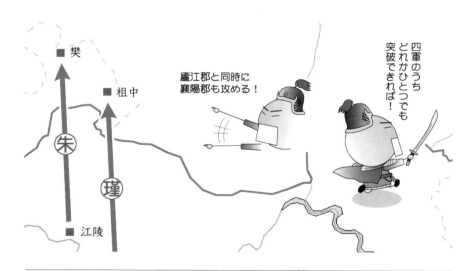

(＊10) 兵力を分散させることで別の効果を生むこともありますから、そうした策があるなら別ですが、さもなければ多方面作戦は"下策"です。孫子も「自軍の戦力は集中させ、敵軍の戦力を分散させる策を考えよ」と戒めているのに、「孫子の子孫」を自称している孫権は兵法のイロハも理解できていなかったようで…。

これではせっかくの大軍も力を発揮できず、まさに"張り子の虎"、懼るるに足らず。
　案の定、今回も司馬懿が軍を動員しはじめた途端、たちまち敗走しはじめる為体で、2ヶ月と保たなかったところまで前回と同じ。
　これにより、大戦果を挙げた司馬懿の名声はますます高まり、何の実績もなく政権を掌握している曹爽は焦りを感じます。
　そんなとき、蜀軍が漢中から兵を退きはじめました（243年10月）。
　じつは、呉の侵攻に合わせて蜀も漢水・沔水を通って魏興・上庸を攻めるべく漢中にまで大軍を派兵してきていたのですが、ここでタイミング悪く指揮官の蔣琬が病に倒れてしまったため、結局それ以上進むこと能わず、機を逸してしまったためです。
　これを見た鄧颺・丁謐・李勝らは曹爽に進言します。
　──兵が退いた今こそ、漢中を陥とす千載一遇の好機ですぞ！
　　漢中を陥として司馬懿にも負けぬ軍功を挙げるのです！
　しかし漢中といえば秦嶺山脈に阻まれて難攻不落、曹操ですらついに陥とせなかった地で、その後も曹真がここに大攻勢をかけ失敗（230年）しています。
　しかし！
　そうであればこそ、ここを陥とせばその功績は絶大です。
　──蜀が増援を出す前に、大軍で一気に押さえてしまえば勝てる！
　そう目論んだ曹爽は、司馬懿の反対を押し切って出兵を決意。
　まさに起死回生を狙った大遠征でしたが、これこそが彼の足を掬うことになるのでした。(＊11)

(＊11) こうした強引な出兵の裏には、「司馬懿に匹敵する軍功を挙げたい」という曹爽の焦燥心が働いたことは想像に難くありませんが、古今東西、焦りから発した行動がうまくいった試しはありません。

Column 卑弥呼使節の来朝時期

『正史』の魏書「東夷伝倭人条」(通称「魏志倭人伝」)によると、遼東にあって公孫淵が魏に反旗を翻していたころ、日本(邪馬台国)には「卑弥呼」と呼ばれる女王の統べる国があったと伝えています。

日本から中国に渡航しようとしたとき、当時の造船技術では「黄海ルート(九州から直接黄海を経て中国本土に上陸する最短ルート)」は困難だったため、「帯方郡ルート(対馬海峡から朝鮮半島を北上し、帯方郡(現在の平壌近郊)を経て中国に至る遠回りルート)」を頼ることになりました。

ところが、そこに公孫淵の「燕」が自立したため、これに阻まれて、日本は魏と朝貢したくてもできない状態になります。

しかし、燕の抵抗は長くはつづかず、238年8月には滅亡。

これにより「帯方郡ルート」が開かれたため、卑弥呼はさっそく魏帝国に使者を派遣したといわれています。

ところが、卑弥呼の使者が来朝した時期は、『正史(魏志倭人伝)』では「238年6月」となっています。

しかしこれだと、燕がまだ魏と交戦中。

まさか、戦争の真っただ中を日本から来た使者が通りすぎていったとは考えにくく、おそらくその翌年「239年6月」の誤りだろうといわれています。

もし、卑弥呼の使者が来朝したのが「238年」なら、彼らが謁見した魏帝は危篤状態の明帝ということになりますから、おそらくは使者が謁見したのは替え玉だったことでしょう。

「239年」ならまだ数えで8歳の少帝芳ということになります。

このとき使者は、魏帝から「親魏倭王」の金印を賜ったとされていますが、残念ながらこの実物は現在に至るまで発見されていません。

おそらくは、その後、中国に返還され、改鋳されてしまったと考えられています。

第6章 三國帰晋

第2幕

太傅、仮病からのクーデタ

曹爽失脚

功を焦った曹爽は漢中に狙いを付けた。しかし、10万もの大軍でこれを急襲するも、王平の活躍を前に大敗。以降、自暴自棄になった曹爽を尻目に、司馬懿は仮病を使って機会を待ち、これを得てついに政変を決行！曹爽一派をことごとく族滅に追い込む。これにより魏の命運は断たれ、以降、司馬氏の時代となってゆく。

今すぐ降伏すれば
命だけは助けてやろう！

司馬懿

降伏する！
命ばかりは
お助けを！

曹爽

〈曹爽失脚〉

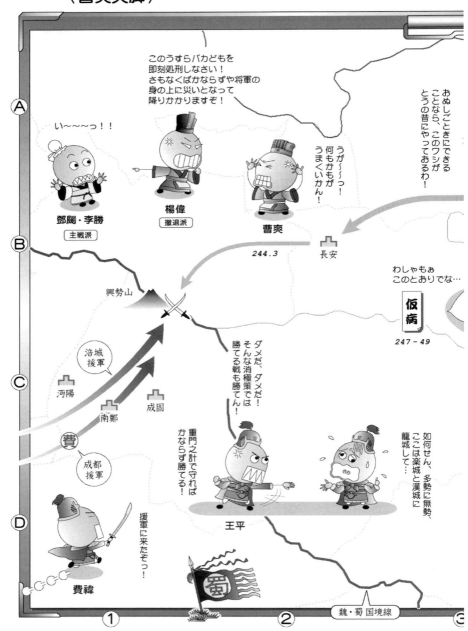

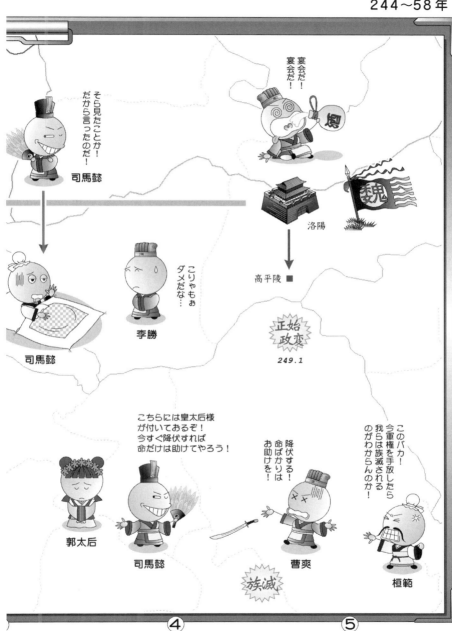

曹爽は、7万とも10万ともいわれる大軍を率いて、244年3月、漢中へと進軍を始めます（B-2）。

　このとき、蜀の主力軍は涪まで退いてしまっていたため、漢中に駐屯していた蜀軍は3万にも満たない数。

　狼狽した蜀の諸将（C/D-2/3）はこぞって「沔陽の漢城・成固の楽城（C-1）での籠城」を主張しました。

　兵法の定石では"多勢に無勢"の場合は「籠城」が基本ですから、これは一応定石どおりではあります。

　しかし、「いつも定石通り戦っていたのでは勝てない」というのも兵法のうちで、「時に定石を破って敵の裏をかく」「ありとあらゆる状況を読んだうえで、定石を守るか奇手を打つか臨機応変に対応する」ことが名将の条件です。

　特に不利な立場のときはそうで、このとき王平（＊01）だけが兵法の定石を破って討って出ることを主張します（C/D-2）。

──「籠城」とは、あくまでも援軍を前提とした戦術であって、援軍なくして長く持ち堪えられるものではない。

　万一、涪城からの援軍が間に合わなかったら如何にするのか。

　漢城・楽城が陥ちてしまったら、もう我々には後がないではないか！

　さすが百戦錬磨の王平、凡将どもとは見識が違います。

　それでも諸将が難色を示す中、左護軍 劉敏＊だけが王平に同調しました。

　　＊『正史』ではこの「興勢山の戦」で、『演義』では「第1次北伐」でちらりと登場するのみの武将のため、生没年・字など詳細はほとんど不明。荊州零陵郡出身なので、おそらく劉備が荊州南部を押さえたころに臣従したものと推測される。

──まったく以て、子均殿の申すとおり！

（＊01）あの「街亭の戦」で馬謖の山上に陣を布く策に断固反対した武将。「第5章 第4幕」参照。

（＊02）麦の収穫は旧暦4〜5月ごろ。この議論が交わされているのは閏3月。

（＊03）「重門之計」の詳細はよくわかっていませんが、「隘路に多重の軍門を備えた砦を設置し、これを破ろうと門に殺到する敵兵を側面から弩で一斉射撃する」というものらしい。

敵は遠征軍。遠征軍とは何より兵糧に苦しむもの。

今、ちょうど麦の収穫の季節が近づいている(*02)のに、我が軍が籠城すれば、やつらは我々の目の前で漢中の麦を刈り取るであろう。

これは、むざむざ我が軍の兵糧を敵に与えてしまうようなものだ！

こうして蜀軍は討って出ることになりました。

しかし如何せん多勢に無勢。

正面から堂々と戦って勝てる相手ではありませんので、魏軍が進む儻駱道（駱谷道）沿いの興勢山(B/C-1)の麓に陣取り、その隘路に「重門之計(*03)」をかけて臨むことにします。

どんな大軍も隘路ではその力を発揮できません。(*04)

そのため魏軍はそこから一歩も進めなくなったどころか、険しい地形のため兵站もうまく機能せず、大軍はたちまち備蓄を食い尽くし、兵糧に苦しむようになります。

「まずいぞ！」

そもそも本作戦は「涪に駐屯する蜀の援軍が来る前に一気にカタを付ける」という戦略でしたから、こんなところでモタモタしているわけにはいきません。

> 如何せん、多勢に無勢、ここは楽城と漢城に籠城して…
>
> ダメだ、ダメだ！そんな消極策では勝てる戦も勝てん！重門之計で守ればかならず勝てる！
>
> 王平

(*04) 寡兵で大軍を待ち受けるときは「隘路」と相場が決まっています。
あの有名な「テルモピュライの戦」でも、押し寄せるペルシア帝国軍10万に対し、スパルタ軍はわずか7000で善戦していますが、あのときもスパルタ軍は隘路（テルモピュライ渓谷）に戦場を設定しています。

「この砦を無理押ししても犠牲が増えるばかりだ。
　背後を突かれぬようここは最小限の兵で押さえておき、本隊は脇道（黄金谷）を抜けるのだ！」
　こうして魏軍が黄金谷に入ると、そこへ王平軍が待ってましたとばかり襲いかかります。
「くそ！　読まれていたか！」
　魏軍は手勢わずか1000の王平軍に大損害を出して押し戻され、そうこうしているうちに、涪駐屯軍はもちろん、成都から大将を費禕（D-1）とした大軍が押し寄せ（C-1）、当初の「短期決戦」の戦略は破綻。
　頭を抱える曹爽（A/B-2）に参軍の楊偉［世英］＊（A/B-1/2）が進言します。

　　　　＊明帝が洛陽宮大改修に入ったとき、高堂隆とともにこれを諫めた功臣のひとり。
　　　　　このころ漢代以来の旧い暦（四分暦）が実際の天文とのズレが著しくなっていたため、新しい暦「景初暦（237～451年）」を作成している。

「もはやこれまで！　戦略が破綻した以上、早期の撤退を！
　これ以上の継戦はただ損害を増やすのみで無益です！」
　これに、鄧颺・李勝ら（A/B-1）がこぞって反対。

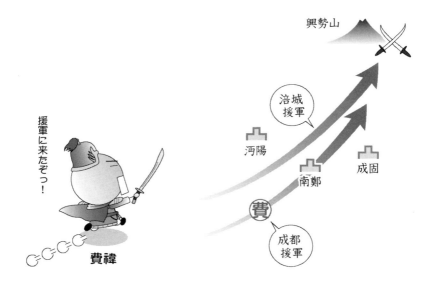

しかし、彼らが撤退に反対したのは「まだ勝算があるから」ではなく、「自分が薦めた戦に大敗したら責任を取らねばならなくなる」という保身からにすぎません。

これに楊偉は激怒して訴えました。

「愚か者どもめ！

事ここに及んで保身のことしか頭にないのか！

大将軍！　この者どもはいずれかならずや国を亡ぼす元凶となりますぞ！

両名を即刻処刑するべきです！」

しかしながら、曹爽はこの者たちを「能力」ではなく「私情」で登用(＊05)したのですからそんなことはしたくない。

とはいえ反論もできず、苦虫を噛み潰したような顔になっただけでした。

さらに本戦に従軍していた司馬昭［子上］＊も撤退を進言したため、結局、

（＊05）人事に私情を挟むとロクな結果を生まないことは、諸葛亮が馬謖を私情で登用した末路を見ても明らかです。

莫大な損害だけ出して撤退することになります。

  ＊ 司馬懿の次男、司馬師の弟。司馬懿の家督は兄（師）が継いだものの、兄に子な
   く早世したため家督を継ぐ。魏帝を押さえ込み、蜀を亡ぼし、「晋王」を名乗る
   も、その直後に急逝。昭の家督を継いだ子の炎が魏を簒奪し晋を建国する。

　この敗戦により曹爽のメンツは丸つぶれとなり、いよいよ以て司馬氏の声望は高まることに。
　これで己の無能を思い知らされたか、以後、曹爽は蜀呉に討って出ることもなく、ただ自己に権力を集中させることに奔走して帝（少帝）をないがしろにし、現実から逃避するように宴に明け暮れ（A-4/5）、政治は何晏ら取り巻きが壟断し、国は乱れる一方。
　これを憂慮した司馬懿は中央から距離を置くべく、自ら「高齢（＊06）」「病」を理由として隠居を願い出ます（247年）。
　曹爽にしてみれば、目障りな司馬懿が隠居してくれるのは願ったり叶ったりでしたが、「病」というのは言い訳としてよく使われる手ですから、「ひょっとして病を理由に陰謀を巡らせているのでは？」と勘ぐり、見舞いという名目で李勝を探りに遣ります（B/C-4）。
　李勝が司馬懿に面会してみると、服は乱れ、言葉に力なく、話は嚙み合わず、粥をこぼし、もはや余命いくばくもないボケ老人の体（B/C-3）。

（＊06）司馬懿は当時69歳、確かにいい歳です。このとき、彼に残された寿命はあと4年。

その演技たるや、偵察にきた李勝(りしょう)がすっかり同情してしまったほど。
「あの有様では仲達(ちゅうたつ)殿も長くはありますまい…」
司馬懿の芝居に見事に騙されて戻ってきた李勝(りしょう)は曹爽(そうそう)にそう報告します。
これですっかり安心した曹爽は、帝(みかど)とともに高平陵(こうへいりょう)(＊07)(B-4/5)に参拝することにしました(249年1月)。
しかし、これに大司農(＊08)桓範(かんはん)[元則(げんそく)]＊が反対。

> ＊ 曹操の代から魏に仕える武将。すぐれた人物ではあったが短気なところがあり、それがその都度、彼の人生の足を引っぱっている。このころは大司農を務めていたが、とりわけ曹爽と親しくしていたわけでもなかったのに…。

——大将軍！ 司馬懿(しばい)を侮ってはなりません！
あんなものはどうせ仮病です。
将軍が都を留守にすれば、どんな変事が起こるやも知れませんぞ！
ところが、事の重大性が理解できない曹爽(そうそう)はこれを「考えすぎ」と取り合わずに出立。
司馬懿(しばい)はまさにこのときを待っていました。
ただちに兵を起こして都を制圧(高平陵(こうへいりょう)の変／正始(せいし)政変)(B/C-4/5)すると、まず郭(かく)太后＊(D-3/4)を取り込みます。

> ＊ 明帝の皇后。中国では幼帝が立った場合、皇太后が政務を代行(垂簾聴政)する習わしがあるが、彼女はそうした出しゃばりな性格ではなかったようで、建前的には「皇太后の命」という体で、実質的には曹爽が実権を掌握していた。

彼女から「曹爽(そうそう)討伐」の勅許を得て、まずはこたびの挙兵が"義挙"である正統性を得なければなりません。
このとき司馬懿は、すぐれた人材と一目置いていた桓範(かんはん)を高官(中領軍)に任じて味方に取り込もうと画策したものの、桓範(かんはん)はこれを拒否、事の次第を曹爽(そうそう)

(＊07) 洛陽から150里(約60km)ほど南にある明帝(曹叡)の陵墓。

(＊08) 現在でいえば蔵相に相当。

に伝えるべく都を出奔してしまいます。
──しまった！"知恵嚢"に逃げられたか！
　しかしまァ、曹爽は阿呆だ、どうせ彼の献策を採り上げはしまい。（＊09）
　然して、司馬懿の推察どおり。
「大将軍！
　洛陽は押さえられましたが、こちらには帝がおられるのです！
　"錦の御旗"を擁して許昌に拠れば、勝機はこちらにありますぞ！」
　桓範は事の次第を報告したあと、こう進言しましたが、小心者の曹爽はただただ狼狽するばかりで、そもそも「イチかバチか」の大勝負に出るほどの決断力もなければ度胸もない。
　まもなく「今すぐ投降すれば、官位を剥奪するだけで命は保障する」との司馬懿の言質を得るや、彼は決断します。
──降伏だ！　余は降伏する！
　ここで抗って敗れれば殺されるが、降伏すれば権力は失ったとしても生涯富裕な生活が送れるからな！（D-4/5）
　この言葉に桓範は愕然。

郭太后

司馬懿

こちらには皇太后様が付いておるぞ！今すぐ降伏すれば命だけは助けてやろう！

（＊09）桓範の出奔を知ったときの司馬懿の反応は、裴注『晋紀』（干宝著）によると、「知恵嚢に逃げられてしまった！」とかなり狼狽していますが、正史『晋書（宣帝紀）』では「曹爽は阿呆だ、どうせ彼の献策を採り上げはしまい」と落ち着き払っています。本文ではその両方を採り上げたが、『晋書』は司馬懿を美化しているので、おそらく『晋紀』が正しい。

「愚かな！　司馬懿はそんな甘い相手ではない！
父(曹真)はたいそうご立派な方であったのに、その子ら(曹爽兄弟)は揃いも揃って子牛同然(バカ)ではないか！
こんな輩に加勢したばかりに、我が一族まで連座して族滅の憂き目に遭うことになろうとは！」(＊10) (D-5)

果たして、彼の嘆きどおり、曹爽を筆頭として、桓範も含めたその取り巻き(何晏・鄧颺・丁謐・李勝・畢軌ら)はことごとく族滅されます。

さらに曹爽と近しい関係にあった者にまで害が及びはじめると、皇族にも近い関係にあった夏侯覇[仲権]＊までが蜀へ逃亡。

> ＊ 夏侯淵の子。定軍山で父を討たれ、蜀への復讐に燃えていたが、こたびの曹爽一派族滅で蜀へと亡命。蜀では帝(劉禅)の遠縁ということもあって厚遇されたが、亡命後はあまり活躍することなく、まもなく亡くなっている(250年代末？)。

この一件により、魏における司馬氏の支配は決定的となり、このあと魏復権を狙う揺り戻しの動き(後述)もあったとはいえ、事ここに至ってはそれももはやすべてが"悪あがき(＊11)"。

すでにこの瞬間、魏の命脈は絶たれていたといってよいでしょう。

(＊10) とはいえ、初め司馬懿は桓範に敵意なく、彼を味方に取り込もうとしていたくらいなのに、なぜか桓範の子(名は不明)が「曹爽につくべき！」と主張、桓範もこの言葉に応じて部下たちの反対を押し切って曹爽陣営に走っていますから、桓範の自業自得ともいえます。

(＊11) 日本史でいえば「大坂夏の陣」のようなものです。

司馬懿が天寿を全うするわずか２年前のことでした。

　しかし、こうした強引なやり方、朝廷を蔑ろにする司馬氏の専横に対する反発も生まれてきます。

　240年代が「曹爽と司馬懿の権力闘争」の時代とするなら、つぎの250年代は「寿春三叛」と呼ばれる司馬氏打倒の陰謀が相次ぐ時代となります。

① 王淩の乱（251年）

　まず、太尉王淩［彦雲］＊が「司馬氏専横の淵源は魏帝の若輩(＊12)軟弱にあり」と楚王曹彪［朱虎］＊＊を擁立する政変を計画。

> ＊ 王允の甥。王允が李傕らの叛乱によって殺害されたとき、命からがら都を脱出し、以後、曹爽に仕えるように。政治家としても武将としても数々の功績を挙げ、三公（司空・太尉）を歴任した。
>
> ＊＊ 曹操の子。曹丕の異母弟。曹丕に疎まれていたため、彼が即位したのち、地方に飛ばされ、弋陽王・寿春王・白馬王など地方の王を歴任。王淩が政変を計画していたころは楚王（淮南郡）で57歳であった。

　しかしこれは情報が漏れてしまい、あえなく失敗。

　司馬懿はこの政変の制圧には成功したものの、その直後、ついに薨去。

　享年73。

　その家督は嫡男司馬師が継いだものの、一難去ってまた一難、その虚を衝くようにして、254年、今度は中書令李豊［安国］＊らが司馬師暗殺を計画。

　しかし、これも事前に情報が漏れて失敗に終わりました。

> ＊『正史』には「李豊」という名の武将が３人登場する。袁術武将としての李豊、蜀将李厳の子としての李豊、そしてここで登場する魏将の李豊。
> しかし、彼の詳しい経歴についてはほとんど不明。

　ところが今回の陰謀は、魏帝（曹芳）まで加担していたことが判明したため、皇帝を廃位する事態に。

（＊12）計画当初（249年）の歳は18歳、発覚時（251年）は20歳。

——帝はすでに成人して久しい（当時23歳）のに、政治を蔑ろにし、女色に沈湎し、日々宴に興じ、節度を乱しており、およそ帝の器にあらず！
そして彼に代わって曹髦［彦士］＊を即位させました。

> ＊ 曹丕の孫。曹叡の弟（曹霖）の子。まだ数えで14歳（満なら12歳）で即位。幼少より聡明利発だったため、司馬師は初め別の人選を考えていたが、太后の強力な推挙により彼に決まった。魏朝復興の期待を受けての即位だったが…。

　帝が家臣によって廃立されるようでは、もはやその王朝も"死に体"といってよい（＊13）ものです。

② 毌丘倹・文欽の乱（255年）

　しかし一方で、その露骨な皇帝廃立はさらなる強い反発を生み、乱はこれまでの「官僚による陰謀未遂」から「将らによる叛乱」に発展していくことになりました。
　それが毌丘倹［仲恭］＊・文欽［仲若］＊＊らによる叛乱という形となって表れます。

> ＊ 父の代から曹家に仕えた武将。彼自身は即位前から曹叡に仕えて厚遇された。公孫淵の自立化に伴い、明帝の命で幽州刺史となり公孫淵に備えたが失敗。むしろ公孫淵に自信を与え、「燕」独立の契機を作ってしまった。

> ＊＊ 父の代から曹家に仕えた武将。気位が高く、礼節をわきまえず、人を見下すため、赴任する先、赴任する先でつねに悶着を起こす問題児。明帝・曹爽の加護を得てなんとかその地位を保っていたが、曹爽の死でその地位が不安定となっていた。

　この乱そのものはほどなく鎮圧したものの、その直後、まだ48歳の若さで司馬師が急逝。
　たった4年の間に司馬懿・司馬師を立てつづけに失い、家督は弟の司馬昭が継いだものの、さすがに司馬氏の動揺も否めません。

（＊13）そもそも本書のテーマ「三國志」自体が、漢帝（第13代少帝辨）が家臣（董卓）によって廃位されたことに始まります。彼によって擁立された傀儡皇帝（献帝）は漢帝国の"ラストエンペラー"となりました。魏もまた残された時間はいくばくもないことを意味しています。

③ 諸葛誕の乱（257〜58年）

　鎮東将軍の諸葛誕［公休］＊はここまで司馬氏に従い、先の「毌丘倹の乱」鎮圧にも携わったものの、その心中たるや穏やかではありませんでした。

> ＊ 諸葛瑾（長兄）・諸葛亮（次兄）の弟（または従弟）。兄らは「竜（亮）」と「虎（瑾）」に喩えられたが、彼は「狗（いぬ）」に喩えられた。高平陵の変後、司馬氏に従っていたが、次第に己の処遇に不安を覚えるようになったという。

　彼は、鄧颺・王淩・毌丘倹など、ここに至るまで司馬氏がつぎつぎと族滅していった者たちと親しい関係にあったためです。
　── 明日は我が身…。
　そこで彼は、毌丘倹の後任として配属された寿春の地で民を安んじ、兵を増強し、有事に備えます。
　この動きを察知した司馬昭がひとつの策を弄した(＊14)ところ、追い詰められた諸葛誕は反旗を翻しました。
　彼は呉軍を味方に引き込んだため、鎮圧するのに1年近くもかかりましたが、ついにこれを亡ぼしたことで、王淩の乱から始まった「寿春三叛」をすべて鎮圧、これにより司馬氏に逆らう勢力は消滅します。
　それはすなわち「帝国」を支える者もいなくなったことを意味し、魏の滅亡は時間の問題となりました。

洛陽

（＊14）具体的には、諸葛誕を「司空（建設大臣）に任ずる」としたのです。司空といえば人臣最高位のひとつです。しかし、官位を受けるためには洛陽に戻らなければなりませんが、逆心のある諸葛誕にしてみれば、「のこのこ戻ったら、そのまま処刑されるかもしれない」との疑念を払拭できず、かといって戻らなければ、それはそのまま「逆心有り」と認めているようなもので、蜂起するより道がなくなります。

第6章 三國帰晋

第3幕

孫権の最期
二宮事件

若いころには多少「名君」などと褒めそやされたこともあった孫権も還暦を迎えたころから「老害」と化す。奸臣を寵愛し、忠臣を処断し、さらには弟を嫡男と同じ扱いにしたため継嗣問題（二宮事件）まで起こす。こうして半世紀にわたって呉を支えてきた孫権こそが、呉を滅亡に追いやる元凶となっていった。

皇太子はぁ…
孫和にしよ！
いやでもぉ…
最近孫覇の方が
可愛くなってきたしなぁ…
やっぱし孫覇にしよっかな…
よし、孫亮にしよっ！

孫権

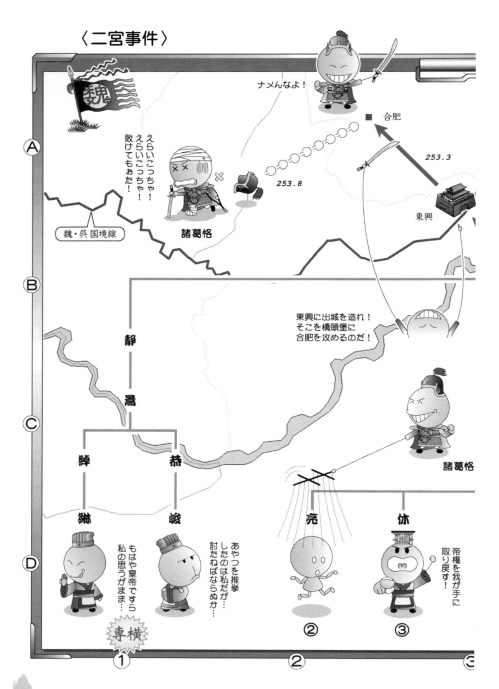

第3幕 二宮事件

234〜58年

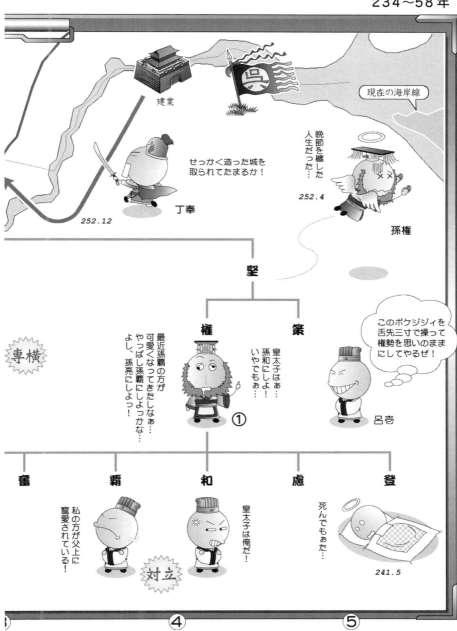

こうして魏は、諸葛亮の死を転換点(ターニングポイント)として急速に亡国への途を転げ落ちていくことになりました。

では同じころ、呉ではどのような歴史が展開していたのでしょうか。

じつは呉もまた、諸葛亮の死を契機として「皇帝の暗愚が表面化し、それが内訌に発展して衰亡していく(*01)」という魏とそっくりの歴史を歩んでいきます。

魏が興勢山で蜀と交戦していた(244年)とき、呉は魏の背後を突く絶好の好機(チャンス)であったはず。

にもかかわらず、呉がついに動かなかったのはなぜでしょうか。

じつはそのころ、すでに還暦を越えていた孫権は若いころに見せた多少の聡明さもすっかり消え失せ、典型的な"老害"と化し、それどころではない国内問題に揺れていたためです。

若いころは「名君」などと持ち上げられることもあった孫権も、諸葛亮が亡くなった(234年)ころから急速に耄碌が激しくなっていました(C/4)。(*02)

耳の痛い諫言をする忠臣を遠ざけ、媚び諂う奸臣(呂壱*(C-5)など)を寵愛するようになり、見え透いた讒言・誣告に容易に惑わされて忠臣をためらいもなく処刑、性格は頑迷となり、言動には一貫性がなくなっていきます。

> * 生没年、字、出身地など詳しいことは不明。舌先三寸で孫権に取り入り、その寵愛を受けた酷吏。自分の政敵となる者をつぎつぎと孫権に讒訴し、孫権もまたこれを真に受けて忠臣を罰しつづけたため、朝政は混乱した。

奸臣が蔓延る国に未来はありません。

これにより、永年かけて構築してきた君臣の信頼関係はあっけなくも崩れ去り、呂壱自身はまもなく誅殺された(238年)ものの、そののち重臣たちは一切諫言しなくなってしまいます(*03)。

(*01) 本書「第6章 第1幕」参照。
(*02) 諸葛亮が没した2年後、張昭も没しています(236年3月)。諸葛亮の死による安堵感に加え、口やかましかった張昭からの解放感が彼の"耄碌"を加速させたようです。

第3幕　二宮事件

のみならず。
　241年の対魏遠征（芍陂の役）の戦中、皇太子孫登［子高］＊（D-5）が急死していた（5月）のですが、これを契機に、孫権は継嗣問題を引っかき回す所業をつぎつぎと起こします。

> ＊ 孫権の嫡男。聡明であり人望も厚かったにもかかわらず、なぜか父孫権から疎まれ、立太子すら危ぶまれたり、立太子後も武昌に遠ざけられて、次男孫慮を優遇されたりしている。それでも孫権に孝を尽くした人生だった。享年33。

　いったんは弟の孫和［子孝］＊（D-4）を立太子しながら、またしても讒言に惑わされて（＊04）翻意し、その下の弟孫覇［子威］＊＊（D-3/4）に皇太子と同等の待遇を与えてしまったのです。

> ＊ 母は王夫人。学問を好み、武芸に励み、識者・才人と親しく付き合い、父孫権からも兄孫登からも愛されていた。孫登の急死によって19歳にして立太子されるも、義姉（孫魯班）の陰謀により、骨肉の争いに巻き込まれることに。

> ＊＊ 孫権の子。孫和の弟。母は不明。孫和とともに聡明であったといわれるが、詳しいことはほとんど不明。

（＊03）朝政において何も発言しなくなった重臣たちを孫権は責めていますが、人間の信頼関係というものはひとたび壊れてしまったが最後、これを修復するのはほとんど不可能で、もはやこの時点で「呉滅亡までのカウントダウンが始まった」と断じてよいほどです。

（＊04）孫権の娘（孫魯班）が「孫和は謀反を企んでいる」だの「王夫人（孫和の母）は陛下の病を喜んでいる」だの、"ないことないこと"でっちあげて孫権に誣告しています。

こんなことをすれば、袁紹や劉表の末路を見るまでもなく、たちまち家臣団に動揺と亀裂が走り、それが内訌へと発展して亡国の道を辿ることは火を見るよりも明らか。

　案の定、「陛下は子孝（和）様を廃嫡し、子威（覇）様を立太子なさろうとされているのでは？」と、家臣団が孫和派と孫覇派の真っ二つに分かれて政争・対立する有様に。

・孫和派：陸遜・諸葛恪・張休［叔嗣］＊ ら
・孫覇派：全琮・孫魯班［大虎］＊＊・歩隲［子山］＊＊＊ ら

> ＊　張昭の子。孫登が太子となったとき、その側近を務めたことで、孫登とは君臣関係を越えた友情で結ばれた。孫登の死後、孫和が立太子されると、彼の姪が孫和の妃であったこともあり、孫和派に付いた。
>
> ＊＊　孫権の娘。母は練師。全琮の妻。呉を衰亡に導く「二宮事件」の元凶。そもそも彼女が孫権に孫和の悪口を誣告しことに始まり、その後も積極的に政治に暗躍し、陸遜をはじめとして多くのすぐれた重臣を陥れ、国を傾けた毒婦。
>
> ＊＊＊　孫権の愛妾にして孫魯班の母である歩夫人（練師）の外戚。勤勉質素、博学多才で度量も大きく仁徳もあったため、孫権の下でトントン拍子に丞相にまで出世している。二宮事件では孫覇派に与するも、その具体的な動静は伝わっていない。

（＊05）「二宮」とは、孫和と孫覇の「2人の宮様」の意。「宮」とは皇族に対する尊称。

（＊06）たとえば陸遜が「嫡子と庶子は明確に区別しなければ、かならずや国に災いをもたらすことになります」と上奏しても聞き入れず。徳川家康の「嫡男（家光）」と「その弟（忠長）」に対する態度とは大違いです（詳しくは本幕コラム「後継者問題」を参照のこと）。

第3幕　二宮事件

　これが所謂「二宮事件^(＊05)」で、孫権の曖昧な態度^(＊06)のためにこれから10年近くに及ぶドロ沼の内訌へと発展、呉の重臣たちがお互いにいがみあい、憎しみあい、足を引っ張り合うことになり、結果、陸遜・張休らをはじめとした呉を支えた忠臣・賢臣・重臣たちがつぎつぎと憤死・流刑・賜死^(＊07)・誅殺されていきます。

　特に、周瑜、魯粛、呂蒙の事績を継いで軍事・外交を一手に担っていた陸遜の死（245年）は痛手で、これを境に呉の支配はガタガタに。

　それもこれも、すべては孫権がブレたことが原因であるにもかかわらず、その元凶たる本人は、一連の騒動から逃避するようにして孫亮［子明］＊ を溺愛するようになり、250年、なんと、孫和を廃嫡、孫覇を賜死させ、代わりにまだ8歳の孫亮（廃帝）（D-2）を立太子するという挙に出ます。

　　　＊孫権の七男。母は潘夫人。あるとき孫亮が蜂蜜を所望したところ、瓶の中にネズ
　　　　ミのフンが入っていたことがあった。それが宦官の陰謀か倉庫番の落ち度かで揉
　　　　めたが、このとき孫亮は、たちどころに宦官の陰謀だと証明したという。

　こうして、呉を引っかき回すだけ引っかき回し、君臣の信頼関係・臣下同士の連携をめちゃくちゃに破壊し尽くした孫権は、その2年後（252年4月）、ついに亡くなりました（A/B-5）。

　治世52年^(＊08)、享年71。

　彼亡きあとの呉は、明帝死後の魏とそっくりな歴史を辿って衰亡していくことになります。

　新たに即位した孫亮（廃帝）には「聡明」との噂もありましたが、如何せんまだ10歳^(＊09)でしたから、「聡明」云々以前にまだ政治ができる歳ではありません。

　当然後見人がつきますが、そうなれば、その後見人が政治を私することは明

(＊07) 皇帝から自殺を命令されること。

(＊08) 孫策から家督を継いでから数えた場合。皇帝としての治世は23年。

(＊09) これは、明帝の跡を継いだ曹芳がまだ8歳だったことを彷彿とさせます。

Column 後継者問題

　継嗣問題はどんな大国をも亡ぼす重大事です。
　袁紹（えんしょう）は、さも「官渡の戦（かんとのたたかい）」で曹操（そうそう）に敗れたことによって衰亡していったかの如く描かれることが多いですが、実際には、官渡の戦のあと、冀州（きしゅう）は動揺したものの、袁紹（えんしょう）はこれを見事に建て直しています。
　また曹操（そうそう）も袁紹（えんしょう）との力の差を思い知らされ、このときの冀州の混乱に乗じて侵攻するということもしておらず、袁紹（えんしょう）存命中は彼の支配体制はピクともしていません。
　袁家滅亡の原因は、彼が長子（袁譚（えんたん））を廃して庶子（袁尚（えんしょう））を跡継ぎにしようとして家臣団の分裂を招いたことの方が大きい。
　曹操（そうそう）もまた、継嗣問題には悩みに悩み抜きましたが、結局賈詡（かく）のひとことで曹丕（そうひ）に決定したことで事なきを得ます（第5章 第1幕）。
　日本でも、徳川2代将軍秀忠の嫡男竹千代（家光）（ひでただ）とその弟国松（忠長（ただなが））との間に軋轢が生じ、お家騒動になりかけたことは有名。
　竹千代が吃音・女装癖があったうえ病弱で乳母（春日局（かすがのつぼね））に育てられたのに比べ、弟の国松は端整な顔立ちで利発快活、そのうえ生母お江によって育てられたため、秀忠・お江は国松に愛情を注ぐようになり、彼を跡継ぎにしたいと考えるようになります。
　しかしそんなことをすれば、お家騒動に発展することは必定。
　実際、一時は家臣団に亀裂が走ったため、家康は一計を案じ、2人を呼びつけ、お菓子を振る舞います。
　弟の国松がお菓子に手を伸ばすと、わざと大袈裟に叱りつけました。
「控えよ！　国松は竹千代の家臣となる身ぞ！」
　こうして、家康が「跡継ぎは家光」という態度をはっきりと明示したため、継嗣問題は一気に鎮静化したといわれています。
　このように、小さな組織はトップの優秀性が重要になることが多いのですが、大きな組織になると、組織運営のうえでトップの優秀性より継嗣システムの安定性の方がはるかに重要なのです。

第3幕 二宮事件

晩節を穢した人生だった…

孫権

帝没後の魏を振り返るまでもなく。

実際、後見人には諸葛恪（C-3）と孫峻［子遠］＊（D-1/2）の2人が指名されたものの、まもなく諸葛恪の専横が始まりました(＊10)。

　＊皇族のひとり。孫堅（B-4/5）の弟・孫静（B/C-1）の曾孫。孫綝の従兄。
　　二宮事件においては孫権の相談役を務め、孫権危篤の際、彼に諸葛恪を孫亮の後
　　見人に薦めたのも彼である。

諸葛恪は自己の支配体制をさらに盤石なものにしようと、大規模な軍事行動を計画します。

その手始めに、東興（A/B-3）に東城・西城の2つの出城を築く。

これを知った魏が二城を破却するべく諸葛誕（兵4万）を差し向けてきたため、諸葛恪は丁奉［承淵］＊（A/B-4）に兵3000を与えて先鋒とするや、丁奉は先鋒軍だけで魏軍を駆逐してしまいます（東興の戦）(＊11)。

(＊10) これは魏の曹芳のころの動きとかぶります。魏でも、もともと曹芳の後見人は曹爽（諸葛恪に相当）と司馬懿（孫峻に相当）だったのに、まもなく曹爽の専横が始まっています。

(＊11) 丁奉が敵陣に遭遇したとき、魏軍は宴の真っ最中。この状況に喜んだ丁奉は「恩賞は思いのままだぞ！」と兵を鼓舞して敵陣に奇襲、寡兵で大軍を駆逐することに成功しました。

* 孫権の代から孫亮・孫休・孫晧と呉帝4代すべてに仕え、呉の全盛と衰亡を見守った。若いころは甘寧や陸遜の下で小部隊を率い活躍し、出世を重ねていく。代が進むごとに古老として傲慢になっていったという。

　これに気をよくした諸葛恪は、功を焦ったか、大軍（20万）を率いて無理な遠征を行った（A-2/3）ため大敗（253年3〜8月　合肥新城の戦）（＊12）を喫します（A/B-1/2）。
　この敗戦を機に、もうひとりの後見人であった孫峻との対立が表面化したうえ、自己の権力に不安を感じた諸葛恪は、以後、諸将の歓心を買うため宴会に明け暮れはじめます。（＊13）
　しかし、そうしたやり方がかえって諸将の反発を招き、そのわずか2ヶ月後、諸葛恪は孫峻によって誅殺されました（253年10月）。（＊14）

（＊12）このあたりは、曹爽が大軍（10万）で攻め寄せたにもかかわらず、兵1000の王平軍に駆逐された戦（興勢山の役）を連想させます。

（＊13）こうした敗戦後の行動パターンまで、諸葛恪と曹爽はそっくりです。

（＊14）これなどは、司馬懿による「高平陵の変」を思い起こさせます。

政敵を打ち倒した孫峻には皇帝（孫亮）をも凌駕する権力が集まりましたが、孫峻はその直後に急死（256年9月）してしまった(＊15)ため、権力は従弟の孫綝［子通］＊（D-1）へと移譲されます。

> ＊ 皇族のひとり。孫堅の弟（孫静）の曾孫。孫峻の従弟。孫峻の急死によりその後継者に指名されたことで呉の実権を握る。それ以前の彼の実績はないに等しく、一部に彼が継承することへの反発もあったが、これを制して独裁権を握る。

　権力を握った孫綝は帝位をも意のままに廃立するまでになります。
　何かと反抗的な皇帝（孫亮）をついに玉座から引きずり下ろし（258年9月）、その席に新たに孫休［子烈］＊（D-2/3）を据えたのです。(＊16)

> ＊ 孫権の六男。呉2代皇帝（孫亮）の兄。若いころから帝位に関心を示さなかったため、兄弟たちが骨肉の争いを繰り広げる中、比較的平穏な日々を過ごすことができた。孫綝はその欲のないところに目をつけて彼に白羽の矢を立てる。

　こうして、諸葛亮没後の魏と呉は、驚くほどよく似た歴史を辿って崩壊していったのでした。

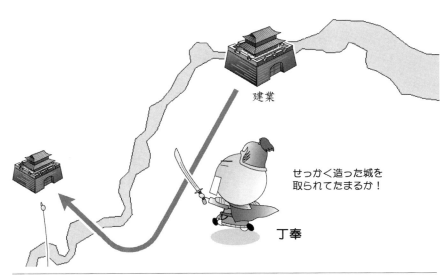

（＊15）彼に比せられる司馬懿も政敵（曹爽）を倒した政変後まもなく亡くなっています。
（＊16）司馬師も権力を握ってまもなく現帝（曹芳）を廃し、新帝（曹髦）を擁立しています。

Column　廟号・諡号・元号

　中国では、下層民は「姓・名」のみですが、身分が高くなってくると、「偉い人の名を軽々に呼ぶのは憚られる」ということで、日常生活では「字」が使われるようになります。

　さらに皇帝ともなると、姓・名・字ですら呼ばれずに、存命中は「陛下」とか「今上皇帝」などと呼ばれ、その死後は「諡号」「廟号」などの帝号で呼ばれるようになります。

　諡号というのは、その皇帝の業績を踏まえて、戦に強かった皇帝には「武帝」、内政に貢献した皇帝には「文帝」、すぐれた皇帝には「明帝」、平々凡々の皇帝には「平帝」、憐れな皇帝には「哀帝」「愍帝」、幼くして廃立された皇帝には「少帝」、無能皇帝には「恵帝」など、「○帝」と諡られます。

　これに対して、廟号は「廟（祖先の御霊を祀る施設）」に付けられる名前で、初代皇帝には「高祖」「太祖」、すぐれた皇帝には「高宗」「太宗」といった具合に、通常、「○祖」「○宗」と付けられます。

　歴代皇帝は慣習的に、漢から隋までは「諡号」で、唐から元までが「廟号」で、明清は「元号（日本の明治・大正・昭和などにあたる）」で呼び習わし、秦のみが例外的に「○世皇帝」と"数"で呼ばれます。

　これら帝号は、いずれも皇帝の死後に付けられるもので、生前に帝号で呼ぶなど、不遜の極みです。

　以前、こうしたことを知らずに、平成の御世真っただ中にあって「平成天皇」と呼ぶ無知をさらけ出した識者が炎上していました。

　すると彼は「そんなこと知っていたけど、わかりやすくそう表現しただけ」と火消しに躍起となります。

　しかし「知っていたうえで確信犯的にこの表現を使った」となると、今度は「天皇を侮辱する意志がはっきりとあった」ことになり、なお悪い。

　素直に「知りませんでした」と言えばよかったものを、ヘンな言い訳をするから"恥の上塗り"となります。

第6章 三國帰晋

第4幕

親政の果てに
蜀の滅亡

諸葛亮の死は、魏・呉を内から崩壊させることになったが、それは蜀も例外ではなかった。"目付"がいなくなった劉禅は、まもなく佞奸を側に置き、忠臣を遠ざけ、女色に溺れてゆく。こうして国が傾いていったとき、「寿春三叛」を平定した司馬昭が総攻撃を仕掛けてくる。もはや蜀に抵抗する力は残されていなかった。

蜀 中常侍
黄皓

蜀 第2代
劉禅 公嗣

〈蜀の滅亡〉

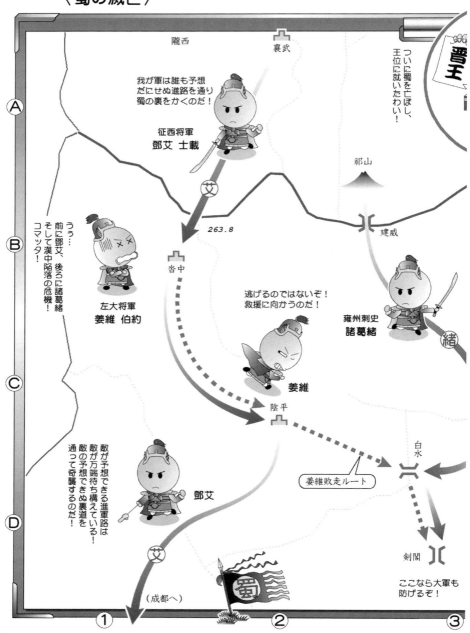

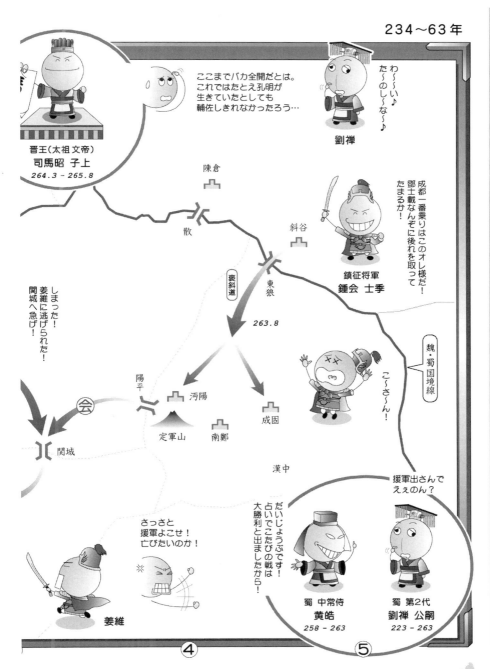

前幕までに、"諸葛亮の死"が曹魏と孫呉に安心感を与え、結果、両国は同じ過程(*01)をたどって急速に衰亡の道を転げ落ちていく様子を見てまいりました。

巷間、諸葛亮の偉大さを表す言葉として「死せる孔明、生ける仲達を走らす」というものがありますが、それどころの話ではありません。

「死せる孔明、曹魏・孫呉を亡ぼす」です。

諸葛亮が存命中に果たすことができなかった宿願は、彼の没後に果たされることになるのですから、これはもう諸葛亮の執念か。

しかし。

魏・呉が自滅していったからといって、蜀に天下統一が転がり込んできたわけではなく、蜀もまた魏・呉と似たような過程を辿って衰亡していきます。

ただ、蜀の場合、魏・呉とは少し色合いが違います。

魏・呉の場合、まず第一段階として、「名君」と謳われていた帝(明帝・孫権)が諸葛亮の死を契機として「暗君」へと変貌していきましたが、これに対し、蜀帝(劉禅)は最初から「暗君」(D-5)で始点がすでに違います。

確固たる信念もなく、政才もなく、カリスマもなく、ただ家臣から言われたことに対して「善きに計らえ」としか言えない、所謂"バカ殿"型(*02)。

しかし、これがかえって幸いします。

じつは、最初から「暗君」より、初め「名君」だと思っていた君主が突然「暴君」化する方が、ずっとタチが悪い。

それは家臣を戸惑わせ、朝政を混乱させますが、最初から「暗君」だとわかっていれば対応できるからです。

それに"バカ殿"型は、すぐれた指導力を発揮したり(曹操型)、カリスマ性

(*01) 諸葛亮の死 → 皇帝暗愚化 → 統治弛緩 → 幼帝即位 → 内訌発生 → 帝位廃立 … という過程を第1〜2幕で魏の、第3幕で呉の動きを見てまいりました。簒奪・滅亡は目前です。

(*02) ときどき「劉禅はじつは名君だった!」などと主張する人がいますが反論する気も起こらないほどの愚論です。詳しくは、本幕コラム「劉禅は名君か」を参照のこと。

第4幕　蜀の滅亡

を以て家臣団の紐帯となる（劉備型）こともありませんが、逆に、家臣の反対を押し切って自らの意志で暴政を布いたり（董卓型）、意にそぐわぬ忠臣・諫臣をつぎつぎと死に追いやったり（晩年孫権型）することもありませんから、文字どおり「バカとハサミは使いよう」で、賢臣がうまく輔佐してやれば存外うまくいくものです。

　劉禅40年（223〜263年）の治世は、最初の11年は諸葛亮が支え、つぎの19年は蔣琬・費禕・董允が支えました。（＊03）

　しかしそれも、蔣琬・董允が相次いで病没（246年）したころから徐々に帝国の屋台骨が軋みはじめます。

　劉禅の暗愚さは並大抵ではなく、蔣琬・費禕・董允が3人タッグを組んで初めて抑えが効くもので、費禕ひとりでは統制が効かなくなってきたためです。

　忠臣は、主君にとって耳の痛い諫言をします。

　これに対して佞臣は、巧言を弄し、媚びを売り、ゴマを擂ることしかできない"亡国の臣"ですが、主君を心地よい気分にしてくれます。

　「名君」はたとえ耳痛いことであっても諫言してくれる忠臣を側に置き、「暗君」は一時心地よい気分にしてくれる"亡国の臣"を寵愛しますから、どちらを寵愛するかで、その君主が「名君」か「暗君」かを知る指針（バロメーター）となります。

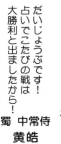

だいじょうぶです！
占いでこたびの戦は
大勝利と出ましたから！

蜀　中常侍
黄皓

援軍出さんで
ええのん？

蜀　第2代
劉禅　公嗣

（＊03）つまり、「治世40年」といっても、最初の30年は賢臣の支えに拠るもので、これを残り10年かけて食い潰していっただけのことで、「治世の長さ」は劉禅が「名君」の論拠にはなりません。

ここで劉禅の前には「忠臣費禕」と「佞臣黄皓＊」がいましたが、彼が選んだのは案の定というべきか、黄皓(＊04)(D-5)。

> ＊　宦官にして蜀の"亡国の臣"。政才も軍才もないが、強い者に媚びることと陰謀を巡らせることにかけては一級。"バカ殿"劉禅を舌先三寸で意のままに操り、賢臣・忠臣はもとより劉禅の実弟たちまで遠ざけさせ、政治を壟断した。

　そしておそらくは黄皓に入れ知恵されたのでしょう、今まで大人しかった劉禅が突如「親政を始める」などと言い出しはじめます(＊05)。
　「暗君」も黙って賢臣の傀儡となっている間はさしたる害はありませんが、出しゃばりはじめると、国は一気に傾きます。
　そして、彼が「親政」を始めて何をしたかと思えば、全国から美女を集めて後宮の充実を図って女色と酒色にふけり(＊06)、さらに、黄皓の言いなりとなってつぎつぎと宦官を抜擢して皇帝の側を固めはじめる有様。
　後宮の運営には莫大な経費がかかるため、この国難にあって国家財政を逼迫させますし、宦官の跋扈は漢帝国滅亡の原因となったもので、やることなすこと亡国策ばかり(＊04)。
　そしてついに最後の忠臣・費禕が暗殺される(253年)と、もはやこの"劉禅・黄皓コンビ"の暴走を止めることができる者は完全にいなくなり、宮廷は佞臣・奸臣の魑魅魍魎がうごめく"伏魔殿"と化していきました。
　さらに、費禕の死がもたらしたもうひとつの不幸は、費禕から軍権を預かった姜維が諸葛亮のころを夢みる強硬な「北伐推進論者」だったこと。
　戦というものは"内"がしっかりしていなければ成功するはずもなく、したがって費禕存命のころは、姜維の北伐要請にも「丞相ですら成し得なかった北伐、我らごときに叶えられるはずがなかろう？」と突っぱねられていましたが、

(＊04) こうした点から見ても彼の暗愚は明らかで、「名君説」など論外です。

(＊05) このとき劉禅も齢40を数えていました。

(＊06) これは魏において、明帝が後宮に入り浸り、女色と酒色にふけるようになったことを彷彿とさせます。

第4幕　蜀の滅亡

その死によって姜維による北伐が強行されます(＊07)。

しかし、戦というものは、本国からの全面的な後方支援（バックアップ）がなければ勝てるものではありません。

北伐は挙国一致してあたっても困難が予想されるのに、黄皓らを中心とする北伐反対派が陰険な妨害工作を繰り返したため、ことごとく失敗に終わります。

こうして250年代は、内には佞奸が跋扈して私腹を肥やし、外では姜維が無理な外征を強行したため、内外両面から蜀の国力をこそぎ落としてゆくことになりました。

こうなると、もはや蜀の滅亡も時間の問題。

ただ、すでに見てまいりましたように、ちょうどこのころ(250年代)というのは、魏も内乱状態(寿春三叛)にあって、積極的に蜀へ侵攻する余裕なく、蜀の滅亡は260年代に持ち越されることになりました(＊08)。

258年、ようやく寿春三叛を平定した司馬昭は、それから5年ほどを国力回復と蜀攻略の準備期間に充てたのち、263年、ついに蜀侵攻を決意します。

しかし、司馬昭の蜀討伐戦に諸将が気後れする中、鎮西将軍鍾会[士季]＊(A/B-5)だけが

(＊07) 費禕が亡くなった253年から始まり257年までは毎年北伐を行い、それからしばらく間があって262年に最後の北伐が決行されています。

(＊08) ときどき、黄皓の専横時代が17年もつづいたことを論拠として「後世伝えられるほどひどい宦官でもなかったのでは？」といわれることがありますが、そのころの魏が内乱状態にあって蜀を攻める余裕がなかったからにすぎません。

賛同したため、司馬昭は彼を総大将として10万の兵を与え(＊09)、征西将軍鄧艾[士載]＊＊（A-2）・雍州刺史諸葛緒＊＊＊（B/C-3）にそれぞれ3万の兵を与え、総計16万の兵力を以て三方から侵攻させる作戦を立てます。

＊ 鍾繇の子。幼いころから英才教育を受け、長じては「子房のごとし」と讃えられた。父の七光りと博学でエリート街道をひた走っていたが、功をひけらかすところがあり、周りから「その器量より野心の方が大きい」とたしなめられている。

＊＊ すぐれた才覚を持っていたのに、生来の吃音のため、見下されてなかなか出世できなかった苦労人。吃音の先入観に囚われない司馬懿にその才を見出されてからは農政・軍事両面で活躍し、姜維の北伐を何度も返り討ちにしている。

＊＊＊ 同じ諸葛姓ではあるが、諸葛亮の家系とは別系。鄧艾の配下から頭角を現す。この蜀討伐戦では失態を演じたものの、戦後も出世し、三公に次ぐ九卿（太常）にまで昇り詰めているため、すぐれた才覚の持ち主だったようである。

　まずは、当時隴西（A-1/2）を狙って沓中（B-1/2）に駐屯していた姜維に対し、鄧艾が襄武（A-2）から正面攻撃をして注意を北に向けさせつつ、諸葛緒が祁山（A/B-2/3）から出撃して姜維の退路を断ち、これを孤立化させる一方で、鍾会率いる本隊が斜谷（B-4/5）から褒斜道（B-4）を突破して本拠地成都に向かうという「三方面作戦(＊10)」です。

　早い段階からこの動きを察知していた姜維は、何度も何度も成都に増援を要請（D-4）していたにもかかわらず、またしても黄皓が「占いによると、援軍の必要はないですぞ」と意味不明な上奏を劉禅に行い（D-5）、また劉禅もこれをマに受け、すべて握り潰されていました。

　開戦前からこの有様、もはや結果は見えています。

(＊09) この出陣前、ある者が司馬昭に「鍾会に10万もの兵を与えるのは危険です」と忠告していますが、「たとえ鍾会が叛逆したとしてもかならず失敗する」と笑って聞き流したという。

(＊10) 失敗例の多い「三方面作戦」ですが、失敗するのは「三軍がバラバラに動く」場合であって、今回のようにきちんと大きな戦略があって各軍に"役割"が与えられて動いている場合は「全体でひとつ」と見做すことができるため、その限りではありません。

第4幕 蜀の滅亡

　魏軍の作戦は見事に当たり、姜維が沓中に釘付けされている(B-1/2)間に、鍾会はアッという間に成固の楽城(C-4/5)、沔陽の漢城(C-4)を陥とし(＊11)、そのまま陽平関(C-4)を抜けて関城(C-3)へ向かいます。

　この事態を知った姜維は、陽動で諸葛緒軍を惑わせて退路を拓き、陰平から関城救援に向かいました(C-2)が、白水(C/D-3)まで来たところで関城陥落の報に触れます。

　仕方なく姜維は、白水からさらに剣閣(D-3)まで退き、ここで魏軍を待ち構えることに。

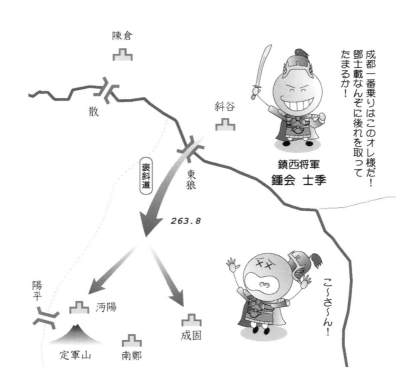

(＊11) このときすでに王平亡く。王平が存命であれば「重門之計」で撃退できていたでしょうに、なぜかこのとき蜀軍は重門之計を取らなかったため、あっけなく落城しています。

剣閣といえば、まさに"前には万丈の山が聳え、後に千仞の谷が支う天下の嶮"であり、"一夫が関に当たらば万夫も開くことなし(＊12)"という自然の要害。

しかもここを通らなければ、成都に辿りつけませんから、鍾会軍と諸葛緒軍は白水で合流し、13万の大軍となって剣閣に姿を現します。

ここまで一見きわめて順調に軍を進めてきた魏軍ですが、じつは殆うい情勢にありました。

前線が進めば進むほど兵站が伸びきってしまい、その維持が困難になってくるのに、魏軍は大軍でしたから、それだけ兵站の維持は一層困難で、万が一にも剣閣を突破できぬまま時間だけが過ぎゆき兵糧が尽きる ── などという事態にでもなれば、総崩れを起こすのは必定。

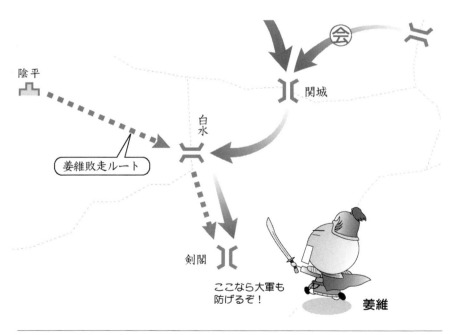

(＊12)「1人の兵が関所の守りに付くだけで、大軍で攻めても陥ちない」という意。（「箱根八里」の歌詞より）

案の定、魏軍はこれに総攻撃をかけましたが、さすがは"天下の嶮"と名高い剣閣、ビクともしません。
── これはマズイな……。
　堅牢な剣閣を前に、日々刻々と減ってゆく兵糧を背に、さしもの自信家鍾会も弱気となり、まだ余裕があるうちに撤退すべきかと思案しはじめます。
　しかし、鍾会の弱気を知った鄧艾は反発。
「せっかくここまで来た、今の勢いを無駄にしてはなりませんぞ！
　では、こうしてはいかがでしょう？
　私が陰平から南下し、直接成都を突くのです！」
── 陰平から南下？　何を言っておる？
　陰平から成都へ抜ける道などないではないか？
「なんの！
　なければ切り拓くだけのこと！」
　こうして鄧艾軍は、冬10月の寒風吹きすさぶ中、700里（約300km）(*13)にも及ぶ人跡未踏の道なき道を進軍していきます（D-1）。
　山あらば隧道(トンネル)を掘り、谷あらば橋をかけ、絶壁あらばよじ登り、崖あらば毛氈(ルト)(*14)にくるまって転げ落ちていくという、想像を絶する艱難を乗り越えながら。
　しかし、これを乗り越えたときの効果は絶大でした。
　いるはずがないところから突如として現れた魏軍を前にして、蜀軍は狼狽、総崩れを起こし、たちまち涪が陥ち、さらに緜竹が陥ちたところで劉禅はあっけなく降伏を決意。
　時263年。
　劉備が入蜀してから49年、蜀帝国成立から42年、劉備の死より数えて

（＊13）日本でいえば、東京 - 名古屋間（270km）、東京 - 仙台間（300km）くらい。
（＊14）羊毛などの獣毛を織るのではなく、繊維を絡ませて作った布地。不織布。日本では、茶室に敷かれる赤い敷物としてよく見かける。

ちょうど40年目のことでした。(＊15)

沓中(とうちゅう)の戦では、趙広(ちょうこう)(趙雲(ちょううん)の子)が討死。

緜竹(めんちく)の戦では、諸葛瞻(しょかつせん)(諸葛亮(しょかつりょう)の子)・諸葛尚(しょかつしょう)(諸葛瞻の子)・張遵(ちょうじゅん)(張飛(ちょうひ)の孫)が討死。

諸葛尚(しょかつしょう)は死ぬ間際にこう叫んだといいます。

──さっさと黄皓(こうこう)を討たなかったがためにこのザマだ！

さらに成都では、劉諶(りゅうしん)＊が徹底抗戦を父君劉禅(りゅうぜん)に訴えましたが、聞き届けられることはなく、悔しさのあまり先帝劉備(りゅうび)の廟前で自らの首を刎(は)ねて自害。

> ＊ 劉禅の六男。『正史』でも『演義』でも、この場面でしか登場しないため、詳しい経歴は不詳。字すら伝わっていない。兄弟7人のうち、このときに死を選んだのは彼のみ。残りの6人の兄弟たちは全員父(劉禅)とともに降伏している。

しかし。

蜀(しょく)の元勲の子弟たちが劉禅(りゅうぜん)を守るために必死に戦い、そして大勢散っていったことも、我が子の王累(おうるい)さながらの命懸けの訴えも、劉禅(りゅうぜん)の心に響くことはまったくありませんでした。

降伏後、劉禅(りゅうぜん)は洛陽(らくよう)に連れてこられ、そこにしばらく滞在したのち、安楽公(あんらくこう)として幽州漁陽郡安楽県(ゆうぎょうあんらく)(＊16)に封じられます(A-5)。

彼がまだ洛陽(らくよう)にいたころ、晋王司馬昭(しんしばしょう)が劉禅(りゅうぜん)を歓待するべく宴(うたげ)を設けたことがありました。

その際、劇伴(バックミュージック)として蜀(しょく)の音楽が流れるや、蜀(しょく)臣たちは故郷を思い出し、蜀(しょく)の滅亡が頭をよぎり、みな目頭を押さえましたが、ただひとり劉禅(りゅうぜん)だけが笑顔を絶やさず宴を堪能している。

(＊15) 成都に入城を果たした鄧艾は、蜀を亡ぼした元凶が黄皓の邪悪にありと聞き知っていたため、これを捕らえ処刑しようと試みましたが、彼は官憲に賄賂をバラまいて逃げ果せています。『演義』では、読者の鬱憤を晴らすため、捕らえられ司馬昭に五体を切り刻まれて処刑されていますが。

(＊16) 父劉備の生まれ故郷である幽州涿郡涿県から100kmほどしか離れていない地。

これを見た司馬昭は驚き、家臣に語りました。
――劉禅は「暗愚だ」「暗愚だ」と噂には聞いてはいたが、ここまでとは！
　これではたとえ諸葛亮が生きていたところで輔佐しきれなかったろう。
　ましてや姜維なんぞではなぁ！
　こうして、劉備・諸葛亮・五虎将(*17)たちが人生を擲って創り上げ、その子・孫たちが命を懸けて守ってきた蜀は、2代42年を以て、あっけなく亡びます。
　しかし、歴史を紐解くと、国家でも企業でも「ひとつの組織が外からの力によって潰されるときというのは、それ以前に内から崩壊して、とっくに"死に体"となっている」ことがほとんどです。
　蜀もまたこの例外に漏れず。
　蜀は、司馬昭に亡ぼされたのでもなく、鄧艾に亡ぼされたのでもなく、実質的には「劉禅によって亡ぼされた」といっても過言ではありません。

晋王(太祖文帝)
司馬昭 子上

ここまでバカ全開だとは。
これではたとえ孔明が
生きていたとしても
輔佐しきれなかったろう…

劉禅

(*17) 関羽・張飛・馬超・黄忠・趙雲の五将のこと。「五虎将」という言葉は『演義』の中だけの架空の称号で実在はしませんが、この5人を総称する言葉として便利なため多用されています。また、『正史』でもこの5人を「関張馬黄趙伝」としてひとつの伝にまとめて採り上げています。

Column 劉禅は名君？

宦官・佞臣を寵愛し、忠臣を遠ざけ、酒色と女色に溺れて朝政を乱す。
劉禅が「暗君」であることは明々白々、議論の余地もありません。
ところが、世の中にはあえて珍説奇説を主張する者、これに飛びつく者はいるもので、「じつは名君だった！」との主張も散見されます。
「暗君では40年も治世を保たせることができなかったはずだ！」
「あえて暗君を演じていたのだ！」
しかし、歴史上「暗君の統べる国が長期政権になる」例など枚挙に遑がありませんし、彼が「暗君を演じ」たことで国は混乱・滅亡に追いやられているのですから、この主張も意味不明です。
「初めに結論ありき」で自分に都合のよいものだけを採り上げて事実をねじ曲げる —— という愚行は厳に慎まれなければなりません。
蜀滅亡後、晋王司馬昭が劉禅に声をかけたことがあります。
晋王「故郷（蜀）が懐かしくはありませんか？」
劉禅「いいえ？　蜀のことなどまったく思い出しもしません」
これには司馬昭はもとより、その場にいた一同も唖然呆然。
側近の郤正［令先］が劉禅に苦言を呈します。
—— 我が公。ああいうときは「蜀のことは一日たりとも忘れたことはありません」と答えるものです。もう少しご自重のほどを。
この会話を小耳にはさんだ司馬昭が、後日、もう一度同じ質問を投げかけてみたところ、劉禅は一言一句、郤正の言葉どおりに答えました。
晋王「それでは先日令先の申したとおりではないか！？」
劉禅「はい、そうですよ？　だってそう言えって言われましたから…」
これには一同爆笑しましたが、その嘲笑の中、劉禅だけが何を笑われているのかわからない。
本文でも触れましたように、劉禅はまったく空気が読めず、また、他人の気持ちを理解することが微塵もできない人物でした。
「暗君か否か」以前に、発達障害だった可能性がきわめて高い。

第6章 三國帰晋

最終幕

三國、悉(ことごと)く司馬氏に帰す

三國志の終幕

黄巾の乱によって切り拓かれた「三國志」は、董卓が暴を揮い、曹操が中原で覇を唱え、孫権が割拠し、劉備が名乗りを上げ、英雄たちが火花を散らしてきた。しかしそれもついに終わりの時を迎える。魏は曹爽によって、蜀は劉禅によって、そして呉は孫晧によって内から崩壊し、すべては司馬氏に呑み込まれていった。

晋 初代
世祖 武帝 司馬炎 安世

洛陽

〈三國志の終幕〉

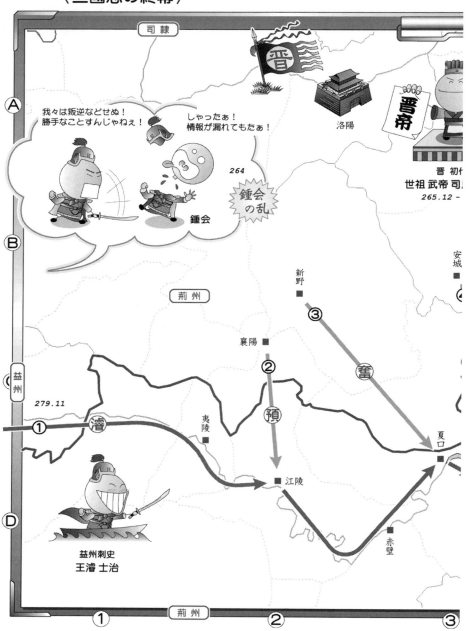

最終幕　三國志の終幕

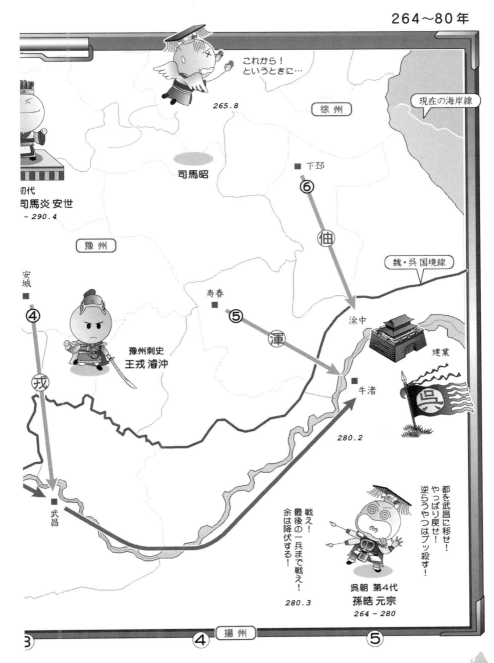

ようやく蜀を亡ぼした！
　しかし、このとき"蜀の亡霊"と"魏の鬼子"、2人の将が手を握ったため、もうひと波乱あります。
　ひとりは、あまりにもあっけない降伏に納得できず、秘かに蜀の再興を目論んでいた"蜀の亡霊"——姜維。
　もうひとりが、総大将たる自分が剣閣で手間取っているうちに鄧艾に手柄を"横取り"され、その屈辱に震える"魏の鬼子"——鍾会。
　あろうことか、蜀討伐の総大将を務めていた鍾会が、ついさっきまで激戦を繰り広げていた敵将姜維と組んで、魏（＊01）に反旗を翻した（264年　鍾会の乱）のです（＊02）。
　まだ剣閣で姜維と対陣中、鍾会は中央に「諸葛緒が怖じ気づいて進軍しようとしない」と讒言し、彼を失脚に追い込んで軍権を奪い、兵3万を自軍に繰り込み、さらに、こたびの蜀攻略の最大殊勲である鄧艾に対して、「独断専行している」と中央に訴え、彼を逮捕させてその兵をも自軍に繰り込むと、鍾会の兵力は十数万に膨れあがりました。
　さらに姜維を初めとする旧蜀軍も組み込めば二十数万。
　これを手駒として叛逆すれば、充分に勝算はある！
　このとき鍾会はタカを括っていました。
「うまくすれば司馬昭に取って代わることができよう！
　しくじっても蜀の帝位くらいは手に入るだろう！」
　しかし、叛乱の準備段階で情報が漏れ、決起する前に幽閉していた部下に襲撃されてあっさりと殺されてしまいます。
　大山鳴動したりて鼠一匹。

（＊01）すでに魏は実質的に晋王のものでしたから、「晋に」と表現するべきかもしれませんが。

（＊02）すでに天下の趨勢も見えてきたこのタイミングでなぜ彼が叛逆を企てたのか、鍾会の真意はわかっていませんが、彼は父（鍾繇）の代、曹操の若いころから曹家に仕えてきた家柄であるため、司馬氏抬頭とともに一時は司馬氏に付いたものの、内心ではつねに叛逆のチャンスを狙っていたのかもしれません。

戦前、司馬昭の言ったとおり(＊03)になりました。

こうして"獅子身中の虫"の排除に成功した司馬昭は、ついに「晋王」に即位します(264年3月)。

漢王朝は、別姓の王「魏王」が生まれてまもなく亡ぼされました。

その魏王朝に今、別姓の王「晋王」が生まれたのですから、これは帝位の簒奪も近いことを意味しています。

しかし。

ついに司馬昭が帝位に就くことはありませんでした。

彼はこの直後に中風(＊04)にかかり、その翌年(265年8月)、あっけなく還らぬ人となってしまったためです。

享年55。

司馬家の家督を継いだのは、子の司馬炎［安世］＊。

> ＊ 母は王元姫(王朗の孫娘)。若いころ「寛恵にして仁厚、沈深にして度量あり」と絶賛され、晋帝に即位したのちもしばらくは「名君」らしく振るまったが、天下統一とともに暗君と化し、劉毅から「桓霊以下」と酷評されることに。

彼は家督を継ぐや、その年のうちに魏帝(曹奐)から禅譲を受け、ついに「晋

(＊03)前幕 の(註09)を参照のこと。

(＊04)脳卒中(脳溢血・脳梗塞・脳血栓など)による半身不随。

帝国」が生まれました。(＊05)

　それは、蜀の滅亡からまだ２年しか経っていない265年12月のこと。
　曹操が興し、曹丕に始まった魏は、５代45年を経て、ついに天下統一の夢を果たすことなくここに亡びます。
　これに代わって、司馬懿によって築かれ、司馬師・司馬昭兄弟によって固められた権力が、孫の代の司馬炎によってようやく実を結びました。
　曹操・曹丕は草葉の陰から何をか思わん。
　蜀につづいて魏も司馬氏に呑み込まれ、いよいよ残るは呉のみ。
　その呉ではちょうどこのころ、まだ30歳の若さで景帝（孫休）が亡くなり、代わって孫晧(＊06)［元宗］＊が即位（264年５月）していました。

　　　＊ 祖父は孫権。父は孫和。若いころ、曾祖父孫堅が封ぜられていた烏程侯となっていたが、そこでは「その知勇は長沙桓王（孫策）のごとし」と賞賛された。帝位に就いたのちも、最初は仁政を布き、名君と謳われたこともあったというが…。

　蜀が亡んだことで、大国晋の脅威を呉が一身に受けなければならなくなり、

晋 初代
世祖 武帝 司馬炎 安世

司馬昭

これから！
というときに…

（＊05）曹操は「魏王」となってまもなく薨去し、家督を継いだ嫡男曹丕がその年のうちに"禅譲"という形を取って王朝を簒奪しましたが、それとそっくりそのまま同じパターンです。

（＊06）彼の名は『正史』では「晧（偏が日／旁が牛口」となっていますが、『演義』では「皓（偏が白／旁が告」となっていてブレがあります。１冊の『三國志』本の中に両方が混在していることすらあります。本書は『正史』に準じていますから「晧」で統一してあります。

それこそ官民一体・挙国一致してあたっても厳しい情勢なのに、二宮事件以来、国は乱れており、これをまとめ、牽引していかなければならない新帝（孫晧）はまだ弱冠23歳の若造。

呉国内に動揺が走りましたが、孫晧もこれを自覚してか、即位当初は、国庫を開いて貧民に施しをしたり、官女を解放して独身者に娶せたり、御苑を開いてその鳥獣を放ってやったりと、さかんに仁政を布いたため、呉国内に安堵感が拡がります。

しかし。

それも所詮は"付け焼き刃"。

やはり彼にはこの国難にあたるだけの器量はなく、「名君」のメッキはすぐに剥げ落ち、酒色と女色に溺れるようになり、これに失望した態度を取ったり、陰口を利いただけで賢臣・忠臣をつぎつぎと追放、誅殺。

これでは人はついてきません。

こうして、後世「三國志100年の歴史の中でも指折りの暴君」と語り継がれる人物へと変貌していきます。(＊07)

さらに占い（讖緯説）にハマり、即位翌年（265年）には「よい掛が出た」と

呉朝 第4代
孫晧 元宗

都を武昌に移せ！
やっぱり戻せ！
逆らうやつはブッ殺す！

建業

(＊07) 初めは名君かと思われていたのに突如として暴君化する君主というのは、「もともと小心者・無能でとても君主の器ではないのに、周りから過度な期待をかけられて即位」した者が多い。初めこそ期待に応えようと努力しますが、やはり実力が及ばず、期待に応えられない自分の能力の限界に気づいたとき、それまでの反動から自暴自棄になって暴君化します。親から期待をかけられすぎた子が、突然親に暴力を振るいはじめる姿に似ています。

突如として建業から武昌への遷都を命じる。

　遷都といえば、国庫を傾けるほどの莫大な財源が必要なだけでなく、民の移住や経済の混乱も起こるため、よほどの事情がない限り実施しないものですが、その理由が「占いの掛」。

　しかも、その翌年（266年）にはあっさりこれを元に戻す。

　遷都などという大事業を連年行うなど、狂気の沙汰。

　それにも懲りることなく、さらに翌年（267年）には、広大で絢爛な宮殿造りに没頭しはじめ、全国から美女を搔き集めて後宮を充実させ、美女と戯れる日々。

　その後宮の女たちも、どんなに寵愛を受けた宮女であっても、少しでも孫晧の機嫌を損ねれば、即座に殺される。

　もはや「そんなに亡びたいのか？」と問い詰めたくなるほどですが、それでもなんとか呉が国家としての体裁を保つことができたのは、名臣陸凱［敬風］＊が老体に鞭打ち粉骨砕身、名将陸抗［幼節］＊＊が奮闘尽力してこれを輔佐してくれたおかげです。

　　＊　陸遜と同族（子の世代）だが、系図は伝わっておらず血統の詳細は不明。黄武年間（孫権帝位初期）に下級役人から叩き上げてきた苦労人。孫晧の暴虐を恐れて口をつぐむ家臣団の中、彼だけは諫言をつづけた。

　　＊＊　陸遜の子（次男）。陸凱の族弟。20歳のとき父が死去すると、兄（陸延）はすでに早世していたため家督を継ぐ。言葉を尽くして父の疑惑を晴らし、孫権から直接謝罪されている。その後も功を重ね、大司馬にまで出世し、呉の柱石となる。

　しかし、269年陸凱が、274年陸抗が相次いでこの世を去ると、ここに、呉を支える忠臣はいなくなりました。

　これを好機と見たのが、晋の羊祜［叔子］＊。

　　＊　母は蔡邕の娘。姉は司馬師の妻。妻は夏侯覇の娘。曹爽が権勢を誇っていたころ、その仕官を断り、のちに司馬昭・司馬炎に仕えるように。控え目な性格で争いを好まず、人と競り合うことをしなかったため、人望が厚かった。

　彼はただちに武帝（司馬炎）に上奏します。

「今こそ千載一遇の好機！

　呉を亡ぼす気があるなら、陸凱・陸抗の名臣・名将なく、暴君孫晧が帝位に

ある今をおいて他にありません！
この機を逸し、ふたたび呉に名君でも現れたら、二度と長江を渡る機会はなくなりますぞ！」
「赤壁」のトラウマはいまだ尾を引いていたため、重臣のほとんどは呉討伐戦に反対しましたが、279年、武帝はついに兵を挙げることを決意します。
今回は、今までのように蜀の動静を気にする必要がないため、晋のほぼ総兵力の二十数万を以て臨み、なんと「六方面作戦」で臨みます。

① 王濬（おうしゅん）（益州兵）： 成都（せいと） → 建業（けんぎょう）（B/C-5）
② 杜預（とよ）（荊州兵）： 襄陽（じょうよう）（C-2） → 江陵（こうりょう）（C/D-2）
③ 胡奮（こふん）（荊州兵）： 新野（しんや）（B/C-2） → 夏口（かこう）（C/D-3）
④ 王戎（おうじゅう）（豫州兵）： 安城（あんじょう）（B-3） → 武昌（ぶしょう）（C/D-3）
⑤ 王渾（おうこん）（揚州兵）： 寿春（じゅしゅん）（B-4） → 牛渚（ぎゅうしょ）（C-5）
⑥ 司馬伷（しばちゅうじょ）（徐州兵）： 下邳（かひ）（A-4/5） → 涂中（とちゅう）（B/C-5）

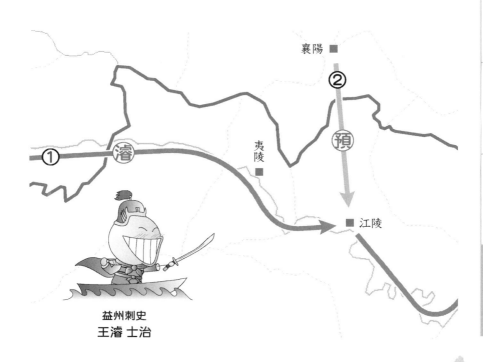

益州刺史
王濬 士治

279年11月、益州刺史王濬[士治]＊(D-1)率いる大艦隊(① C/D-1)が成都から長江を下って建業を目指し、これを他の五軍(②〜⑥)が順次北から支援して挟撃しながら各個撃破していくという戦略です。

　　　＊「奢侈で節義がない」と評されたが、その軍才を認められ、羊祜の参軍事となる。
　　　　蜀滅亡後、益州刺史となる。一時昇進して大司農まで出世していたが、羊祜がそ
　　　　の軍才を惜しみ、益州刺史に呼び戻し、対呉討伐の準備をさせた。

　「赤壁」の栄光も今は昔、もはや孫晧によって財政も軍事も君臣の信頼関係もガタガタとされていた呉に抵抗する力は残っておらず、この大軍を前にして呉軍は各地で総崩れとなっていきます。
　その昔(＊08)、関羽の復讐に狂った劉備が蜀の全軍で臨みながら大敗した夷陵(C/D-1/2)もアッという間に突破。
　夷陵が陥ちれば江陵も長く保ちません。
　江陵といえば、周瑜が曹仁と激戦を繰り広げ、己の命と引き換えに勝ち取った因縁の地(＊09)でしたが、北から鎮南将軍杜預[元凱]＊軍(② C-2)、南から王濬軍が迫り、あっけなく陥落。

　　　＊父(杜恕)は幽州刺史だったが、権力に迎合することができなかったため失脚、
　　　　そのため彼も長く冷飯食いを強いられていたが、その後、司馬昭・羊祜に見出さ
　　　　れて出世していく。今回の呉討伐戦における数少ない主戦派。

　その東、かつて曹操が魏の全軍で臨みながら大敗を喫した赤壁(D-2/3)もあっさり突破。
　さらにその先の夏口で平南謨郡胡奮[玄威]＊軍(③ C-2/3)と、武昌で豫州刺史王戎[濬沖]＊＊軍(④ B/C-3)と合流し、まさに"破竹の勢い"(＊10)で建業に迫ります。

(＊08) 時を遡ること58年前の221〜222年。

(＊09) 208〜209年の江陵の戦。周瑜はこの一戦で受けた矢傷がもとで死亡しています。
　　　詳しくは「第4章 第1幕」を参照のこと。

(＊10)「破竹の勢い」というのは、このとき建業に迫った晋軍の陣中において杜預の放った言葉か
　　　ら生まれた成語です。

* 父の代から武人の家系で、公孫淵討伐、姜維北伐、諸葛誕の乱などで活躍。のち、娘(胡芳)は司馬炎に嫁いだため外戚となったが、喜ぶよりむしろ「外戚となって亡びなかった家はない」と悲観している。

** 魏晋に仕えた政治家・軍人であるが、「竹林七賢」のひとりでもある。幼いころより「神童」として明帝や阮籍(竹林七賢の筆頭格)にも認められていた。『世説新語』に多くの逸話を残している。

さらに建業の西からは都督揚州諸軍事王渾[玄沖]*軍(⑤B/C-4/5)が、北からは瑯邪王司馬伷[子将]**軍(⑥B-5)が迫り、事ここにおいて、ついに孫晧も降伏(*11)を決意します。

* 初め曹爽に仕えていたが彼の失脚とともにいったん免職された。のちに司馬昭に仕えるようになる。呉討伐戦では、自分が呉の主力軍と戦っているうちに、王濬が建業を陥としてしまったため、手柄を横取りされたと立腹している。

** 司馬懿の四男。司馬師・司馬昭の弟。じつは、彼の孫(司馬睿)こそが、東晋の初代皇帝元帝です。

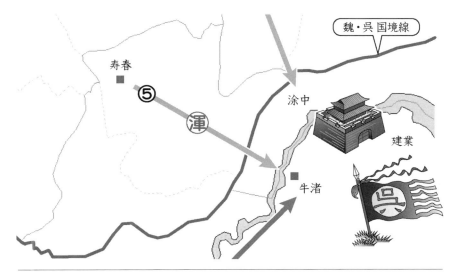

(*11) 暴君(董卓)から始まった「三國志 100 年の歴史」は暴君(孫晧)によって終わりを遂げることになったのでした。

時280年、黄巾の乱より96年目のことでした。

　戦乱の中から多くの群雄が各地に割拠し、それぞれが天下を目指しましたが、董卓の暴を以てしても、袁紹の家柄を以てしても、呂布の武を以てしても、曹操のカリスマを以てしても、劉備の血筋を以てしても、諸葛亮の智を以てしても、孫家の絆を以てしても、何人も天下を獲ること能わず、英雄が覇を競い、猛将が干戈を交え、軍師がしのぎを削って駆け抜けた96年は、諸葛亮が五丈原に没したあとに生まれた司馬炎によって攫われたのでした(＊12)。

　かくして「三國志」はここに幕を閉じますが、"歴史"はその後もつづきます。

　武帝（司馬炎）は、初めこそ質素倹約を旨とし、まじめに政務に勤しんだものの、天下を統一するや否や、すっかり気が緩んで政治への関心を失い、後宮を充実させ、宮女を1万人(＊13)に増やして女色と酒色に溺れる生活に堕ちていきます(＊14)。

　統一してまだ日も浅く、帝国の地盤も固まっていないというのに、皇帝がこの有様では、先が見えてきます。

　こうして、100年もの戦乱を経てようやく手にした統一は、わずか26年（280〜306年）で破れ、以降、今度は300年近くにわたる五胡十六国・南北朝という永き分裂時代へと突入していくことになります。

　冒頭で紹介した羅貫中の言葉が心に染み入ります。
　── 分かれて久しければ必ず合し、合して久しければ必ず分かる ──
　歴史は繰り返す。延々と。

(＊12) 日本でも、「織田が搗き、羽柴がこねし天下餅、座りしままに喰らうは徳川」という狂歌が生まれました。天下を獲るということが如何に困難かがわかります。

(＊13) この1万人の中には世話係も含まれていますが、これも帝が気に入ればいつでもお手つきにできますから、毎日欠かさず宮女を相手にしたとしても、27年以上かかる計算です。

(＊14) 魏の明帝と同じパターンです。

■ おもな参考文献（順不同）■

陳寿・裴松之（訳者多数）『正史三国志』筑摩書房
陳寿・裴松之（訳者多数）『三国志』徳間書店
羅貫中（井波律子訳）『三国志演義』講談社
羅貫中（立間祥介訳）『三国志演義』徳間書店
羅貫中（村上知行訳）『完訳三国志』角川書店
坂口和澄『正史三國志 群雄銘銘傳』潮書房光人社
藤井勝彦『三国志合戦事典 魏呉蜀74の戦い』新紀元社
満田剛『図解三国志 群雄勢力マップ』インフォレスト
入澤宣幸『大判ビジュアル図解 大迫力！ 写真と絵でわかる三国志』西東社
『歴史群像シリーズ17 三国志 上巻』学研
『歴史群像シリーズ18 三国志 下巻』学研
『新・歴史群像シリーズ7 三国志英雄録』学研
渡邊義浩『三国志 演義から正史、そして史実へ』中央公論社
岩堀利樹『正史「三國志」完全版』文芸社
曾先之（訳者多数）『十八史略』徳間書店
井波律子『世説新語』平凡社
吉川英治『三国志』講談社

三國志年表

※右側の「章・幕・段・列」は対応するパネルとその位置を示しています。

西暦	四分暦	月	内容	章	幕	段	列
168年	（建寧元）	1	霊帝即位	1	1	A/B	3
178年	（光和元）	?	売官法、制定さる	1	1	D	5
181年	（　　4）	?	劉協（のちの献帝）の母（王栄）毒殺	1	4	A	4/5
184年	（　　7）	2	張角が蜂起、黄巾の乱勃発	1	2	B	4
		3	何進、大将軍に任ぜらる	1	3	C	1/2
		5	長社の戦・汝南の戦	1	3	C/D	3
		6	鉅鹿の戦・盧植更迭、後任に董卓	1	3	A	3
		10	皇甫嵩、張梁を討つ	1	3	A/B	4/5
185年	（中平2）	3	崔烈、買官によって司徒となる	1	1	C	3
187年	（　　4）	11	曹嵩、買官によって太尉となる	1	1	C	4
189年	（　　6）	4	霊帝崩御、少帝（劉辯）即位	1	4	A	3
		8	十常侍の乱（何進謀殺）	1	4	B/C	1
			宦官2000人誅殺さる	1	4	D	5
		9	献帝（劉協）即位	1	5	B	2/3
		11	董卓、相国となる	1	5	A/B	2
190年	（初平元）	1	反董卓連合軍結成さる	1	5	B	5
		2	王允、司徒となる	2	1	A	2
			董卓、雒陽から長安に遷都	1	5	C	1
			孫堅、袁術を迎える	1	5	D	2/3
191年	（　　2）	2	董卓、太師となる	1	5	C/D	1
			孫堅、雒陽に入城（陽人の戦）	1	5	C	3
		7	曹操、東郡太守となる	2	1	B	4
192年	（　　3）	4	董卓、呂布に誅殺さる	2	1	B	1
			曹操、兗州刺史となり、青州兵を組織	2	1	A	5
		6	李催・郭汜ら、王允政権を打倒する	2	1	D	1
193年	（　　4）	1	袁術、曹操に敗れる（匡亭の戦）	2	1	C/D	3/4
		3	袁術、寿春に入城	2	1	C/D	4
			陶謙、徐州牧となる	2	2	D	5
			曹嵩（曹操の義父）謀殺さる	2	2	A	5
		6	曹操、第1次 徐州征伐	2	2	B	4
194年	（興平元）	4	曹操、第2次 徐州征伐	2	2	B	4
			陳宮・呂布・張邈が謀反	2	2	A/B	2
		?	陶謙が病死し、劉備が徐州牧となる	2	2	D	4/5
		?	孫策、劉繇を破って江東に割拠	2	3	D	4/5
195年	（　　2）	1	呂布、乱を鎮圧され、劉備の下に遁走	2	2	C	3
196年	（建安元）	1	袁術、徐州に侵攻（盱眙・淮陰の戦）	2	3	B/C	4
			呂布、徐州牧となる	2	3	A/B	3/4
		7	献帝、雒陽に入城	2	2	B	1
		8	曹操、献帝を許に迎える	2	2	D	1/2
197年	（　　2）	1	曹操、第1次 宛城の戦	2	4	C	1/2
		春	袁術、皇帝を僭称	2	3	C	2/3
		9	曹操、詔を得て袁術を討伐	2	3	B/C	1

西暦	四分暦	月	内容	章	幕	段	列
		?	孫策、会稽太守となる	2	5	C/D	4/5
198年（	3）	3	曹操、第2次宛城の戦	2	4	C	1/2
		9	劉備、呂布に沛を攻められ曹操の下に遁走	2	4	A/B	4
		10	曹操、第3次徐州征伐	2	4	B/C	3
		12	下邳が陥落（下邳の戦）し、呂布処刑さる	2	4	D	4/5
199年（	4）	5	劉備、曹操の下から離れて徐州に割拠	2	5	A/B	3/4
		6	袁術憤死	2	3	D	1
		8	曹操、袁紹に備え官渡方面に派兵	2	5	A	2/3
		11	張繍、曹操に帰順	2	5	B	1
		12	孫策、黄祖を破る（西塞山の戦）	2	5	D	3
200年（	5）	1	曹操暗殺計画発覚、董承ら誅殺	2	6	D	1
			曹操、第4次徐州征伐	2	6	D	3/4
			関羽、曹操軍に包囲され降伏	2	6	C/D	5
			劉備、袁紹の下へ遁走	2	6	B	4
		2	関羽、顔良を討つ（白馬の戦）	2	6	A	4/5
			文醜討死（延津の戦）	2	6	B	1
		?	劉備、袁紹の下を離れ汝南で龔都と組む	3	1	D	4/5
		4	孫策が暗殺されたため、孫権が跡を継ぐ	3	2	D	5
		8	曹操、軍を官渡まで退かせる	2	6	C	1/2
		10	烏巣が焼き払われ、袁紹軍潰走	2	6	B/C	2
201年（	6）	9	曹操、汝南に拠っていた劉備を討つ	3	1	C/D	3/4
202年（	7）	9	曹操、袁紹の死（202.5）を機に北伐（黎陽の戦）	3	1	B	3/4
203年（	8）	?	袁譚、一時曹操に降伏	3	1	A	5
		8	夏侯惇、博望坡の戦	3	1	C	2/3
204年（	9）	8	曹操、鄴を陥として冀州平定（鄴城の戦）	3	1	A	3/4
205年（	10）	1	曹操、袁譚を討つ（南皮の戦）	3	1	A	5
206年（	11）	3	曹操、高幹を討ち、并州平定（壺関の戦）	3	1	A	2/3
207年（	12）	?	劉備、髀肉の嘆	3	1	D	1
		?	劉備、三顧の礼を以て伏龍（諸葛亮）を得る	3	2	A	1
208年（	13）	6	曹操、三公制を廃止し自ら丞相となる	3	2	A	5
		7	曹操、荊州征伐開始	3	2	A	2
		8	劉表病死、その次男の劉琮が跡を継ぐ	3	2	A	3
			長坂坡の戦	3	2	B/C	2
			呉、朝議紛糾	3	3	D	4/5
			諸葛亮・魯粛会談	3	3	D	4/5
			諸葛亮・孫権会見	3	3	D	3
		11	赤壁に曹操軍潰滅（赤壁の戦）	3	3	C	2/3
		12	孫権、合肥に侵攻（第1次 合肥の戦）	4	1	A/B	5
209年（	14）	7	曹操、張遼らに合肥防衛を命ずる	4	1	A	4
			曹仁、江陵を放棄（江陵の戦）	4	1	A/B	2/3
		?	劉備、荊州四郡を制圧し荊州牧となる	4	1	D	1
210年（	15）	?	周瑜急死	4	1	D	4

西暦	四分暦	月	内容	章	幕	段	列
211年（	16）	3	曹操、鍾繇に漢中征伐に向かわせる	4	2	A	4/5
		6	馬超・韓遂、潼関に結集（潼関の戦）	4	2	A	2/3
		7	曹操、自ら潼関に出撃	4	2	A	5
		9	曹操、渭水を渡河し、韓遂らを討つ	4	2	A	3/4
		?	劉備、入蜀	4	2	D	3/4
		?	劉備、葭萌に駐屯	4	2	C	2
212年（	17）	?	劉備、劉璋に対して戦端を開く	4	3	B/C	2
213年（	18）	5	曹操、魏公となる	4	3	A	5
		9	馬超、再起し冀城を陥とす（冀城の戦）	4	3	A	1
214年（	19）	1	馬超、冀城を失い張魯の下に敗走	4	3	A/B	2/3
			諸葛亮、張飛・趙雲を伴い成都侵攻	4	3	C	4
		5	劉備、成都を制圧し益州牧となる	4	3	C/D	1/2
		?	孫権、建業から皖城へ出陣	4	4	A/B	5
215年（	20）	?	孫権、皖城から陸口へ進軍	4	4	B	4
		?	劉備、孫呉の動きに合わせ成都から公安に出陣	4	4	B	1/2
		?	孫権、魯粛を巴丘へ派兵	4	4	B/C	3
		?	劉備、関羽を益陽に派兵	4	4	C	2/3
		3	曹操、漢中に侵攻	4	4	A	2/3
		8	孫権、大軍で合肥を攻める（第2次 合肥の戦）	4	4	A	4/5
			孫権、張遼の奇襲に命からがら敗走	4	4	B/C	5
		11	張魯、曹魏に降伏	4	4	A	1
		12	曹操、漢中守将として夏侯淵と張郃を残し帰還	4	5	C	3
216年（	21）	5	曹操、魏王となる	4	5	B/C	5
217年（	22）	?	劉備、漢中へ侵攻	4	5	C/D	1/2
218年（	23）	1	曹洪・曹休、陳倉まで進軍	4	5	A	3/4
		3	曹洪・曹休、呉蘭・雷銅を討つ（下辨の戦）	4	5	A	1/2
		9	曹操、長安まで出陣	4	5	A	5
219年（	24）	1	黄忠、夏侯淵を討つ（定軍山の戦）	4	5	D	3/4
		5	曹操、漢中からの撤退を決意	4	5	B/C	3/4
		7	劉備、漢中王を称す	4	6	D	1
		8	関羽、樊城を攻めて龐徳を討ち、于禁を虜とす	4	6	B	4/5
		?	曹操、遷都まで考えるも司馬懿に諭される	4	6	A	4/5
		?	関羽、孟達・劉封に援軍要請するも断られる	4	6	A	1/2
		10	呂蒙・陸遜、江陵・公安を占拠	4	6	D	3/4
		11	関羽、挟撃に遭い、麦城まで後退	4	6	B	3
		12	関羽、臨沮にて討死	4	6	B	1/2
220年（	25）	1	曹操、薨去（享年66）	5	1	A	4
			呂蒙、病死	5	1	D	5
（延康元）		4	夏侯惇、病死	5	1	A	5
		?	法正、病死	5	1	A	1
		7	孟達、魏に投降	5	1	A/B	4/5
		?	糜芳・傅士仁、魏に投降	5	1	D	4

三國志年表

西暦	四分暦	月	内容	章	幕	段	列
	（黄初元）	10	曹丕、魏帝に即位	5	1	A	2/3
221年	（ 2）	4	劉備、蜀帝に即位	5	1	C	1
		?	黄忠、病死	5	1	D	1
		?	糜竺、憤死	5	1	D	2/3
		6	張飛、部下に殺さる	5	1	B	1/2
		7	劉備、諸葛亮・趙雲の反対を押し切って対呉出兵	5	1	C	2/3
		8	孫権、魏帝（曹丕）から呉王に封ぜらる	5	2	D	4/5
222年	（ 3）	1	劉備、秭帰まで進軍	5	2	A/B	2/3
			劉備、軍師黄権を臨沮に派遣	5	2	A	4
		2	劉備、馬良に五渓蛮（沙摩柯）の慰撫を命ず	5	2	D	1/2
			劉備、さらに夷道まで進駐	5	2	B/C	3/4
		6	陸遜、火計により蜀軍を潰滅させる（夷陵の戦）	5	2	B/C	4/5
		9	曹丕、洞口・濡須口・江陵へ三方面作戦	5	3	A	5
		11	蜀呉同盟の改善	5	3	C	4/5
		12	漢嘉太守（黄元）が叛乱	5	3	A/B	1
223年	（ 4）	2	諸葛亮、劉備を永安に見舞う	5	3	A	3/4
		4	劉備崩御（享年63）	5	2	A	1
		10	蜀呉同盟の強化	5	3	C	4/5
			牂柯太守（朱褒）が叛乱	5	3	C/D	3
			越嶲太守（高定）が叛乱	5	3	C	1/2
			益州郡豪族（雍闓）が反抗	5	3	C/D	2
225年	（ 6）	3	諸葛亮、南征開始	5	3	B	2
		11	諸葛亮、孟獲を心服させる	5	3	D	4
226年	（ 7）	5	曹丕（文帝）崩御、曹叡（明帝）即位	5	4	A	4/5
227年	（太和元）	3	諸葛亮、第1次 北伐開始	5	4	D	2/3
228年	（ 2）	1	司馬懿、新城を急襲し孟達を討つ	5	4	D	5
		春	諸葛亮、祁山まで進出し隴右を押さえる	5	4	B/C	1
		春	馬謖、山頂に陣取り街亭で大敗	5	4	A	2
		12	諸葛亮、第2次 北伐開始	5	5	B/C	3
229年	（ 3）	1	諸葛亮、第3次 北伐開始	5	5	C/D	1
		4	孫権、呉帝即位				
		9	孫権、建業に遷都				
230年	（ 4）	8	曹真、張郃・司馬懿とともに対蜀大攻勢	5	5	B	5
		9	曹真、長雨で撤退（赤阪・成固の戦）	5	5	C/D	4/5
231年	（ 5）	2	諸葛亮、第4次 北伐開始、祁山占領	5	5	B	1
		夏	上邽の戦・木門谷の戦	5	5	A	2
234年	（青龍2）	3	献帝（劉協）薨去				
		4	諸葛亮、第5次 北伐開始	5	6	D	3
		5	諸葛亮、安漢城に向かうも司馬懿が先手	5	6	B	4/5
			孫権、合肥新城を攻める（第4次 合肥の戦）	5	6	D	5
		8	諸葛亮、陣没（享年54）	5	6	B/C	1
235年	（ 3）	?	曹叡（明帝）、洛陽宮の大修繕・大造営を始める	6	1	A/B	2

西暦	四分暦	月	内容	章	幕	段	列
		?	孫権、呂壱を寵愛しはじめる	6	3	C	5
237年	（景初元）	?	公孫淵、魏から自立して「燕王」と称す	6	1	A	5
238年	（ 2）	1	司馬懿、燕討伐に出陣	6	1	A	4
		?	呂壱、誅殺さる	6	3	C	5
		12	明帝、危篤となり、事後を曹爽・司馬懿に託す	6	1	B/C	1/2
239年	（ 3）	1	明帝崩御	6	1	B/C	1/2
241年	（正始2）	4	呉が対魏大攻勢に出る（芍陂の役）	6	1	C/D	4/5
		5	孫登死去	6	3	D	5
		6	司馬懿、呉軍を撃破	6	1	C	4
242年	（ 3）	春	孫権、孫和を太子に立てる	6	3	D	4
		8	孫権、孫覇を魯王に立てたため二宮事件へ発展	6	3	D	3/4
244年	（ 5）	3	曹爽、漢中大遠征	6	2	A/B	2
247年	（ 8）	?	司馬懿、病気と称して出仕せず	6	2	B/C	3
249年	（ 10）	1	司馬懿、曹爽を討つ（正始政変）	6	2	D	4/5
250年	（嘉平2）	秋	孫権、孫和を廃嫡、孫覇に賜死	6	3	D	4
		11	孫権、孫亮を立太子	6	3	D	2
251年	（ 3）	7	司馬懿死去（享年73）				
252年	（ 4）	4	孫権崩御（享年71）	6	3	A/B	5
		?	諸葛恪の専横が始まる	6	3	C	3
		10	諸葛恪、東興に出城を築く	6	3	A/B	3
		12	先鋒丁奉が魏軍に奇襲をかけ大戦果（東興の戦）	6	3	A/B	3
253年	（ 5）	3	諸葛恪、合肥新城に進軍	6	3	A	2/3
		5	諸葛恪、合肥新城を包囲	6	3	A	2
		8	諸葛恪、合肥新城から撤退	6	3	A/B	1/2
263年	（景元4）	8	鍾会、斜谷から漢中へ侵攻	6	4	B	4/5
			鄧艾、襄部から沓中へ侵攻	6	4	A/B	1/2
			諸葛緒、祁山から武都へ侵攻	6	4	B/C	3
		11	劉禅、降伏	6	4	A	5
264年	（ 5）	1	鍾会の乱	6	5	A/B	1/2
		3	司馬昭、晋王に即位	6	4	A	3
	（咸熙元）	7	孫休崩御、孫晧即位	6	5	D	5
265年	（ 2）	8	司馬昭薨去	6	5	A	4
	（泰始元）	12	司馬炎、晋帝即位により魏帝国滅亡	6	5	A	3
279年	（咸寧5）	11	晋、呉討伐軍の大攻勢をかける	6	5	D	1
280年	（ 6）	2	王濬ら建業に迫る	6	5	C	5
		3	孫晧降伏	6	5	D	5

こうして黄巾の乱から96年目にして晋による統一成る

人名索引

○太字は、人物解説の註があるページです。
○人物解説の註や脚註の中にある人名も対象としています。
※登場回数が多い人物については、主要なページに限り記載しています。

あ行

阿斗	206
安帝	51, 53
韋康	257, 258
陰脩	171
于禁	**188**, 239, 294, 295, 300, 336
于羝根	82
衛固	190
袁安	87
袁遺	**97**
袁胤	**163**
袁熙	**186**, 189, 190, 191
袁術	43, **87**, 102〜104, 116〜118, 134〜142, 148, 163, 320
袁尚	**186**, 189, 190, 422
袁紹	**84**, 85, 104, 114〜116, 170〜178, 180〜182, 186〜188
袁敞	87
袁譚	141, 142, **186**, 188〜190, 422
閻忠	**147**
袁逢	87
袁燿	**163**
王允	**108**, 109〜113, 116, 127, 412
王叡	**101**, 102, 104
王匡	**86**, 98
王元姫	136, 445
王肱	**114**, 115, 160
王国	**82**
王渾	449, **451**
王戎	449, **450**
王濬	28, 449, **450**
王忠	243
王美人	83
王夫人	419
王平	42, **355**, 356, 358, 386, 404, 406
王淩	**412**, 414
王累	**247**, 248, 249
王朗	**136**, 445

か行

何晏	**395**, 396, 408, 411
蒯越	**200**
賈詡	**113**, 146〜150, 165, 166, 179, 196, 197, 244, 422
郭嘉	**161**, 173, 182, 196, 283
郭汜	100, 103, **111**, 112, 113, 125, 128, 158, 216
郝昭	**363**
楽進	**190**, 273, 274, 276, 181
郭大賢	**82**
郭太后	**409**
郭図	**171**, 179, 180, 186, 190
郭淮	**352**, 364, 368, 369, 380
夏侯淵	53, 126, **196**, 241, 245, 258, 277, 283〜286, 411
夏侯恩	16
何皇后	70, 83
夏侯嵩	**53**, 54
何皇太后	85
夏侯惇	16, 42, 53, **125**, 151, 188, 189, 314

人名索引

夏侯覇	320，**411**，448		許耽	136
何焯	116		許褚	154，**161**，177，242，320
何進	42，**70**，84〜88，94，114，201，396		許攸	**171**，178，179，197
華雄	**103**		紀霊	**138**，139
関羽	24，43，**74**，75，151，162，172〜175，259，270〜273，293，294，299〜304，313〜318		金旋	**226**，227
			景帝	104，282
			邢道栄	16，227
			郤正	440
毌丘倹	320，**413**，414		厳顔	**260**，261
韓玄	**226**，247		蹇碩	**83**，84，114
関興	302		阮籍	451
関索	16		献帝	95，99，129，130，158，241，295，296，315
韓遂	82，**216**，236，241，242，244〜246，259		呉懿	43，324，**354**
韓崇	**200**		公瑋	118
邯鄲商	239		孔昱	201
桓帝	51，52，62，74，88，349		項羽	50，217
韓当	135，324		黄蓋	135，218
甘寧	104，212，**224**，225，232，256，274，276，424		高幹	**186**，190，191
			黄権	**247**，248，309，326，330，340，383
桓範	28，**409**，410，411		黄元	**338**
韓馥	**97**，103，179		黄皓	**432**，433，434，438
甘夫人	206		孔子	298
関平	**302**		高順	**150**，153
顔良	**174**，175，177		高詳	**355**
魏延	**247**，351，354，380，384〜386		侯選	241
			黄祖	**104**，164，203，212
箕子	393		公孫淵	191，393，394，400，413，451
牛輔	158			
協	83，88，89，94，95		公孫康	**236**
姜維	320，352，368，**384**，432〜435，439，444，451		公孫瓚	**104**，124，127，150，159，196，236，320
			公孫度	236
橋玄	**73**，74，87		黄忠	43，227，**247**，249，285，293，308，439
龔都	**187**，188			
橋瑁	74，**86**，97，98，103，115		孔伷	**98**，102
許貢	**182**		高定	**339**，340，341
許劭	74			

高堂隆	**393**, 406	周倉	16
高沛	255, 256	周泰	325
光武帝	278	周魴	**362**
皇甫嵩	29, 43, **71**, 72, 76〜78, 147	周瑜	**135**, 136, 212, 216, 218, 220, 224〜227, 229〜232, 268, 320, 421, 450
孔融	136, 257	朱儁	29, **71**, 72, 76, 98, 237, 320
胡軫	**103**		
呉班	**324**, 354	朱然	43, **302**, 324, 397
胡奮	449, **450**	朱治	135, 302
胡芳	451	朱符	237
呉蘭	283, 284	朱褒	**339**, 340, 341

さ行

		朱霊	**160**, 161, 162, 242
崔均	54, **98**	荀彧	**123**, 126, 130, 151, 161, 177, 196, 197, 201, 257
崔鈞	54, 98		
崔州平	198	淳于瓊	**178**, 180
蔡瑁	191, **203**, 214	順帝	51, 53, 62
蔡邕	**53**, 94, 110〜112, 320, 448	荀攸	**151**, 152, 174, 176, 179, 196
崔烈	**54**, 94, 98, 448	蔣琬	42, **309**, 399, 431
左豊	31, **76**, 77	蕭何	95
士燮	**236**	鍾会	**433**, 434〜437, 444
施耐庵	16	小橋	163
質帝	51〜53	蔣欽	325
司馬懿	42, 43, **277**, 296, 320, 352, 367〜372, 379〜381, 385, 392〜396, 409〜412	昭襄王	165
		少帝	51, 95
		殤帝	51, 52
		少帝芳	→曹芳
司馬睿	451	商曜	**239**
司馬炎	136, 278, **445**, 446, 452	鍾繇	171, **241**, 444
司馬徽	**197**, 198	徐栄	98, **100**, 102, 147
司馬師	408, 412, 413, 446, 451	諸葛恪	**397**, 420, 423, 424
司馬昭	**407**, 414, 433, 434, 438〜440, 444〜446	諸葛瑾	42, **268**, 273, 382, 397, 414
司馬遷	14, 111	諸葛諸	29, **434**, 435, 436, 444
司馬伷	449, **451**	諸葛尚	438
車冑	**158**, 162	諸葛瞻	438
沙摩柯	326	諸葛誕	**414**, 423, 451

諸葛融	320	曹仁	42、43、**196**、224、225、227、242、295、296、337、450
諸葛亮	46、**198**、199、203、204、208、215、216、331、332、338〜342、349〜358、362〜370、372、378〜386	曹嵩	54、73、122、126、158
		曹操	24、28、38、**53**、72〜75、96〜103、115〜118、122〜130、146〜153、160〜162、170〜182、204〜208、212〜220、232、237〜248、254、255〜259、282、283、285〜288、292〜296、313、320
徐晃	**196**、225、242、297、301		
徐庶	98、197、262		
徐盛	**324**、346、347		
岑啝	201		
秦頡	76		
甄氏	186、189、348		
審配	186	曹爽	42、**394**、395、396、399、404、407〜413、423、425
秦伯南	→曹邵		
辛評	186	曹沖	314
秦朗	**381**	曹騰	**53**、54、196
眭固	**160**	臧覇	**138**、239
成宜	241、**245**	曹丕	166、186、189、244、246、**314**、319、330、336、347〜349、422、446
正昂	339		
石韜	197		
全柔	398	曹彪	**412**
全琮	43、**397**、420	曹豹	136
曹安民	**147**、165、166	曹芳	**394**、395、400、412、421、423、425
曹叡	337、**348**、351、391、394、409、413		
		曹褒	196
曹奐	445	曹髦	**413**、425
曹義	396	曹霖	413
曹休	**283**、284、337、362、377	蘇秦	267
曹訓	396	蘇伯	**244**
宋建	**236**	祖茂	102
曹彦	396	孫和	**419**、420、421、446
曹昂	**147**、165、166	孫桓	**327**
曹洪	43、**100**、101、102、147、225、283、284、286	孫休	424、**425**、446
		孫匡	320
曹鑠	314	孫堅	24、38、66、**71**、100〜104、117、135、212、314、320
曹邵	337		
曹植	288、**314**		
曹参	95		
曹真	42、**337**、348、366〜368、399、411		

孫権	90, **182**, 192, 212〜217, 225, 227〜230, 254〜258, 268〜270, 272〜277, 299, 313, 317, 320, 324, 346, 362, 364, 377, 382, 383, 418〜421	張横	241
		張闓	**122**
		張角	**55**, 56〜58, 63〜65, 78
		張儀	267
		張休	320, **420**, 421
孫晧	424, **446**, 447, 448, 450, 451	張牛角	82
		張挙	**82**
孫策	46, **134**, 135, 136, 163, 164, 182, 192, 320, 382	張勲	42, **163**
		張燗	**140**
孫峻	**423**, 424, 425	張儉	201
孫紹	182	張郃	43, **179**, 180, 283〜286, 352, 356, 367, 368, 371, 372
孫韶	**382**		
孫尚香	229	趙広	438
孫仁	229	張済	**111**, 146, 147, 243
孫盛	172	張咨	**101**, 102
孫静	423, 425	張繡	**146**, 147〜152, 158, 159, 162, 164〜166, 170
孫綝	423, **425**		
孫登	**336**, **419**, 420	張粛	**255**
孫覇	**419**, 420, 421	張純	82
孫奮	163	張遵	438
孫翊	320	張承	**382**
孫慮	419	張昭	**212**, 237, 420
孫亮	**421**, 423〜425	張松	**247**, 248, 249, 255
孫魯班	398, 419, **420**	張讓	**88**, 89
		張晟	190
た行		貂蟬	109
		張達	316
大橋	163	張超	**98**
太史慈	**135**, 136	張遼	**97**, 124〜126, 320
段珪	**88**, 89	張白騎	82
檀敷	201	趙範	**226**
段煨	146	張飛	43, **74**, 136, 151, 205〜207, 260, 261, 283, 316, 324
种暠	53		
冲帝	51〜53	張宝	**65**, 78
趙雲	43, **196**, 206, 227, 232, 247, 249, 259, 261, 302, 315, 317, 351, 353	張曼成	**76**
		張猛	**239**, 320
張燕	**82**, 114		
張琰	190		

張楊	**114**, 125, 160	鄧艾	**434**, 437, 439, 444
張雷公	82	陶謙	**122**, 124, 126, 127, 136, 162
張梁	**65**, 78		
張良	113, 123	唐周	**64**
張遼	**150**, 153, 161, 173, 174, 272〜277	董承	**158**, 170
		董太后	158
張陵	236	董卓	43, **77**, 87, 94〜100, 103, 108〜114, 320
張魯	**236**, 240, 247, 250, 254, 258, 261, 277		
		竇武	84
陳禕	118	鄧騭	**395**, 399, 406, 411, 414
陳瑀	118	督郵	75, 127
陳温	**118**	杜氏	381
陳宮	**115**, 125〜127, 130, 153, 320	杜預	449, **450**
陳羣	**348**, 367, 368	**は行**	
陳寿	14, 90, 283, 297, 364, 378	裴松之	15, 16, 173, 208, 243
		梅成	**239**
陳翔	201	馬玩	241
陳式	**364**	馬休	242
陳震	**366**, 370, 376	馬元義	**63**, 64
陳蕃	84	波才	**72**, 73, 76, 77
陳平	113, 240	馬謖	320, 342, 354〜358, 362, 368, 376
陳蘭	**142**, 239		
陳琳	85	馬岱	216, 236, **386**
程昱	161, 244, 283, 336	馬忠	**302**, 308, **340**, 341
程銀	241	馬超	43, **236**, 242〜245, 257〜259, 261, 283, 320
丁原	**86**, 94, 127, 153		
鄭泰	85	馬鉄	242
丁斐	396	馬騰	**216**, 241, 242, 246, 294
丁謐	**395**, 396, 399, 411	馬融	71
程普	**135**	馬良	320, 326, 330
丁奉	**423**	樊噲	161
程立	**126**	范彊	**316**
典韋	**147**, 148, 154, 165	范康	201
田銀	244	范雎	165
田豊	**171**, 172, 178, 179	潘璋	**276**, 302, 324
董允	**309**, 431	范先	190
鄧禹	396	樊稠	43

范滂	201
費禕	**309**, 384, 406, 431〜433
費観	**256**
費詩	293
糜竺	**310**, 311
畢軌	**396**, 411
糜芳	**293**, 300, 310, 311
費曜	**368**
愍帝	95
馮習	**324**, 330
馮則	212
傅羣	384
傅士仁	**293**, 300, 310, 311
武帝	116, 391, 392, 426, 448, 449
文欽	**413**
文醜	**175**, 176, 177
文帝	391, 396, 426
辯	83, 88, 89, 94
逢紀	186
封諝	**63**, 64
鮑信	**86**, 97, 115, 116, 188
法正	**248**, 249, 282〜286, 309, 332, 383
龐統	**198**, 249, 259, 262, 309
龐徳	**294**, 295, 300
卜己	**76**, 77
穆皇后	354
歩隲	43, **420**

ま行

満寵	**295**, 296, 377
明帝	391〜398, 400, 421, 430
孟獲	**339**, 340〜342
孟建	197
孟達	**248**, 292, 299, 312, 313, 348, 349, 351, 352

や行

楊偉	**406**, 407
楊懐	255, 256
雍闓	**339**, 340, 341
楊儀	**384**, 385, 386
羊祜	320, **448**, 450
楊秋	241, **245**
楊醜	114, **160**
楊脩	**287**, 288
楊阜	257, **258**, 393
楊奉	196

ら行

雷緒	142, **227**
雷銅	**283**, 284
雷薄	**142**, 227
羅貫中	16, 90, 452
李傕	**111**, 113, 125, 128, 129, 137
李乾	188
李堪	241, **245**
陸延	448
陸凱	**448**
陸抗	382, **448**
陸遜	**268**, 300, 301, 320, 324, 327〜329, 382, 420, 421
李厳	43, **256**, 366, 370
李勝	**396**, 399, 406, 408, 409, 411
李整	188
李大目	82
李典	**188**, 189, 273〜275
李旻	**98**, 102
李平	**370**, 376, 377
李豊	**412**
劉延	**174**
劉焉	159, 236, **240**, 260

劉毅	304, 445	呂布	43, **94**, 103, 109, 112〜114, 125〜128, 136〜140, 151〜154
劉琦	**203**, 206, 212, 227		
劉勳	**163**		
劉秀	30	呂蒙	232, **268**, 270, 297, 299〜302, 308, 318, 421
劉勝	66, 74, **282**		
劉璋	**159**, 200, 237, 240, 248〜250, 254〜257, 261, 320	靈帝	51, 53, 62, 70, 77, 83, 84, 110, 349
		練師	420
劉諶	**438**	婁圭	**243**
劉先	**200**	魯粛	**212**, 213, 214, 231, 262, 268, 270〜272, 297
劉羨	141		
劉禅	**206**, 330, 349, 350, 386, 391, 430〜432, 434, 437〜440	路招	**160**, 162
		盧植	**70**, 76〜78, 85, 89, 95
劉琮	**203**, 204, 214		
劉岱	**97**, 103, 115, 126	### わ行	
劉度	16, **226**, 227	和帝	50, 51
劉寵	**140**, 141		
劉備	38, 43, **74**, 137, 153, 160〜163, 187〜189, 191, 192, 196〜202, 204〜208, 226〜231, 247〜250, 261, 269〜273, 282〜286, 304, 310〜317, 325〜332		
劉表	**104**, 164, 177, 191, 197, 203		
劉敏	**404**		
劉邦	**23**, 50, 217, 282, 292		
劉封	**292**, 299, 312		
劉余	104		
劉曄	348, 391		
劉繇	98, **134**, 135		
呂壱	**418**		
梁冀	52		
梁興	241		
凌操	225		
凌統	**225**, 232, 276		
呂伯奢	125		

神野　正史
（じんの　まさふみ）

河合塾世界史講師。世界史ドットコム主宰。学びエイド鉄人講師。ネットゼミ世界史編集顧問。ブロードバンド予備校世界史講師。歴史エヴァンジェリスト。1965年、名古屋生まれ。出産時、超難産だったため、分娩麻痺を発症、生まれつき右腕が動かない。剛柔流空手初段、日本拳法弐段。立命館大学文学部史学科卒。既存のどんな学習法よりも「たのしくて」「最小の努力で」「絶大な効果」のある学習法の開発を永年にわたって研究。そして開発された『神野式世界史教授法』は、毎年、受講生から「歴史が"見える"という感覚が開眼する！」と、絶賛と感動を巻き起こす。「歴史エヴァンジェリスト」として、TV出演、講演、雑誌取材、ゲーム監修など、多彩にこなす。「世界史劇場」シリーズ（ベレ出版）をはじめとして、『最強の成功哲学書 世界史』（ダイヤモンド社）、『戦争と革命の世界史』（だいわ文庫）、『「覇権」で読み解けば世界史がわかる」（祥伝社）、『現代を読み解くための「世界史」講義』（日経BP社）など、著書多数。

世界史劇場 正史三國志
（せかいしげきじょう　せいしさんごくし）

2017年 7月25日	初版発行
2021年 7月21日	第3刷発行

著者	神野　正史（じんの　まさふみ）
DTP	WAVE 清水　康広
校閲協力	株式会社ぷれす
カバーデザイン	川原田　良一（ロビンソン・ファクトリー）
発行者	内田　真介
発行・発売	ベレ出版
	〒162-0832　東京都新宿区岩戸町12 レベッカビル TEL.03-5225-4790　FAX.03-5225-4795 ホームページ　http://www.beret.co.jp/
印刷	モリモト印刷株式会社
製本	根本製本株式会社

落丁本・乱丁本は小社編集部あてにお送りください。送料小社負担にてお取り替えします。
本書の無断複写は著作権法上での例外を除き禁じられています。
購入者以外の第三者による本書のいかなる電子複製も一切認められておりません。

©Masafumi Jinno 2017. Printed in Japan
ISBN 978-4-86064-516-8 C0022　　　　　　　　　編集担当　森　岳人

「世界史劇場」シリーズ

世界史劇場
イスラーム世界の起源
神野正史 著
A5 並製／本体価格1600円（税別）
ISBN978-4-86064-348-5 C2022

■ 280頁

世界史劇場 日清・日露戦争は
こうして起こった
神野正史 著
A5 並製／本体価格1600円（税別）
ISBN978-4-86064-361-4 C2022

■ 336頁

世界史劇場
アメリカ合衆国の誕生
神野正史 著
A5 並製／本体価格 1600 円（税別）
ISBN978-4-86064-375-1 C0022

■ 288頁

世界史劇場
イスラーム三國志
神野正史 著
A5 並製／本体価格1600円（税別）
ISBN978-4-86064-387-4 C2022

■ 320頁

世界史劇場
第一次世界大戦の衝撃

神野正史 著
A5 並製／本体価格1600円
ISBN978-4-86064-400-0 C2022

■ 320頁

世界史劇場
ロシア革命の激震

神野正史 著
A5 並製／本体価格1600円
ISBN978-4-86064-416-1 C2022

■ 328頁

世界史劇場
フランス革命の激流

神野正史 著
A5 並製／本体価格1600円
ISBN978-4-86064-429-1 C0022

■ 336頁

世界史劇場
駆け抜けるナポレオン

神野正史 著
A5 並製／本体価格1600円
ISBN978-4-86064-454-3 C0022

■ 320頁

世界史劇場
ナチスはこうして政権を奪取した

神野正史 著
A5 並製／本体価格1600円
ISBN978-4-86064-481-9 C0022

■ 296頁